MÉMOIRES
DU DUC
DE SAINT-SIMON

PUBLIÉS PAR

MM. CHÉRUEL ET AD. REGNIER FILS

ET COLLATIONNÉS DE NOUVEAU POUR CETTE ÉDITION
SUR LE MANUSCRIT AUTOGRAPHE

AVEC UNE NOTICE DE M. SAINTE-BEUVE

TOME QUINZIÈME

PARIS
LIBRAIRIE HACHETTE ET Cie
BOULEVARD SAINT-GERMAIN, 79

1874
Tous droits réservés

MÉMOIRES

DU DUC

DE SAINT-SIMON

XV

PARIS. — IMPRIMERIE ARNOUS DE RIVIÈRE ET Cie
RUE RACINE, 26.

MÉMOIRES
DE SAINT-SIMON.

CHAPITRE PREMIER.

Alberoni continue à poursuivre Giudice; lui fait redoubler les ordres d'ôter les armes d'Espagne de dessus la porte de son palais; malice et toute-puissance de ce premier ministre; état personnel du roi d'Espagne. — Manéges du Pape et d'Alberoni sur les bulles de Séville et sur le neveu d'Aldovrandi. — Avidité et prodigalité du cardinal Ottobon. — Avidité et déréglement des neveux du Pape; tracasseries à cette occasion, où Giudice se barbouille. — Propos, mémoires, menaces, protestation, forte lutte par écrit entre Acquaviva et le Pape sur le refus des bulles de Séville. — Querelle d'Acquaviva avec le gouverneur de Rome. — Hauteur et foiblesse du roi d'Espagne à l'égard de Rome; adresse d'Aldovrandi à servir Alberoni. — Le Pape embarrassé sur deux ordres venus d'Espagne; Giudice se déchaîne contre Alberoni, et Giudice et Acquaviva l'un contre l'autre; Alberoni se méfie de tous les deux. — Del Maro seul va droit au but du dessein militaire d'Alberoni. — Manéges d'Alberoni, résolu à la guerre, à Londres et à Paris; s'ouvre à Cellamare. — Remises et avis d'Alberoni au duc de Parme; se plaint à l'abbé du Bois, par Monteleon, de l'ignorance où on le tient des conditions du traité, et fait des reproches. — Plaintes amères contre le Régent des agents anglois, entièrement impériaux; leur audace et leur imposture. — Sage adresse de Monteleon pour oser donner de bons conseils à Alberoni. — Singulières ouvertures de l'abbé du Bois à Monteleon. — L'Empereur veut les successions de Parme et de Toscane pour le duc de Lorraine; en leurre le duc de Modène; Penterrieder déclare à Londres, à l'envoyé de Sicile, que l'Empereur veut la Sicile absolument; il indispose tant qu'il peut cet envoyé et son maître contre le Régent. — Caractère de Monteleon. — Le grand-duc et le duc de Parme envoient à Londres faire des représentations inutiles; desirs des Florentins de retourner en république, et non sans quelque espérance. — Monteleon reçoit des ordres réitérés de faire des menaces sur l'escadre; les communique à Stanhope; adresse de celui-ci pour l'amuser; adresse de l'autre pour amener l'Espagne au traité. — Points sensibles à Vienne sur le traité. — Monteleon, persuadé du danger de rompre pour l'Espagne, n'oublie rien pour l'en dissuader. — Bruits d'une révolution prochaine en Angleterre, où le ministère est changé. — Ruse inutile d'Alberoni pour opposer la nation angloise à son roi. — Mécompte de Monteleon ; Cellamare plus au fait; Stairs s'explique nettement sur l'escadre ; mouvements contraires dans le parlement d'Angleterre. — Nuages sur la fermeté de la cour de Vienne tournés à Londres avec adresse. — Demandes bien mesurées du grand-duc. — Effort d'Alberoni auprès du Régent ; conduite publique et sourdes cabales de Cellamare ; il cherche d'ailleurs à remuer le Nord contre l'Empereur.

Stairs sortit de son naturel insolent autant qu'il put, pour tâcher, par les exhortations et les représentations les plus douces, de persuader Cellamare, puis par les menaces en ne se contraignant plus. Ce manége fut inutile, Cellamare savoit trop bien que ce seroit se perdre auprès d'Alberoni que montrer la moindre inclination à la paix ; il n'avoit songé qu'à lui plaire dès le commencement de la fortune de ce premier ministre, il n'avoit garde de ne pas continuer. Il y étoit d'autant plus circonspect qu'il craignoit toujours de voir retomber sur lui la haine implacable d'Alberoni contre son oncle le cardinal del Giudice, à qui il ne cessoit de chercher des raisons et des prétextes de lui faire sentir des marques publiques de l'indignation qu'il inspiroit pour lui au roi d'Espagne. Il accusoit Giudice d'entretenir à Madrid des correspondances séditieuses et criminelles. On avoit même emprisonné quelques particuliers sous ce prétexte. Alberoni se plaignit à Cellamare que son oncle étoit incorrigible, et lui manda d'un ton d'amitié qu'il avoit fallu, du temps que Giudice étoit à Madrid, les bons offices de quelqu'un qu'il ne vouloit pas nommer, et la bonté des maîtres pour les empêcher de prendre contre lui des résolutions violentes. Leurs Majestés Catholiques, continuoit-il, étoient irritées de son opiniâtreté à différer d'obéir à leurs [ordres] d'ôter à Rome les armes d'Espagne de dessus la porte de son palais ; il en fit craindre les suites à Cellamare, et lui conseilla d'avertir son oncle de ne pas s'exposer plus longtemps à l'insulte de les voir arracher avec violence : il n'en falloit pas tant pour intimider Cellamare.

Le courroux d'Alberoni étoit d'autant plus à craindre que tout le monde le regardoit comme le maître absolu et unique de l'Espagne. Il laissoit au roi le seul extérieur de sa dignité royale, et sous son nom et sans lui disposoit absolument des affaires. Soir et matin le cardinal lui présentoit tous les jours une liasse de papiers qui demandoient sa signature. Quelquefois il disoit en peu de mots la substance de quelques affaires principales, mais jamais il n'entroit dans le détail, et jamais il n'en faisoit de lecture. Après un tel compte si superficiellement rendu, la stampille étoit apposée sur les expéditions. La maladie du roi étoit le prétexte de lui donner si peu de connoissance des affaires. Sur ce même prétexte, l'entrée de son appartement étoit interdite à tous ceux dont on vouloit juger que la présence lui donneroit la moindre contrainte. Il étoit donc réduit à passer ses jours entouré de médecins et d'apothicaires, et bannissant toute[1] autre cour, et se crevant toujours de manger, il s'amusoit les soirs à les voir jouer, ou de jouer avec eux. Ces sortes de gens ne faisoient point d'ombrage au cardinal, et ne pouvoient attaquer son pouvoir despotique. Tout autre personnage plus élevé lui étoit suspect. Il parut même qu'il commençoit à se défier du duc de Popoli, quoique le plus soumis et le plus rampant de ceux qui vouloient être considérés comme dépendants de lui. C'est qu'il ménageoit trop les Espagnols. Il fut même accusé d'avoir des liaisons secrètes avec quelques-uns des principaux de la nation. On alla jusqu'à dire qu'il inspiroit des sentiments peu favorables au prince des Asturies, dont il étoit gouverneur, pour le cardinal. Il y eut cependant lieu de croire dans les suites qu'ils s'étoient raccommodés.

Malgré le grand pouvoir d'Alberoni, malgré le respect

---

1. *Tout*, sans accord, au manuscrit.

que la cour de Rome a toujours témoigné pour les ministres en faveur, en quelque cour que ce soit, on peut encore ajouter malgré la déclaration publique de ce cardinal pour la constitution et contre les maximes de France, le Pape continuoit à lui refuser les bulles de Séville. Ce refus étoit fondé en apparence sur les raisons de se plaindre du gouvernement d'Espagne, en effet sur la crainte de déplaire aux Allemands. Alberoni même n'eut pas lieu d'en douter, car le Pape lui offrit secrètement de lui faire toucher les revenus de Séville s'il vouloit bien faire suspendre les instances du roi d'Espagne pour les bulles, et différer pendant quelque temps sa translation à cet archevêché. Cette complaisance pour les Allemands, qu'Alberoni traitoit de bassesse, n'étoit pas la seule qu'il reprochoit à Sa Sainteté. Retenue par la crainte de l'Empereur, elle n'osoit tenir la parole qu'elle avoit donnée à la cour d'Espagne d'y envoyer le neveu d'Aldovrandi porter le bonnet à Alberoni. C'étoit un nouveau sujet de plainte qu'Alberoni mettoit sur le compte de Leurs Majestés Catholiques, en faisant au Pape les compliments les plus soumis et les plus dévoués sur le sien. Mais le roi et la reine d'Espagne étoient inflexibles, et avoient, disoit-il, déclaré que nul autre que ce neveu d'Aldovrandi ne seroit reçu en Espagne pour apporter ce bonnet, et le cardinal Acquaviva eut ordre de faire entendre au Pape qu'on pourroit se porter à faire sortir son nonce de l'Espagne. Alberoni citoit le P. d'Aubanton pour premier témoin du peu qu'il s'en étoit fallu que cette résolution ne fût prise, et plaignoit le sort d'Aldovrandi. Le cardinal disoit que, si jamais le bref dont il étoit question arrivoit à Madrid, il donneroit le dernier coup pour achever la ruine de ce pauvre prélat qui avoit servi le Pape avec tant d'honneur et de probité, et tant d'utilité pour le saint-siége. Il lui rendoit témoignage de la préférence qu'il donnoit à son attachement pour le Pape à toute satisfaction personnelle, par les instances que ce nonce avoit faites à Leurs Majestés Catholiques de lui permettre de supplier Sa Sainteté de nommer tout autre que son neveu pour apporter cette barette, mais qu'elles avoient répondu que cette affaire n'étoit plus la sienne, mais la leur, et que toutes ses instances seroient inutiles. Alberoni, ne voulant pas se prendre directement au Pape de tous les mécontentements qu'il en avoit, attribuoit sa partialité pour les Impériaux aux conseils du cardinal Albane. Il l'accusoit de penser trop au présent, de s'aveugler sur l'avenir, de ternir la gloire du pontificat de son oncle au lieu de profiter des exemples passés qu'il avoit devant les yeux, qui suffisoient pour corriger les neveux des papes et les rendre sages. En même temps il cherchoit à gagner, mais par de simples compliments et des assurances de services, le cardinal Ottobon, neveu du feu pape Alexandre VIII, protecteur des affaires de France à Rome et vice-chancelier de l'Église.

Ottobon s'étoit attiré ces compliments par les avances qu'il avoit faites dans l'espérance de grossir, par le secours de l'Espagne, les grands revenus qu'il tiroit de France, soit en pensions ou en bénéfices qui sans compter ses charges à Rome et ses bénéfices en Italie, ne suffisoient pas encore à ses dépenses. Les neveux du Pape n'étoient pas moins avides que ceux qui les avoient précédés, ni moins sujets aux autres défauts que Rome avoit souvent reprochés à ceux que la fortune d'un oncle avoit élevés dans les premiers postes de l'État, et donnés comme en spectacle aux yeux du public. Le Pape, plein de bonnes intentions, principal auteur de la bulle contre le népotisme, faite par son prédécesseur, se flattoit que ses neveux, qu'il n'avoit pas voulu reconnoître, se feroient une loi inviolable d'imiter sa modération; mais ils ne pensoient pas comme lui. Les passions de toute espèce et le desir de profiter du temps présent, dérangeoient les conseils de leur oncle, et pour lui épargner des chagrins inutiles, on lui cachoit avec soin leur déréglement. Mais il étoit difficile que ces sortes de secrets fussent fidèlement gardés. On dit qu'une âme simple découvrit au

Pape le désordre de ses neveux; que le cardinal Albane
fut fort chargé; que don Alex., le troisième des frères, fut
dépeint avec des couleurs encore plus noires. Ils essayè-
rent de découvrir leur accusateur, et le soupçon répandu
sur plusieurs, tomba principalement sur le cardinal del
Giudice. Quoique dans un âge avancé, il se permettoit un
attachement de jeune homme pour la princesse de Carbognano, et lui seul ne remarquoit pas le ridicule que le
reste du monde voyoit évidemment dans ses empressements pour elle. Don Alex. Albane aimoit la connétable
Colonne; une querelle particulière entre ces deux dames
porta le cardinal del Giudice à venger la princesse de
Carbognano, en avertissant indirectement le Pape des
empressements de don Alex. pour la connétable Colonne.
Ce fut peut-être faussement qu'on accusa Giudice de cet
indigne personnage, car il avoit beaucoup d'ennemis; et
depuis qu'il étoit sorti d'Espagne, ceux qui vouloient
plaire au cardinal Alberoni ne l'épargnoient pas.

Acquaviva, traitant de frivoles les causes alléguées du
refus des bulles de Séville, entreprit de les détruire; il
prétendit que le roi d'Espagne avoit été obligé de tenir la
conduite qu'il avoit tenue pour arrêter les pratiques de
ses sujets rebelles, et empêcher les troubles qu'ils vouloient exciter dans son royaume sous ombre de la juris-
diction et des immunités ecclésiastiques, et que, quand
même son ministre Alberoni lui auroit donné de mauvais
conseils là-dessus, cette raison n'en étoit pas une de lui
refuser des bulles, puisqu'elles ne le pouvoient être dans
les règles que pour mauvaises mœurs ou mauvaise doctrine. Il ajouta que si le Pape tenoit consistoire sans y
proposer l'archevêque de Séville, il protesteroit publiquement, et qu'il appelleroit en cause tous les princes qui
ont droit de nommer aux bénéfices de leurs États, que
cette affaire ne regardoit pas moins que le roi d'Espagne.
Ce mémoire, qu'Acquaviva fit remettre au Pape, fut
accompagné de menaces de rupture et de protestations
dont il fut fort irrité. Il refusa le délai du consistoire,

parce qu'il y falloit proposer l'évêché de Nankin, en expédier les bulles, les envoyer diligemment à Lisbonne où les vaisseaux destinés pour les Indes étoient prêts à faire voile. Il dit qu'il proposeroit Séville quand le roi d'Espagne lui auroit donné satisfaction sur ses sujets de plaintes ; et comme il craignit qu'Acquaviva ne rendît pas un compte assez fidèle de ce qu'il lui avoit fait dire, il chargea particulièrement son nonce à Madrid de bien expliquer ses intentions à Alberoni ; que ce n'étoit pas un refus, mais un délai pour lui donner le temps d'agir auprès du roi d'Espagne pour lui procurer, de Sa Majesté Catholique, les justes satisfactions qu'il attendoit de sa piété ; en même temps de bien faire entendre qu'il ne consultoit en cela que sa conscience, et nullement la satisfaction des Allemands, en faisant de la peine au roi d'Espagne, comme Acquaviva le lui avoit fait reprocher.

Ce dernier cardinal, également insensible aux plaintes et aux justifications du Pape, fondé sur quelques exemples de protestations en pareil cas, et récemment en 1710, à l'occasion d'une translation de l'archevêque de Saragosse à l'archevêché de Séville, fit remettre l'acte de sa protestation entre les mains de l'auditeur du Pape, par Herrera, auditeur de rote pour la Castille. Le Pape, qui avoit auparavant dit à Acquaviva qu'il pouvoit protester, ne laissa pas d'être fort irrité. Il prétendit qu'il y avoit plusieurs propositions fausses dans ce que ce cardinal avançoit dans sa protestation, et déclara qu'il avoit résolu de disposer des revenus de Séville si utilement, que personne ne pourroit dire qu'il en engraissât la chambre apostolique, ni fait[1] un usage contraire aux saints canons. Il fit remettre à Acquaviva une réponse par écrit à sa protestation, dont le point principal alloit à faire voir que les papes ne sont pas obligés d'admettre les nominations des princes dans un consistoire plutôt que dans un autre. Acquaviva répondit à cet article qu'il étoit vrai que le

---

1. Ni qu'il en eût fait.

Pape n'étoit pas obligé à tenir un consistoire le jour même qu'une nomination lui étoit présentée ; mais que, lorsqu'il tenoit consistoire, il ne pouvoit, sans donner de grands sujets de plaintes légitimes, différer l'effet de la nomination, à moins qu'il n'y eût des empêchements canoniques ; autrement, qu'il ne tiendroit qu'à lui d'éluder les grâces que les princes faisoient à leurs sujets, et par conséquent il disposeroit indirectement des bénéfices dans les royaumes et dans les pays étrangers. Ce cardinal se plaignit de plus que le Pape lui avoit manqué de parole. La conduite de Sa Sainteté envers l'Espagne lui sembla pleine d'ingratitude, car il paroissoit en ce même temps un grand empressement de plaire à Rome de la part de quelques évêques d'Espagne, et celui de Badajos s'étoit signalé ; ce qui n'empêchoit pas sa partialité pour les Impériaux marquée dans les plus grandes comme dans les plus petites affaires.

Falconieri, gouverneur de Rome, fort impérial, voulant montrer de l'égalité, fit passer des sbires aux environs du palais de l'Empereur, puis autour du palais d'Espagne. Cette dernière marche produisit une querelle. Un des soldats qu'Acquaviva y entretenoit pour se garantir des violences des Allemands fut arrêté et mis en prison par les sbires. Acquaviva en demanda satisfaction. Il eut pour réponse qu'elle étoit faite par la délivrance du prisonnier. Piqué contre le Pape, et connoissant son caractère timide et foible, il crut devoir repousser la force contre la force, et se venger sur les auteurs de l'emprisonnement de son soldat, si la satisfaction qu'il en avoit demandée ne lui étoit accordée de bonne grâce. Il en demanda la permission en Espagne, et en l'attendant il résolut d'augmenter les gardes du palais d'Espagne, et de le mettre en état de défense s'il étoit attaqué. Il crut aussi qu'il étoit bon pour le service du roi d'Espagne, d'entretenir cette querelle, les princes ayant toujours besoin de prétextes pour rompre, quand il leur convient d'en venir à cette extrémité. La France avoit fait insérer les droits de la maison

Farnèse dans le traité de Pise, conclu pour satisfaire à l'insulte faite par les Corses de la garde du Pape au duc de Crequy, ambassadeur de France. On pouvoit peut-être tirer de grands avantages de la foiblesse de cette cour toujours éloignée d'accorder des satisfactions, mais souple et disposée à souffrir patiemment toutes les impertinences que les étrangers lui veulent faire supporter. C'étoit ainsi qu'Acquaviva s'en expliquoit, et il en donnoit pour exemple l'issue de l'emprisonnement du comte de Peterborough. Quoique Alberoni pensât aussi de même, la conduite du roi d'Espagne n'étoit pas uniforme à l'égard de Rome. En même temps qu'il soutenoit ses droits avec fermeté, et qu'il étoit sur le point de rompre avec Rome, plutôt que d'en souffrir quelque atteinte à la prérogative de sa couronne, ce prince avoit reçu l'absolution, qu'il avoit eu la foiblesse de faire demander secrètement au Pape, des censures que Sa Sainteté prétendoit qu'il avoit encourues pour avoir violé par ses décrets l'immunité ecclésiastique.

En même temps le conseil de Castille prenoit feu sur les affaires de Rome. Les amis et les protecteurs de Macañas, autrefois procureur général, ils disent fiscal, de ce conseil, faisoient de grands mouvements pour qu'il lui fût permis de retourner à Madrid, d'où il avoit été chassé pour avoir signalé son zèle et sa capacité à soutenir les droits du roi d'Espagne contre les prétentions de Rome, par des écrits d'autant plus désagréables a cette cour qu'ils étoient pleins de raisons et de preuves solides pour maintenir la cause qu'il défendoit. Le grand nombre et la considération de ses amis alarma Aldovrandi. Il craignit les suites de leur union et de leurs représentations. Il paroissoit déjà quelques écrits capables d'altérer la soumission sans bornes que les Espagnols avoient pour la cour de Rome. Ces questions étoient mauvaises à traiter dans un pays où on avoit toujours regardé comme un crime de former des doutes, encore plus des disputes sur la plénitude de puissance et sur l'infaillibilité du

Pape. Aldovrandi, dont la politique avoit toujours été de s'appuyer pour avancer sa propre fortune du crédit du premier ministre, eut recours à lui pour arrêter le cours du mal qu'il prévoyoit, et représenta au Pape le besoin qu'il avoit de ménager un homme aussi puissant, qui avoit toujours été zélé pour le saint-siége, dont l'autorité seule pouvoit faire cesser des maux naissants qu'on auroit peine à arrêter dans la suite, lequel pouvoit enfin se dégoûter par les traitements personnels qu'il recevoit de Sa Sainteté, et grossir aisément au roi d'Espagne les sujets de plaintes qu'il croyoit avoir d'elle.

Acquaviva venoit de recevoir deux ordres d'Espagne qui embarrassoient le Pape : l'un de lui déclarer que, s'il accordoit au marquis de Sainte-Croix les honneurs de grand d'Espagne, dont l'Empereur lui avoit nouvellement conféré le titre, Sa Majesté Catholique regarderoit cette complaisance comme un nouveau sujet de dégoût et de plainte; l'autre regardoit l'ordre que le roi d'Espagne avoit donné au cardinal del Giudice d'ôter de dessus la porte de son palais les armes d'Espagne qu'il y avoit, comme étant de la faction d'Espagne. Le Pape avoit montré de la pente à favoriser ce cardinal. Il entroit dans les plaintes qu'il faisoit de la malice d'Alberoni et d'Acquaviva, et les accusoit de s'être liés ensemble pour attaquer son honneur et sa fidélité, et disoit qu'après avoir fait ses efforts[1] de se procurer le repos, il tâcheroit enfin de se faire entendre, si ses ennemis prétendoient le pousser à bout. Pour se venger d'Alberoni, il se déchaînoit contre la chimère de ses projets, qui embraseroient l'Italie sans fruit pour le roi d'Espagne, parce que la France, qui, à quelque prix que ce fût, vouloit conserver la paix, n'entreroit pas dans ses desseins, tandis que, d'intelligence avec le Régent, il vendoit son maître pour l'obliger à confirmer ses renonciations à la couronne de France. Acquaviva, non moins ardent de son côté,

1. Les mots *fait ses efforts* sont écrits en interligne, au-dessus de *tâché* biffé.

accusoit Giudice de s'entendre avec la France par le cardinal de la Trémoille, qui avoit été longtemps son plus intime ami. Il sut en effet par cette voie que Giudice avoit écrit au Régent qu'il l'avoit supplié d'envoyer et d'appuyer auprès du roi d'Espagne la lettre qu'il écrivoit à ce monarque pour lui rendre compte de sa conduite et se justifier des accusations faites contre lui. Le sentiment d'Acquaviva étoit de lui renvoyer sa lettre sans l'ouvrir et passer en même temps un décret dans les conseils d'Espagne pour le déclarer coupable de désobéissance, et l'arrêter si jamais il étoit trouvé en pays de l'obéissance du roi d'Espagne. Comme la haine d'un Italien ne se borne pas aisément, Acquaviva vouloit que toute la famille de Giudice se ressentît de sa faute. Il proposa de procéder directement contre Cellamare, protestant cependant par bienséance qu'il ne pouvoit le croire capable de manquer de fidélité, quoique son oncle fût dans la disgrâce, et qu'il attendît tout son bien de la part de la France. Après les avoir attaqués l'un et l'autre sur l'honneur, la fidélité, les qualités les plus essentielles, il continua d'attaquer encore Giudice sur des sujets moins importants. Il prétendit qu'ayant passé quelques jours à la campagne avec don Alex. Albane, il l'avoit trouvé persuadé que Giudice étoit l'auteur des mauvais offices qu'on lui avoit rendus auprès du Pape, à l'occasion de quelques galanteries avec la connétable Colonne. La guerre étoit devenue plus vive entre elle et la princesse de Carbognano, et l'extravagance de ces deux femmes préparoit Acquaviva au plaisir de voir entre elles des scènes dont Giudice et son neveu le prélat seroient les victimes, parce que le Pape, suivant sa coutume, après avoir été mécontent de ses neveux, se raccommodoit facilement avec eux.

Giudice, de son côté, tâchoit d'inspirer à la cour d'Espagne des soupçons sur la fidélité d'Acquaviva. Un de ses neveux dans la prélature parut à un bal que donnoit l'ambassadeur de l'Empereur; cela donna lieu à

Giudice de publier qu'il y avoit bien des réflexions à faire sur l'inclination que de tout temps Acquaviva avoit témoignée pour le parti impérial, et sur les sentiments qu'il conservoit, quoique les instances qu'il avoit faites par le prince d'Avellino pour se réconcilier avec la cour de Vienne n'eussent pas été admises. Alberoni se défioit presque également de ces deux cardinaux. Le caractère de son esprit et de son pays ne lui permettant pas d'avoir en qui que ce soit une confiance absolue, toute la différence qu'il mettoit entre l'un et l'autre étoit qu'Acquaviva servant actuellement le roi d'Espagne, et voulant obtenir des grâces pour sa famille, ménageoit le premier ministre ; qu'il ne devoit, au contraire, attendre nul ménagement de Giudice, déclaré son ennemi capital. Mais il s'agissoit alors d'affaires plus importantes pour l'Espagne que celles des querelles et des passions particulières de ces cardinaux. On étoit au commencement de mars, le printemps s'approchoit : Alberoni redoubloit ses soins et son application pour hâter les préparatifs de guerre que le roi d'Espagne faisoit par terre et par mer.

Il n'étoit plus douteux qu'il ne voulût tenter le sort des armes ; il ne l'étoit pas aussi que l'Italie n'en fût l'objet, mais il étoit incertain quelle partie d'Italie ce projet pouvoit regarder. On commençoit à croire que c'étoit le royaume de Naples. Le soin que la cour eut d'en appuyer sourdement le bruit confirma del Maro dans ses premiers soupçons que c'étoit la Sicile qu'Alberoni vouloit envahir. D'autres parloient de Livourne et du duc de Berwick, pour en commander l'expédition, si la France en étoit d'accord ou vouloit bien seulement fermer les yeux. Parmi ces divers bruits, Alberoni laissoit en suspens toutes les affaires que l'Angleterre poursuivoit en Espagne. Il ne s'expliquoit point sur le traité que le roi d'Angleterre proposoit, et comme il prévoyoit des dispositions de la cour d'Angleterre qu'il auroit bientôt lieu de se plaindre d'elle, il suspendoit toutes les affaires particulières qui regardoient le commerce de cette nation. Comme il ne

vouloit pas encore faire paroître qu'il fût directement
opposé au traité, il chargea Monteleon de dire à l'abbé
du Bois, lors à Londres, qu'il prendroit une entière confiance en Nancré quand il seroit à Madrid ; qu'il souhaitoit aussi que l'abbé du Bois sortît avec honneur et gloire
de la négociation qu'il avoit entreprise ; mais que ce qu'il
feroit seroit inutile s'il n'assuroit un parfait équilibre à
l'Europe. Monti, ami particulier d'Alberoni, eut en même
temps ordre d'assurer le Régent que Nancré, venant de
sa part en Espagne, y seroit le bienvenu, et qu'on écouteroit ses commissions. C'étoient des compliments. Alberoni avertit Cellamare que les réponses qu'il avoit faites
de la part du roi d'Espagne, seroient les mêmes que
Nancré recevroit à Madrid, en sorte qu'il y trouveroit,
pour ainsi dire, le double de Cellamare ; que l'Angleterre
avoit pris une mauvaise habitude aux conférences
d'Utrecht, et que séduite par la douceur qu'elle avoit
trouvée à régler le sort de l'Europe, elle se croyoit en
droit de dépouiller et de revêtir à sa fantaisie les princes
de différents États ; car il jugeoit que tout accommodement entre l'Empereur et le roi d'Espagne ne seroit que
plâtré, et qu'il n'étoit proposé que par ceux qui croyoient
que cette apparence de pacification convenoit à leurs fins
particulières. Il prétendoit même que la cour de Vienne
étoit peu satisfaite du projet du roi Georges ; qu'elle
reprochoit à ce prince de proposer de vains accommodements au lieu de satisfaire aux engagements qu'il avoit
contractés de secourir l'Empereur quand ses États d'Italie
seroient attaqués. Alberoni comptoit beaucoup sur la
nation angloise, intéressée à maintenir l'union et le commerce avec l'Espagne, et nullement à contribuer par des
ligues à l'agrandissement de l'Empereur.

Comme il falloit l'empêcher de surprendre des places
qui pouvoient le plus étendre et affermir sa puissance
en Italie, il fit remettre à Gênes vingt-cinq mille pistoles
à la disposition du duc de Parme, pour mettre Parme et
Plaisance hors d'insulte et d'entreprise, exhortant le duc

de Parme, dont il regardoit chèrement les intérêts, de travailler à ses places avec tant de sagesse qu'il ne donnât aucune prise aux Impériaux de lui faire querelle sur ses justes précautions. Il accompagna cela des discours les plus pacifiques. Monteleon eut ordre de dire à l'abbé du Bois qu'apparemment le conseil qu'il avoit donné au Régent n'avoit pas été suivi, puisqu'il n'avoit rien communiqué au roi d'Espagne, aucune des conditions du traité que la France et l'Angleterre avoient remis à l'Empereur pour l'examiner; que néanmoins Son Altesse Royale auroit dû se souvenir de la déférence que Sa Majesté Catholique avoit eue pour elle en suspendant au mois d'août dernier l'exécution infaillible de ses projets (on a déjà remarqué ailleurs que l'embarquement ne s'étant pu faire à temps à Barcelone par faute d'une infinité de choses, Alberoni en avoit couvert l'impuissance d'une complaisance, après laquelle il courut, et qu'il se seroit bien gardé d'avoir s'il avoit pu exécuter ce qu'il avoit projeté); que le roi d'Espagne avoit eu la complaisance de laisser à la France et à l'Angleterre le temps de lui procurer une juste satisfaction, et d'assurer l'équilibre; que sept mois passés sans la moindre probabilité de parvenir à cette fin avertissoient suffisamment l'abbé du Bois de procéder dans sa négociation avec plus de précaution qu'il n'avoit fait jusqu'alors, puisqu'il étoit évident que l'unique objet de l'Empereur étoit de tirer les choses en longueur jusqu'à ce qu'il vît quel pli prendroit la négociation de la paix avec le Turc. Alberoni ajoutoit force raisonnement[1], historiques et politiques, à mettre dans la bouche de Monteleon pour l'abbé du Bois, afin de lui inspirer toute la crainte possible de la grandeur de l'Empereur, et tout le desir de joindre la France à l'Espagne pour s'y opposer.

Pendant que le premier ministre d'Espagne déclamoit ainsi contre la conduite et la politique du Régent, les

---

1. Il y a bien *raisonnement*, au singulier.

ministres d'Angleterre se plaignoient, de leur côté, de l'opiniâtreté de ce prince à demander des conditions trop avantageuses pour le roi d'Espagne, et surtout de la manière dont il insistoit sur la succession de la Toscane. Cet article étoit celui qui déplaisoit le plus à Vienne, à qui les agents que le roi d'Angleterre employoit dans cette négociation étoient entièrement dévoués et livrés ; l'un étoit Saint-Saphorin, Suisse, dont il a déjà été parlé plusieurs fois, qui résidoit à Vienne avec commission de Sa Majesté Britannique ; le second étoit Schaub, Suisse aussi, et du canton de Bâle, qui avoit été secrétaire du comte de Stanhope. Outre ces deux personnages, Robetton, réfugié françois, en qui le roi d'Angleterre témoignoit beaucoup de confiance, avoit une part intime dans la négociation. On croyoit que Schaub et Saint-Saphorin recevoient pension de l'Empereur ; mais soit que ce bruit fût vrai ou non, il est certain que ces trois hommes blâmoient également le Régent de n'être pas assez complaisant pour les prétentions et les demandes de la cour de Vienne, et qu'ils répétoient souvent qu'il ne devoit pas espérer de conclure, si, persistant à soutenir l'Espagne, il laissoit le temps à l'Empereur de signer la paix avec les Turcs. Ils disoient que les Allemands se défioient de la fermeté du Régent ; que le prince Eugène particulièrement, plus éclairé qu'un autre, relevoit tous les pas qu'il faisoit en faveur de l'Espagne ; que Bonac, ambassadeur de France à la Porte, cabaloit pour empêcher les Turcs de faire la paix ; que ses démarches étoient si publiques que le comte de Königseck auroit ordre de s'en plaindre au nom de l'Empereur, et même d'en demander satisfaction. Ils ajoutoient que le Régent, non content de faire agir l'ambassadeur de France à Constantinople, avoit de plus donné au roi d'Espagne un officier françois pour le faire passer en Turquie, et pour y seconder, de la part de l'Espagne, les manéges de Bonac ; qu'il falloit donc conclure de ce procédé peu sincère que les branches de la maison de France seroient toujours unies entre elles, et constamment liées contre les puissances qui pourroient leur faire ombrage. Ils blâmoient la mauvaise foi de la cour de France, et vantoient la candeur et la droiture de celle de Vienne, et reprochoient au Régent les choses où il n'avoit point de part; par exemple qu'un officier grison, nommé Salouste, autrefois dans le service du Roi, étoit alors dans son pays, qu'il y avoit été envoyé par le duc du Maine, et que, sous son nom, cet officier travailloit à renouveler en faveur du roi d'Espagne le capitulat de Milan, même à lever un régiment grison pour le service de Sa Majesté Catholique. Non-seulement la cour de Vienne se plaignoit de ces envois, où certainement le Régent n'avoit nulle part, mais elle prétendoit encore que l'abbé du Bois, pendant le séjour qu'il avoit fait à Paris, s'étoit laissé gagner ou intimider par la faction espagnole. Saint-Saphorin avertit la cour d'Angletere que l'abbé du Bois n'auroit plus à son retour à Londres le même empressement de conclure; que s'il pouvoit même, il feroit naître des incidents au traité. Quoique ces soupçons fussent contraires à la vérité, mais même à la vraisemblance, il arriva cependant que, l'abbé du Bois étant de retour à Londres, Monteleon et lui parurent contents l'un de l'autre et agir de concert.

Monteleon desiroit en effet que le roi son maître prît de nouveaux engagements avec l'Angleterre plutôt que de rompre avec cette couronne. Il le souhaitoit, et pour l'intérêt du roi d'Espagne et pour le sien propre; mais il n'osoit déclarer ses sentiments trop ouvertement au cardinal Alberoni, dont les sentiments opposés au traité lui étoient parfaitement connus. Il tâchoit donc de le ramener avec adresse, et pour y réussir, il lui dépeignoit l'abbé du Bois comme plein de bonnes intentions pour les intérêts du roi d'Espagne. Monteleon comptoit sur les assurances qu'il en avoit reçues que le Régent n'approuveroit ni ne déclareroit les conditions du projet de traité avant de savoir les intentions de Sa Majesté Catholique, voulant prendre avec elle les mesures les plus convenables pour en assurer le succès ; que c'étoit dans ce dessein que Nancré étoit envoyé en Espagne. L'abbé du Bois supposoit qu'une ou deux conversations entre Alberoni et Nancré suffiroient pour établir entre eux une confiance telle, qu'on pourroit prendre un point fixe sur les conditions d'un accommodement raisonnable, et convenir des moyens d'employer la force des armes si la cour de Vienne ne vouloit pas entendre à la négociation. Il regrettoit cependant le temps qu'il laissoit échapper, se plaignant de perdre chaque jour du terrain auprès des ministres anglois, et des moments d'autant plus précieux qu'il est plus nécessaire que partout ailleurs de profiter de l'occasion, à cause de l'inconstance de la nation, très-conforme à son gouvernement. L'abbé du Bois se plaignoit encore à Monteleon du trop d'égard que les ministres d'Hanovre avoient pour la cour de Vienne, de la foiblesse et de la variété de sentiment des ministres anglois toujours prêts à changer suivant leurs intérêts particuliers. Il lui confia que Stanhope étoit le seul qui osât présentement soutenir ouvertement les raisons de l'Espagne, et dire que l'Angleterre ne lui devoit jamais donner de justes soupçons ni sujet de mécontentement à cause des inconvénients qui pouvoient en résulter pour le commerce, qui étoit l'idole de la nation.

Monteleon faisoit bon usage de ces confidences, car en les rapportant, il insinuoit sous le nom d'un autre l'avantage que le roi d'Espagne trouveroit à concilier ses intérêts avec les idées des médiateurs. Il représentoit que, si Sa Majesté Catholique pouvoit convenir d'un projet avec Nancré, assurer dans sa branche les successions de Parme et de Toscane, elle mettroit l'Empereur dans son tort, parce que jamais les ministres de ce prince n'accepteroient rien de raisonnable ; qu'en ce cas l'Espagne, unie avec la France et le roi de Sicile, auroit, non-seulement toute la justice de son côté, mais que de plus elle employeroit librement les armes pour forcer les Allemands à sortir d'Italie, et que l'Angleterre, perdant tout prétexte de se mêler de la querelle, seroit obligée de demeurer neutre et indifférente. Monteleon ajoutoit que si l'Espagne vouloit faire la guerre en Italie, il seroit de la dernière importance de la commencer avant que celle d'Hongrie fût achevée. Il lui conseilloit encore d'apaiser les plaintes des marchands anglois sur le commerce d'Espagne, afin d'engager la nation à s'opposer plus fortement dans les séances du Parlement aux résolutions qu'on pourroit y proposer à prendre au préjudice de l'Espagne. Il soutint assez longtemps sans se rebuter les reproches d'Alberoni, et l'impatience que lui causoient des conseils si directement opposés à ses vues. Monteleon, quoique sûr de ne pas plaire, osa représenter que l'abbé du Bois lui avoit répété les mêmes choses qu'il lui avoit déjà dites sur les intérêts du roi d'Espagne, qu'il continuoit à prier le cardinal Alberoni, pour le bien du service de Sa Majesté Catholique, de traiter confidemment avec Nancré, comme sûr de la sincérité de ses intentions. L'abbé du Bois assuroit en même temps que Nancré avoit les instructions nécessaires pour satisfaire Sa Majesté Catholique, et pour concerter avec elle les moyens d'employer la force, si Vienne rejetoit les conditions qu'on avoit jugé à propos de lui proposer. Monteleon tâcha de faire voir que la conjoncture étoit d'autant plus favorable et d'autant plus précieuse à ménager qu'il venoit d'apprendre de l'abbé du Bois que depuis peu de jours les ministres d'Angleterre commençoient enfin à comprendre qu'ils ne devoient espérer de la part de l'Empereur aucun accommodement raisonnable. Il laissoit donc envisager l'avantage que l'Espagne retireroit de la complaisance qu'elle auroit témoignée à la France et à l'Angleterre, si le roi d'Angleterre, justement irrité des tours et des refus de la cour de Vienne, laissoit agir le roi d'Espagne et ses alliés.

Le duc de Lorraine, si anciennement, si particulièrement, si totalement attaché à la maison d'Autriche, étoit le prince qu'on ne pouvoit douter qu'elle n'eût en vue de préférer pour la succession de Parme et de Toscane, quoique elle ne laissât pas de leurrer le duc de Modène de cette expectative. Penterrieder, à Londres, parloit plus franchement à l'envoyé de Sicile, à qui il dit que son maître ne devoit compter sur l'Empereur qu'autant qu'il lui restitueroit le bien qu'il lui détenoit, la Sicile, qui étoit un royaume uni à celui de Naples, qui pour leur sûreté réciproque devoient être possédés par le même maître; qu'il falloit donc de deux choses l'une, que son maître tâchât d'acquérir Naples, ou l'Empereur la Sicile; que l'Angleterre se repentoit de l'avoir procurée à son maître, et qu'elle y remédieroit si ce prince si habile ne savoit pas se faire un mérite d'une chose qu'il ne pouvoit empêcher, qui d'ailleurs étoit juste, mais dont l'Empereur vouloit bien cependant lui avoir encore obligation, avantage qu'il devoit d'autant moins négliger, qu'il ne seroit plus temps d'offrir le sacrifice de la Sicile, quand la France et l'Espagne se seroient unies ensemble, comme elles étoient peut-être sur le point de faire pour la lui enlever. Ainsi parloit le ministre de l'Empereur, employé à Londres pour la négociation de la paix et pour la conclusion du traité qui devoit assurer la parfaite tranquillité de l'Europe. Il y ajoutoit de temps en temps des discours capables d'inspirer au roi de Sicile, naturellement défiant, de grands soupçons de la bonne foi du Régent. Il disoit, entre autres, que pendant son séjour en France il avoit souvent remarqué par lui-même que les dispositions du Régent pour le roi de Sicile n'étoient rien moins que favorables; que depuis qu'il étoit à Londres, il savoit certainement que le roi de Sicile ne devoit nullement compter sur ce prince. Si la Pérouse étoit assez frappé de ce discours pour inspirer à son maître la défiance du Régent, il ne se reposoit pas davantage sur les dispositions de l'Angleterre, croyant remarquer dans la nation angloise un tel éloignement pour la guerre, que jamais elle ne s'y détermineroit en faveur de l'Empereur, encore moins contre l'Espagne. Comme il paroissoit cependant que tout tendoit à une rupture entre l'Angleterre et l'Espagne. L'opinion publique étoit que le ministère de Georges attendroit la séparation du Parlement avant d'engager ce prince à cette résolution, pour éviter toute contradiction dans un pays obéré de dettes, plein de divisions intérieures, et d'ailleurs fort attaché au commerce.

Le bruit public annonçoit aussi la destination de l'escadre pour agir dans la Méditerranée en faveur de l'Empereur. Monteleon en étoit persuadé; mais il croyoit que cela dépendroit du succès de la négociation de Nancré, et que le ministère d'Angleterre souhaitoit qu'elle réussît pour éviter cette dépense et une rupture opposée au goût général de la nation. Il essayoit de faire comprendre à Alberoni que la paix étoit entre ses mains; que l'Angleterre n'avoit nulle mauvaise intention contre le roi d'Espagne; qu'il étoit le maître d'assurer le repos de l'Europe et de former pour l'avenir une alliance étroite avec l'Angleterre; mais ces insinuations furent inutiles. Cellamare, au contraire, bien assuré des pensées d'Alberoni, n'avoit nulle opinion du voyage de Nancré, et les ministres étrangers, attentifs à découvrir le caractère de ceux qu'ils pratiquent, avoient observé qu'il ne falloit pas toujours compter sur ce que disoit Monteleon; que souvent il se servoit de son esprit pour faire prendre aux autres de fausses idées; qu'on ne pouvoit compter de savoir la vérité de lui qu'autant qu'elle lui échappoit malgré lui-même, par la vivacité de la conversation ou de la dispute, ou bien à force d'encens, qu'il recevoit avec plaisir, ou par les louanges qu'il cherchoit souvent à se donner.

Quelques princes d'Italie, alarmés du projet de traité dont les conditions n'étoient pas encore publiques, crurent devoir s'en informer à Londres, et y représenter leurs droits et leurs intérêts. Corsini y étoit déjà passé de la part du grand-duc, et le duc de Parme y envoya le même Claudio Ré, ce secrétaire qu'il y avoit auparavant employé, et aux conférences d'Utrecht. Corsini représenta qu'il seroit contraire à l'honneur, aux droits, à la souveraineté de son maître de faire des démarches anticipées sur sa succession. Le penchant de cet envoyé, ainsi que de toute la noblesse de Florence, étoit que leur patrie reprît son ancienne forme de république, si la ligne du grand-duc venoit à s'éteindre. Ils espéroient même y être aidés par la maison d'Autriche qui éluderoit par là les droits de la maison Farnèse, par conséquent les prétentions des enfants de la reine d'Espagne.

Monteleon eut ordre de renouveler les déclarations qu'il avoit déjà faites de sortir d'Angleterre si l'escadre angloise passoit dans la Méditerranée, ce que le roi d'Espagne regarderoit comme rupture; ce qu'il ne pouvoit plus traiter comme bruits sans fondement par les préparatifs qui se faisoient à Naples et à Lisbonne pour lui fournir des vivres. Avant que d'exécuter ces ordres, l'ambassadeur en fit la confidence à Stanhope, qui lui dit que cette déclaration lui paroissoit trop forte, d'ailleurs hors de saison, parce que la nouvelle des préparatifs de Naples et de Lisbonne étoit tout à fait fausse, et que, si le roi d'Angleterre envoyoit une escadre dans la Méditerranée, cela ne signifioit pas qu'il voulût agir contre le roi d'Espagne, parce que l'Angleterre pouvoit avoir aussi ses intérêts particuliers et que personne n'étoit en droit ni en pouvoir de lui ôter la faculté et la liberté d'envoyer ses escadres où bon lui sembloit; que le départ et la route de cette escadre dépendoit de l'issue de la négociation présente; que si le roi d'Espagne examinoit bien ses intérêts, il trouveroit des avantages réels et solides dans le projet du traité qui lui avoit été communiqué, et qu'en ce cas une escadre angloise dans la Méditerranée, loin de lui faire ombrage, lui seroit utile et deviendroit peut-être à craindre pour ses ennemis. Stanhope ajouta, comme un avertissement qu'il donnoit en ami à Monteleon, que s'il exécutoit aveuglément les ordres qu'il avoit reçus, ils produiroient peut-être un effet tout contraire à ses intentions; que la déclaration positive qu'il prétendoit faire seroit regardée comme une menace et comme marque d'inconsidération[1] pour l'Angleterre ; qu'il pourroit arriver que la réponse seroit peu agréable ; qu'elle engageroit deux puissances amies à se défier l'une [de] l'autre, enfin à rompre sans sujet et sans nécessité. Monteleon lui répondit que ses ordres ne lui laissoient de liberté que sur la manière de les exécuter ; qu'il le feroit par écrit, qu'il s'expliqueroit en forme de plainte tendre d'un ami à son ami, sans toutefois altérer la force des raisons qu'il devoit employer et des protestations qu'il avoit ordre de faire, surtout celle de se retirer si l'escadre avoit ordre de passer dans la Méditerranée.

Malgré sa résistance conforme aux intentions et aux ordres qu'il recevoit d'Alberoni, il étoit intérieurement persuadé que les conseils de Stanhope étoient bons, mais il n'osoit ni l'avouer ni laisser croire en Espagne que ce fût son sentiment. Il biaisoit pour ne pas déplaire, et sa ressource étoit de représenter dans toute sa force, même d'ajouter à ce que Stanhope pouvoit lui dire, pour faire comprendre que le roi d'Espagne prendroit un mauvais parti s'il rompoit avec le roi d'Angleterre et s'il refusoit de souscrire au traité. Stanhope assura que l'Empereur ne l'accepteroit pas ; il dit même qu'il pourroit arriver que ses ministres s'expliqueroient en termes durs et désagréables ; que le refus de la cour de Vienne précéderoit peut-être la réponse du roi d'Espagne. Monteleon ne perdit pas cette occasion de représenter à Alberoni que si le roi d'Espagne suspendoit au moins sa réponse jusqu'à ce qu'on sût en Angleterre le refus de l'Empereur, il pourroit profiter de la dureté de la cour de Vienne pour engager la France et l'Angleterre à se joindre à l'Espagne, et prendre de concert les mesures nécessaires pour assurer la tranquillité de l'Europe.

L'abbé du Bois comptoit d'avoir fait beaucoup, et, comme disoit Monteleon, d'avoir surmonté les mers et

---

1. Le manuscrit porte : *comme manque d'inconsidération*, mais *d'inconsidération* y corrige *de considération*.

les montagnes en réduisant l'Angleterre à consentir à la disposition des successions de Parme et de Toscane en faveur des descendants de la reine d'Espagne. En effet, cette disposition étoit la seule du projet dont l'Empereur pût être blessé. L'idée d'ériger la Toscane en république, si desirée des Florentins, n'auroit pas été contredite à la cour de Vienne, mais le projet dont l'Empereur étoit le plus flatté étoit celui d'assurer la Toscane au duc de Lorraine, pour l'indemniser du Montferrat, donné par les alliés au duc de Savoie pendant la dernière guerre, dont l'Empereur avoit promis un dédommagement au duc de Lorraine, reconnoissant comme valables les droits de ce prince sur cet État. Ainsi Monteleon laissoit entrevoir au cardinal ce que le roi d'Espagne pouvoit espérer de l'alliance qu'on lui proposoit et ce qu'il avoit à craindre du refus de l'accepter. Il ajouta même à ces représentations indirectes qu'il avoit découvert par les discours de l'abbé du Bois que les ombrages du Régent sur les renonciations n'étoient pas dissipés. Il conclut de cette découverte que le cardinal auroit le champ libre pour satisfaire Son Altesse Royale sur cet article, et pour l'engager à s'intéresser encore plus en faveur du roi d'Espagne. Monteleon, persuadé qu'il étoit de l'intérêt de son maître de demeurer uni avec l'Angleterre, n'eut garde d'appuyer les bruits des mouvements où bien des gens s'attendoient dans ce royaume, répandus par les jacobites, d'une entreprise concertée pour le Prétendant avant la fin de mai. Ceux même qui étoient le plus dans le sein de la cour, aussi bien que les ennemis du gouvernement, appuyoient l'opinion d'un projet concerté contre l'Angleterre entre le Czar et le roi de Suède. Enfin, il n'y avoit sorte de propos positifs qu'on ne tînt sur une révolution prochaine. Comme Stanhope reprit alors sa charge de secrétaire d'État et remit les finances, on dit avec raison que son objet étoit de suivre Georges en Allemagne, où l'un et l'autre aimoient mieux être pendant la révolution, et de demeurer auprès de lui dans un temps où il auroit autant de besoin d'avoir des ministres fidèles. Sunderland, qui lui céda sa charge de secrétaire d'État, fut fait président du conseil et premier commissaire de la trésorerie. L'autre charge de secrétaire d'État fut ôtée à Addison et donnée à Craggs. Ainsi les ministres changèrent dans un temps où la fidélité devenoit douteuse dans une conjoncture où l'intérêt du commerce soulevoit l'esprit général de la nation contre la rupture avec l'Espagne.

Alberoni, pour augmenter l'alarme, ordonna au chevalier Éon, directeur de l'*assiento*[1], de faire à la compagnie du Sud la même déclaration que Monteleon avoit faite aux ministres de Georges, et d'informer en même temps cette compagnie de deux avantages nouveaux que le roi d'Espagne vouloit bien lui accorder pour le commerce. Mais les promesses non plus que les menaces ne furent pas capables d'apporter le moindre changement à la résolution prise sur l'escadre; le nombre des vaisseaux en fut même augmenté et la diligence à l'armer. Toutefois Monteleon, malgré les ordres qu'il recevoit, espéroit du voyage de Nancré, persuadé que la France vouloit la paix, et que c'étoit en vain qu'Alberoni l'assuroit, même de sa main, que la négociation de Nancré seroit infructueuse; Monteleon ne pouvoit croire que l'Espagne fît la guerre quand elle seroit seule et que la France s'opposeroit à ses desseins. Il concluoit donc que lorsqu'Alberoni et Nancré se parleroient et qu'ils s'ouvriroient l'un à l'autre avec franchise, ils se concilieroient, et que la paix en seroit le fruit.

Cellamare, parfaitement persuadé de tout le contraire, avouoit que la difficulté venoit moins de la chose que de la disposition de la cour d'Espagne, qui vouloit absolument la guerre pour ne pas laisser l'Italie dans les fers des Allemands, et multiplioit ses plaintes de ce que la France, butée à vouloir demeurer en paix, manquoit une conjoncture si favorable d'abaisser la maison d'Autriche, et

1. Voyez tome XIII, p. 5 et note 1.

s'épuisoit en éloquence là-dessus. Stairs disoit à Paris que l'escadre passeroit dans la Méditerranée, parce que l'Angleterre, étant garante des traités d'Utrecht et de la neutralité de l'Italie, ne pouvoit se dispenser d'agir quand ils étoient enfreints par le roi d'Espagne. Cellamare trouvoit que ce raisonnement étoit absolument contredit par la question alors agitée dans le parlement d'Angleterre, savoir si la garantie de la neutralité d'Italie de la part des Anglois subsistoit, ou si elle étoit absolument cessée; même si la nation devoit avoir égard au traité d'alliance que le roi d'Angleterre avoit signé en dernier lieu avec l'Empereur. Les discours et la conduite de Cellamare, entièrement conformes à l'esprit et au goût d'Alberoni, à qui il cherchoit à plaire, lui en attiroient des louanges. Cet ambassadeur se mit à décrier toutes les conditions du traité, qui selon lui n'offroient à l'Espagne que des avantages limités, douteux, éloignés, exposés à des inconvénients sans nombre, pleins de périls et fort chimériques. Non content de s'expliquer publiquement de la sorte à Paris, il écrivit en même sens à Monteleon, et lui conseilla de confier à Corsini ou à quelque autre ministre étranger à Londres, avec un air de mystère, que le roi d'Espagne étoit bien résolu de rejeter constamment le projet du traité. La résolution de l'Empereur étoit plus douteuse: Schaub, secrétaire du comte Stanhope, y avoit été dépêché pour demander et en rapporter une réponse précise. Les ministres d'Angleterre laissoient entendre qu'elle seroit négative, et que jamais l'Empereur ne consentiroit à la proposition d'assurer les successions de Parme et de Plaisance à un des fils d'Espagne; mais ils disoient en même temps que s'il étoit possible de vaincre l'opiniâtreté de la cour de Vienne, il falloit en ce cas lui savoir gré de sa complaisance, et que toute la raison se trouvant de son côté, l'Angleterre ne feroit nulle difficulté de rompre avec l'Espagne et de lui faire la guerre de concert avec le Régent si le roi d'Espagne refusoit de signer un traité qui devoit être la tranquillité générale de l'Europe. On ajoutoit que le caractère de poltron étoit de faire des bravades, et que celles d'Alberoni découvroient son caractère. Plusieurs étrangers fort peu au fait trouvoient ces expectatives de successions si avantageuses à l'Espagne, qu'ils croyoient un manége caché de propositions bien avantageuses que le roi d'Espagne avoit faites au Régent pour l'engager à insister si fort sur ce point.

Le grand-duc, voyant ses plaintes inutiles, et se trouvant sans forces pour les appuyer, se borna à demander au moins que la succession de son État fût après lui et après son fils conservée à l'électrice palatine sa fille, et qu'on réglât par avance, de concert avec lui et avec le sénat de Florence, le choix du prince, pour succéder à la maison de Médicis. Cette proposition du grand-duc étoit nette; mais le vœu commun des Florentins étoit en ce cas pour le rétablissement de l'état républicain. Alberoni écrivit à Monti avec ordre de faire voir sa lettre au Régent. Elle contenoit des offres positives et réelles du roi d'Espagne de prendre de nouveau les engagements les plus favorables et les plus conformes aux intérêts personnels de Son Altesse Royale, si elle vouloit rompre ceux qu'elle avoit pris avec l'Angleterre, et en prendre de plus convenables au repos de l'Europe, puisqu'elles[1] tendoient à mettre des bornes à la puissance excessive de la maison d'Autriche. Cellamare appuya la commission de Monti; mais cet ambassadeur ne s'en tenoit pas à de simples représentations, non plus qu'aux plaintes de la maxime du conseil de France d'éviter la guerre à quelque prix que ce fût. Il exécutoit d'autres ordres plus réservés, et laissoit croire au public qu'il bornoit ses pratiques aux seuls ministres des princes d'Italie. Il excitoit de plus la vigilance de Provane; il lui disoit que la France commençoit à soupçonner le roi de Sicile, qu'elle le croyoit actuellement en négociation avec l'Empereur; qu'il y

---

1. Il y a bien *elles*, et non *ils*.

avoit même actuellement un ministre autrichien à Turin. Enfin ne voulant laisser rien d'intenté, il fit une liaison étroite avec le baron de Schelnitz, envoyé du Czar à Paris, et avec quelques Suédois, croyant pouvoir tirer de grands avantages du mécontentement que le roi de Suède et le Czar, quoique ennemis, témoignoient de la conduite de l'Empereur à leur égard, et qu'il ne seroit pas impraticable de faire, par le moyen des puissances du Nord, une diversion en Allemagne utile à l'Espagne.

CHAPITRE II.

Affaires du Nord. — La France paroît vouloir lier étroitement avec la Prusse. — Hollandois, fort en brassière entre l'Espagne et les autres puissances, veulent conserver la paix. — Adresse de Monteleon dans ses représentations à Alberoni, sous le nom de l'abbé du Bois, en faveur de la paix. — Menaces de l'Espagne méprisées en Angleterre, dont le parlement accorde au roi tout ce qu'il demande pour les dépenses de mer. — Insolence de Penterrieder; ses manéges et ses propositions à l'envoyé de Sicile très-dangereuses pour la France. — Vanteries et bévues de Beretti. — Le roi de Sicile soupçonné de traiter secrètement avec l'Empereur; raisonnements d'Alberoni sur ce prince, sur les Impériaux et sur la France. — Fortes protestations et déclarations de l'Espagne à Paris et à Londres; efforts et préparatifs d'Alberoni; ses plaintes. — Alberoni imagine de susciter la Suède contre l'Empereur. — Nancré échoue à Madrid; Alberoni le veut retenir jusqu'à la réponse de Vienne; concert entre Nancré et le colonel Stanhope; adresse de ce dernier repoussée par Alberoni. — Grands préparatifs hâtés en Espagne; le marquis de Lede et Patiño mandés à Madrid.

Depuis le mois de février, on commençoit à voir quelque apparence de reconciliation entre le Czar et le roi de Suède. Le comte de Gyllembourg, auparavant employé en Angleterre, avoit fait quelques propositions de paix de la part du roi de Suède, et le Czar avoit envoyé deux hommes à Abo, pour écouter et discuter les offres qu'il voudroit faire. Le Czar avoit eu grand soin auparavant d'assurer le roi de Prusse qu'il ne seroit question que de préliminaires, que d'ailleurs il ne traiteroit que de concert avec ce prince, et qu'il ne décideroit rien sans savoir auparavant ses sentiments. Les flatteries et les apparences réussissoient à la cour de Berlin, et le roi de Prusse étoit infiniment plus touché des attentions du Czar que de tout ce qu'il pouvoit attendre de la part de la France et de l'Angleterre, qui véritablement ne marquoient pas pour lui les mêmes égards. Le Régent avoit cependant employé les offices du Roi et les siens auprès du roi de Suède, pour procurer au roi de Prusse la paix aux conditions qu'il desiroit. Mais de simples instances sans effets ne suffisoient pas pour contenter la cour de Berlin. Elle croyoit que rien ne se feroit en France que par la direction de l'Angleterre, et que les confidences faites à Son Altesse Royale étoient des confidences faites aux Anglois.

Le roi de Prusse, se croyant donc sûr du Czar, et persuadé qu'il ne feroit point de paix séparée, perdit la pensée qu'il avoit eue d'envoyer un ministre à Stockholm; mais avant de l'abandonner, les ministres apparemment l'avoient laissé pénétrer, car il eut peine à dissiper les bruits qui se répandirent de la destination du baron de Kniphausen pour cette commission. Il n'oublia rien pour effacer les soupçons que le Czar, qu'il vouloit ménager, pouvoit concevoir de cet envoi. Il fit à peu près les mêmes diligences auprès du Régent pour le détromper de cette opinion; il auroit bien voulu l'engager à prendre avec lui des mesures sur les affaires de Pologne. Il craignoit l'effet des desseins que le roi Auguste avoit formés de rendre cette couronne héréditaire dans sa maison; et comme l'assistance de la France lui paroissoit nécessaire pour les traverser, il représenta fortement l'intérêt que le Roi avoit d'empêcher que l'Empereur ne devînt encore plus puissant dans l'Empire comme il y seroit certainement le maître lorsqu'il auroit absolument lié les maisons de Bavière et de Saxe par le mariage des archiduchesses. Il prétendoit avoir pressenti les principaux seigneurs de Pologne et les avoir trouvés très-disposés à traverser les manéges que le roi Auguste pourroit faire pour assurer la couronne héréditairement à son fils. Le roi de Prusse, pour cultiver de si bonnes dispositions, fit demander au Régent d'ordonner au baron de Bezenwald, envoyé du Roi en Pologne, de s'entendre secrètement pour cette affaire avec les ministres de Berlin. Quoique le roi de Prusse, gendre du roi d'Angleterre, dût être lié avec lui, les intérêts différents des deux maisons, ceux de leurs ministres, entretenoient entre ces princes la jalousie et la défiance réciproque, et d'autant plus vivement, de la part du roi de Prusse, qu'il étoit le plus foible, et que souvent il avoit lieu de croire que son beau-père le méprisoit. Il étoit persuadé que les ministres anglois et hanovriens s'accordoient dans le désir de faire la paix avec la Suède. Il croyoit qu'ils cherchoient les moyens de traiter avec elle séparément; que s'il étoit possible d'y parvenir, le roi d'Angleterre sacrifieroit sans peine les intérêts de son gendre aussi bien que ceux de ses autres alliés. Ainsi le roi de Prusse, qui certainement ne portoit pas trop loin sa défiance en cette occasion, se voyoit à la veille de perdre tout le fruit de ses peines et des dépenses qu'il avoit faites pour usurper, comme ses voisins, la portion qui lui convenoit des États de Suède, et profiter comme eux du malheur où elle étoit réduite.

Rien ne tenoit plus au cœur de ce prince que de conserver Stettin et l'étendue de pays qu'il avoit fixée[1] comme le district de cette place. La France lui en avoit promis la garantie par son dernier traité avec elle; mais il craignoit le sort ordinaire des garanties, et l'exécution de celle-ci étoit d'autant plus difficile, par conséquent d'autant plus douteuse, que l'éloignement des pays étoit grand; qu'il n'étoit guère vraisemblable que la France voulût, pour le roi de Prusse, faire la guerre dans les extrémités septentrionales de l'Allemagne, ou l'assister longtemps de subsides suffisants pour le mettre en état

---

1. *Fixé*, sans accord, au manuscrit.

de défendre ses conquêtes. Le plus sûr pour lui étoit donc d'être compris dans la paix que, suivant leurs engagements mutuels, les alliés du Nord devoient faire avec la Suède ensemble et de concert. Pour cet effet, n'osant se reposer sur la foi douteuse de son beau-père, il demandoit au Régent de traverser les manéges que les ministres anglois et hanovriens faisoient pour une paix particulière, négociation dont le succès seroit d'autant plus désagréable et plus embarrassant pour la France, que tout le poids de la garantie de Sicile retomberoit alors sur elle.

Le Régent avoit prévu les représentations et les instances du roi de Prusse, et avoit déjà agi auprès du Czar pour l'engager d'entretenir une étroite union avec ce prince, comme le moyen d'établir pareillement cette union entre la France et la Russie, les États du roi de Prusse étant nécessaires pour cette communication. Kniphausen, envoyé de Prusse à Paris, se réjouissoit de voir que ceux qui étoient à la tête des affaires pensoient que les alliances les plus naturelles et les plus solides pour la France étoient celles qu'elle formeroit avec le roi de Suède et celui de Prusse. Il se flattoit même que, s'il étoit possible de conduire les affaires du Nord à une bonne fin, les liaisons que la France prenoit avec l'Angleterre ne subsisteroient pas longtemps, parce que l'esprit ni le goût de la nation n'étoit porté[1] à se lier ni avec l'Angleterre ni avec l'Empereur. On croyoit d'ailleurs que le Régent lui-même étoit ébranlé sur les affaires d'Espagne, et qu'il pourroit changer de plan si on pouvoit gagner du temps. Kniphausen assura son maître qu'il n'y avoit rien de visionnaire dans les avis qu'il lui donnoit sur ce sujet, qu'ils étoient conformes aux discours que tenoient les principaux et les plus accrédités seigneurs de la cour de France; que même le maréchal d'Huxelles l'avoit assuré que le Roi n'oublieroit rien pour procurer au roi de

---

1. Il y a *étoit* au singulier, et *portés* au pluriel.

Prusse les moyens de finir la guerre du Nord à l'avantage et à la satisfaction de ce prince ; cette base étant nécessaire pour établir ensuite une amitié solide et permanente, qu'elle seroit cultivée à l'avenir par l'attention que la France donneroit aux intérêts du roi de Prusse, qu'elle vouloit désormais regarder comme les siens propres ; qu'elle feroit telle alliance qu'elle souhaiteroit, qu'elle y feroit entrer telles puissances qu'elle jugeroit à propos ; enfin qu'il ne falloit pas qu'il fût étonné ni rebuté par les ménagements que la France avoit eus depuis quelque temps, et qu'elle pourroit encore avoir pour l'Angleterre, parce qu'il falloit continuer à tenir la même conduite jusqu'à ce qu'on pût parvenir au but qu'on se proposoit. Kniphausen fit d'autant plus de réflexion à ce discours du maréchal d'Huxelles que, lorsqu'il fut fini, il lui demanda un grand secret de tout ce qu'il lui avoit confié. L'envoyé entendoit d'ailleurs les discours généraux qu'on tenoit au sujet de la guerre d'Espagne.

Ce n'étoit pas seulement en France qu'elle recevoit des contradictions ; les ministres d'Angleterre trouvoient aussi de fortes oppositions en Hollande. Ils se plaignoient d'y voir un parti favorable aux Espagnols par la seule raison de contredire l'Angleterre en toutes choses. Si ce parti n'étoit pas assez considérable ni assez puissant pour apporter aucun changement aux maximes suivies depuis longtemps, il l'étoit cependant assez pour causer beaucoup d'embarras, même d'obstacles aux affaires les plus importantes ; il profitoit de la disposition de l'État, généralement porté à vivre en bonne amitié avec l'Espagne, car alors le seul desir des Hollandois, et le seul point qu'ils croyoient conforme à leurs intérêts, étoit de conserver la paix, et par ce moyen le commerce de la nation. Malgré cette disposition, les Hollandois, craignant excessivement de déplaire à l'Empereur et à l'Angleterre, n'osèrent accorder à l'ambassadeur d'Espagne la permission d'acheter des vaisseaux de guerre, dont le roi d'Espagne vouloit faire l'emplette en Hollande quoique Beretti se vantât toujours que son habileté l'emporteroit sur les manéges de tous ceux qui s'y opposoient, que les amirautés d'Amsterdam et de Rotterdam demandoient aux états généraux la permission d'en vendre à l'Espagne, et que le pensionnaire, loin de s'y opposer, avoit répondu : « Si nous en avons trop, pourquoi n'en pas vendre à nos amis ? » Ainsi Beretti, se comptant sûr de son fait n'étoit plus en peine que du payement, et Schreiner, capitaine de vaisseau en Hollande, lui offrit des matelots et des officiers, et de les conduire en Espagne, tous capables de bien servir. Beretti ne fut pas si content du greffier Fagel, qui lui représenta les difficultés de cette affaire, et qui ne lui promit que foiblement ses services là-dessus. Il ne fut pas plus gracieux aux plaintes que lui fit Beretti des conditions du traité qui donnoient des États, disoit-il, à l'Empereur, et du papier au roi d'Espagne. Fagel combattit toujours ses raisons, et lui dit qu'on donneroit de telles sûretés à l'Espagne que les papiers ne seroient pas sujets à la moindre altération. Tout étoit encore en suspens en attendant le succès de l'envoi de Schaub à Vienne et de Nancré à Madrid. Le projet de traité n'avoit pas encore été communiqué en forme aux états généraux ; le public en pénétroit les principales conditions, mais en ignoroit le détail ; on ne savoit même jusqu'à quel point la France concourroit aux desseins de l'Angleterre.

Beretti, avec sa prétendue sécurité, ne laissoit pas de craindre de ne pouvoir empêcher la Hollande de se soumettre aux idées de l'Angleterre si elle étoit véritablement d'accord avec la France ; cette république se trouvoit environnée par terre des États de l'Empereur, et leur commerce par mer seroit ruiné par l'Angleterre, si elle osoit contredire ses vues, jointes à celle de la France. On vouloit encore douter à Madrid des intentions de cette dernière couronne; ainsi Beretti eut ordre d'agir de concert avec Châteauneuf pour y traverser les négociations du marquis de Prié. Beretti comptoit que jamais l'Empereur n'obligeroit la République de prendre aucun engagement contre l'Espagne, et que les principaux moteurs de la ligue auroient tant d'affaires chez eux qu'il ne leur seroit pas libre de se mêler du dehors. Il prévoyoit avec les politiques l'union prochaine du Czar, très-mécontent de l'Angleterre, avec le roi. de Suède et celui de Prusse, qui seroit fatale à l'Angleterre et à l'Empereur, duquel l'électeur de Bavière devenoit l'ennemi, lequel dissimuloit son dépit de ne pouvoir obtenir pour le prince électoral son fils une des archiduchesses, porté d'ailleurs pour les intérêts du roi d'Espagne. Ce fut un grand sujet de joie pour Beretti de recevoir dans ces circonstances un projet dressé par la compagnie des Indes occidentales d'Hollande pour convenir avec le roi d'Espagne d'un nouveau règlement à faire sur le commerce, que les directeurs de cette compagnie croyoient également avantageux de part et d'autre. Ils demandoient le secret, et Beretti regardoit comme une victoire d'accoutumer les Hollandois à s'approcher des Espagnols, soit pour le commerce, soit pour le militaire, persuadé que quelque jour les effets en seroient très-utiles à l'Espagne.

Monteleon, qui connoissoit à quel point Alberoni étoit éloigné du projet et de la paix, et qui n'osoit lui déplaire, craignoit une rupture avec l'Angleterre, et continuoit sa même adresse de représenter au premier ministre sous le nom de l'abbé du Bois, ce qu'il lui avoit dit ou ce qu'il supposoit qu'il en avoit appris, n'osant hasarder ses représentations sous le sien. Il assura donc Alberoni qu'il savoit positivement de cet abbé que la cour de Vienne n'accepteroit pas le projet, qu'elle se tiendroit même offensée de la proposition que le roi d'Angleterre lui en avoit faite. L'abbé du Bois prétendit même qu'il avoit déjà fort pressé le roi d'Angleterre et les ministres anglois particulièrement Stanhope, d'employer enfin la force pour arrêter l'humeur ambitieuse de l'Empereur, l'unique moyen d'empêcher qu'il ne mît l'Europe en feu étant que la France, l'Espagne et l'Angleterre, unies ensemble, prissent des mesures pour s'y opposer. Monteleon ajouta qu'il savoit, mais sous le secret, et par un effet de la confiance intime que l'abbé du Bois avoit en lui, qu'il gagnoit du terrain peu à peu, mais qu'enfin ce progrès seroit inutile si l'Espagne, de son côté, ne s'aidoit; qu'elle devoit se conformer à la constitution délicate, extravagante et presque inexplicable du gouvernement d'Angleterre, et faciliter au ministère anglois le moyen de se déclarer à découvert contre la cour de Vienne. Ce moyen étoit que le roi d'Espagne fît voir qu'il ne prenoit pas en mauvaise part, et qu'il ne méprisoit pas les conditions du projet communiqué par l'Angleterre; que si Sa Majesté Catholique y trouvoit des difficultés, elle pouvoit les représenter, mais sans rompre les liens d'amitié et de confiance avec le roi d'Angleterre; qu'elle devoit, au contraire, pour son intérêt laisser une porte ouverte aux expédients sans déclarer une volonté déterminée de vouloir la guerre à toute force; que cette conduite prudente seroit totalement contraire à la négative hautaine et absolue que les ministres anglois attendoient de Vienne; qu'ainsi le roi d'Espagne mettroit cette cour dans son tort, et qu'il engageroit la nation angloise en général à se déclarer pour lui; que le ministère anglois, animé déjà contre les Impériaux, agiroit contre eux plus librement lorsqu'il croiroit le pouvoir faire avec sûreté; qu'il étoit encore dans la crainte, parce que, s'il paroissoit porté pour l'Espagne sans avoir de sujet évident de se plaindre de l'Empereur, les whigs mécontents, qui parloient alors en faveur de cette couronne, changeroient aussitôt de langage et de sentiment.

Ces discours vrais ou supposés que Monteleon mettoit dans la bouche de l'abbé du Bois étoient tirés, disoit-il, de ses conversations avec les ministres anglois, et croyant ces considérations importantes, cet abbé l'avoit prié de ne pas perdre un moment à les faire savoir au roi son maître. Toutefois cet ambassadeur, quoique prévenu de l'importance dont il étoit de faire tomber sur la cour de

Vienne la haine du refus, et persuadé de la nécessité de
conserver une bonne intelligence avec la cour d'Angleterre, n'avoit osé différer de présenter le mémoire
qu'Alberoni lui avoit ordonné de remettre aux ministres
d'Angleterre au sujet de l'escadre angloise destinée pour
la Méditerranée. Le seul effet de ce mémoire fut d'exercer
à Londres les raisonnements des politiques; d'ailleurs,
il ne suscita pas le moindre obstacle aux desseins du roi
d'Angleterre. Ce prince, prévoyant qu'il seroit obligé
d'augmenter les dépenses de la marine, demanda qu'il
fût réglé par un acte du Parlement que le Parlement suivant abonneroit ces dépenses[1]. Il l'obtint, en sorte que
par cet acte il devint le maître d'envoyer des escadres où
il le jugeroit à propos, les fonds pour la dépense étant
déjà assignés. Ainsi Penterrieder n'eut pas la moindre
inquiétude ni du mémoire présenté par Monteleon, ni des
représentations que[2] quelques négociants, surtout des
intéressés dans l'*assiento*, firent sur le préjudice que l'interruption de la bonne correspondance avec l'Espagne
feroit à leur commerce, car, encore que l'Empereur n'eût
pas accepté le traité au commencement de mars, il n'en
étoit pas moins sûr de la route que l'escadre angloise
tiendroit vers les côtes d'Italie. Penterrieder en parloit
en ces termes à la Pérouse, et pour faire voir la modération et la clémence de Sa Majesté Impériale, il assuroit
qu'elle n'enverroit pas même de troupes en Italie, ne
voulant inquiéter personne, mais faire du bien à tout le
monde. Pour le prouver elle avoit intention d'accorder au
roi d'Angleterre l'investiture de Brême et de Verden,
lorsque la campagne seroit finie.

Cette bénignité accoutumée de la maison d'Autriche
devoit engager le roi de Sicile à rechercher les bonnes
grâces de l'Empereur : c'étoit au moins le discours de
Penterrieder. Il faisoit agir auprès de Provane le secrétaire de Modène qui étoit à Londres; il laissoit entrevoir

1. Fixerait ces dépenses, les déterminerait en les approuvant.
2. *De*, pour *que*, au manuscrit.

des apparences nouvelles à un accommodement, et faisoit espérer que l'Empereur pourroit enfin se radoucir, à mesure que le roi de Sicile feroit des pas pour regagner ses bonnes grâces. Il disoit qu'il falloit chercher des équivalents pour l'échange de la Sicile ; que s'il étoit impossible d'en convenir, il ne le seroit pas de céder au roi de Sicile le royaume de Naples pour les posséder tous deux ensemble, donnant en échange les autres États qu'il possédoit actuellement. La Pérouse, flatté de se trouver chargé d'une négociation secrète avec le ministre de l'Empereur à Londres, pendant que la négociation d'une paix générale occupoit toute l'attention publique, n'oublioit rien pour faire croire à son maître que la voie qu'il avoit ouverte pour négocier étoit la plus sûre et la meilleure qu'il pût trouver, et qu'il n'auroit pas même à craindre d'être traversé par les Anglois, quoique promoteurs du projet dont on attendoit les réponses de Vienne et de Madrid. Il s'appuyoit sur les assurances que Penterrieder lui avoit données, que tout le ministère anglois, sans en excepter ni Stanhope, ni Craggs, étoit entièrement dévoué à l'Empereur ; que toutes les caresses faites à l'abbé du Bois étoient pures grimaces ; que l'escadre destinée pour la Méditerranée partiroit au plus tôt ; que déjà le consul anglois de Naples avoit ordre de faire préparer les provisions pour elle ; qu'il n'y avoit point à se mettre en peine des murmures de la nation angloise ; qu'au fond, elle craignoit peu de rompre avec l'Espagne, parce que cette interruption ne pouvoit durer plus d'un an ; que pendant cet espace de temps, il se formeroit des compagnies angloises qui se dédommageroient dans les Indes espagnoles de la saisie que l'Espagne pourroit faire en Europe. Quelques armateurs même offroient à Penterrieder d'arborer le pavillon de l'Empereur, et de faire des courses sur les Espagnols dans la Méditerranée, si ce prince vouloit leur donner des commissions.

Pendant que le ministre de l'Empereur à Londres se croyoit si sûr non-seulement des ministres de Georges, mais encore des dispositions générales de la nation angloise sur la guerre d'Espagne, l'ambassadeur d'Espagne à la Haye se tenoit également assuré de la disposition générale des Hollandois en faveur de son maître. Il crut en avoir une preuve dans la permission qu'il obtint à la fin de mars d'acheter les navires de guerre que Castañeda devoit remener d'Hollande en Espagne. Le projet étoit d'en avoir sept à soixante-dix pièces de canon chacun. Ces navires devoient être achetés sous le nom de marchands espagnols. Beretti en étoit demeuré d'accord avec le pensionnaire et d'autres membres du gouvernement. Les états d'Hollande avoient autorisé les amirautés de la province à vendre les vaisseaux qu'elles pourroient avoir au delà des trente que la République faisoit armer pour la mer Baltique. C'étoit donc au delà de ce nombre que Beretti se flattoit d'en trouver sept à choisir dans les amirautés d'Amsterdam, de Rotterdam et de Zélande. Il se vantoit d'avoir surmonté par son habileté l'opposition des provinces, parce qu'il s'agissoit d'armer trente vaisseaux pour le Nord. Secondement l'Empereur menaçoit la République, si elle accordoit cette permission; enfin les Anglois et les Portugais traversoient secrètement la négociation, et mettoient en usage tant d'intrigues et d'artifices pour en empêcher le succès, que Beretti ne l'attribuoit qu'à son savoir-faire, et puis à la bonne volonté que la plus saine partie de la République avoit pour le roi d'Espagne. Mais Beretti n'étoit pas encore au bout de cette affaire, quelque assuré qu'il s'en crût.

On disoit publiquement alors que le roi de Sicile entroit dans la ligue, et qu'il traitoit avec l'Empereur. Le Régent avoit communiqué en Espagne les avis qu'il avoit reçus de cette négociation secrète à Vienne. Cellamare en avoit officieusement averti Provane. Ce dernier, quoique peu content, rendoit cependant justice au Régent. Il étoit persuadé que ce prince vouloit sincèrement procurer la paix, et qu'il la croyoit aussi conforme aux intérêts du Roi et du royaume qu'aux siens personnels. Alberoni ne

douta pas un moment du double manége du roi de Sicile.
Persuadé que jamais il n'agissoit de bonne foi, il conclut
que ce prince s'étoit proposé de voir enfin la guerre
allumée de tous côtés et les Impériaux chassés d'Italie.
Mais il remarquoit en même temps autant de mauvaise
foi de leur part que de foiblesse, accompagnée d'autant
d'artifice, pour détourner le mal qu'ils avoient à craindre,
et pour éviter le coup qu'il étoit aisé de leur porter ; car
ils faisoient voir des pensées de paix, ils sollicitoient la
France et l'Angleterre de s'entremettre pour un accommodement ; et la seule vue de la cour de Vienne étoit,
disoit-il, de lier les mains au roi d'Espagne par cet artifice, et d'empêcher les entreprises que vraisemblablement
il méditoit, et qu'il pouvoit aisément exécuter en Italie
par les troupes qu'il avoit en Sardaigne. L'Empereur
n'avoit pas fait encore la paix avec les Turcs, par conséquent il étoit trop foible pour défendre les États qu'il
possédoit en Italie, ses forces principales étant occupées
en Hongrie. Il vouloit donc par de feintes négociations
gagner le temps de la paix, et se déployer après en force
sur l'Italie. Il reprochoit à l'Empereur que l'avidité de conserver et d'étendre ses injustes usurpations sur l'Italie
l'engageoit à offrir aux Turcs de leur céder Belgrade,
et d'aimer mieux en obtenir une paix honteuse dans
le cours de ses victoires, qu'à tenir plus longtemps
ses troupes éloignées du lieu où il aimoit mieux les
employer.

Alberoni faisoit de temps en temps des réflexions sur
l'aveuglement général et l'indolence fatale de tant de
princes. Il en exceptoit le roi d'Espagne. Il prétendoit
qu'avec une bonne armée et de bonnes flottes il demeureroit tranquillement chez lui, simple spectateur des
maux que la guerre causeroit aux autres nations ; que
s'il arrivoit, contre toute apparence, qu'on vît de telles
révolutions que ce prince fût contraint de céder à la
force, il auroit toujours sa ressource, et qu'au pis aller
il se retireroit sur son fumier (en France), résolution qui

pourroit un jour faire connoître à certaines gens (M. le duc d'Orléans) que c'étoit s'égarer sur leurs propres intérêts que d'empêcher Sa Majesté Catholique de porter hors de son continent des troupes et de l'argent pour employer l'un et l'autre sur les frontières de France. Enfin, il disoit plus clairement que le Régent se repentiroit peut-être un jour d'avoir négligé d'établir avec le roi d'Espagne, comme il le pouvoit aisément, l'union et la bonne intelligence dont dépendoient et son honneur et son intérêt personnel. Alberoni, prévenu que la France et l'Angleterre demanderoient, pour avancer la paix, que la Sardaigne fût remise en dépôt pendant la négociation, déclara par avance que le roi d'Espagne n'admettroit jamais une pareille proposition. Cette île étoit l'entrepôt des troupes qu'il vouloit envoyer en Italie. Ainsi, loin de la remettre comme en séquestre, il prenoit toutes les mesures nécessaires pour la bien garder. Alberoni protestoit en même temps que le roi d'Espagne vouloit venger ses outrages et soutenir ses droits, quand même il seroit seul et dépourvu de tout secours. Les ambassadeurs d'Espagne en France et en Angleterre eurent ordre de parler en même sens. Il fut enjoint particulièrement à Monteleon de renouveler ses protestations, et de ne rien omettre pour faire bien connoître à la nation angloise le préjudice qu'elle souffriroit de l'engagement qu'on vouloit la forcer de prendre avec l'Empereur, sans raison et contre l'intérêt de cette nation, enfin dans un temps où les grâces qu'elle avoit obtenues du roi d'Espagne étoient trop récentes pour en avoir perdu le souvenir. D'un autre côté, il s'épuisoit en vives et fortes représentations à la France ; mais, les jugeant fort inutiles, il continuoit à prendre les mesures que l'état de l'Espagne pouvoit permettre, pour se préparer à faire vigoureusement la guerre. Il travailloit principalement à ramasser un nombre de vaisseaux suffisants pour faire croire que l'Espagne avoit suffisamment des forces maritimes. Plus il y travailloit, plus il trouvoit que l'entreprise de mettre sur pied une marine étoit, disoit-il, un abîme. Il avoit espéré d'acheter des navires en Hollande, de les y trouver tous équipés et en état de servir; cette espérance s'évanouissoit, et malgré les belles paroles de Beretti, Alberoni pénétroit qu'il ne devoit en attendre rien de réel. Il se plaignoit de la négligence de Castañeda, et en général de ne trouver en Espagne personne qui pût le soulager et qu'il pût regarder comme un homme de confiance.

Il se figura que le roi de Suède seroit peut-être de quelque secours aux affaires du roi d'Espagne, qu'en aidant aux Suédois à rentrer en Allemagne, on remplaceroit avantageusement par cette diversion celle que les Turcs avoient faite jusqu'alors en Hongrie, et qu'une prochaine paix étoit prête à terminer. Beretti eut ordre d'examiner si le roi de Suède avoit en Hollande quelque sujet, homme de mérite, et en ce cas de lui parler, et de lui confier que, le roi d'Espagne étant sur le point d'attaquer vivement l'Empereur, il seroit de l'intérêt de la Suède de profiter de cette conjoncture. Si celui à qui Beretti parleroit représentoit que son maître, manquant d'argent, n'étoit pas en état d'entrer dans de pareils projets, Beretti avoit pouvoir de lui offrir, mais seulement comme de lui-même, d'écrire au cardinal, et de le disposer à fournir de l'argent à la Suède, lui proposant de prendre en échange du cuivre ou des bois pour la marine. La paix auroit mis fin à ces agitations; la négociation en étoit entre les mains d'Alberoni. Nancré, étant arrivé à Madrid vers la fin de mars, lui avoit exposé le plan du traité concerté entre la France et l'Angleterre, et communiqué depuis à Vienne. Il n'étoit pas encore alors aussi avantageux pour le roi d'Espagne qu'il le fut depuis, car les Anglois avoient toujours en tête de démembrer l'État de Toscane, de faire revivre l'ancienne république de Pise, et de comprendre Livourne dans cet État ainsi renouvelé.

Un tel projet fut mal reçu. Alberoni en ayant entendu

toutes les conditions le traita de fou et de chimérique; dit qu'en ayant rendu compte à Leurs Majestés Catholiques, elles avoient répondu que jamais elles n'avoient entendu rien de plus indigeste et de plus visonnaire; que la reine surtout étoit offensée de l'opinion que le Régent avoit d'elle, et de voir qu'il la crût capable d'une perfidie telle que le seroit de penser seulement, non de consentir, à dépouiller un prince qui lui tenoit lieu de père. Alberoni plaignit Nancré, et dit qu'il étoit malheureux qu'un homme d'honneur et d'esprit comme lui fût chargé d'une si mauvaise commission; que si le Régent eût jeté plus tôt les yeux sur lui, et que dès l'année précédente il l'eût envoyé en Espagne au lieu de Louville, Son Altesse Royale ne se trouveroit pas en des engagements dont les suites et le dénouement ne tourneroient peut-être à l'avantage ni de la France ni de l'Espagne. Alberoni prétendit que Nancré avoit représenté l'état de la France si malheureux qu'à peine elle pourroit mettre en cas de guerre deux mille hommes en mouvement. Il avoit répondu qu'il trouvoit une contradiction manifeste entre cet état de foiblesse et les engagements que le Régent avoit pris avec l'Angleterre, puisque certainement il se trouveroit obligé à mettre plus de deux mille hommes en mouvement s'il vouloit tenir sa promesse. Le roi d'Espagne, dans l'audience qu'il donna à Nancré, lui répondit qu'il examineroit les propositions qu'il avoit faites. L'intention d'Alberoni étoit de prendre du temps pour être instruit des réponses de l'Empereur, avant que d'en rendre une positive de la part du roi d'Espagne.

Le colonel Stanhope étoit encore à Madrid, chargé des affaires et des ordres du roi d'Angleterre. Nancré et lui agissant pour la même cause agirent aussi d'un parfait concert, et Alberoni leur répondit également à tous deux. Stanhope lui demanda si le roi d'Espagne enverroit des troupes en Italie, et s'il exerceroit des actes d'hostilité pendant qu'on traitoit actuellement la paix. Le colonel vouloit obtenir une promesse de cessation d'armes de l'Espagne pendant la négociation. Le cardinal parut choqué du discours que le colonel lui tenoit entre ses dents. Il répondit que Sa Majesté Catholique feroit passer huit mille hommes en Sardaigne, tant pour se défendre contre les entreprises des Allemands que parce que l'Empereur envoyoit lui-même continuellement des troupes dans l'État de Milan et dans le royaume de Naples ; qu'au reste elle n'étoit pas en état d'exercer présentement aucun acte d'hostilité, et que vraisemblablement les réponses de Vienne arriveroient avant que l'Espagne pût rien entreprendre. En même temps qu'Alberoni faisoit voir par ses réponses si peu de disposition à la paix, il pressoit avec plus de diligence que jamais les préparatifs de guerre. Tous les officiers sans exception eurent ordre de se rendre à leurs corps. On disposa toutes les choses nécessaires pour l'embarquement de quatre régiments de dragons qui de Barcelone devoient être transportés en Sardaigne avec leurs chevaux. L'intendant de marine eut ordre de préparer à Barcelone les vivres nécessaires pour l'embarquement de vingt bataillons. On fit venir à Madrid le marquis de Lede et don Jos. Patiño, l'homme de confiance d'Alberoni, pour leur donner les ordres du roi d'Espagne. Tout étoit en mouvement pour la guerre, jusqu'à Riperda, encore ambassadeur d'Hollande, qui promit d'engager au service d'Espagne quelques Hollandois, officiers généraux de mer dans le service de ses maîtres.

CHAPITRE III.

Menaces d'Alberoni sur le refus de ses bulles de Séville ; il s'emporte contre le cardinal Albane ; manéges d'Aldovrandi pour le servir et soi-même. — L'Empereur s'oppose aux bulles de Séville ; accuse Alberoni de traiter avec les Turcs ; Acquaviva embarrasse le Pape par une forte demande et très-plausible. — Prétendues preuves de l'accusation contre Alberoni. — Secret et scélérat motif d'Alberoni pour la guerre; conduite de Cellamare en conséquence. — L'Empereur consent à tous les points du traité de Londres. — Cellamare déclare que l'Espagne n'acceptera point le traité; le Régent dépêche à Madrid; manéges, inquiétudes, fougues, menaces d'Alberoni; ses déclamations; son emportement contre le traité de la paix d'Utrecht. — Fureur d'Alberoni sur les propositions de Nancré, surtout contre la cession de la Sicile à l'Empereur; il proteste que le roi d'Espagne n'acceptera jamais le traité, quoi qu'il en puisse arriver; ses vanteries; ses imprécations; ne laisse pas de traiter Nancré avec beaucoup de distinction et d'apparente confiance. — Fureur, menaces et manéges d'Alberoni sur le refus de ses bulles de Séville[1]. — Alberoni dépité sur l'achat de vaisseaux en Hollande, où Beretti se trompe de plus en plus; déclare qu'il n'en a plus que faire; menace. — Manéges sur l'escadre angloise. — Sage conduite de Monteleon. — Négociation secrète du roi de Sicile à Vienne. — Propos de l'abbé du Bois à Monteleon. — Doubles manéges des Anglois sur la paix, avec l'Espagne et avec l'Empereur. — Sentiment de Monteleon. — Dangereux manége du roi de Sicile; le roi d'Angleterre s'oppose ouvertement à son desir d'obtenir une archiduchesse pour le prince de Piémont.

Pendant qu'Alberoni se disposoit à faire la guerre aux puissances temporelles de l'Europe, il ne ménageoit pas beaucoup la spirituelle du Pape, et déclaroit hautement que Leurs Majestés Catholiques avoient autant de ressentiment qu'ils avoient de mépris de la conduite misérable que la cour de Rome avoit à leur égard dans la vue de ménager les Allemands. Alberoni, sous prétexte d'excuser le Pape, disoit que le peu d'attention de Sa Sainteté pour Leurs Majestés Catholiques, et la complaisance qu'elle avoit pour leurs ennemis, procédoient des impertinences du cardinal Albane; qu'il apprenoit même par les lettres de Vienne, que c'étoit par les conseils de ce cardinal que le comte de Gallas avoit en dernier lieu bravé Sa Sainteté. Il ajouta que le roi d'Espagne avoit dessein d'envoyer enfin à Rome quelque esprit turbulent, quelque homme de caractère à parler fortement, soit qu'il fallût dire au cardinal Albane quatre mots à l'oreille, soit qu'il convînt de découvrir au Pape le manége que son neveu,

1. Saint-Simon a écrit ici *Ségovie*, pour *Séville*.

conduit par un intérêt vil et sordide, pratiquoit avec les
Allemands, manége indigne qui déconcertoit absolument
les serviteurs de Sa Sainteté par les fausses démarches
qu'on lui faisoit faire, en sorte qu'Alberoni, se mettant à
la tête de ceux qui soutenoient avec plus de zèle les intérêts du saint-siége, se plaignoit de se voir hors d'état de
rien faire d'utile auprès du roi d'Espagne. Le nonce Aldovrandi, toujours attentif à ménager le premier ministre,
dont la protection lui paroissoit absolument nécessaire
pour l'avancement de sa fortune, ne cessoit d'exalter ses
bonnes intentions, et de conseiller au Pape de profiter
d'une conjoncture où les dispositions du roi d'Espagne
pour l'Église étoient excellentes aussi bien que celles
d'Alberoni. Le nonce représenta qu'on irritoit l'un et
l'autre en refusant si longtemps les bulles de Séville; qu'il
étoit cependant essentiel pour la religion d'entretenir le
roi d'Espagne dans les sentiments qu'il avoit eus jusqu'a-
lors, et de ne le pas irriter quand il y avoit lieu de
craindre des divisions déplorables en Espagne ; que plusieurs évêques de ce royaume étoient attachés à la doctrine de saint Thomas; que plusieurs de l'université
d'Alcala suivoient la même doctrine ; qu'ils commençoient
à trouver dans la constitution plusieurs articles contraires
aux leçons de cette école; que déjà quelques évêques
s'excusoient de parler et d'écrire au sujet de la constitution, sous prétexte de leur crainte de se commettre avec
le tribunal du saint-office, à qui seul la publication des
décrets apostoliques étoit réservée. Ce nonce, loin d'imiter
celui de France, concluoit que, si Rome vouloit conserver
l'Espagne, il falloit ménager non-seulement le roi
d'Espagne et son ministre, mais de plus qu'il étoit nécessaire de s'accommoder à la manière de penser des évêques.
Ceux dont les intentions étoient les meilleures souhaitoient d'être invités pour avoir lieu de parler, ou de la
part du Pape, ou du moins de celle de son nonce. Il
croyoit qu'il ne pouvoit leur refuser cette satisfaction, et
que, de plus, il seroit nécessaire de leur insinuer d'éviter

de poser l'infaillibilité du Pape pour principe de leurs
arguments. Mais parmi ces souplesses pour obtenir ces
bulles si desirées, l'Empereur vint à la traverse et s'y
opposa ouvertement. Il fit dire au Pape, par Gallas son
ambassadeur, qu'on avoit découvert à Vienne, par des
lettres interceptées en Transylvanie, qu'Alberoni avoit
entamé un traité avec Ragotzi par le prince de Cellamare, et qu'il s'agissoit de former une ligue entre le roi
d'Espagne et la Porte. Gallas déclara qu'il en avoit les
preuves, et qu'il en instruiroit les cardinaux lorsque le
Pape voudroit proposer Alberoni pour l'archevêché de
Séville. La moindre instance faite au Pape, de la part de
l'Empereur, étoit menace. Il trembloit à la voix des Allemands, le cœur lui manquoit. Le point principal de sa
politique étoit de gagner du temps. Acquaviva, connoissant parfaitement son caractère, crut à propos de profiter
des apprêts de l'Espagne pour l'Italie, et de parler ferme
dans un temps où tout se préparoit dans les ports
d'Espagne pour faire passer des vaisseaux dans la Méditerranée. Il dit donc, après avoir insisté fortement sur les
bulles de Séville, que Sa Majesté Catholique ne doutoit
pas que Sa Sainteté ne voulût bien accorder aux vaisseaux espagnols les ports d'Ancône et de Civitta-Vecchia,
et regarder en cette occasion ce prince comme du même
pays. Il ajouta que la proposition étoit d'autant plus juste
que, lorsque les Allemands marchèrent à la conquête du
royaume de Naples, Sa Sainteté leur accorda bon passage
par toutes les terres de l'Église; qu'elle devoit regarder
la démarche du roi d'Espagne plutôt comme un avertissement de bienséance que comme une demande, parce
qu'il n'étoit pas à croire que le Pape voulût forcer Sa
Majesté Catholique à recourir aux armes pour obtenir ce
qui lui étoit dû avec autant de justice. Acquaviva n'eut
pas réponse sur-le-champ. Quelques jours après, ayant
envoyé l'auditeur de rote, Herrera, la demander à Paulucci, ce cardinal lui dit que le Pape n'étoit pas encore
déterminé sur cet article. L'auditeur insistant, Paulucci

répliqua que Sa Sainteté n'accordoit ni ne refusoit encore, qu'elle répondroit dans le cours de la semaine, qu'il paroissoit cependant que la chose pouvoit recevoir encore quelque difficulté.

Les preuves que Gallas prétendoit avoir de la négociation entamée par le cardinal Alberoni avec la Porte ottomane consistoient en deux lettres, qu'on disoit que l'ambassadeur turc, aux conférences de la paix, avoit remises à Belgrade à l'ambassadeur d'Angleterre. Les Impériaux soutenoient que, pendant qu'Alberoni traitoit directement à la Porte pour y exciter à la continuation de la guerre, l'ambassadeur d'Espagne en France avoit traité secrètement à Paris pour la même fin avec le prince Ragotzi. Ils soupçonnoient même le Régent au sujet de cette négociation secrète, et croyoient que si Son Altesse Royale ne l'avoit pas approuvée, au moins elle ne l'ignoroit pas. Cellamare démentit hautement les bruits répandus sur ce sujet par les ministres de l'Empereur, faisant toutefois connoître que, quand même le fait dont ils l'accusoient seroit vrai, il n'auroit point à s'en justifier.

La cour d'Espagne espéroit encore au commencement d'avril que la paix avec les Turcs étoit encore éloignée. D'autres motifs confirmoient encore cette cour à rejeter les propositions du traité qui se négocioit à Londres. Comme la paix ne convenoit pas aux vues d'Alberoni, et qu'il croyoit que le trouble général de l'Europe étoit nécessaire pour appuyer ceux qu'il vouloit exciter en France, rien n'ébranloit ses résolutions. Il savoit que l'Empereur envoyoit de nouvelles troupes en Italie. On disoit que ce prince étoit sûr du roi de Sicile, qu'il ne dépendoit que de la cour de Vienne de conclure, quand elle voudroit, aux conditions qu'il lui plairoit d'imposer, le traité que deux Piémontois négocioient secrètement avec cette cour. Ces dispositions, le nombre d'ennemis qui s'unissoient contre l'Espagne, le peu d'espérance d'avoir des alliés utiles, l'apparence morale de succomber, étant dénuée de tout secours, enfin aucune de toutes les considérations les plus pressantes, ne pouvoient faire changer l'opposition que Sa Majesté Catholique, entraînée par son ministre, témoignoit pour le projet que la France et l'Angleterre lui proposoient. Cellamare, suivant les ordres du roi son maître, ne perdoit aucune occasion de parler contre ce traité. Il disoit qu'il ne comprenoit pas que les ministres de France eussent pu seulement l'examiner. Il attaquoit la disposition faite de la Sicile comme une clause qui détruisoit absolument le fondement de la paix d'Utrecht. Stairs, pour l'adoucir, voulut lui faire sentir l'intérêt que les Napolitains, dont les biens étoient confisqués par l'Empereur, trouveroient à la conclusion d'un traité où la restitution réciproque des confiscations seroit stipulée comme un des principaux articles; mais Cellamare étoit trop délié pour témoigner inutilement, avant que la paix fût faite, la satisfaction qu'il auroit de rentrer par cette voie dans la jouissance de ses biens. Il se plaignit au contraire plus fortement et de la négociation et du mystère que l'on faisoit au roi d'Espagne de ce qu'il se passoit dans le cours d'une affaire où ce prince avoit tant d'intérêt. On commençoit à parler d'une rupture prochaine entre la France et l'Espagne. Cellamare dit qu'il n'étoit pas inquiet de ces bruits, mais qu'il voyoit avec déplaisir que le fondement de ces discours, si éloigné des sentiments du Roi et de la nation françoise, et si éloigné des intérêts de Sa Majesté, étoit la crainte excessive que le gouvernement avoit de se trouver engagé dans une guerre nouvelle; que cette crainte étoit cause que le Régent se rendoit sourd à toutes les représentations tendantes à l'engager à prendre les armes. Il ajoutoit qu'il étoit à craindre que Son Altesse Royale, agissant sur ce principe, n'offrît aux Anglois des choses aussi peu convenables à son propre honneur qu'elles seroient contraires aux intérêts de l'Espagne; que celui de M. le duc d'Orléans étoit de ne pas s'opposer aux desseins que Sa Majesté Catholique pouvoit former contre les

ennemis communs et naturels de sa maison, et de laisser
à ce prince le moindre lieu de soupçonner que les sentiments de Son Altesse Royale à son égard ne fussent pas
sincères.

Suivant les instructions d'Alberoni, Cellamare traitoit
de pot-pourri le traité fait à Londres. Il se flattoit même
d'avoir obligé le maréchal d'Huxelles à convenir de l'importance dont il étoit de ne pas altérer par quelque résolution imprudente, et par le desir singulier de soutenir,
au préjudice du roi d'Espagne, des projets avantageux à
l'Empereur, l'union qu'il étoit si nécessaire à maintenir
entre les François et les Espagnols. Après cet aveu du
maréchal d'Huxelles, Cellamare lui dit qu'on prétendoit
que l'abbé du Bois et Chavigny, engoués tous deux de
leurs négociations, travailloient à les soutenir par la violence; que leur vue étoit d'unir le Régent au roi d'Angleterre, dont le procédé devenoit de jour en jour plus suspect
au roi d'Espagne; que cette union n'empêcheroit pas
cependant que la réception favorable que Nancré avoit
eue à Madrid ne fût suivie de toutes sortes de bons traitements, quoique d'ailleurs le roi d'Espagne eût lieu de
juger que cet envoyé étoit chargé de propositions peu
agréables à Sa Majesté Catholique. Pendant que l'ambassadeur d'Espagne s'expliquoit ainsi à celui qui devoit en
rendre compte au Régent, il parloit avec moins de modération aux différents ministres que les princes d'Italie
entretenoient à Paris. Il leur disoit que le roi son maître
détestoit la chaîne qu'on prétendoit imposer à leurs souverains; que les propositions de la France seroient mal
reçues à Madrid; que l'espérance de la succession de
Parme étoit méprisée du roi et de la reine d'Espagne;
que l'un et l'autre avoient en horreur le projet de
remettre la Sicile entre les mains des Autrichiens, et que
Leurs Majestés Catholiques regardoient la proposition de
laisser le reste de l'Italie, en l'état où elle se trouvoit
lors, comme pernicieuse. Il gémissoit ensuite, soit avec
ces ministres, soit avec d'autres, sur ce que la France

vouloit la paix à quelque prix que ce fût, parce que le Régent la croyoit nécessaire pour la validité des renonciations. C'étoit une partie des manéges que Cellamare faisoit pour acquérir des amis au roi son maître, et pour empêcher l'exécution du traité. La cour de Vienne, qui en devoit recueillir les principaux avantages, ne se pressoit pas cependant d'y souscrire, et dans la fin de mars les principaux ministres de l'Empereur étoient encore partagés sur le parti que ce prince devoit prendre. Enfin la conclusion de la paix avec les Turcs devenant[1], au commencement d'avril l'Empereur consentit à tous les points du traité. On dit même alors que l'accommodement du roi de Sicile étoit fait, et que le mariage d'une archiduchesse avec le prince de Piémont étoit une des principales conditions.

Le prince de Cellamare, suivant ses ordres, déclara que le roi son maître n'accepteroit jamais un tel traité; que, tout l'avantage étant pour la maison d'Autriche, l'acceptation de l'Empereur ne seroit pas un exemple pour Sa Majesté Catholique. Malgré ces protestations, on ne désespéra pas encore de le persuader. Comme le roi d'Espagne n'avoit pas refusé positivement, le Régent dépêcha un courrier exprès pour porter à Madrid la nouvelle du consentement de l'Empereur, espérant que lorsque le roi d'Espagne verroit les principales puissances de l'Europe concourir également à l'exécution de ce projet, Sa Majesté Catholique surmonteroit aussi sa répugnance à l'accepter. En effet, elle n'avoit point rendu de réponse précise; le cardinal avoit seulement amusé Nancré et le colonel Stanhope, en leur disant qu'il falloit attendre la réponse de Vienne avant que le roi d'Espagne prît sa dernière résolution. Ce premier ministre se contentoit de combattre le projet de toutes ses forces, en toutes ses parties, et de se retrancher sur la juste horreur que la reine d'Espagne avoit conçue sur ce qui se proposoit à l'égard

---

1. Il faut suppléer ici le mot *probable*, ou quelque autre d'un sens analogue.

de Parme. S'il se contenoit un peu en parlant aux ministres de France et d'Angleterre, il se déchaînoit avec les autres, et furieusement contre la paix d'Utrecht, et s'emporta même un jour jusqu'à dire à l'ambassadeur de Portugal, que ce ne seroit pas le premier traité rompu aussitôt que conclu. Toutefois il affectoit de ménager Nancré; il avoit avec lui de longues conférences tête à tête; l'accueil que Nancré recevoit de la cour étoit très-distingué. Enfin, à juger par les démarches extérieures, on pouvoit penser que cette négociation particulière étoit agréable au roi d'Espagne, et à son ministre. Bien des gens même soupçonnèrent qu'il y avoit peut-être quelque intelligence secrète entre les deux cours, que celle d'Angleterre ignoroit et dont elle seroit la dupe. On s'épuisoit en raisonnements; on jugeoit bien, par l'empressement de tant de préparatifs de guerre, que l'Espagne rejetteroit le traité; mais on ne pouvoit se figurer qu'elle voulût faire la guerre sans alliés, et on se persuadoit qu'elle étoit assurée de la France ou du roi de Sicile, parce que nulle autre alliance ne lui paroissoit si naturelle. Le roi de Sicile venoit encore d'envoyer depuis peu le président Lascaris à Madrid, quoique il y eût l'abbé del Maro pour ambassadeur ordinaire. On ne doutoit donc point de quelque liaison secrète, ou déjà prise, ou prête à prendre avec lui. Mais ces raisonnements étoient vains, l'Espagne étoit véritablement sans pas un allié. Son tout-puissant ministre déploroit inutilement l'aveuglement de toute l'Europe, de la France surtout, qui manquoit selon lui la plus belle occasion du monde, et la plus facile, de mettre des bornes à la puissance de l'Empereur, et de chasser pour toujours les Allemands d'Italie. A l'égard du roi de Sicile, quoique il comptât peu sur l'envoi de Lascaris, et qu'il ne doutât point que ce prince ne traitât avec le ministre arrivé de Vienne à Turin, il avoit une telle opinion de l'infidélité de Savoie, qu'il ne doutoit pas que l'Empereur n'en fût trompé si la France vouloit s'unir contre lui à l'Espagne. Malgré toute l'affectation de fermeté et de tout espérer de la guerre, Alberoni éprouvoit de grandes agitations intérieures sur l'incertitude des succès où il alloit se livrer. Il avouoit que, le roi d'Espagne étant seul, l'entreprise étoit fort difficile; il disoit qu'il satisfaisoit au moins à son honneur et montroit le chemin aux autres princes; il laissoit échapper des menaces contre ceux qui, après coup, se voudroient joindre à Sa Majesté Catholique; il ajoutoit que la guerre n'étoit point de son goût, et qu'il en avoit de bons témoins, et se faisoit un mérite de toutes les iniquités qu'il attiroit sur soi par le seul zèle de bien servir son maître. C'étoit par ce zèle qu'il traitoit le traité de chimérique, les conditions d'impossibles, et qu'il s'étonnoit que l'abbé du Bois eût pu penser que l'Espagne donnât dans des absurdités pareilles, et pût compter sur le frivole de garanties dont on la leurroit. Il dit au colonel Stanhope qu'il croyoit de la prudence de faire quelquefois des réflexions sur les variations du gouvernement d'Angleterre, fondées sur ses discussions domestiques et sur le changement de tout le ministère et de tous ses principes, comme il étoit arrivé à l'avénement et à la mort de la reine Anne, d'où il concluoit qu'on ne pouvoit jamais compter de sa part sur rien de solide ni de durable. Il déclamoit contre la mauvaise foi de la France et de l'Angleterre, convenues de tout, selon lui, avec l'Empereur depuis longtemps, dont les offices à Vienne n'étoient que grimaces concertées; que ce projet, communiqué si tard à l'Espagne, et encore par parties, étoit si peu secret, que toute la teneur en avoit été écrite depuis longtemps de Venise et de Rome, jusque-là qu'une gazette de Florence s'en étoit moquée et s'en étoit expliquée fort nettement; de là Alberoni s'exhaloit en invectives sans mesures, en menaces figurées et en d'autres plus ouvertes, pleines de vanteries, sur la bonté du gouvernement qu'il avoit établi et le grand pied où il étoit venu à bout de remettre l'Espagne; il finissoit par des avertissements très-malins et menaçants pour M. le duc d'Orléans.

Nancré s'étoit alors expliqué sur tous les points de sa commission; Alberoni appela cela avoir enfin vomi tout ce qu'il avoit apporté, digéré et non digéré après un long secret. Il s'emporta avec fureur contre l'échange de la Sicile pour la Sardaigne, la traita de scandaleuse[1], demanda si la France, non contente d'avoir arraché cette île à l'Espagne, vouloit encore la priver du droit de reversion stipulé par le traité d'Utrecht, et mettre le comble à la puissance de l'Empereur en lui donnant les moyens de former une marine, la seule chose qui lui manquoit, de devenir le maître absolu de la Méditerranée, de l'Adriatique, de l'Archipel, et d'y porter quand il lui plairoit toutes les forces du Septentrion. Dans sa fureur, il traita ces projets de bestialité, de fous ceux qui les approuvoient, d'abandonnés de Dieu; l'abbé du Bois d'aveugle, de dupe des Anglois, de dépourvu de tout esprit de conseil, et qui entraînoit la France et le Régent dans le précipice. Il distinguoit le maréchal d'Huxelles seul des auteurs et approbateurs d'un si pernicieux conseil. Il protesta que, quoi qu'il pût arriver, le roi d'Espagne ne changeroit point de sentiment; qu'avec la fermeté qu'il avoit marquée dans les temps les plus malheureux, il ne recevroit pas des lois honteuses avec quatre-vingt mille hommes bien lestes et bien complets, des forces de mer au delà de ce que l'Espagne en avoit jamais eu, des finances réglées comme une horloge et le commerce des Indes bien disposé; qu'il mourroit l'épée à la main s'il le falloit plutôt que de laisser les Anglois distribuer et changer les États à leur gré, en maîtres du monde, et que, si le roi d'Espagne y périssoit, on diroit que ceux qui avoient un intérêt commun avec lui auroient contribué à sa perte. Il chargea Monteleon de parler à l'abbé du Bois comme il parloit lui-même à Nancré, et de lui faire faire les mêmes réflexions s'il en étoit capable. Furieux contre la France, il ne l'étoit pas

---

1. Saint-Simon fait ici *échange* du féminin.

moins du refus de ses bulles de Séville. Il s'en plaignit en termes très-forts à Paulucci, traita l'accusation de Gallas contre lui d'impostures infâmes, sacriléges, d'invention diabolique ; il assura que, quelque mépris que le roi d'Espagne eût pour une si noire calomnie, il s'en vengeroit, non par une autre, mais par les armes, cette voie étant la seule dont les rois doivent se servir, et laisser l'imposture aux âmes viles. Il triompha ensuite de désintéressement et de desir de tout sacrifice personnel, mais en déclarant que, l'outrage étant fait aux justes droits de la couronne d'Espagne, le roi catholique les soutiendroit avec la dernière vigueur. Parmi tant de divers emportements, Alberoni traitoit Nancré avec tant de distinction et d'apparente confiance, que ceux qui ne voyoient que ces dehors croyoient que la négociation faisoit de grands progrès. On voyoit néanmoins les prépaparatifs de guerre pressés avec plus de diligence que jamais, et que les discours des gens qui pouvoient être instruits ne tendoient nullement à la paix.

Castañeda, chef d'escadre, envoyé depuis quelque temps en Hollande, pour y acheter des vaisseaux pour l'Espagne, reçut de nouveaux ordres d'en revenir. Alberoni avoit besoin de lui pour l'exécution de ses desseins, et fatigué des difficultés qui, malgré la confiance de Beretti, retardoient toujours cette affaire, le cardinal dit qu'il n'en avoit plus besoin, et que l'Espagne avoit assez de navires pour se faire respecter dans la Méditerranée, résolue, à quelque prix que ce fût, d'assurer l'équilibre de l'Europe ou de la mettre toute en combustion. Outre les ministres impériaux, ceux d'Angleterre et de Portugal, quoique sans guerre, avoient traversé tant qu'ils avoient pu l'achat des vaisseaux. Beretti ne s'en étoit pas moins vanté comme on l'a vu ; il voulut même prendre à bon augure la nomination qui fut faite de députés pour examiner cette affaire, et dit à Castañeda, qui en jugeoit bien plus sainement, que c'étoit par le peu d'usage qu'il avoit de la forme du gouvernement d'Hollande. L'armement de cette république pour la Baltique étoit encore incertain ; mais celui de l'escadre angloise pour la Méditerranée étoit public avec sa destination pour cette mer, surtout depuis les menaces de Monteleon là-dessus. Les ministres d'Espagne ne savoient quel parti le Régent prendroit en cette occasion pour ou contre leur maître, ou s'il demeureroit neutre, et Beretti se plaignoit amèrement du silence de Madrid, et de se trouver en des conjonctures si difficiles sans ordres et sans instructions. Monteleon dans Londres n'en recevoit pas plus que lui à la Haye. Alberoni desiroit peut-être qu'ils fissent des fautes, et croyoit utile de conserver la liberté de désavouer les ministres d'Espagne, et les engagements qu'ils auroient pris quand il lui plairoit de le faire ; il ne s'étoit encore expliqué précisément que sur l'envoi de l'escadre angloise, par le mémoire qu'il avoit fait présenter par Monteleon. La cour et ses partisans affectoient de souhaiter la paix, et répandoient dans le public que l'envoi de cette escadre n'avoit d'autre objet que de faire valoir la médiation de l'Angleterre, et de procurer plus aisément par là une tranquillité générale. Ceux qui étoient opposés à la cour de tout parti favorisoient l'Espagne, pour contredire Georges et ses ministres. Les négociants étoient alarmés dans la vue de l'interdiction prochaine de leur commerce. Monteleon, parmi ces différentes dispositions, continuoit de conseiller de faire tomber sur la cour de Vienne le blâme du refus des conditions du traité, en différant une réponse absolument négative, et se contentant, en attendant la réponse de Vienne, de représenter doucement les inconvénients de ces conditions. Lui-même agissoit dans cet esprit auprès de l'abbé du Bois, et il interprétoit en mal tout ce que l'Empereur faisoit dire par le roi d'Angleterre, tendant au refus ou à l'acceptation. On savoit qu'il y avoit à Vienne des émissaires du roi de Sicile, qui traitoient avec le prince Eugène fort secrètement, et la négociation passoit pour avancée. Schaub voulut demander quelque éclaircissement là-dessus, mais il n'en put tirer d'autre sinon que la négociation existoit. Monteleon n'oublia rien pour rendre les Impériaux suspects à Londres et à l'abbé du Bois, quelque parti qu'ils prissent de refuser ou d'accepter. Il voyoit souvent l'abbé du Bois, même avec une sorte de confidence. Cet abbé l'assura que Georges tiendroit ferme sans se laisser amuser ni tromper par les Impériaux; que si l'Espagne acceptoit, l'escadre angloise seroit à la disposition du roi catholique; si Vienne refusoit, l'Angleterre laisseroit agir l'Espagne, et prendroit d'autres mesures de concert avec la France; si le roi de Sicile traitoit avec l'Empereur, en ce cas l'Angleterre pourroit se joindre avec la France et l'Espagne, et les aider à ramener la Sicile sous la domination d'Espagne. Il dit que si cette couronne avoit quelque complaisance, et qu'elle parût disposée à accepter le projet, elle retireroit de grands avantages de cette démonstration; que la conjoncture étoit d'autant plus favorable que le ministère anglois étoit mécontent de l'Empereur, et qu'il y avoit eu de fortes paroles entre Stanhope et Penterrieder. Monteleon étoit persuadé qu'au point où en étoient les choses, il n'y avoit de parti à prendre pour l'Espagne que de céder aux conseils absolus de la France et de l'Angleterre; mais il n'osoit avouer ce qu'il pensoit. Il savoit que ce seroit déplaire à Alberoni, avec qui il n'étoit pas assez bien pour lui écrire d'une manière directement opposée aux sentiments d'un homme si porté à la vengeance, si fougueux et si totalement puissant.

Cependant les ministres d'Angleterre, connoissant l'intérêt particulier qu'ils avoient d'empêcher une guerre dont la nation commençoit à leur reprocher l'inutilité et les fâcheuses conséquences, essayoient également d'amener l'Empereur et le roi d'Espagne à la paix; mais ils négocioient différemment à l'égard de l'un et de l'autre. Ils louèrent Alberoni de la bonne foi dont il avoit parlé au colonel Stanhope, et dirent qu'elle avoit suspendu la réponse aux instances de Monteleon sur l'escadre, parce qu'il auroit été impossible de n'y pas user de termes qui ne convenoient pas entre deux puissances amies, également intéressées à entretenir entre elles la plus étroite union. Stanhope fit valoir comme une marque d'attention qu'au lieu de répondre au mémoire de Monteleon, il écrivoit directement à Alberoni, que l'escadre destinée pour la Méditerranée serviroit le roi d'Espagne, quelque parti que prît l'Empereur de refuser ou d'accepter le projet du traité. Il en exalta de nouveau les avantages et de quelle importance il seroit pour le roi d'Espagne d'avoir un pied en Italie, et de mettre actuellement garnison espagnole dans Livourne, assuré de la garantie des principales puissances de l'Europe. Monteleon, flatté par ces discours, étoit persuadé que le roi son maître réussiroit s'il vouloit contracter une alliance solide avec la France, l'Angleterre et la Hollande, qu'il ne tiendroit qu'à lui de stipuler de la part de ces puissances un engagement formel d'empêcher à jamais les Impériaux d'exercer des vexations en Italie, et sous des prétextes mendiés d'attaquer ces princes dans leur liberté, leurs biens et leur souveraineté. Mais, pendant que Stanhope lui donnoit de si bonnes paroles et de si belles espérances, ce ministre et Sunderland assuroient tous deux Penterrieder que si l'Empereur vouloit signer le traité, le roi d'Angleterre en rempliroit fidèlement les engagements, et qu'il se porteroit aux dernières extrémités contre l'Espagne.

Les ministres d'Angleterre crurent apparemment devoir s'expliquer si clairement pour déterminer la cour de Vienne, parce qu'ils surent que la négociation du roi de Sicile avançoit, qu'elle étoit fortement appuyée par quelques Espagnols impériaux que ce prince avoit gagnés, et qu'ils conseilloient à l'Empereur de s'emparer de Parme et de Plaisance, pour échanger cet État contre la Sicile. Les ministres piémontois travailloient également de tous côtés pour traverser le traité de Londres, et pendant qu'ils faisoient leurs efforts à Vienne pour unir leur maître avec l'Empereur, ils se lioient eux-mêmes avec les ministres des princes d'Italie, en France et en Angleterre, pour empêcher le succès du projet concerté entre le Régent et le roi d'Angleterre. Ce prince connoissoit combien les vues du roi de Sicile étoient dangereuses, et par conséquent de quelle importance il étoit d'empêcher qu'il ne réussît à Vienne, et que par ses manéges il ne parvînt au but qu'il se proposoit, d'obtenir une archiduchesse pour le prince de Piémont. Ainsi, pour l'empêcher, le roi d'Angleterre fit connoître aux ministres impériaux que si les bruits qui couroient de ce mariage se vérifioient, il lui seroit désormais impossible d'entretenir avec l'Empereur les mêmes liaisons et la même confiance qu'il avoit eue par le passé. Il ajouta même aux ordres qu'il donna là-dessus à Saint-Saphorin des lettres pour l'Empereur et pour l'impératrice Amélie, mère des archiduchesses.

CHAPITRE IV.

L'Empereur accepte le projet de paix. — Les Anglois haïssent, se plaignent, demandent le rappel de Châteauneuf d'Hollande; leur impudence à l'égard du Régent, guidés par du Bois; ils pressent et menacent l'Espagne. — L'Empereur ménage enfin les Hollandois. — Erreur de Monteleon. — Difficulté et conduite de la négociation du roi de Sicile à Vienne. — Énormité contre M. le duc d'Orléans des agents du roi de Sicile à Vienne, qui échouent en tout. — Sage conduite et avis de Monteleon. — La Hollande pressée d'accéder au traité, qui recule[1]. — Beretti, par ordre d'Alberoni, qui voudroit jeter le Prétendant en Angleterre, tâche à lier l'Espagne avec la Suède et le Czar, prêts à faire leur paix ensemble. — Sages réflexions de Cellamare; son adresse à donner de bons avis pacifiques en Espagne. — Dangereuses propositions pour la France du roi de Sicile à l'Empereur; Provane les traite d'impostures, proteste contre l'abandon de la Sicile, et menace la France dans Paris. — Nouvelles scélératesses du nonce Bentivoglio. — Fortes démarches du Pape pour obliger le roi d'Espagne de cesser ses préparatifs de guerre contre

1. *Reculent*, au manuscrit.

l'Empereur ; autres griefs du Pape contre le roi d'Espagne. — Menaces de l'Espagne au Pape ; souplesses et lettres de Sa Sainteté en Espagne. — Fortes démarches de l'Espagne sur les bulles de Séville ; manége d'Aldovrandi.

Enfin les incertitudes de la cour de Vienne cessèrent, et on apprit par un courrier qu'en reçut Penterrieder à Londres que l'Empereur acceptoit un projet que toute l'Europe regardoit comme très-avantageux à la maison d'Autriche. Toutefois il s'étoit fait prier longtemps pour y consentir, et ce n'étoit qu'avec des peines infinies, au moins en apparence, qu'il s'étoit désisté de prétendre pour lui-même la succession du grand-duc de Toscane. Ceux qui négocioient de la part du roi d'Angleterre furent si contents d'avoir obtenu ce point, dont ils firent un mérite particulier à Schaub, qu'ils préparoient déjà le Régent à se relâcher sur des conditions moins importantes qu'on pourroit lui demander ; et pour l'obtenir comme un effet de reconnoissance légitime, ils assuroient que Schaub avoit parfaitement bien plaidé la cause de Son Altesse Royale. La nouvelle de l'acceptation de l'Empereur causa beaucoup de joie à la cour d'Angleterre, même aux négociants, parce qu'ils se flattèrent que le roi d'Espagne ne pourroit se dispenser d'accepter, par conséquent qu'il n'y auroit point de guerre, et que le commerce deviendroit plus florissant que jamais. Au contraire les torys, et généralement tous les mécontents du gouvernement, s'élevèrent contre le projet, dans le fond parce que c'étoit l'ouvrage des ministres, mais en apparence à cause de la disposition de la Sicile en faveur de l'Empereur et de celle de la Sardaigne donnée en échange.

La cour d'Angleterre, après cette nouvelle, résolut de ménager la communication qu'elle devoit faire du projet à la Hollande, et de ne lui en apprendre le véritable état que par degrés ; mais elle se plaignit que Châteauneuf, ambassadeur de France à la Haye, avoit dérangé ces mesures. Elle l'accusoit depuis longtemps de mauvaises intentions, et d'agir suivant les principes de l'ancien gouvernement de France, crime capital à l'égard des Anglois. Ainsi les ministres d'Angleterre pressèrent le Régent de rappeler au plus tôt cet ambassadeur, d'envoyer Morville le relever, nommé depuis quelque temps pour lui succéder, et de le faire aller directement à la Haye sans le faire passer à Londres, où on avoit dit qu'il iroit pour se mettre au fait des affaires en y recevant les instructions de l'abbé du Bois. Mais les ministres d'Angleterre jugèrent qu'il suffisoit qu'il se laissât conduire par Widword, envoyé d'Angleterre en Hollande, et par Cadogan, que cette cour avoit résolu d'y faire passer immédiatement après avoir reçu l'acceptation de l'Empereur. Ils assuroient donc tous que tout iroit le mieux du monde, pourvu que le Régent sût bien prendre son parti, et qu'on fût en état de montrer de la vigueur aux Espagnols, car il n'y avoit pas le moindre lieu, disoient-ils, de douter de la sincérité de la cour de Vienne. Sur ce fondement le roi d'Angleterre envoya par un courrier de nouveaux ordres à son ministre à Madrid de presser plus que jamais le roi d'Espagne de souscrire au traité, et pour le persuader, le colonel Stanhope eut ordre de lui déclarer que le départ de l'escadre angloise ne pouvoit plus être différé, et que dans trois semaines au plus tard elle seroit en état de mettre à la voile.

 Prié, commandant général des Pays-Bas pour le prince Eugène, gouverneur général, reçut des ordres très-exprès de terminer au plus tôt les difficultés qui avoient jusqu'alors empêché l'exécution du traité de la Barrière. Prié avoit déjà reçu plusieurs ordres de même nature, mais il sembloit que plus la cour de Vienne les réitéroit, plus il trouvoit de moyens d'embrouiller la négociation. L'Empereur vouloit alors la finir, croyant apparemment qu'il étoit bon d'engager les Hollandois à souscrire à un traité dont il ne laissoit pas de connoître les avantages, quelque peine qu'il eût montrée à consentir à plusieurs de ses conditions. Monteleon, quoique habile, avoit cru lui-même que la cour de Vienne y souscriroit difficilement, car il ne pouvoit comprendre qu'elle consentît à laisser au roi d'Espagne les moyens de rentrer en Italie. Il s'échappa même jusqu'à dire, quand il sut que l'Empereur acceptoit le projet, qu'enfin Sa Majesté Catholique remettroit le pied en Italie, et qu'elle y seroit soutenue par un bon et puissant ami. Monteleon se flattoit en effet que cette assistance ne pouvoit manquer à l'Espagne de la part de la France, et comme il avoit jugé que la cour de Vienne en penseroit de même, il fut très-surpris d'apprendre que, contre son ordinaire, elle se rendît si facile. Il attribua ce changement au peu d'espérance qu'elle avoit apparemment de conclure la paix, ou la trêve avec les Turcs. Mais il se trompoit encore, car alors la conclusion de la paix étoit prochaine. Il crut aussi que l'Empereur, voyant les princes d'Italie las de ses vexations, prêts à s'unir ensemble pour secouer le joug des Allemands, ne vouloit pas s'exposer à soutenir une guerre en Italie, pendant que celle d'Hongrie duroit encore, que d'ailleurs il avoit à craindre les mauvaises dispositions des peuples de Naples et de Milan, qui seroient vraisemblablement fomentées par le roi de Sicile, si la négociation que ce prince avoit commencée secrètement à Vienne ne finissoit pas heureusement. Or il n'y avoit pas lieu d'en espérer un bon succès. Une des conditions préliminaires que le roi de Sicile demandoit étoit celle de conserver ce royaume; et l'Empereur, de son côté, ne trouvoit rien de plus sensible et de plus avantageux pour lui que d'en faire l'acquisition. La résistance des ministres piémontois l'aigrit d'autant plus qu'il parut par leurs discours que leur maître prétendoit conserver la Sicile de concert avec et avec l'assistance du roi d'Espagne. A la vérité ils faisoient paroître plus de confiance en ce secours éloigné qu'ils n'en avoient en effet, connoissant parfaitement la foiblesse de l'Espagne et le peu de réalité des forces dont Alberoni faisoit valoir les seules apparences. Mais eux-mêmes les relevant se flattoient que si l'Empereur pouvoit croire avoir besoin de leur maître, il se rendroit plus facile sur le mariage d'une archiduchesse, qu'il desiroit avec ardeur pour le prince de Piémont.

Soit qu'ils crussent que le Régent, par des vues particulières, traverseroit ce mariage, soit que ce fût dans leur pensée se faire un mérite à la cour de Vienne de parler contre le gouvernement de France, ils parloient avec peu de circonspection de la personne de M. le duc d'Orléans. La conclusion de leur discours étoit qu'il ne seroit pas bien difficile d'enlever le Roi des mains de Son Altesse Royale. Un de ces Piémontois, nommé Pras, se porta même jusqu'à dire que le projet en étoit fait, et qu'il osoit répondre de l'exécution. Le Roi n'avoit alors d'autre ministre à Vienne qu'un nommé du Bourg, que le comte du Luc, dont il étoit secrétaire, avoit laissé à cette cour quand il en étoit parti pour revenir en France. Pras s'imagina que du Bourg étoit opposé aux intérêts de M. le duc d'Orléans, et plein de confiance ou pressé de parler, il lui dit que le roi de Sicile avoit des liaisons très-intimes avec le cardinal Alberoni, et que par le moyen de cette union secrète, le roi d'Espagne avoit prétendu prendre des mesures avec l'Empereur pour disposer ensemble et de concert du sort de toute l'Europe. Pras fit de plus voir à du Bourg une lettre horrible contre M. le duc d'Orléans qu'il supposa lui avoir été écrite de Paris. La même lettre fut communiquée à l'Empereur par l'intrigue des Piémontois, qui prétendirent que ce prince en avoit été fort ému. Ils ne réussirent cependant ni dans leurs desseins ni dans les moyens dont ils se servirent pour y parvenir. Le caractère du roi de Sicile étoit connu depuis longtemps. Il voulut à son ordinaire frapper à toutes les portes; il les trouva toutes fermées, parce que l'expérience commune avoit appris à tout le monde à se défier également de lui. Ainsi chacun se réjouissoit de voir qu'il étoit la victime de ses manéges doubles.

Dans ces circonstances, Monteleon, zélé pour son maître, attaché peut-être à l'Angleterre par quelque intérêt particulier, souhaitoit ardemment qu'il voulût demeurer uni avec le roi d'Angleterre. Il prévoyoit l'embarras où se trouveroit l'Espagne si les choses en venoient à une rupture, et connoissant qu'elle ne pouvoit soutenir seule un engagement contre les principales puissances de l'Europe, il eût conseillé, s'il l'eût osé, de faire de nécessité vertu, de ne pas mépriser le bénéfice offert, et de rendre grâces pour les offenses; mais la crainte de déplaire au premier ministre le retenoit, et c'étoit avec peine qu'il osoit confier à ses amis ce qu'il pensoit sur l'état des affaires. Il se contentoit lorsqu'il en rendoit compte en Espagne de mettre dans la bouche des autres une partie de ce qu'il n'osoit représenter comme de lui, et quand la nouvelle de l'acceptation de l'Empereur fut arrivée, il représenta que ce prince avoit beaucoup gagné auprès de la cour d'Angleterre en prévenant par son consentement celui qu'on attendoit, et qu'on desiroit ardemment du roi d'Espagne.

La France et l'Angleterre, unies et sûres de l'Empereur, pressèrent vivement la Hollande de souscrire au traité, et d'entrer avec elles dans les mêmes liaisons; mais cette république, dont les délibérations sont ordinairement lentes, redoubloit encore de lenteur, retenue par le mauvais état de ses finances et par la mauvaise constitution de son gouvernement. L'une et l'autre de ces raisons, obstacles invincibles à la guerre, faisoient desirer ardemment la conservation de la paix. Ainsi la République désapprouvoit la précipitation de l'Angleterre, et trouvoit qu'elle avoit tort de presser l'armement destiné pour la Méditerranée. Les Hollandois, du moins ceux qui ne dépendoient pas absolument de l'Angleterre, accusoient les Anglois d'une égale imprudence en donnant à l'Empereur les moyens de se rendre insensiblement maître de toute l'Italie.

Beretti souffloit le feu qu'il se flattoit, et qu'il se vantoit souvent mal à propos, d'avoir excité, et pour se faire un mérite auprès d'Alberoni, faisoit des pronostics sur les troubles qu'on verroit bientôt en Écosse, si le Prétendant, s'embarquant en Norwége, passoit dans ce royaume avec les secours du roi de Suède et du Czar, comme on supposoit que les torys et les wighs mécontents, et les jacobites le desiroient et le croyoient. Beretti avoit ordre d'Alberoni de fomenter l'exécution de ce projet, et de parler pour cet effet, soit à ceux qui seroient dans la confidence du roi de Suède, soit aux ministres du Czar à la Haye. Il s'adressa donc aux uns et aux autres. Le roi de Suède avoit en Hollande un secrétaire nommé Preiss, mais ce prince se confioit principalement à un officier polonois attaché au roi Stanislas nommé Poniatowski. Beretti, suivant ses ordres, lui demanda si le roi de Suède consentiroit à recevoir quelques sommes d'argent du roi d'Espagne, et s'il donneroit en échange des armes et des provisions nécessaires pour la marine d'Espagne. La proposition ne parut pas nouvelle au Polonois. Il dit qu'elle lui avoit déjà été faite en secret à Paris par Monti; que tout ce qu'il avoit pu lui répondre étoit que, se trouvant pressé de se rendre auprès du roi de Suède, il falloit laisser l'affaire à traiter entre Beretti et Preiss. Il ajouta comme une chose très-secrète, et qu'il prétendoit bien savoir, que l'amitié qui paroissoit si vive entre le roi d'Angleterre et le Régent n'étoit que masquée; que si la paix qu'il croyoit alors prête à faire entre le roi de Suède et le Czar venoit à se conclure, la France changeroit de conduite, et qu'elle se comporteroit, à l'égard de l'Angleterre, d'autant plus différemment, que le roi d'Angleterre s'éloignoit chaque jour de plus en plus de traiter avec le roi de Suède. Beretti, content des bonnes dispositions que Poniatowski lui laissoit entrevoir, le fut encore davantage de celles de l'ambassadeur de Moscovie. Ce ministre lui dit que le temps approchoit où le roi d'Espagne pouvoit tirer un grand avantage de l'intelligence étroite qu'il établiroit avec le Czar et le roi de Suède, qui de leur côté profiteroient de ces liaisons réciproques. Beretti jugeoit qu'elles étoient d'autant plus nécessaires, que malgré l'espérance que les agents du roi de Suède lui avoient donnée que l'union entre la France et l'Angleterre ne seroit ni solide ni de durée, il voyoit au contraire les ministres françois et anglois agir entre eux d'un grand concert, et presser unanimement les états généraux de souscrire au projet du traité. On se flattoit même alors que le cardinal Alberoni deviendroit plus docile; on disoit qu'il commençoit à mollir. Les Anglois faisoient usage de ces avis en Hollande, et s'en servoient comme de raisons décisives pour engager la République à convenir de ce qu'ils desiroient.

Toutefois Cellamare et Monti, mieux instruits des véritables sentiments d'Alberoni, assurèrent toujours Provane, qui étoit encore à Paris, de la part du roi de Sicile, que certainement le roi d'Espagne rejetteroit le projet, qu'il ne se contenteroit pas des compliments du roi d'Angleterre, ni de ses discours équivoques, pendant qu'il travailloit par des réalités à augmenter la puissance de l'Empereur. Les discours de Cellamare et de Monti étoient confirmés par les lettres qu'ils montroient d'Alberoni. Cellamare pour lui plaire s'exhaloit contre le traité en plaintes et en réflexions à peu près les mêmes qu'on a déjà vues. Mais il avoit bon esprit, et les propos qu'il tenoit ne l'empêchoient pas de connoître parfaitement que le roi d'Espagne, en rejetant le traité, exposoit sa monarchie à de grands dangers. On voyoit clairement la liaison intime du roi d'Angleterre, prince de l'Empire, avec l'Empereur, chef de l'Empire. Il étoit apparent que les Anglois lèveroient incessamment le masque de médiateurs, et que reprenant le personnage de protecteurs de la maison d'Autriche, ils insulteroient pour lui plaire les États d'Espagne en Europe et en Amérique. Cellamare le prévoyoit, mais il auroit mal fait sa cour en Espagne, s'il eût annoncé quelque suite fâcheuse des résolutions où le premier ministre vouloit entraîner son maître. Ainsi Cellamare se contenta de mettre dans la bouche des personnes sensées, ce qu'il n'osoit dire comme son propre sentiment; encore usa-t-il de la précaution de rapporter ces réflexions comme un effet de la terreur qui s'étoit emparée de tous les esprits, ou d'une prostitution générale. C'étoit sous ces couleurs qu'il rapportoit les différents jugements qu'on faisoit du parti que prendroit le roi d'Espagne.

Cellamare inclinant à la paix, parce qu'il en voyoit la nécessité, disoit que l'opinion commune étoit que Sa Majesté Catholique en accepteroit les conditions conditionnellement, c'est-à-dire qu'elle les soumettroit à la discussion des ministres assemblés, et que cependant il n'y auroit rien de conclu ni d'exécuté jusqu'à ce que toutes les parties intéressées eussent été entendues. Son idée étoit de profiter du bénéfice du temps propre à guérir les maladies les plus dangereuses, et pour appuyer ce sentiment, il citoit l'autorité du comte de Peterborough, qui lui avoit dit que l'Empereur étoit très-éloigné de renoncer à ses droits imaginaires; que ce prince ne consentoit au projet que parce qu'il étoit bien persuadé qu'il n'auroit pas de lieu, que le roi d'Espagne le rejetteroit, et que l'Empereur par sa docilité apparente se concilieroit l'amitié des médiateurs. Ainsi l'ambassadeur d'Espagne conseilloit à son maître de combattre ses ennemis par les mêmes armes qu'ils prétendoient employer pour l'attaquer, et de contre-miner leur artifice en affectant de faire paroître encore plus de penchant pour la paix et plus de douceur qu'ils n'en témoignoient pour s'accorder sur les conditions. Son but étoit de procurer une assemblée où les ministres de toutes les parties intéressées conviendroient des conditions d'une paix générale. C'étoit dans cette conjoncture que Cellamare jugeoit que le roi d'Espagne parviendroit à rompre le dangereux fil de cette trame mal ourdie, qui réunissoit tant de puissances contre Sa Majesté Catholique. Jusqu'alors elle n'avoit, selon lui, d'autre parti à prendre que de prolonger la négociation, et pour y réussir, il conseilloit de demander premièrement une suspension

d'armes, parce que le roi d'Espagne ne pouvoit seul, et
par ses propres forces, établir et conserver l'équilibre de
l'Europe, malgré l'aveuglement universel de tous les
autres princes. La demande d'une suspension engageroit
vraisemblablement les alliés à demander aussi au roi
d'Espagne de retirer ses troupes de la Sardaigne, et de la
remettre entre les mains d'un tiers pour la garder en
dépôt juqu'à la conclusion du traité de paix. En ce cas,
Cellamare conseilloit à son maître d'insister sur le dédommagement de l'inexécution des traités que l'Empereur
avoit faits peu d'années auparavant pour retirer ses
troupes de Catalogne, sans avoir satisfait aux principales
conditions de ces traités. Il prévoyoit que les prétentions
réciproques sur ces matières donneroient lieu à de
longues contestations, et comme les Allemands pourroient
cependant en venir aux insultes, que même ils seroient
peut-être soutenus par les Anglois, l'avis de Cellamare
étoit que le roi son maître, ne pouvant soutenir une
guerre déclarée contre toute l'Europe, devoit s'armer
assez puissamment pour tenir dans le respect ceux qui
songeroient à l'attaquer pendant le cours de la négociation de paix. Comme l'Espagne avoit principalement
besoin de forces maritimes, et qu'il falloit non-seulement
pour les mettre sur pied, mais encore pour les faire agir
et pour les commander, des officiers expérimentés et
capables, dont l'Espagne manquoit absolument, Cellamare crut donner une nouvelle agréable au roi d'Espagne
en lui annonçant qu'un Anglois nommé Cammock, autrefois chef d'escadre en Angleterre, étoit venu nouvellement
lui réitérer les offres de services qu'il avoit déjà faites à Sa
Majesté Catholique. Cammock assuroit positivement que,
si l'escadre angloise entroit dans la Méditerranée, il engageroit sept ou huit capitaines de cette escadre à passer,
avec leurs navires et leurs officiers, au service d'Espagne,
et ce qui est plus étonnant, de semblables promesses
étoient appuyées par le témoignage du lieutenant général
Dillon, homme de mérite et de probité. Les préparatifs

de guerre étoient d'autant plus nécessaires, qu'il prétendoit découvrir chaque jour de nouvelles intrigues et de nouveaux moyens que l'Empereur et le roi d'Angleterre employoient pour animer le Régent et pour l'engager à faire la guerre à l'Espagne.

Suivant cet ambassadeur, les ministres impériaux avoient confié à Son Altesse Royale que le roi de Sicile offroit de céder la Sicile à leur maître, à condition qu'il emploieroit ses forces à placer le roi de Sicile sur le trône d'Espagne, si le roi d'Espagne occupoit celui de France en cas d'ouverture à la succession à cette couronne. Les Impériaux, disoit-il, ajoutoient encore que, si ce projet n'avoit pas lieu, le roi de Sicile consentiroit à céder ce royaume en échange de la simple assurance des successions de Toscane et de Parme, dont il se contenteroit. Provane, que le roi de Sicile laissoit encore à Paris, traitoit de faussetés et de calomnies inventées contre l'honneur de son maître ces différents bruits de traités et de conventions entre l'Empereur et lui. Provane, au contraire, disoit que toutes les puissances de l'Europe, réunies ensemble, n'entraîneroient pas son maître à s'immoler lui-même tranquillement et volontairement; que si elles vouloient se satisfaire, elles seroient obligées d'y employer la force; qu'alors elles auroient à faire[1] non à un agneau, mais à un lion, qui se défendroit avec les ongles et avec les dents jusqu'au dernier moment de sa vie. Enfin Provane disoit que si la France réduisoit le roi de Sicile au pied du mur, il feroit peut-être des choses qu'elle n'auroit pas prévues, et qu'il pourroit contribuer encore une fois à voir les étendards de la maison d'Autriche dans les provinces de Dauphiné et de Provence.

Le nonce du Pape n'étoit pas moins attentif que les ministres d'Espagne et de Sicile à ce qui regardoit le progrès de l'alliance, ni moins ardent à relever et à faire

---

1. Voyez tome I, p. 141 et note 1.

valoir tout ce qu'il croyoit contraire aux intérêts de la France et aux vues de M. le duc d'Orléans. Sur ce principe Bentivoglio regardoit et répandoit comme une bonne nouvelle l'opposition du roi d'Espagne au projet de traité. Il assuroit en même temps comme une chose certaine que la ligue étoit faite entre le Czar et le roi de Suède, que les forces de ces deux princes étant réunies, le roi de Suède s'embarquoit pour aller faire une descente en Angleterre et rétablir le roi Jacques sur le trône de ses pères. Tout événement capable de déranger les mesures du gouvernement lui paroissoit d'autant plus à souhaiter qu'il croyoit, et qu'il tâchoit de persuader au Pape, qu'il ne devoit rien attendre de bon pour Rome de la France, etc.

Le Pape étoit bien moins occupé et touché des affaires de la constitution en France, qu'il ne l'étoit des affaires d'Espagne. Il trembloit de voir la flotte et les troupes de cette couronne venir fondre en Italie, et de la demande qu'elle lui avoit faite de ses ports pour son armée navale, à quoi il ne savoit que répondre. Il étoit bien plus en peine d'apaiser les Allemands, qui, sans le croire, l'accusoient d'intelligence contre eux avec l'Espagne, pour le tenir sans cesse dans la frayeur et la souplesse à leur égard, et l'obliger ainsi à n'oublier rien pour détourner l'orage qui les menaçoit en Italie, tandis que la Hongrie les occupoit encore presque tous. Le Pape tâchoit donc de toucher le roi d'Espagne par le souvenir de tant de grâces qu'il lui avoit faites, sans exiger de lui aucune satisfaction pour les offenses qu'il en avoit souffertes pendant huit ans. Sa Sainteté vouloit que Sa Majesté Catholique lui tînt compte d'avoir détourné l'Empereur de poursuivre ses prétentions par l'avoir engagé à la guerre d'Hongrie, pendant tout le cours de laquelle il lui avoit promis qu'il ne seroit point attaqué en Italie. Le Pape se plaignit amèrement de l'entreprise de Sardaigne malgré ces engagements, du mépris de ses représentations, et de l'odieux soupçon que cette conduite donnoit aux Impériaux, qui l'accusoient d'intelligence avec l'Espagne contre l'Empereur. Une vive péroraison se termina par les plus fortes menaces, si le roi d'Espagne ne cessoit tous ses préparatifs. Le bruit que fit l'Empereur à Rome de l'accusation qu'on a vu plus haut qu'il y avoit fait porter contre Alberoni sur un prétendu traité qu'il avoit fait avec la Porte, fut vivement renouvelé, obligea le Pape d'écrire un bref très-fort au roi d'Espagne, qui néanmoins se référoit à ce que lui diroit son nonce sur la gravité de l'affaire dont il s'agissoit, telle qu'il n'en étoit point arrivé qui approchât de celle-là, depuis les dix-huit années de son pontificat, ni dont la gloire et la conscience de Sa Majesté Catholique pussent être plus fortement intéressées; ce bref, plein d'autres expressions véhémentes, étoit de la main du Pape, et devoit être présenté au roi d'Espagne par Aldovrandi. Ce nonce eut ordre de représenter en même temps à Sa Majesté Catholique que son honneur et sa conscience exigeoient qu'il rétablît incessamment sa réputation si horriblement attaquée, ce qu'il ne pouvoit qu'en se désistant de toute hostilité contre l'Empereur, et tournant ses armes contre les infidèles, et de menacer, en cas de refus de déférer à cet avertissement, que Sa Sainteté ne pourroit se dispenser de prendre les résolutions que son devoir lui suggéreroit.

Ces résolutions étoient déjà méditées. Le Pape, épouvanté de la colère de l'Empereur, se persuadoit voir déjà les preuves de l'accusation que ce prince avoit fait porter par son ambassadeur à Rome contre Alberoni sur son prétendu traité avec les Turcs. Ainsi le Pape s'étoit proposé de priver le roi d'Espagne des grâces que Rome avoit accordées à lui et à ses prédécesseurs, telles que la *cruzade*[1], le *sussidio*[2], et les millions uniquement destinés à soutenir une guerre continuelle contre les infidèles, et que Sa Sainteté, voyant le roi d'Espagne éloigné et sans

1. Voyez tome XIII, p. 77, note 2.
2. Voyez tome XIII, p. 77, note 1.

forces en Italie, ne croyoit pas en conscience laisser subsister pour être employés à faire une diversion à l'Empereur, tandis qu'il étoit occupé contre les Turcs. Le Pape avoit d'autres griefs contre la cour de Madrid. Il se plaignoit inutilement du trouble que recevoit en Espagne l'exercice de la juridiction ecclésiastique, et il avoit représenté avec aussi peu de succès qu'il n'appartenoit pas à Sa Majesté Catholique de disposer des revenus des églises de Tarragone et de Vich, dont Alberoni s'étoit emparé, sous prétexte qu'ils étoient mal administrés pendant l'absence de ces deux évêques rebelles, et s'étoit mis peu en peine de satisfaire le Pape là-dessus, persuadé que la complaisance pour Rome est un mauvais moyen pour en obtenir les grâces qu'on lui demande. Il sollicitoit alors avec chaleur l'expédition de ses bulles de Séville. Le Pape alléguoit qu'il ne voyoit point de raisons pour autoriser une translation si prompte à Séville de l'évêché de Malaga. Mais il ajoutoit qu'étant à la tête du gouvernement d'Espagne, il passoit pour être l'auteur du bouleversement qui arrivoit à la prospérité des armes chrétiennes, et pour perturbateur public, accusé publiquement d'intelligence avec la Porte, et d'être le directeur d'une diversion qui produisoit tant d'avantages à l'ennemi commun de la chrétienté [1]. Feignant de vouloir bien suspendre encore son jugement sur une dénonciation si énorme, il ne pouvoit pourtant la dissimuler ni faire des grâces à celui qui étoit accusé, jusqu'à ce qu'il en eût fait voir la calomnie. Il revenoit ensuite à ce prétendu soupçon de l'Empereur, si offensant pour Sa Sainteté, de sa prétendue intelligence avec l'Espagne contre lui, coloré par le manquement horrible du roi d'Espagne à sa parole sur son armement et sa destination l'année précédente.

Ces lamentations du Pape n'eurent pas l'effet qu'il s'en étoit promis. Acquaviva, au contraire, avoit déclaré que,

---

1. Voyez tome IX, p. 228 et note 1.

puisque Sa Sainteté n'avoit aucun égard aux instances du roi d'Espagne sur les bulles de Séville, ce prince alloit faire séquestrer les revenus des églises vacantes dans ses États, et défendre à ses sujets de prendre aucune expédition en daterie. A ces menaces Paulucci, principal ministre du Pape, avoit répondu que Sa Sainteté espéroit de la droiture du roi d'Espagne qu'il se laisseroit toucher des raisons qu'elle avoit de suspendre la translation précipitée d'Alberoni de Malaga à Séville, et que ce prince ne voudroit pas augmenter par de nouvelles offenses l'embarras et la peine où elle se trouvoit, non-seulement parce qu'il avoit manqué à la parole qu'il lui avoit donnée l'année dernière, mais encore parce qu'il faisoit de nouveaux préparatifs pour continuer une guerre si pernicieuse à la religion et à la tranquillité publique.

Le Pape voulut que Paulucci écrivît à Alberoni dans le même sens, et à peu près dans les mêmes termes qu'il avoit parlé à Acquaviva. On ne manqua pas de représenter à Alberoni ses devoirs comme créature du Pape, l'obligation où il étoit, par conséquent, d'employer son crédit à travailler à la cause commune de la religion, bien loin de travailler à la diversion des forces de l'Empereur, occupées contre les infidèles. Paulucci l'excita par tout ce qu'il put de plus fort et de plus touchant, l'assura que le Pape le prioit, comme bon père et comme créateur (quel blasphème dans ces paroles romaines!) plein d'affection, de penser que l'unique moyen de réparer sa réputation, et de recevoir des marques de la reconnoissance de Sa Sainteté, étoit non-seulement de faire cesser ces hostilités, qui pouvoient retarder les progrès des armes impériales, mais encore d'employer contre les infidèles les mêmes forces que le roi d'Espagne prétendoit faire agir contre les princes chrétiens (difficilement vit-on jamais lettre si parfaitement inepte). Comme Alberoni avoit déjà reçu le plus grand bienfait qu'il pût attendre du saint-siége, le Pape, persuadé que l'espérance fait agir les hommes plus que la reconnoissance, jugea que le confesseur du roi d'Espagne montreroit plus d'ardeur de plaire à Sa Sainteté, et peut-être agiroit plus utilement qu'Alberoni, déjà revêtu de la pourpre. Elle voulut donc que le cardinal Albane écrivît au P. d'Aubanton, et que, lui témoignant la confiance particulière qu'elle avoit en lui, il l'assurât qu'elle ne doutoit point de sa sensibilité pour ses peines, et qu'il ne fût plus en état que personne de faire utilement au roi d'Espagne les représentations qui regardoient sa conscience, trop exposée par le feu qu'il étoit sur le point d'allumer en Italie, au préjudice de la religion. La lettre contenoit de plus une récapitulation de ce qui étoit arrivé depuis l'année précédente. Le Pape avoit dicté les termes de la lettre; il avoit employé, sous le nom de son neveu, les expressions les plus pathétiques pour faire voir quels étoient les devoirs du chef de l'Église en cette triste conjoncture, où la religion (c'est le nom) et l'État ecclésiastique (c'est la chose) se trouvoient également en danger. Il l'insistoit[1] sur l'obligation d'un confesseur du roi d'Espagne, qui devoit non-seulement tirer Sa Sainteté de l'affliction où elle étoit plongée, mais, de plus, avertir le roi d'Espagne. Elle ne doutoit pas même que ces avis n'eussent un plein effet, puisqu'il s'agissoit de faire souvenir ce prince qu'il étoit assis sur un trône occupé avant lui par des rois à qui le saint-siége (si libéral d'étendre sa puissance par des titres vains qui ne lui coûtent rien) avoit accordé le titre de Catholique à cause de la guerre irréconciliable qu'ils avoient faite aux ennemis du nom de Jésus-Christ (dont on ne voit ni commandement, ni conseil dans l'Évangile, ni dans les apôtres, ni dans pas un endroit du Nouveau Testament; guerre d'ailleurs uniquement faite par Ferdinand et Isabelle pour réunir à leurs couronnes toutes celles que les Mores occupoient dans le continent de l'Espagne). De ces raisons, Albane tiroit la conséquence que le Pape son oncle avoit lieu d'espérer obtenir du roi d'Espagne l'effet

---

1. *L'* a été ajouté après coup devant *insistoit*.

de l'offre que ce prince lui avoit faite l'année précédente, c'est-à-dire une suspension de guerre contre les chrétiens. Enfin, c'étoit le moyen que le cardinal neveu proposoit pour détruire totalement les écrits que les ennemis du roi d'Espagne avoient imprimés au désavantage de ce prince et de la nation espagnole. Comme les menaces étoient jointes aux représentations, le Pape, craignant de nouveaux engagements, voulut que son nonce à Madrid usât de beaucoup de prudence et de circonspection. Il souhaitoit que le roi d'Espagne, frappé de la crainte de voir les grâces que ses prédécesseurs avoient reçues du saint-siége révoquées, prévînt en le satisfaisant les effets du ressentiment qu'il vouloit lui faire appréhender, et comme il doutoit si les moyens qu'il employoit pour faire agir Alberoni et Aubanton seroient suffisants, il y employoit encore le crédit que le duc de Parme avoit sur l'esprit de la reine d'Espagne et sur celui d'Alberoni.

On commençoit à regarder en Italie ce prince comme l'auteur de la guerre que l'Espagne méditoit. Les Allemands de plus lui imputoient à crime d'avoir contribué à la promotion d'Alberoni. Ils menaçoient de s'en venger bientôt et facilement sur ses États, en sorte qu'ayant intérêt de détourner l'orage qu'il voyoit prêt à retomber sur lui, il paroissoit un agent très-propre pour désarmer par sa persuasion le roi d'Espagne, prêt à commencer une guerre qui ne pouvoit être que fatale à l'Italie. Ses représentations lui valurent vingt-cinq mille pistoles, que le roi d'Espagne lui fit toucher pour mettre ses places en état de défense, et le besoin que le Pape crut avoir du P. d'Aubanton valut à son neveu le gratis des bulles d'une abbaye que le Régent lui avoit donnée en considération de son oncle.

Mais il eût fallu des moyens plus puissants pour adoucir le roi d'Espagne, ou plutôt son premier ministre, personnellement irrité du refus de ses bulles de Séville. Alberoni voulut intéresser la nation espagnole dans sa cause particulière, et pour faire voir que c'étoit une affaire d'État, il la fit renvoyer au conseil de Castille avec ordre d'en dire son sentiment. Ceux qui le composoient profitèrent d'une occasion de signaler sans risque leur zèle pour le maintien des droits de la couronne d'Espagne, donnèrent leurs vœux; et la consulte formée sur leurs avis, très-forte contre les prétentions de la cour de Rome, fut rendue publique, et fut accompagnée d'une consultation signée de plusieurs docteurs en théologie et en droit canon. Alberoni, comme revêtu de ces armes, fit dépêcher un courrier à Rome pour intimer au Pape un temps fatal pour l'expédition des bulles de Séville, menaçant Sa Sainteté que, si elle différoit au delà de ce terme de les faire expédier, le roi d'Espagne emploieroit les moyens que le conseil de Castille lui avoit suggérés pour ranger la cour de Rome à son devoir. Aldovrandi fut effrayé ou feignit de l'être de la réponse du conseil de Castille. Il représenta donc au Pape l'embarras où il se trouvoit, voyant augmenter un feu que Sa Sainteté avoit intérêt d'éteindre, surtout dans une conjoncture où elle vouloit par ses offices et par sa médiation, tâcher de prévenir la guerre entre les princes chrétiens. Il prévoyoit qu'une rupture, même une simple froideur entre les cours de Rome et de Madrid, l'empêcheroit bientôt de traiter avec le ministre du roi d'Espagne; qu'il demeureroit sans action, hors d'état d'exécuter les ordres du Pape, et par conséquent de faire valoir ses services. Cette situation lui paroissoit d'autant plus fâcheuse, que vers la fin du mois d'avril, où on étoit pour lors, on croyoit voir quelque disposition à un accommodement entre l'Empereur et le roi d'Espagne.

CHAPITRE V.

Étrange caractère du roi de Sicile; entretien curieux entre le secrétaire de son ambassade et Alberoni. — Lascaris, envoyé de Sicile, malmené par Alberoni. — Plaintes hypocrites d'Alberoni; il déclame contre le traité, et tâche de circonvenir le maréchal d'Huxelles. — Alberoni menace, veut reculer le traité et gagner les Hollandois. — Caractère de Beretti; embarras des ministres d'Espagne au dehors. — La France et l'Angleterre communiquent ensemble le projet du traité aux états généraux; conduite de Beretti; son avis à Alberoni, et sa jalousie contre Monteleon. — La nation angloise et la hollandoise[1] partagées pour et contre le traité. — Triste prodige de conduite de la France; conduite de Châteauneuf en Hollande. — Duplicité des ministres d'Angleterre à l'égard du Régent; hauteur de Craggs à l'égard du ministre de Sicile. — Efforts du roi de Sicile pour lier avec l'Empereur et obtenir une archiduchesse pour le prince de Piémont; conduite de la cour de Vienne. — Artificieuse conduite des ministres anglois à l'égard du Régent. — Manéges de Penterrieder à Londres. — L'Espagne voudroit au moins conserver la Sardaigne; mal servie par la France; l'Angleterre s'y oppose avec hauteur; triste état de Monteleon; les ministres anglois plus impériaux que les Impériaux mêmes. — Ministres espagnols protestent dans toutes les cours que l'Espagne ne consent point au traité; effort de Beretti pour détourner les Hollandois d'y souscrire; cris de cet ambassadeur contre la France; ses plaintes. — Fâcheuse situation de la Hollande. — Le roi d'Espagne rejette avec hauteur le projet du traité, communiqué enfin par Nancré, et se plaint amèrement; conduite et avis de Cellamare; son attention aux affaires de Bretagne.

L'opinion publique étoit fondée sur les traitements distingués et les marques de confiance que Nancré recevoit d'Alberoni; et comme l'Empereur avoit accepté le traité, on jugeoit que le roi d'Espagne ne voudroit pas s'engager à soutenir seul la guerre contre la France et contre les autres puissances principales de l'Europe. Toutefois les préparatifs de guerre n'étoient point ralentis. L'Espagne pressoit son armement avec plus de chaleur que jamais : elle devoit avoir vingt navires de

---

1. *Et la holl.*, en abrégé, au manuscrit.

guerre, outre les brûlots et les galiotes à bombes ; mais les apprêts par mer et les forces par terre n'approchoient pas des forces que le roi d'Espagne pouvoit prévoir qu'il auroit à combattre ; car, en effet, il n'avoit point d'alliés, et c'étoit sans fondement que le public s'étoit figuré un traité entre Sa Majesté Catholique et le roi de Sicile. Elle soupçonnoit au contraire le roi de Sicile d'être d'accord avec l'Empereur, et croyoit que la condition principale de leur engagement étoit celle du mariage du prince de Piémont avec une archiduchesse. Il y avoit alors trois ministres piémontois à Madrid : l'abbé del Maro étoit ambassadeur ordinaire ; le roi son maître, peu content de lui et se défiant du compte qu'il lui rendoit, avoit envoyé Lascaris, soit pour découvrir les véritables sentiments d'Alberoni, soit pour faire avec lui un traité secret ; enfin ce prince, soupçonneux et toujours en garde contre ses propres ministres, les faisoit épier l'un et l'autre par le secrétaire de l'ambassade, nommé Corderi[1], et donnoit directement à ce dernier des ordres et des instructions dont la connoissance étoit cachée à Lascaris comme à del Maro. Immédiatement après l'arrivée de Lascaris à Madrid, Corderi fut chargé d'en aller donner part à Alberoni. Ce premier ministre répondit qu'il étoit très-aise que cette voie lui fût ouverte pour donner au roi de Sicile des preuves effectives d'une confiance très-sincère, et pour le persuader de l'attachement naturel qu'il avoit pour la personne et pour les intérêts de ce prince ; il ajouta que, comme ils ne pouvoient être séparés dans la conjoncture présente des intérêts de la couronne d'Espagne, il se feroit un devoir d'en user à l'égard de Lascaris avec autant d'ouverture et de confiance que les obligations de son ministère le lui pourroient permettre. Les deux agents du roi de Sicile conçurent une merveilleuse espérance d'une si favorable réponse.

Peu de jours après, le secrétaire Corderi retourna chez

---

1. Saint-Simon écrit ce nom tantôt *Corderi*, tantôt *Carderi*.

Alberoni; il avoit à l'instruire des intentions de son
maître sur la mission de Lascaris. Le cardinal avoit demandé quelles étoient ses instructions, afin de pouvoir
traiter avec lui sur les affaires courantes, et Corderi,
ayant reçu les ordres du roi de Sicile sur cette question,
lui dit que ce prince répondoit que, pour fixer les instructions qu'il donneroit à son ministre, il étoit nécessaire
en premier lieu qu'il fût lui-même éclairci sur la diversité
des sentiments entre la cour d'Espagne et les cours de
France et d'Angleterre; en second lieu, qu'il sût en détail quels étoient les projets de guerre du roi d'Espagne,
et surtout quels moyens Sa Majesté Catholique avoit
d'en assurer le succès. Il ajoutoit que jusqu'alors le cardinal ne lui avoit communiqué que des idées vagues et
générales, en sorte que ce prince étoit demeuré non-
seulement dans sa première obscurité, mais tombé dans
une autre plus grande encore qu'auparavant, voyant la
France et l'Angleterre plus déterminées que jamais à procurer l'acceptation du projet qu'elles avoient formé pour
la paix générale. Alberoni répondit à cette espèce de
reproche qu'il s'étoit ouvert de reste sur les projets de
l'Espagne, et soutint à Corderi qu'il lui avoit dit en détail
tout ce qu'il pouvoit lui confier sur cette matière; souriant ensuite, il fit connoître qu'il soupçonnoit les doutes
du roi de Sicile, et qu'il les regardoit comme un prétexte
affecté pour colorer l'accommodement que ce prince
avoit fait avec l'Empereur. Corderi le nia : entre autres
raisons qu'il employa pour se défendre, il allégua la
nomination que le roi de Sicile venoit de faire du comte
de Vernon pour l'envoyer en Espagne. Le cardinal répondit qu'il n'avoit rien à répliquer sur cette nomination;
que c'étoit toutefois une démonstration extérieure assez
ordinairement usitée en pareille conjoncture; qu'il avoit
d'ailleurs de bons avis et réitérés par le ministère de
France, qui l'avertissoit particulièrement de se garder de
s'ouvrir aux ministres du roi de Sicile. Enfin Alberoni,
se laissant aller aux mouvements de son impatience

naturelle, dit avec impétuosité que le roi de Sicile ne connoissoit point d'autres liens que ceux qui pouvoient convenir à ses intérêts, mais qu'un tel avantage n'étoit pas de durée ; que si ce n'étoit pas le père, ce seroit un jour le fils qui seroit obligé de supplier à genoux le roi catholique de le secourir et de le délivrer de la tyrannie et de l'oppression des Allemands. Corderi ne douta pas que la colère du cardinal ne fût un prétexte pour couvrir ses desseins et pour manquer de parole au roi de Sicile. Une telle conversation ne promettoit pas à Lascaris une audience plus favorable, et l'effet répondit aux apparences. Il voulut représenter au cardinal les promesses qu'il avoit faites au roi de Sicile de lui communiquer ce qui se passeroit dans les négociations de la paix. Lascaris dit que son maître ne pouvoit douter qu'elle fût fort avancée, étant informé des longues conférences que Nancré et le colonel Stanhope avoient avec le cardinal. Il répondit avec chaleur qu'il n'étoit plus obligé à ses promesses, puisque le roi de Sicile avoit peut-être déjà signé son traité avec l'Empereur, et que le roi d'Espagne en avoit des avis certains et positifs. Lascaris voulut en vain combattre et détruire une opinion si injurieuse à son maître ; il soutint que ce prince n'avoit fait aucune démarche contraire aux derniers traités ; qu'on ne devoit donc ajouter aucune foi à des avis qui blessoient sa réputation. Ses répliques furent inutiles ; Alberoni rompit l'audience, et se levant, dit qu'il étoit obligé de se rendre auprès du roi d'Espagne. Lascaris en tira la conséquence que la paix étoit bien avancée, et les intérêts de son maître sacrifiés.

Soit feinte, soit vérité, Alberoni déploroit avec ses amis la situation où il se trouvoit, la plus scabreuse, disoit-il, et la plus critique qu'il fût possible. Il se plaignoit que sa fortune ne servoit qu'à lui faire passer de mauvais jours et de fâcheuses nuits ; il vouloit qu'on le crût détrompé du monde, mais forcé d'y vivre pour se conformer et se soumettre aux ordres de la Providence. Il étoit bien éloigné, comme les Piémontois l'en soupçonnoient, d'entrer dans le traité de paix. C'étoit sincèrement qu'il déclamoit contre, et quoique le détail des conditions secrètes n'eût pas encore été communiqué au roi d'Espagne, Alberoni prétendoit que Nancré s'étoit expliqué assez clairement pour ne laisser aucune curiosité, pas même celle d'ouvrir et de lire les lettres qu'il écrivoit en France. Il protestoit que le roi d'Espagne perdroit plutôt quarante couronnes que de faire un pareil traité. Il disoit que si l'Empereur possédoit une fois les royaumes de Naples et de Sicile, il seroit maître quand il voudroit du reste de l'Italie, et que si jamais les garnisons espagnoles étoient admises dans les États de Toscane et de Parme, l'Espagne sentiroit le préjudice de la sortie des troupes qu'il faudroit tirer de chez elle sans aucune utilité, parce que la supériorité des Allemands seroit telle qu'ils auroient envahi ces mêmes États avant que la nouvelle de leur entreprise fût parvenue en Espagne. Ainsi, le roi d'Espagne perdroit inutilement et ses troupes et la dépense pour les transporter. Alberoni, persuadé que le maréchal d'Huxelles n'approuvoit pas un traité dont un autre que lui avoit été le promoteur et l'agent, chargea Cellamare de lui dire que le roi d'Espagne connoissoit trop son esprit, son jugement et sa probité pour le soupçonner d'avoir parlé en cette occasion suivant sa pensée ; que si le maréchal convenoit que la fraude et l'injustice avoient été employées de manière à forcer Sa Majesté Catholique à s'accommoder à des lois dures et barbares, il auroit raison ; mais s'il disoit qu'un projet dont le fruit étoit d'agrandir l'Empereur, et d'augmenter sa puissance au delà de ses justes bornes, étoit un moyen capable d'établir une paix solide, un tel discours répugneroit absolument au bon sens et aux lumières de tout homme sage, instruit des affaires du monde ; que si Huxelles regardoit cet ouvrage comme un pot pourri, et comme une trame de l'abbé du Bois conforme à son génie et à sa personne, les gens sages le croiroient ; mais qu'ils ne se

figureroient jamais qu'un homme dont la probité et la
réputation étoient suffisamment établies pût approuver
un projet préjudiciable à l'Espagne, fatal à la France,
déshonorant pour le nom du Régent, en un mot scandaleux au monde entier, et capable d'exercer les galants
discours qu'on ne manqueroit pas de tenir sur un si beau
sujet.

Alberoni cependant proposa de former une assemblée
pour examiner ce projet, regardant cet expédient comme
la seule voie à prendre pour ne se pas éloigner de l'équité,
et ne pas offenser la liberté des gens. Et comme le colonel
Stanhope le pressoit d'entrer dans le traité, il lui répondit
seulement qu'il avoit écrit en France, et qu'il en attendoit les réponses, mais qu'il s'expliqueroit plus librement
à d'autres. Sur l'injustice prétendue du projet, il disoit
que les vues de ceux qui en étoient les promoteurs étoient
suffisamment connues; que le roi d'Espagne en conser-
veroit le souvenir, s'il étoit forcé à la dure nécessité de
subir la loi qu'on lui imposoit; qu'il attendroit un meilleur temps et des conjonctures plus favorables pour se dédommager, et pourvoir lui-même à son indemnité. Comme
il voyoit les principales puissances unies pour forcer
l'Espagne à souscrire aux conditions de la paix, il chercha
l'appui de la Hollande, qui reculoit à entrer dans le
traité. Il fit représenter à ceux qui passoient pour les
meilleurs républicains qu'ils devoient par honneur et par
intérêt s'éloigner de l'infamie qu'on leur proposoit; que
les Anglois, depuis quelques années, se croyoient en
droit comme en possession de partager le monde à leur
fantaisie, d'enlever les États à leurs légitimes possesseurs,
et de les distribuer à d'autres selon qu'il convenoit à leurs
intérêts; que l'exécution de ce traité exécrable ne pouvoit être que fatale à la liberté de l'Europe, dont les
Hollandois sentiroient les premiers effets, parce que
l'Empereur, rejoignant la Sicile à Naples, auroit bientôt
une marine, et s'empareroit du commerce du Levant, et
que les puissances les plus éloignées se ressentiroient

bientôt de l'esprit de domination sans bornes de la maison d'Autriche, dès ce qu'elle se trouveroit en possession de l'Italie. Il fit espérer aux Hollandois d'entrer dans les projets que leur compagnie des Indes occidentales lui avoit fait proposer pour le commerce de l'Amérique, et tâcha d'augmenter leur jalousie et leurs défiances des Anglois sur un article si intéressant.

Beretti, tout occupé des intérêts du roi d'Espagne, et guère moins de se vanter et de faire valoir jusqu'à ses moindres démarches, auroit voulu qu'on lui sût gré à Madrid jusque de son inaction et de son silence. Il trouvoit qu'il ne recevoit jamais d'ordres à temps, et véritablement ayant à répondre à un ministre difficile, qui souvent desiroit rejeter la faute de l'obscurité de ses lettres sur l'exécution de ceux qui les recevoient, Beretti, comme les autres ministres d'Espagne au dehors, étoit souvent embarrassé du parti qu'il devoit prendre autant pour plaire à sa cour que pour le bien des affaires qui lui étoient commises. Il se trouva dans cet embarras, lorsqu'à la fin d'avril l'ambassadeur de France et l'envoyé d'Angleterre allèrent ensemble communiquer aux états généraux le projet du traité de la quadruple alliance. Beretti n'avoit pas encore reçu des ordres suffisants pour régler sa conduite; il jugea qu'en cette conjoncture il ne pouvoit rien faire de mieux que de gagner du temps et d'empêcher la République de prendre aucun engagement. Il demanda donc une conférence avec les députés des états, leur tint à son ordinaire force verbiages, et parut content des assurances qu'il en reçut de rapporter à leurs maîtres ce qu'il leur avoit dit, et de leur desir de conserver les bonnes grâces de l'Espagne. Beretti les trouvoit foibles et générales; il crut agir prudemment d'avouer à Alberoni que son inquiétude étoit extrême depuis que l'ambassadeur de France marchoit avec l'envoyé d'Angleterre. Il fit remarquer que cette cour gagnoit la supériorité dans le Parlement depuis qu'on savoit que M. le duc d'Orléans concouroit avec elle; qu'on avoit bien prévu que les Hollandois seroient invités d'entrer dans l'alliance, mais que de plus on étoit persuadé que, s'ils y résistoient, ils seroient forcés d'y souscrire : on ajoutoit, disoit-il, que le Régent feroit une ligue avec l'Empereur; que quoique la chose ne lui parût pas vraisemblable, que [1] tout étoit possible; s'espaçoit contre la France et le traité, et concluoit qu'en attendant qu'il reçût des ordres pour régler sa conduite, il feroit tout son possible pour empêcher la République de s'engager. Il supposa que ces ordres lui étoient d'autant plus nécessaires, qu'il avoit lieu de se défier des conseils que Monteleon lui donnoit. Cet ambassadeur étoit l'objet de sa jalousie, car, ou're que Monteleon étoit supérieur par son esprit et par son expérience, il avoit encore paru que le roi d'Espagne avoit pour lui beaucoup de goût, et comme il étoit Espagnol, il étoit vraisemblable que ce prince lui donneroit la préférence pour les emplois sur un Italien, qui n'étoit pas né son sujet. Ainsi Beretti profitoit de toutes les occasions d'inspirer en Espagne des soupçons sur la fidélité de Monteleon : la chose n'étoit pas difficile, c'étoit faire sa cour au premier ministre de décrier Monteleon. Beretti le représenta comme entrant dans toutes les vues de l'Angleterre, jurant qu'elle n'avoit nulle intention de favoriser l'Empereur; que, séduit par elle, il vouloit faire passer le projet de paix comme un ouvrage avantageux au roi d'Espagne, qui par là remettroit le pied en Italie, et auroit des troupes dans les États de Toscane et de Parme; que la cour de Vienne, qui en prévoyoit les conséquences et sentoit bien les avantages que l'Espagne en retireroit, n'eût jamais accepté le projet si elle n'avoit regardé comme une nécessité de prévenir en l'acceptant les liaisons qui se tramoient contre elle entre la France et l'Angleterre. Ainsi Beretti, tournant en ridicule la fausse politique de Monteleon, soutenoit qu'en suivant ses avis on faciliteroit à l'Empereur les

---

1. Cette répétition de *que*, est du fait de Saint-Simon.

moyens de tout envahir, dont déjà son ministre triomphoit.

Il paroissoit en effet en Hollande une lettre de Londres de Penterrieder, qui disoit que le projet étoit tel que l'Empereur le pouvoit jamais desirer, et que l'Angleterre enverroit vingt-six vaisseaux dans la Méditerranée malgré l'opposition de la nation angloise. En effet, bien des gens en Angleterre traversoient cette expédition, les uns du parti contraire à la cour, les autres craignant qu'entrant en guerre avec l'Espagne, et la Hollande résistant à se déclarer ne profitât pour son commerce de la neutralité qu'elle affectoit de vouloir conserver pour l'Espagne, et véritablement cette considération partageoit la Hollande. Ceux qui depuis longtemps étoient dévoués à l'Angleterre ne connoissoient que ses volontés. Les républicains, au contraire, mettoient tous leurs soins à gagner du temps pour éviter que leur État se mêlât d'une affaire commencée sans sa participation par la France et l'Angleterre. Ils représentoient que les sollicitations de ces couronnes n'étoient pas une preuve de leur considération pour leur république, et qu'elles seroient certainement demeurées à leur égard dans le silence si le roi d'Espagne eût souscrit comme l'Empereur au traité.

On vit alors ce qui n'auroit pas paru vraisemblable quelques années auparavant : l'ambassadeur de France combattre, conjointement avec l'envoyé d'Angleterre, pour terrasser, de concert avec le pensionnaire d'Hollande, le parti républicain, et ramener aux volontés de l'Angleterre ceux qui, ne regardant que l'intérêt de leur patrie et le maintien du commerce, craignoient d'entrer en de nouveaux engagements, que la République seroit obligée de soutenir par des dépenses qu'elle étoit hors d'état de faire, et dont elle ne pouvoit attendre pour fruit que de nouveaux troubles et de nouveaux malheurs. Châteauneuf employoit cependant tout son crédit pour persuader ceux que lui-même avoit autrefois le plus exhortés à secouer le joug de la domination angloise. Il agissoit en cette occasion avec d'autant plus d'ardeur, que les ministres d'Angleterre s'étoient déclarés hautement contre lui, l'accusant d'être si prévenu des anciennes maximes de France, et des instructions que le feu Roi lui avoit données en l'envoyant en Hollande, qu'il étoit impossible que jamais ils prissent confiance en lui. Châteauneuf n'oublia donc rien pour détruire ces accusations, et y réussit en partie en forçant Widword, envoyé d'Angleterre à la Haye, d'écrire à Stairs qu'il étoit content de la vigueur et de l'habileté de l'ambassadeur de France dans la négociation présente. Les ministres du roi d'Angleterre affectoient aussi de dire à Londres que leur maître ne pouvoit se défier de la bonne foi du Régent, et qu'ils étoient persuadés que l'union entre ces deux princes étoit parfaite : cette confiance n'étoit qu'ostensible. Ils parlèrent avec moins de contrainte à la Pérouse. Cet envoyé s'étant plaint de la manière injuste dont le roi de Sicile étoit traité dans le projet d'alliance, Craggs lui demanda si ce prince n'étoit entré dans nulle liaison pour détrôner le roi Georges ; l'étonnement, les protestations ne furent pas épargnées de la part la Pérouse ; il promit de faire voir la fausseté de ces avis si le secrétaire d'État, à qui il parloit, vouloit bien lui faire part de quelques circonstances. Craggs lui répondit seulement qu'on avoit averti le roi Georges que le complot se tramoit à Londres, qu'il n'étoit pas impossible que l'avis fût sans réalité pour tirer quelque récompense, et ne se mit pas en peine de dissiper autrement la crainte de l'envoyé de Sicile, en sorte que ce dernier se figura que la cour de Londres cherchoit seulement un prétexte pour obliger le roi de Sicile de révoquer, à l'occasion d'un nouveau traité, la protestation que la reine de Sicile avoit fait remettre au parlement d'Angleterre pour conserver ses droits sur cette couronne.

Il y avoit cependant encore une autre cause de mécontentement et de jalousie entre la cour de Londres et celle de Turin. La première craignoit les négociations du roi de Sicile à Vienne, et en traversoit le succès ; et le roi de Sicile faisoit tous ses efforts pour se lier avec l'Empereur et pour obtenir l'aînée des archiduchesses pour le prince de Piémont ; il offrit à l'Empereur de le laisser maître des conditions du traité ; il avoit su gagner le comte d'Althan, dont la faveur auprès de l'Empereur étoit grande. Il sembloit que naturellement il devoit compter sur le prince Eugène ; toutefois ce dernier s'étoit déclaré contre la négociation des Savoyards. Quoi qu'il eût fait, cependant on le soupçonnoit d'avoir agi contre sa pensée, et bien des gens croyoient qu'il souhaitoit intérieurement que la négociation du roi de Sicile réussît. Staremberg étoit un des ministres de l'Empereur qui s'opposoit le plus fortement à ce mariage. La cour de Vienne, lente à prendre ses résolutions, joignoit à ce penchant naturel beaucoup de politique, non-seulement à l'égard de la négociation de Savoie, mais encore à l'égard de l'alliance négociée par l'Angleterre. L'Empereur faisoit marcher l'une et l'autre du même pas, et comptoit tirer de cette lenteur un avantage considérable, car en même temps qu'il obligeoit le roi de Sicile de lui offrir la carte blanche, par le desir de ce prince de prévenir, par un traité particulier, la conclusion de la quadruple alliance, on en suspendoit les expéditions que Schaub devoit porter en Angleterre.

Les ministres de Georges, voulant favoriser l'Empereur, aiguisoient, pour ainsi dire, le desir qu'on avoit en France de voir cette négociation incessamment finie. Ils représentoient qu'il étoit de la dernière importance de conclure sans laisser à l'Empereur le loisir de changer de sentiment. Ils assuroient que jamais la cour de Vienne n'avoit eu plus de répugnance à aucune résolution qu'à la souscription de ce traité. Ils protestèrent qu'ils ne pouvoient répondre de rien si le Régent s'arrêtoit à des bagatelles. Ils le pressèrent de conclure sans perdre de temps, le moyen le plus sûr de faire échouer la négociation de Savoie étant d'assurer la Sicile à l'Empereur, sans qu'il eût besoin du roi de Sicile. Il falloit encore, pour appuyer les représentations des Anglois, faire voir que les affaires de Georges étoient en bon état. La guerre du Nord étoit pour lui l'affaire la plus importante, parce qu'il étoit beaucoup plus sensible à ce qui regardoit ses États d'Allemagne qu'aux intérêts d'une couronne qu'intérieurement il regardoit, sinon comme usurpée, au moins comme incertaine sur sa tête, et peut-être passagère. On eut donc soin de faire savoir au Régent que le roi de Suède étoit également disposé à s'accommoder avec Georges et avec le Czar, que l'animosité de la Suède tomboit principalement sur les rois de Danemark et de Prusse, mais que cette couronne étoit hors d'état de se venger, faute de marine; que le roi d'Angleterre la tiendroit encore en bride par une escadre avec laquelle l'amiral Norris alloit passer dans la mer Baltique. On assuroit de plus que le Czar avoit nouvellement promis de ne faire point de paix séparée; qu'il avoit protesté qu'il n'avoit pas eu la moindre pensée de marier une de ses nièces au Prétendant, et que les bruits répandus sur ce sujet étoient les effets des intrigues d'Areskin, son médecin. Il falloit joindre à ces insinuations des apparences de ménagement, même de partialité pour les intérêts du Régent. Les Anglois connoissoient que la persuasion étoit facile; ils croyoient aussi qu'il convenoit à leurs intérêts de préférer cette voie à d'autres plus dures; ils employèrent donc les raisons personnelles qui pouvoient le toucher, et ne cessèrent de lui représenter que le moment étoit favorable et qu'il ne devoit pas le laisser perdre. Quelquefois ils affectoient de condamner les prétentions de la cour de Vienne; ils laissèrent entendre que, si cette cour après tant de délais vouloit apporter quelque changement aux conditions du traité, le roi d'Angleterre ne le souffriroit pas. Ils savoient que ce prince, bien sûr des intentions de l'Empereur, ne s'engageoit à rien. Un jour ils assuroient que la négociation de Savoie étoit prête à échouer, et que si les Impériaux entretenoient encore les Piémontois par des espérances vagues, ce n'étoit qu'artifice et dessein d'empêcher que ce prince ne prît un parti de désespoir pendant que l'Empereur avoit peu de forces en Italie. Un autre jour les Anglois faisoient entendre que la négociation de Savoie s'avançoit, et que le comte de Zinzendorf étoit un des ministres qui l'appuyoit le plus fermement auprès de l'Empereur.

Penterrieder, de son côté, excita, étant à Londres, de nouveaux soupçons sur cette alliance; il se servit du secrétaire de Modène pour entamer une espèce de négociation avec la Pérouse, à qui il fit dire que l'année précédente, pendant que le roi d'Angleterre étoit en Allemagne, le comte de Schullembourg lui avoit offert, de la part du roi de Sicile, de céder cette île à l'Empereur; que Sunderland, Stanhope, Bernsdorf et l'abbé du Bois étoient également instruits de cette offre. Penterrieder conclut que les mêmes raisons qui, l'année précédente, engageoient ce prince à cette cession subsistoient encore, et qu'il devoit être également touché des avantages qu'il envisageoit alors et des périls où il s'exposeroit s'il perdoit l'occasion de regagner l'amitié de l'Empereur.

Nonobstant ces insinuations, Penterrieder ménageoit avec soin la confiance des ministres d'Angleterre. Il étoit très-content de les voir persuadés que l'union et la vigueur des puissances contractantes étoit le seul moyen de réduire l'Espagne à des sentiments plus modérés, et de l'obliger à se relâcher sur les difficultés qu'elle apportoit encore au traité. Une des principales étoit la prétention du roi d'Espagne de retenir la Sardaigne. Ce prince ayant demandé au Régent de lui aider à obtenir cette condition, du Bois dit à Monteleon qu'il en avoit l'ordre exprès de Son Altesse Royale, qu'elle vouloit qu'il fît tous ses efforts pour y réussir, qu'elle en avoit même écrit au roi d'Angleterre, qu'il craignoit cependant que les instances qu'il feroit en exécution de ses ordres ne fussent infructueuses. Monteleon s'étendit en représentations sur l'excès de la puissance de l'Empereur. Il les avoit souvent faites aux ministres d'Angleterre, mais ils répondoient seulement qu'ils croyoient favoriser l'Espagne en contribuant à la paix. Monteleon pensoit de même ; il le laissoit entrevoir sans oser l'avouer. C'étoit cependant un grand démérite pour lui en Espagne, et quand il faisoit entendre qu'il seroit très-fâché si les médiateurs, perdant toute confiance pour l'Espagne, signoient enfin le traité entre eux, Alberoni faisoit passer cet aveu pour une preuve convaincante que Monteleon étoit gagné par l'Angleterre. Cette cour étoit très-opposée à ce que l'Espagne exigeoit de conserver la Sardaigne. Les ministres confioient à Penterrieder qu'ils croyoient que le dessein d'Alberoni étoit non-seulement d'embarrasser l'exécution du traité par cette proposition, mais que, de plus, il vouloit garder la Sardaigne comme un entrepôt nécessaire pour les entreprises qu'il méditoit et qu'il espéroit d'exécuter sur l'Italie, lorsque les temps et les conjonctures seroient plus favorables. Ils envoyèrent au colonel Stanhope de nouveaux ordres de renouveler ses instances auprès du roi d'Espagne pour l'engager à faire cesser ses préparatifs pour la campagne. L'objet des Anglois, de concert avec le ministre de l'Empereur, étoit de procurer à l'escadre angloise le loisir d'arriver dans la Méditerranée avant que les Espagnols eussent le temps de commettre aucune hostilité. Ils promirent donc à Penterrieder de concerter avec lui les instructions qui seroient données au commandant de cette escadre, et comme Penterrieder témoignoit quelque inquiétude des changements qu'on avoit faits à Vienne à quelques expressions dans les actes dressés en conséquence du traité, ils l'assurèrent que le Régent ne s'arrêteroit pas à de simples formalités, l'Empereur, en sa considération, ayant passé avec tant de générosité sur l'essentiel des points qui lui devoient paroître si durs après qu'on s'étoit si fort écarté du premier plan d'Hanovre.

Les difficultés de la part de l'Empereur augmentoient à proportion des facilités que la cour d'Angleterre trouvoit en France. Les ministres d'Espagne dans les cours étrangères avoient ordre de se tenir sur leurs gardes. Ils s'avertissoient mutuellement, et déclaroient en même temps à ceux des princes d'Italie qui se trouvoient dans les mêmes cours qu'il étoit absolument faux que le roi leur maître eût accepté comme on le publioit le plan du traité, et que ce prince, convenant du projet général, ne se rendît difficile que sur les conditions plus ou moins avantageuses. Ils agissoient conformément à cette déclaration; car en Hollande Beretti travailloit ouvertement à détourner les états d'acquiescer à la proposition que les ministres de France et d'Angleterre faisoient à la République d'admettre l'Empereur dans la triple alliance conclue l'année précédente. Après avoir exagéré l'horreur de voir la France, oubliant ce qu'elle avoit fait pour placer un prince de la maison royale sur le trône d'Espagne, servir actuellement de lien entre l'Empereur et le roi d'Angleterre pour faire la guerre à ce même prince, sorti du sang de ses rois, Beretti conseilloit aux principaux ministres de la République d'éluder au moins les instances pressantes des puissances alliées s'ils ne se sentoient pas assez forts, et peut-être assez fermes, pour les rejeter ouvertement. Il proposa donc au pensionnaire, comme un moyen de gagner du temps, de répondre que ses maîtres, avant de prendre un parti décisif, vouloient aussi faire des représentations au roi d'Espagne, et qu'ils enverroient un ministre à Madrid pour essayer de résoudre Sa Majesté Catholique de se rendre plus facile aux conditions qui lui étoient offertes. Beretti croyoit que, si cet expédient réussissoit, il seroit utile aux intérêts du roi son maître d'avoir, avant que de se déterminer, un temps aussi considérable qu'il le desireroit, puisqu'il seroit maître de retarder autant qu'il lui plairoit la réponse qu'il auroit promise. Dans cette vue Beretti s'attacha principalement à faire nommer un ambassadeur pour

Madrid. Il représenta que le roi son maître prendroit plus de confiance en un seul Hollandois qu'en cinq cents ministres anglois unis ensemble, et pour ne rien omettre de ce qui pouvoit animer la jalousie des deux nations, il eut soin de rappeler le souvenir du traité que le comte de Stanhope étant à Barcelone avoit fait avec l'Empereur, et dont les conditions faisoient voir combien les Anglois étoient attentifs à profiter de toutes les occasions favorables qu'ils croyoient avoir d'obtenir quelque avantage pour leur commerce au préjudice de celui des Hollandois. On dit que, partant pour Amsterdam, il porta ce traité, comptant s'en servir comme d'une pièce excellente pour faire voir à cette puissante ville, si jalouse du commerce qui est la base de sa grandeur, ce qu'elle avoit à craindre en tout temps de la part des Anglois, ses rivaux irréconciliables. C'étoit le temps où elle donne des instructions aux députés qu'elle a coutume d'envoyer aux états de la province : ainsi Beretti regardoit comme un point capital de prévenir en faveur du roi d'Espagne une ville qui donne la règle et le mouvement à la Hollande, comme la Hollande le donne aux six autres provinces de l'Union.

Malgré ces diligences qu'il eut grand soin de faire valoir en Espagne, il avoua cependant qu'il ne pouvoit espérer rien de bon depuis que la France et l'Angleterre, unies contre le roi d'Espagne, travailloient et réussissoient à réunir les deux partis de cette république, opposés l'un à l'autre depuis tant d'années. Il sembloit que cet ambassadeur n'eût de ressource que de se plaindre comme d'une chose qui faisoit, disoit-il, mal au cœur de voir l'ambassadeur de France aller de porte en porte avec le ministre d'Angleterre, solliciter les députés aux états généraux d'accepter un traité uniquement avantageux à l'Empereur, et que ce prince affectoit de regarder avec indifférence. Toute vigueur sembloit éteinte dans la République, parce qu'elle étoit en effet dans une situation très-fâcheuse. La dernière guerre avoit épuisé ses finances;

Pendant son cours, les Anglois dominants en Hollande avoient profité de la conjoncture pour usurper sur les Hollandois beaucoup d'avantages dans le commerce, qu'ils avoient conservés après la paix. La sûreté que les Provinces-Unies crurent trouver par leur Barrière en exigeant de la France et de l'Espagne de laisser les Pays-Bas à l'Empereur, les assujettissoit à dépendre des Impériaux, en sorte que cette république, dont les résolutions étoient autrefois d'un si grand poids dans les affaires de l'Europe, paroissoit réduite à suivre encore longtemps les mouvements de l'Angleterre, et à recevoir la loi d'elle et de l'Empereur. Toutefois les ministres anglois trouvoient plus de difficulté qu'ils ne se l'étoient figuré à persuader les provinces, surtout celle de Hollande, et particulièrement les villes d'Amsterdam et de Rotterdam, d'entrer dans le traité de la quadruple alliance. Elles espéroient que, si l'Angleterre rompoit enfin avec l'Espagne, elles profiteroient de cette rupture pour faire ensuite plus avantageusement le commerce d'Espagne et des Indes. Elles craignoient en même temps de perdre ce commerce si nécessaire, si la République prenoit des liaisons, et si elle entroit dans un projet désagréable au roi catholique. La province de Frise, et ensuite celle de Gueldre, moins touchées de l'intérêt du commerce, et plus accoutumées à suivre et à seconder les vues des Anglois, résolurent les premières d'entrer dans le traité.

Si cette démarche donna de nouvelles espérances aux ministres d'Angleterre, elle n'ébranla pas le roi d'Espagne. Le nombre des puissances prêtes à signer l'alliance augmentoit. Il se formoit, par conséquent, autant d'ennemis nouveaux prêts à se déclarer contre l'Espagne, sous prétexte qu'elle seule s'opposoit au bien commun de l'Europe, en s'opposant à la paix générale. Nonobstant le péril dont le roi catholique paroissoit menacé, il rejeta avec hauteur le projet entier du traité, que Nancré avoit eu enfin ordre de lui confier. Plusieurs conditions de ce projet furent traitées, sous le nom du roi et de la reine d'Espagne, de propositions violentes, injustes, impraticables et pernicieuses. On eut soin de répandre que Leurs Majestés Catholiques en avoient été scandalisées et irritées. Cellamare eut ordre non-seulement de s'en plaindre, mais il lui fut enjoint en termes exprès de jeter les hauts cris aussi bien sur les propositions que sur la manière artificieuse dont elles avoient été faites. Il exécuta sans peine un tel ordre, et ne se contraignit pas en déclamant contre les erreurs du gouvernement. Toutefois il crut apercevoir au travers de tout le fiel dont les lettres de la cour d'Espagne étoient pleines, qu'elle ne s'éloigneroit pas d'avaler la pilule, si elle étoit, disoit-il, mieux dorée et présentée en forme plus civile; mais quelque parti que cette cour voulût prendre, Cellamare conseilloit de ne pas se relâcher sur les préparatifs de la guerre et de la marine, persuadé que le moyen le plus sûr de réussir en toute négociation étoit de traiter les armes à la main.

CHAPITRE VI.

La Sardaigne est achoppement à la paix. — Adresse de l'avis de Monteleon à Alberoni. — Manége du roi de Sicile; Penterrieder en profite. — Bassesse du roi de Sicile pour l'Angleterre, qui le méprise, et qui veut procurer la Sicile à l'Empereur. — Sage avis de Monteleon. — Erreur de Beretti; Cadogan le désabuse (intérêt personnel de l'abbé du Bois). — Plaintes malignes des Piémontois. — Cellamare déclare tant qu'il peut que l'Espagne n'acceptera point le projet de traité. — Beretti et Cadogan vont, l'un après l'autre, travailler à Amsterdam pour mettre cette ville dans leurs intérêts contraires. — Nancré rend le roi de Sicile suspect à l'Espagne. — Alberoni raisonne sainement sur la Sicile et sur le roi Georges, très-malignement sur le Régent, artificieusement sur le roi de Sicile; déclame contre le traité, contre lequel il fait faire partout les déclarations les plus fortes; presse les préparatifs; secret impénétrable sur la destination de son entreprise; continue à bien traiter Nancré et à conférer avec lui et avec le colonel Stanhope. — Le colonel Stanhope pense juste sur l'opiniâtreté d'Alberoni; réponse de ce cardinal à une lettre du comte Stanhope, qui le pressoit d'accepter le traité. — Plaintes et vanteries d'Alberoni; forces actuelles de l'Espagne;

crédit de ce premier ministre sur Sa Majesté Catholique. — Alberoni menace Gallas, les Allemands et le Pape; vanteries de ce cardinal. — Vaines espérances de Giudice, qui s'indispose contre Cellamare; bassesses de ce neveu. — Chimères attribuées à Giudice, qui font du bruit et du mal à Madrid; il les désavoue, et déclame contre les chimères et le gouvernement d'Alberoni. — Fausse et basse politique du Pape. — Cellamare se fait bassement, gratuitement et mal à propos l'apologiste d'Alberoni à Rome; il en reçoit de justes reproches de son oncle; esprit de la cour de Vienne.

On crut que le Régent étoit embarrassé du refus du roi d'Espagne, et que Son Altesse Royale s'étoit flattée que la reine d'Espagne auroit engagé le roi son mari à signer un traité qui assuroit aux enfants de cette princesse la succession de deux États considérables en Italie. Il y avoit encore une voie pour satisfaire le roi catholique, c'étoit de lui conserver la possession de la Sardaigne; mais la chose ne pouvoit se faire qu'au préjudice du duc de Savoie, à qui ce royaume étoit destiné en dédommagement de celui de Sicile. Le Régent dépêcha cependant un courrier à Londres, portant ordre à l'abbé du Bois de le proposer au roi d'Angleterre. Cellamare comptoit que ce changement au traité apaiseroit le roi son maître et l'engageroit à signer. Il avertit Monteleon de travailler sous main et sans paroître à faciliter le succès de cette prétention nouvelle, sûr que, si elle ne réussissoit pas, la signature étoit inévitable. Peut-être la craignoit-il; mais la prévoyant, il donnoit une attention très-particulière à ce qui se passoit en Bretagne, et ne manquoit pas d'avertir que, les affaires s'aigrissant, les mouvements de cette province devenoient chaque jour plus considérables. Le roi d'Angleterre ne goûta pas la proposition de laisser la Sardaigne à l'Espagne; il jugea qu'un tel changement au projet de traité exciteroit non-seulement de nouvelles disputes, mais produiroit peut-être des difficultés insurmontables. L'Empereur vouloit la Sicile à quelque prix que ce fût. Georges vouloit le satisfaire, et ne trouvoit déjà que trop de peines à réduire le duc de Savoie, sans les augmenter encore en rétractant l'offre de l'équivalent proposé à ce prince pour la cession de la Sicile. Ainsi le courrier du Régent étant arrivé à Londres, le roi d'Angleterre tint pour la forme seulement deux conseils, comme pour délibérer sur cette proposition nouvelle. Il y fut décidé qu'il ne convenoit pas d'altérer la substance du projet accepté par l'une des parties, que ce seroit s'exposer à des disputes inutiles avec la cour de Vienne, qu'on pouvoit même regarder ces contestations comme dangereuses, après avoir eu tant de peine d'engager l'Empereur à consentir au projet.

Les ministres d'Angleterre instruisirent Monteleon de cette délibération. Il avoit bien jugé que la demande de retenir la Sardaigne ne réussiroit pas, mais il n'avoit osé s'expliquer sur une proposition dont le roi son maître desiroit le succès, et que le premier ministre avoit particulièrement à cœur, parce que la Sardaigne étoit l'unique fruit de tant de dépenses qu'il avoit fait faire à l'Espagne. Il falloit, pour combattre l'opinion du prince et du ministre, faire semblant d'y acquiescer, leur en exposer toutefois les inconvénients d'une manière si palpable qu'ils reconnussent clairement par eux-mêmes ce que l'ambassadeur n'osoit dire, de peur de s'exposer à déplaire. C'est ce que Monteleon avoit souvent pratiqué, mais le succès n'avoit pas répondu à ses intentions, non plus qu'à ses ménagements. Il avertit Alberoni, en cette dernière occasion, que la Pérouse lui avoit dit, après l'arrivée d'un courrier dépêché de Turin, que le roi son maître ne se laisseroit pas dépouiller de son royaume sans faire auparavant, pour le conserver, tous les efforts que son honneur et ses droits demandoient. Monteleon, donnant cet avis au cardinal, lui laissoit en même temps espérer qu'une résolution si ferme pourroit déconcerter l'exécution d'un projet odieux au roi d'Espagne; mais après avoir fait entrevoir ce rayon d'espérance, il essaya de le détruire lui-même en représentant qu'il n'étoit pas permis de prendre confiance en la sincérité du roi de

Sicile, non-seulement par la connoissance que tout le monde avoit du caractère de ce prince, mais encore parce que dans le temps même qu'il se récrioit si fort contre les dispositions du projet, il tenoit à Vienne un ministre caché, et sollicitoit fortement l'Empereur d'accorder la seconde archiduchesse sa nièce en mariage au prince de Piémont. Monteleon pouvoit encore ajouter que Penterrieder continuoit d'entretenir une espèce de négociation à Londres avec la Pérouse, et soit sincérité, soit dessein de l'amuser, Penterrieder l'assuroit que si l'Empereur avoit voulu consentir à laisser la Sardaigne au roi d'Espagne, Sa Majesté Catholique auroit sans hésiter promis d'unir ses armes aux armes impériales pour enlever la Sicile au duc de Savoie, et la donner à l'Empereur. Penterrieder, faisant valoir ici l'équité de son maître, et son attention aux intérêts du roi de Sicile, conclut que le mieux pour l'un et pour l'autre seroit de s'accommoder ensemble sans l'intervention de la France ni de l'Angleterre.

Le roi de Sicile, attentif à ses intérêts et toujours agissant dans cette vue, ne se reposoit pas uniquement sur le succès incertain de la négociation secrète qu'il avoit entamée à Vienne. Il écrivit donc au roi d'Angleterre pour lui demander pressamment que le projet du traité lui fût communiqué, n'ayant d'autre intention que de concourir et de procurer la tranquillité publique autant qu'il seroit en son pouvoir. Il ajouta qu'il étoit persuadé que le principal fondement de ce projet étoit l'observation des traités d'Utrecht et leur garantie; qu'il avoit d'autant plus de raison de le croire que jamais il ne s'étoit écarté de la volonté et des intentions de l'Angleterre, les ayant toujours aveuglément suivies; qu'il protestoit aussi que cette maxime seroit toujours la règle inviolable de sa conduite. Cette lettre demeura longtemps sans réponse.

Monteleon fit usage de la connoissance qu'il en eut pour convaincre encore le cardinal Alberoni, et du peu de fond qu'on devoit faire sur le roi de Sicile, qui agissoit si différemment de tous côtés, et de l'opiniâtreté de la cour d'Angleterre à conserver toutes les conditions du projet sans y faire le moindre changement; et comme il auroit desiré sur toutes choses que le roi d'Espagne fût entré dans le traité d'alliance, n'osant le dire ouvertement de peur de déplaire, il ne perdit pas cette nouvelle occasion de représenter que, si le roi son maître étoit contraint de céder à la dure nécessité du temps et des conjonctures, il étoit au moins à souhaiter qu'en s'y soumettant, il le fît avec le moins de préjudice qu'il seroit possible pour le présent, et avec des dispositions favorables pour l'avenir. Monteleon étoit persuadé qu'il étoit impossible de changer dans le moment présent aucune condition d'une convention acceptée et signée par l'Empereur; que si on pouvoit espérer quelque modification, ce ne seroit tout au plus que dans la suite, par les offices qu'on employeroit avant son exécution, ou plus certainement encore par les offres qu'on pourroit faire et les sommes qu'on distribueroit à Vienne pour arracher le consentement de cette cour. Il regrettoit le temps qu'on avoit perdu, et soutenoit que, si les ministres d'Espagne étoient entrés dans la négociation au moment qu'elle avoit commencé avec les ministres d'Angleterre et l'abbé du Bois, le roi d'Espagne auroit peut-être obtenu ce qu'il desiroit, et fait changer en mieux les conditions du traité. Mais le nuage s'étoit formé de manière qu'il n'étoit plus possible de le dissiper, et d'espérer de gagner au moins du temps, seule ressource qui auroit pu rendre meilleure la condition de l'Espagne. Il ne comptoit nullement sur l'effet des offices que le Régent avoit promis d'interposer à Londres et à Vienne, pour obtenir des modifications au traité telles que le roi d'Espagne eût lieu d'être satisfait.

Beretti s'étoit flatté que de pareils offices seroient d'un grand poids, et que la cour de Vienne, ayant tant de raisons particulières de marquer sa considération pour le

Régent, ne pourroit se dispenser de déférer à ses instances. Cadogan, nouvellement arrivé de Londres à la Haye, dit avec beaucoup de franchise à Beretti qu'il devoit se désabuser d'une espérance si vaine; que si le Régent faisoit quelque représentation, il ne la feroit que pour la forme, pour sauver un reste d'honneur, mais sans insister; qu'il ne le pouvoit étant totalement engagé. Cadogan poussant plus loin la confidence (c'est-à-dire le mépris de l'Espagne livrée par la France, gouvernée et muselée par l'abbé du Bois, qui ne songeoit qu'à son chapeau, qu'il ne pouvoit obtenir que par l'autorité de l'Empereur sur le Pape, et par la recommandation forte du roi d'Angleterre auprès de l'Empereur), dit encore à cet ambassadeur d'Espagne que l'Angleterre n'avoit nul penchant pour le roi de Sicile, parce que le souvenir des manéges qu'il avoit faits pendant les guerres passées étoit toujours présent; que de plus on savoit à Londres que ce prince avoit à Madrid un ministre caché, dans le même temps qu'il négocioit à Vienne. Si les Anglois regardoient le roi de Sicile comme un prince dont la foi devoit toujours être suspecte, les Piémontois se plaignoient réciproquement du Régent et du roi d'Angleterre. Ils disoient que Son Altesse Royale, de concert avec Stairs, jouoient également le roi d'Espagne et le roi de Sicile; qu'on faisoit entendre au roi d'Espagne, pour le porter à l'acceptation du traité, que le roi de Sicile étoit prêt de faire son accommodement avec l'Empereur; qu'on disoit en même temps au roi de Sicile que le roi d'Espagne accepteroit le plan, si les demandes qu'il faisoit au préjudice de la maison de Savoie lui étoient accordées.

Dans cette situation, Provane, qui étoit encore à Paris sous prétexte de travailler au règlement des limites, se lia plus étroitement que jamais avec Cellamare. Il l'assura que la répugnance que son maître avoit à souscrire au projet étoit invincible, et Cellamare ne manqua pas de le fortifier dans ces sentiments. Ils étoient conformes aux intentions du roi d'Espagne, car nouvellement encore il avoit ordonné à cet ambassadeur de déclarer qu'il trouvoit le plan injuste et détestable ; que si jamais il y souscrivoit, ce ne seroit jamais que forcé par la violence et par la fatalité malheureuse d'être abandonné de tout le monde. Cellamare fit voir à Provane et à beaucoup d'autres les ordres qu'il avoit reçus. Il crut d'autant plus nécessaire de s'en expliquer qu'on répandoit à Paris et à Londres que le roi d'Espagne consentoit au traité, en y changeant seulement quelques conditions. On donnoit aux nouvelles propositions que le roi d'Espagne avoit faites le nom d'acceptation limitée, et comme le Régent avoit envoyé à Nancré de nouveaux ordres de presser le roi d'Espagne plus que jamais d'accepter le projet, son ambassadeur à Paris, incertain du succès que ces nouvelles instances pourroient avoir, croyoit dans cet intervalle être obligé de rassurer ceux qui desiroient que le roi d'Espagne voulût persister avec fermeté dans ses premières résolutions.

Beretti en usoit de même en Hollande. Il fit un voyage à Amsterdam, où il eut des conférences avec les deux pensionnaires Buys et Bassecourt, et les bourgmestres Tropp, Pautras et Sautin. Outre les raisons pour les empêcher d'accéder au traité, il employa les promesses ; celles qui regardoient le commerce firent assez d'impression pour empêcher la régence de cette ville de prendre aucune résolution. Heureusement pour Beretti, l'ambassadeur de France n'avoit point reçu d'ordre depuis que le courrier que le Régent avoit dépêché à Madrid étoit de retour à Paris. Son silence favorisa les discours de l'ambassadeur d'Espagne. Les ministres d'Angleterre s'en plaignirent, et Cadogan se crut obligé d'aller à Amsterdam réparer le mal que Beretti y avoit causé. Ce dernier craignoit Cadogan, persuadé que le roi d'Angleterre avoit remis entre ses mains des sommes très-considérables pour gagner des suffrages en Hollande. D'ailleurs il le regardoit moins comme Anglois que comme ministre de l'Empereur, dont il avoit la patente de feld-maréchal.

Les nouvelles représentations que Nancré fit en Espagne ne produisirent pas plus d'impression que celles qu'il avoit faites jusqu'alors. Il y ajouta cependant de nouvelles raisons capables de rendre les intentions du roi de Sicile très-suspectes. Il avertit Alberoni qu'aussitôt que ce prince avoit appris que la France et l'Angleterre offroient la Sicile à l'Empereur, il avoit dépêché à Vienne, pour l'offrir aussi, mais à condition que la complaisance qu'il témoignoit en cette occasion pour l'Empereur faciliteroit le mariage du prince de Piémont avec l'une des archiduchesses. Nancré dit de plus que l'offre n'étoit pas nouvelle; que le même duc de Savoie qui la renouveloit aujourd'hui l'avoit déjà faite peu de temps avant la mort du feu Roi; que d'autres difficultés avoient empêché la conclusion du traité qu'il sollicitoit à Vienne.

Alberoni étoit persuadé que l'Empereur desiroit ardemment la Sicile, et que depuis la paix d'Utrecht, il n'avoit pensé qu'aux moyens de l'acquérir pour s'assurer la conservation du royaume de Naples. Les forces de mer étoient les seules qui manquoient à ce prince; ces deux royaumes entre ses mains lui donnoient moyen d'avoir des forces considérables dans la Méditerranée. Alberoni se vantoit d'avoir jugé si sainement des vues de la cour de Vienne, qu'il avoit parié, dès qu'il fut question du projet, que l'Empereur l'accepteroit. Il ne s'étonnoit pas, disoit-il, que le roi Georges eût voulu faire un tel présent à la maison d'Autriche, parce qu'étant Allemand, et voulant conserver l'injuste acquisition de Brême et de Verden, il devoit, pour y réussir, acquérir par une autre injustice les bonnes grâces du chef de l'Empire. C'étoit par cette raison que le roi d'Angleterre, suivant le raisonnement (en cela très-juste) d'Alberoni, travailloit à l'augmentation d'une puissance que les François et les Anglois trouvoient déjà trop grande, et qu'ils convenoient mutuellement qu'il faudroit abaisser dans son temps. Toutefois il paroissoit que la cour d'Angleterre n'avoit en vue que d'être invitée par l'Empereur de rompre avec l'Espagne. La preuve évidente de ce dessein étoit, selon le cardinal, la résolution prise à Londres d'envoyer une escadre dans la Méditerranée, le tout pour l'intérêt particulier du roi Georges. Alberoni affectoit de répandre que ces raisons secrètes et personnelles avoient beaucoup plus de part aux changements projetés dans l'Europe que les raisons d'État, et c'étoit à cette cause unique qu'il attribuoit la résolution surprenante que la France avoit prise de concourir à l'agrandissement de la maison d'Autriche. Quelque mauvaise opinion qu'il eût du duc de Savoie, il voulut paroître invincible aux nouveaux soupçons que Nancré essaya de lui inspirer des intentions et de la conduite de ce prince. Il ne les rejeta pas entièrement, mais il dit que le duc de Savoie le faisoit assurer que la seule négociation qu'il eût à Vienne étoit bornée au mariage du prince de Piémont, et que cette cour elle-même lui avoit offert une archiduchesse; qu'il déclaroit en même temps que jamais il ne consentiroit à céder la Sicile, et qu'il prioit instamment le roi d'Espagne de s'y opposer. Le cardinal demanda l'explication d'un pareil galimatias, qui ne pouvoit servir qu'à couvrir beaucoup de tromperies et de mauvaise foi; car en même temps qu'on vouloit persuader au roi d'Espagne que le duc de Savoie offroit volontairement la Sicile, ce même prince conjuroit Sa Majesté Catholique de refuser son consentement à une condition si dure. On vouloit donc, disoit Alberoni, tromper le roi d'Espagne, et le traiter comme un enfant; on lui montroit de loin une babiole, et s'il ne l'acceptoit pas, on le menaçoit de lui déclarer la guerre; mais il assuroit que ce prince étoit résolu de prendre patience, de ne céder que dans les cas d'une nécessité indispensable et de se livrer aux partis les plus extrêmes avant que d'entrer dans un projet, non-seulement imaginaire, mais dont l'exécution seroit injuste, puisque les princes à qui on désignoit, malgré eux, des successeurs déclaroient hautement qu'ils ne consentiroient jamais à laisser entrer, tant qu'ils vivroient, des garnisons espagnoles dans leurs places. Cette condition, étant une de celles qu'on offroit au roi d'Espagne comme une sûreté de l'exécution du traité, elle donnoit aussi lieu à Alberoni de s'écrier que ce plan étoit un pot pourri infâme, qui disposoit contre toutes les règles et tyranniquement des biens et de l'État des souverains ; que les Anglois vouloient être les maîtres du monde pour le partager à leur fantaisie, et que cette malheureuse France, concourant à des maximes si impies, aidant elle-même à se forger des fers, oubliant ses maximes fondamentales rejetoit absolument les résolutions qu'elle avoit constamment suivies jusqu'alors de réprimer la barbarie allemande et l'insolence des Anglois.

Les ministres d'Espagne eurent ordre de s'expliquer à peu près dans les mêmes termes en France et en Angleterre. Beretti devoit parler de même en Hollande, et déclarer au pensionnaire que si le roi d'Espagne avoit à mourir, qu'il ne mourroit que l'épée à la main, et qu'il ne céderoit qu'à la dernière extrémité ; qu'enfin Sa Majesté Catholique feroit connoître que, si elle avoit reçu la loi en souscrivant au traité d'Utrecht, elle se l'étoit elle-même imposée par sa déférence respectueuse pour les conseils du Roi son grand-père. Beretti eut ordre d'ajouter que si la république d'Hollande entroit dans un complot aussi indigne que celui qu'on avoit tramé, il dépendoit d'elle de le faire, mais qu'elle pouvoit s'assurer que jamais le roi son maître n'oublieroit une telle injure. Les ministres d'Espagne eurent en même temps soin de faire connoître que jamais le roi d'Espagne n'avoit promis de suspendre l'exécution des projets qu'il méditoit. En effet on pressoit plus que jamais l'armement de la flotte, et vers le commencement de mai, on disoit à Madrid qu'elle seroit prête à mettre à la voile le 20 du même mois. Bien des gens croyoient le débarquement destiné pour Naples, persuadés que le roi d'Espagne avoit un parti puissant dans ce royaume; d'autres assuroient que la reine d'Espagne, en particulier, souhaitoit qu'on introduisît des garnisons dans les places du grand-duc et du duc de Parme. Il est certain que le secret avoit été gardé très-exactement, et que les agents du roi de Sicile, malgré leur activité, ne découvroient encore que ce que le public savoit du nombre et de la qualité des troupes qu'on faisoit embarquer; mais ils ignoroient absolument le but de l'entreprise, et se trompoient comme les autres dans leurs conjectures.

Alberoni continuoit d'avoir beaucoup d'égards pour Nancré. Ils avoient souvent de longues conférences. Le colonel Stanhope étoit introduit à quelques-unes. Il en avoit aussi de particulières avec le cardinal. Les courriers dépêchés continuellement de Paris à Madrid, et de Madrid à Paris, donnoient lieu de croire que la France et l'Espagne agissoient de concert, que si ce n'étoit pour l'exécution du traité, ce seroit pour la guerre. Les ministres anglois, bien instruits de la manière dont le Régent pensoit, ne témoignoient nulle jalousie de ses négociations à Madrid; mais le colonel Stanhope étoit persuadé que ni les instances des François ni les siennes n'apporteroient de changement à la résolution que le roi d'Espagne avoit prise de faire la guerre. Il remit au cardinal une lettre qu'il avoit reçue pour lui du comte de Stanhope, son cousin, contenant de nouvelles instances pour l'acceptation du projet. Alberoni y répondit dans les termes suivants :

« Si les prémisses que Votre Excellence établit dans sa lettre du 29 du passé étoient vrais[1], les conséquences seroient infaillibles; mais il est question que *laboramus in principiis*. Enfin le roi catholique est malheureux, puisque après avoir donné les dernières marques d'amitié au roi de la Grande-Bretagne, et de sa bienveillance à la

---

1. Voyez tome XIV, p. 123 et note 1.

nation angloise, non-seulement il ne peut tirer de l'un et de l'autre une juste reconnoissance, mais l'état même d'indifférence lui sera refusé. Je me rapporte à tout ce que le marquis de Monteleon lui dira là-dessus de ma part. »

Alberoni se récrioit souvent sur l'ingratitude des Anglois; il vouloit faire croire qu'il recevoit souvent des reproches du roi et de la reine d'Espagne, de la vivacité qu'il avoit témoignée lorsqu'il avoit été question de conclure les deux derniers traités avec le roi Georges. Il prétendoit que Leurs Majestés Catholiques lui répétoient fréquemment qu'il s'étoit laissé trop facilement séduire par les promesses des Anglois. Il se consoloit par l'espérance de faire bientôt éclater aux yeux du monde la puissance où l'Espagne s'étoit élevée depuis le peu de temps qu'il la gouvernoit. On étoit à la veille de voir dans la Méditerranée trois cents voiles sous pavillon d'Espagne, trente-trois mille hommes de débarquement, cent pièces de canon de vingt-quatre, vingt autres de campagne, vingt mille quintaux de poudre, cent mille boulets, trois cent soixante-six mille outils à remuer la terre, des bombes et des grenades à proportion. Il s'applaudissoit en songeant qu'on verroit en peu d'histoires un débarquement de trente-trois mille hommes avec un train semblable, particulièrement six mille chevaux. Il se flattoit d'être absolument maître de ces troupes, parce qu'elles avoient été payées avec profusion, et parce qu'il avoit avancé plusieurs officiers de mérite. Le trésor pour l'armée et pour la flotte montoit à un million et demi d'écus. Indépendamment de cette somme, Alberoni avoit encore fait remettre à Gênes vingt-cinq mille pistoles pour le duc de Parme.

Tant de dispositions faites dans un temps où l'Espagne n'avoit encore donné nulle marque de sa nouvelle puissance, étoient pour son ministre autant de sujets de croire que par son travail et par son industrie, en élevant son maître, il s'étoit lui-même mis au-dessus de ses ennemis personnels; qu'il n'avoit rien à craindre de leurs traits; qu'en vain ils s'efforçoient de le noircir, d'employer la calomnie pour le rendre odieux, soit à l'Espagne, soit au duc de Parme; qu'ils ne réussiroient pas à détruire le crédit et la réputation que son mérite confirmé par ses grands services lui avoient acquise. Le roi et la reine d'Espagne, dont il possédoit alors la faveur et la confiance, l'entretenoient dans la bonne opinion qu'il avoit plus que personne et de ses talents et de l'étendue de son génie. Comme il étoit maître d'employer comme il vouloit le nom de Leurs Majestés Catholiques, il ne manqua pas de dire qu'elles avoient regardé avec autant d'indignité que de mépris le libelle infâme divulgué contre lui par l'ambassadeur de l'Empereur à la cour de Rome. Alberoni promit de se venger du perfide ministre de la cour de Vienne, accoutumé, disoit-il, à se servir d'impostures, et de faire la guerre aux Allemands de manière que cette barbare nation s'en sentiroit longtemps.

Il ne menaçoit pas moins le Pape que l'Empereur, quoique ce fût en termes plus doux. Il déploroit le peu de courage que le chef de l'Église montroit lorsqu'il s'agissoit de défendre la religion. Alberoni, plein de zèle, gémissoit de voir les Allemands profiter de la foiblesse du saint-père, et l'engager à faire chaque jour quelque demande contraire à sa conscience et à son honneur. Il laissoit entrevoir que Sa Sainteté auroit lieu de se repentir de la manière dont elle en usoit à son égard, autant que de la partialité qu'elle témoignoit pour l'Empereur. Elle suspendoit encore les bulles de Séville; mais Alberoni, déjà pourvu de l'évêché de Malaga, jouissoit du revenu des deux églises. Il se vanta qu'ils lui suffiroient pour vivre commodément à Madrid à la barbe de Pantalon; et pour aller en avant, il voulut de plus faire connoître à la cour de Rome qu'il pouvoit compter sur les égards que la cour de France auroit pour lui, et qu'il n'avoit point à craindre que le Régent entreprît de le traverser. La preuve dont il

se servit fut de révéler à ses amis que le cardinal del
Giudice s'étant adressé au Régent pour se justifier auprès
du roi d'Espagne par l'intercession de Son Altesse Royale,
non-seulement elle ne lui avoit rendu aucun office, mais
même avoit envoyé les lettres toutes ouvertes de Giudice
à Alberoni, sans les accompagner de la moindre ligne ni
pour lui ni pour Sa Majesté Catholique.

Toutefois Giudice comptoit beaucoup sur les offices de
M. le duc d'Orléans; il étoit même si persuadé qu'ils réussiroient, qu'attendant la réponse de Son Altesse Royale,
il différoit à exécuter les ordres qu'il avoit reçus d'ôter
les armes d'Espagne de dessus la porte de son palais. En
vain Cellamare, son neveu, le pressoit d'obéir, il attribuoit ses instances au desir lâche et bas de plaire au
premier ministre. Giudice lui reprocha plusieurs fois la
déférence excessive qu'il avoit pour les folies furieuses
d'Alberoni, et le peu d'attention qu'il faisoit aux représentations que le Régent s'étoit chargé de faire, dont il
convenoit par toutes sortes de raisons d'attendre le
succès. Ces reproches renouvelèrent d'autres plaintes
plus anciennes que Giudice croyoit avoir lieu de faire de
son neveu, et rappelant ce qui s'étoit passé entre eux
quelques années auparavant, il compara les insinuations
que Cellamare lui faisoit alors à celles que ce même
neveu, si zélé pour son oncle, lui avoit faites à Bayonne
pour l'engager à signer l'infâme projet d'Orry sans y
changer un iota. Le bruit se répandit que Giudice avoit
fait des projets et pris des mesures pour retourner en
Espagne en cas que le roi catholique vînt à mourir,
comptant beaucoup sur la tendresse du prince des Asturies pour lui, et sur la faveur dont il jouiroit auprès de
lui s'il montoit sur le trône. Ces projets vrais ou faux, et
les soupçons des correspondances que ce cardinal entretenoit en Espagne, causèrent la prison d'un nommé don
Fr. d'Aguilar, que le roi d'Espagne fit arrêter comme
principal entremetteur de cette correspondance. Giudice
la désavoua, et traitant de calomnie inventée par Albe-

roni ce qu'on avoit faussement publié de ses dangereuses pratiques, il déclara à son neveu que s'il ne pouvoit espérer de le guérir de la frayeur que le pouvoir d'un premier ministre lui inspiroit, et comme courtisan et comme ambassadeur, il le prioit au moins et lui conseilloit d'épargner tant de ruses inutilement employées pour attirer dans ses sentiments un oncle vieilli dans les affaires, assez instruit du mérite d'Alberoni pour mépriser sa personne et sa toute-puissance. En même temps il tournoit en ridicule les projets de l'Espagne; il disoit que tout le monde rioit de voir que cette couronne prétendît donner la loi quand elle étoit elle-même exposée, et sur le point d'être forcée de la recevoir; qu'il sembloit par les discours de ses ministres à Rome que le royaume de Naples fût déjà conquis, le Milanois englouti, l'infant don Carlos grand-duc de Toscane et duc de Parme et de Plaisance; qu'il ne manquoit rien à ces progrès si rapides que la petite circonstance qu'il n'y avoit pas la moindre ombre de vérité; qu'au lieu de ces fables, la monarchie d'Espagne étoit tellement ruinée par des dépenses capricieuses et folles que le roi d'Espagne, trompé par les espérances dont on l'amusoit de recouvrer les domaines d'Italie, emploieroit seulement ses richesses à défendre et enrichir le duc de Parme.

Cellamare, très-attentif à sa fortune, vouloit en même temps plaire à la cour d'Espagne et ménager son oncle: l'événement lui fit voir que l'un et l'autre ensemble étoit impossible; mais avant qu'il en eût fait l'expérience entière, ne pouvant rien mander à son oncle d'agréable de la part de l'Espagne, il essaya de le consoler et de l'adoucir en l'assurant que la cour de France étoit très-satisfaite de la conduite qu'il tenoit à l'égard de la constitution, etc.

Il est certain que le Pape connoissoit l'intérêt qu'il avoit de ménager les couronnes dans une conjoncture où il s'agissoit de donner à plusieurs États d'Italie une nouvelle face par le traité de paix qu'on proposoit de faire entre l'Empereur et le roi d'Espagne. Les droits du saint-siége étoient particulièrement intéressés dans les dispositions projetées, et le Pape prévoyoit assez qu'il auroit à souffrir s'il n'avoit pour lui les princes dont le secours et la puissance pouvoient le garantir du préjudice dont il étoit menacé. Sa Sainteté, connoissant ses intérêts, se contentoit cependant de simples paroles ; elle faisoit dire qu'elle desiroit sincèrement la paix entre l'Empereur et le roi d'Espagne; elle avertissoit qu'une paix contraire à la justice ne pouvoit être bonne, mais loin de se concilier avec aucun des princes intéressés à la conclusion de ces grands différends. La seule règle de sa politique étoit de faire par pure crainte tout ce que l'Empereur exigeoit d'elle, pendant qu'elle montroit beaucoup de rigueur dans toutes les affaires qui regardoient la France et l'Espagne. Véritablement on auroit tort de condamner la fermeté que le Pape fit paroître aux instances réitérées fréquemment que le roi d'Espagne lui fit d'accorder au cardinal Alberoni les bulles de l'archevêché de Séville. Sa Majesté Catholique eut lieu de s'en repentir dans les suites, aussi bien que du cardinalat qu'elle avoit procuré à cet étrange sujet ; mais alors il gouvernoit la monarchie d'Espagne, et les affaires d'un tel ministre devenoient les intérêts les plus importants et du prince et de la couronne. Après cette affaire principale, sollicitée vivement par le cardinal Acquaviva, il y en avoit encore une autre où Alberoni avoit intérêt ; c'étoit celle de l'accusation que les Allemands avoient intentée contre lui auprès du Pape, fondée sur les négociations prétendues de ce premier ministre avec la Porte.

Le prince de Cellamare, quoique dans un emploi qui ne l'engageoit nullement à prendre connoissance de ce que les Allemands faisoient à Rome, encore moins de répondre aux invectives qu'ils y publioient contre Alberoni, crut cependant faire un trait de bon courtisan, et marquer son zèle pour la gloire du premier ministre de son maître, en répondant à l'écrit imprimé et publié par les Allemands. Il le fit par une lettre qu'il écrivit à Acquaviva, et ce dernier, n'osant la rendre publique sans en avoir demandé un ordre précis au roi son maître, la fit voir au Pape, et ne lui en demanda pas le secret. Ce cardinal étoit naturellement ennemi du cardinal del Giudice, et Giudice ne douta pas un moment que, sous le faux prétexte de faire honneur à Cellamare, Acquaviva n'eût été bien aise d'avoir une pièce entre les mains capable d'irriter à jamais la cour de Vienne contre Cellamare, et d'empêcher qu'il ne fût rétabli dans ses biens, que leur situation dans le royaume de Naples soumettroit par la paix à la domination des Allemands. Il en fit des reproches à son neveu, trouvant que, pour un homme sage, il avoit agi trop légèrement, et sans réflexion sur les conséquences dangereuses d'accuser si souvent et si clairement les ministres impériaux de fausseté et de supposition. Giudice ne s'étoit pas encore déclaré pour l'Empereur, mais vraisemblablement il en avoit déjà pris la résolution, et l'écrit de Cellamare paroissant dans une pareille conjoncture, en étoit d'autant plus désagréable à son oncle; car il savoit que le démérite d'un seul devient à la cour de Vienne celui de toute une famille que les Impériaux ne pardonnent jamais, et que le ressentiment et la vengeance de leur part s'étendent à toute la race tant que les générations subsistent. Giudice, mécontent du roi d'Espagne et de son gouvernement, continuoit à le décrier de toute son éloquence, en séparant toujours avec respect le roi de son premier ministre.

CHAPITRE VII.

Forces d'Espagne en Sardaigne; disposition de la Sicile. — Le roi Jacques fait proposer au roi d'Espagne un projet pour gagner l'escadre angloise, et tendant à son rétablissement; le cardinal Acquaviva l'appuie en Espagne. — Alberoni fait étaler les forces d'Espagne aux Hollandois. — Alberoni continue ses déclamations contre le traité et contre le Régent; accuse Monteleon, qu'il hait, de lâcheté, de paresse, lui fait d'autres reproches ; en fait d'assez justes à l'Angleterre et au Régent. — Le roi d'Espagne veut demander compte aux états généraux du royaume de la conduite du Régent ; ne se fie point aux protestations du roi de Sicile. — Divers faux raisonnements. — Malignité insultante et la plus partiale des ministres anglois pour l'Empereur sur la Sardaigne et sur les garnisons. — Monteleon de plus en plus mal en Espagne. — Friponnerie angloise de l'abbé du Bois sur les garnisons. — Maligne et insultante partialité des ministres anglois pour l'Empereur sur la Sicile. — Fausseté insigne d'Alberoni à l'égard de la Sardaigne, ainsi qu'il avoit fait sur les garnisons. — Les Impériaux inquiets sur la bonne foi des ministres anglois très-mal à propos. — Efforts de Cadogan et de Beretti pour entraîner et pour détourner les Hollandois d'entrer dans le traité ; tous deux avouent que le Régent seul en peut emporter la balance. — Beretti appliqué à décrier Monteleon en Espagne. — Ouverture et plainte, avis et réflexions du grand-duc, confiées par Corsini à Monteleon pour le roi d'Espagne ; foible supériorité impériale sur les États de Toscane. — Roideur des Anglois sur la Sardaigne, et leur fausseté sur les garnisons espagnoles. — Mouvements de Beretti et de Cellamare. — Fourberie d'Alberoni ; sa fausseté sur la Sardaigne. — Fureur d'Alberoni contre Monteleon ; aime les flatteurs, écarte la vérité. — Chimères, discours, étalages d'Alberoni. — Friponnerie d'Alberoni sur les garnisons ; il fait le marquis de Lede général de l'armée, et se moque et amuse Pio.

Ce prince [1], de son côté, très-éloigné d'accepter les conditions de la paix qu'on lui proposoit, se préparoit à l'exécution d'une entreprise dont, en mai 1718, l'objet étoit encore ignoré de toute l'Europe. On commençoit véritablement à soupçonner qu'elle pouvoit regarder la Sicile. Les forces espagnoles étoient grandes ; il y avoit en Sardaigne un corps de dix-sept mille hommes effectifs, dont trois mille cinq cents hommes étoient cavalerie ou dragons, outre ce qui devoit être embarqué sur la flotte qu'on attendoit d'Espagne. Les troupes du duc de Savoie en Sicile se réduisoient à huit mille, composés en partie de gens du pays mal affectionnés à leur prince, et disposés à se soulever dès que les vaisseaux d'Espagne paroîtroient à la côte. On supposoit alors qu'ils y arriveroient facilement longtemps auparavant que la flotte

1. Le roi d'Espagne. Voyez la fin du chapitre précédent.

qu'on préparoit en Angleterre pût venir au secours du roi de Sicile.

Cette disposition prochaine de nouvelles guerres rendit[1] l'espérance au roi Jacques. Il ne pouvoit se flatter d'aucun secours tant que l'Europe demeureroit tranquille. L'union de la France avec la Grande-Bretagne assuroit l'état de la maison d'Hanovre. Ce prince ne voyoit donc de ressource pour lui que de la part de l'Espagne, car il étoit évident que l'Empereur et le roi d'Angleterre demeureroient unis inviolablement, moins pour satisfaire à leurs engagements réciproques, foible barrière pour arrêter le roi Georges, que par la raison de leurs intérêts communs. Le roi d'Espagne étant sur le point d'attaquer l'Empereur, il étoit comme impossible que l'Angleterre armant, ne prît et ne voulût prendre part à la guerre. Ainsi le roi Jacques, attendant désormais son salut de l'Espagne, s'empressa de lui rendre service autant qu'il dépendoit de son pouvoir, borné dans une sphère très-limitée. Un Anglois, officier de marine, dont ce prince prétendoit connoître parfaitement le courage et la fidélité, lui proposoit d'aller par son ordre à Madrid communiquer au cardinal Alberoni un projet dont le succès presque sûr seroit également avantageux aux deux rois. Cammock[2] étoit le nom de cet officier.

Son plan étoit d'avoir des pouvoirs et du roi son maître et du roi d'Espagne, pour traiter secrètement, soit avec l'amiral Bing commandant l'escadre angloise, soit avec d'autres officiers de cette escadre. Il promettoit de les engager à se déclarer en faveur du roi Jacques, et pour le servir, à se joindre à la flotte d'Espagne. Cammock demandoit, pour assurer l'effet de sa négociation, une promesse du roi d'Espagne d'ouvrir ses ports et d'y donner retraite aux navires anglois, dont les capitaines s'y rendroient à dessein de joindre la flotte d'Espagne et de se

---

1. *Rendirent*, au manuscrit.
2. Saint-Simon écrit ce nom tantôt *Cammock* et *Cammok*, tantôt *Commock* et *Commok*, tantôt même *Cammck*.

déclarer en faveur de leur souverain légitime. Il desiroit, de la part de son maître, une lettre au chevalier Bing, écrite en termes obligeants, avec promesse, si Bing y déféroit, de cent mille livres sterling, et de le revêtir du titre de duc d'Albemarle. Au refus de Bing, le négociateur demandoit le pouvoir de faire les mêmes offres à l'officier qui commanderoit sous les ordres ou au défaut de l'amiral. Il vouloit de plus une lettre circulaire à tous les capitaines de l'escadre, une déclaration en faveur des officiers et des matelots, la permission de promettre à chacun des récompenses proportionnées à son rang et à ses services, à condition cependant que ceux qui voudroient les obtenir s'expliqueroient dans le terme que cette déclaration prescriroit. La récompense étoit vingt mille livres sterling, qui seroient payées[1] par le roi d'Espagne à chaque capitaine de vaisseau de ligne qui amèneroit son navire au service de Sa Majesté Catholique et se déclareroit pour le roi Jacques; de plus une commission d'officier général. Tout lieutenant de vaisseau qui saisiroit son capitaine refusant les offres, et amèneroit le navire dans un port d'Espagne, devoit avoir la commission de capitaine, le titre de chevalier, et cinq mille livres sterling que le roi d'Espagne lui payeroit. On promettoit aux subalternes un avancement proportionné à leur mérite, une médaille, et deux mille livres sterling de récompense. Quant aux matelots, outre le payement de la solde qui leur seroit due, ils auroient encore cinq livres sterling de gratification. Outre ces offres générales, Cammock demandoit une lettre particulière du roi son maître pour un capitaine nommé Scott dont il vantoit fort le crédit, et pour l'engager, il falloit lui promettre de le faire comte d'Angleterre, amiral de l'escadre bleue, et lui payer trente mille livres sterling quand il joindroit la flotte d'Espagne, ou bien quand il entreroit dans quelqu'un des ports de ce royaume. Le point principal étoit le secret et la diligence. Le ro

---

1. On lit ici une première fois les mots *à chaque capitaine*.

Jacques ne risquoit rien à tenter le succès des visions de Cammock ; il adressa donc au cardinal Acquaviva le projet de cet officier, le pria de le communiquer incessamment au roi d'Espagne, ce plan intéressant Sa Majesté Catholique autant que lui-même ; et comme elle pouvoit trouver que les dépenses proposées par Cammock monteroient à des sommes trop considérables, le roi Jacques offrit de les rembourser quand il seroit rétabli.

Acquaviva appuya ces vues, soit qu'elles lui parussent solides, soit qu'il voulût faire plaisir à ce prince, que la fortune persécutoit depuis qu'il étoit né. Le cardinal observa seulement que les gens attachés au roi Jacques étoient gens abattus par leurs malheurs, presque au désespoir, plus remplis de bonne volonté que de force pour exécuter ; qu'enfin ceux qui desirent voient pour l'ordinaire les choses plus faciles que les indifférents. La conjoncture étoit favorable pour faire écouter, même admettre à la cour de Madrid toute proposition capable de faciliter au roi d'Espagne les moyens de soutenir la guerre. Ce prince, déjà embarqué bien avant, vouloit à quelque prix que ce fût persister dans l'engagement qu'il avoit pris. Toutefois il étoit seul : les puissances principales de l'Europe s'opposoient à ses desseins ; Alberoni déploroit leur aveuglement ; il prévoyoit que le succès de la guerre seroit au moins incertain.

Au défaut d'alliés, il falloit diminuer le nombre d'ennemis ; et quoique les neutres et les tièdes soient de la même classe, par conséquent également rejetés, le premier ministre d'Espagne aspiroit à maintenir les Hollandois dans l'inclination qu'ils témoignoient pour la neutralité. C'étoit donc en Hollande principalement qu'il faisoit publier et la résolution que le roi d'Espagne avoit prise de ne pas subir le joug des Anglois, et le détail des forces que ce prince avoit, et qu'il emploieroit à soutenir son honneur aussi bien que ses intérêts.

Beretti eut ordre de déclarer à la Haye que son maître hasarderoit tout plutôt que de recevoir les conditions que l'Angleterre prétendoit lui imposer, et voir la Sicile entre les mains de l'Empereur. Quant aux forces de l'Espagne, l'ambassadeur devoit dire qu'elles se montoient, à l'égard des troupes, à quatre-vingt mille hommes ; que le roi d'Espagne avoit trente navires de guerre, qu'on en construisoit encore actuellement onze dans les ports d'Espagne, chaque navire de quatre-vingts pièces de canon. Suivant ce même récit, il y avoit trente-trois mille hommes de troupes réglées destinés pour le débarquement, au lieu où il seroit jugé à propos de le faire. Le payement de ces troupes et de l'armée navale étoit assuré pour le cours entier de l'année. Enfin on établissoit comme chose certaine que Sa Majesté Catholique n'avoit encore consommé que sept mois de son revenu des rentes générales et provinciales, et qu'elle attendoit alors le retour de soixante-treize vaisseaux qui revenoient des Indes. Avec ces belles ressources, Alberoni concluoit qu'il y auroit poltronnerie et bassesse à céder, hors un cas de nécessité absolue ; qu'il falloit auparavant éprouver toutes sortes de contre-temps ; même s'il étoit nécessaire de périr, périr les armes à la main ; et qu'avant qu'être réduit à cette extrémité, le roi d'Espagne verroit et connoîtroit ses véritables amis, en sorte qu'après cette épreuve, il seroit en état de prendre à leur égard des mesures certaines ; car il persistoit toujours à conclure que le projet étoit chimérique en ce qui regardoit les conditions proposées pour le roi d'Espagne, et qu'on devoit le nommer monstrueux à l'égard des avantages accordés à l'Empereur ; en sorte qu'il paroissoit clairement que la raison ni la justice n'avoient pas dirigé un tel ouvrage, et qu'il étoit seulement forgé par la passion et par l'intérêt particulier de ceux qui l'avoient imaginé. Voulant fortifier son avis par le témoignage de tous les gens sensés, il assuroit qu'il n'y en avoit aucun qui ne fût surpris de voir les principales puissances de l'Europe, comme conjurées ensemble, concourir aveuglément à l'agrandissement d'un prince qu'elles devoient craindre par toutes sortes de raisons, et tâcher, par conséquent, d'abaisser en cette occasion. Il donnoit aux bons François le premier rang parmi les gens sensés, soutenant qu'ils regardoient le projet avec horreur, et que pénétrés de douleur de voir la conduite du gouvernement, si directement opposé aux anciennes maximes que la France avoit suivies et soutenues par de si longues guerres pour tenir en bride la puissance autrichienne[1].

Alberoni, depuis longtemps ennemi de Monteleon, l'accusoit de ne parler que par l'organe de l'abbé du Bois. La lâcheté de cet ambassadeur, disoit le cardinal, alloit jusqu'au point de dire que, considérant la fierté de l'Empereur, il étoit étonné qu'il eût accepté le projet. Enfin le roi, la reine, ni le premier ministre d'Espagne, ne pouvoient lire ses lettres sans indignation. Alberoni, dans ces dispositions à l'égard de Monteleon, lui reprocha durement la tranquillité qu'il faisoit paroître en parlant du projet du traité. Il ne lui déguisa pas que Leurs Majestés Catholiques avoient parfaitement reconnu qu'il se rendoit l'organe de l'abbé du Bois, pendant que les autres ministres détestoient son plan comme abominable par les conséquences, fatal à la liberté des souverains, totalement opposé à la raison d'État, renversant tout principe d'établir un équilibre en Europe, et d'assurer le repos de l'Italie, malheureusement ensevelie sous la dure servitude d'un prince trop puissant et d'une nation insatiable : réflexion qu'un ministre né en Lombardie devoit faire encore plus naturellement que tout autre. A ces reproches il en ajouta d'autres, fondés sur la lenteur de Monteleon à faire savoir en Espagne ce qui regardait l'armement et la destination de l'escadre angloise, car il étoit persuadé que la cour de Londres, ayant mis toute son étude à tromper le roi d'Espagne par un projet idéal que le cardinal nommoit un hircocerf[2], attendoit seulement le moment de se déclarer en faveur de l'Empereur, afin

1. Cette phrase est inachevée.
2. Animal fabuleux, moitié bouc et moitié cerf.

de le mettre en possession de la plus belle partie de l'Italie, et de lui donner ce nouveau moyen d'usurper les autres États de cette partie de l'Europe sans que qui que ce soit pût l'empêcher. Ainsi, disoit-il, les Anglois traitent le roi d'Espagne comme un roi de plâtre; ils croient pouvoir lui imposer toutes sortes de lois; ils se figurent encore qu'après bien des vexations et des insultes, ils obligeront ce prince à leur rendre grâces d'avoir forgé un projet chimérique, absolument impossible dans son exécution. Les reproches d'Alberoni tomboient encore moins sur l'Angleterre que sur le Régent. Ce prince sollicitoit fortement les Hollandois d'entrer dans l'alliance. Alberoni déclara que ses instances avoient achevé entièrement d'irriter le roi et la reine d'Espagne; qu'elles prouvoient authentiquement que la conduite du Régent n'étoit pas celle d'un médiateur, mais celle d'une partie intéressée aux avantages de l'ennemi irréconciliable des deux couronnes, celle enfin d'un prince qui récemment avoit assez fait voir le désir qu'il auroit de les anéantir s'il en avoit le pouvoir; et d'ailleurs, disoit-il, quelle raison pour les médiateurs de faire la guerre, parce que le prince à qui ils offrent des visions ne les accepte pas comme une proposition réelle et avantageuse? Il ajoutoit que le roi d'Espagne ne pouvoit donner ce caractère de solidité à l'offre qu'on lui faisoit de mettre des garnisons espagnoles dans Parme et dans Plaisance, parce que, si ces garnisons étoient fortes et telles que le besoin le demandoit, il seroit impossible que le pays pût fournir à leur subsistance; que si elles étoient foibles, elles seroient sacrifiées d'un moment à l'autre, et qu'autant de soldats et d'officiers dont elles seroient composées deviendroient autant de prisonniers qui entreroient dans ces places à la discrétion des Allemands.

Le roi d'Espagne, ayant donc bien examiné toutes choses, vouloit voir si la France lèveroit le masque, et se porteroit jusqu'au point de lui déclarer la guerre ouvertement. Cellamare eut ordre de répandre dans Paris que

son maître ne recevroit la loi de personne, encore moins
du Régent que de qui que ce soit; que Sa Majesté Catholique croyoit pouvoir s'adresser aux états généraux
du royaume, et leur demander compte de la conduite de
M. le duc d'Orléans, les choses étant réduites au point
qu'elle pouvoit désormais se porter aux plus grandes
extrémités. Tout expédient, tout tempérament devoit être
désormais proscrit, parce que le cœur étoit ulcéré par la
conduite que le Régent avoit tenue, et par ses engagements si contraires aux intérêts d'honneur et [à] la réputation de Leurs Majestés Catholiques. Alberoni étoit cependant embarrassé de la conclusion d'un traité entre
l'Empereur et le roi de Sicile. On disoit que ces princes
étoient convenus entre eux de l'échange du royaume de
Naples avec les États héréditaires de la maison de Savoie.
Cette nouvelle vraisemblable étoit regardée comme vraie,
parce que le caractère du duc de Savoie donnoit lieu
d'ajouter foi à tout ce qu'on publioit de ses négociations
secrètes, quoi qu'on pût dire de contraire aux assurances
que ses ministres donnoient en même temps de sa fidélité envers les princes dont il souhaitoit de ménager
l'amitié. Ainsi Lascaris, qui paroissoit être son ministre
de confiance à Madrid, à l'exclusion de l'abbé del Maro,
son ambassadeur ordinaire, protestoit que son maître
étoit libre, et qu'il n'avoit fait aucun traité avec l'Empereur; que si jamais il entroit en quelque accommodement avec ce prince, il ne perdroit point de vue les traités
qu'il avoit signés avec le roi d'Espagne; qu'ils seroient
sa règle; qu'il ne prendroit aucun engagement qui leur
fût contraire; et qu'enfin il ne concluroit[1] rien sans l'avoir auparavant communiqué à Sa Majesté Catholique.
Mais ces protestations étoient de peu de poids, et le cardinal, persuadé que le ministre confident du roi de Sicile
seroit le premier que ce prince tromperoit pour mieux
tromper le roi d'Espagne, répondit seulement qu'il ren-

---

1. Saint-Simon a écrit *conclureroit*, ici et huit lignes plus loin.

droit compte à Sa Majesté Catholique des nouvelles assurances qu'il lui donnoit de la part de son maître, qu'il pouvoit aussi lui écrire, qu'elle ne concluroit rien avec l'Empereur sans la participation du roi de Sicile. Alberoni prétendit que les avis de ces traités lui avoient été donnés comme certains par les ministres de France et d'Angleterre ; mais il ajouta qu'ils étoient suspects, parce que le Régent et le roi Georges desiroient uniquement pour leurs intérêts l'embrasement de toute l'Europe, et particulièrement celui de l'Italie. Malgré les déclamations continuelles et publiques, et le déchaînement d'Alberoni contre la France, on disoit sourdement qu'il y avoit une intelligence secrète entre cette couronne et celle d'Espagne. Bien des gens, à la vérité, croyoient que ces bruits étoient artificieux, qu'ils étoient répandus par le premier ministre pour mieux cacher ses entreprises et pour leur donner plus de crédit. Cette opinion paroissoit confirmée par la douceur qui régnoit dans les conférences fréquentes que le cardinal avoit avec Nancré. On n'y découvroit pas la moindre émotion ni le moindre commencement de froideur. On supposoit donc qu'il y avoit dans le projet de traité des articles secrets infiniment plus avantageux pour l'Espagne que ceux qu'on avoit laissés paroître. On ajoutoit que la France ni l'Angleterre ne s'opposoient pas au départ de la flotte espagnole. On alloit jusqu'à dire que l'escadre angloise agiroit de concert avec elle pour l'exécution du projet, dont la connoissance n'étoit pas encore livrée au public. D'autres, moins crédules et plus défiants, soupçonnoient également la foi de la cour de France et de celle d'Espagne. Ils se persuadoient que toutes deux vouloient sonder et découvrir réciproquement ce que l'autre pensoit, gagner du temps, et que ces manéges si contraires à la bonne intelligence finiroient par une rupture. Ils étoient persuadés que la cour de France étoit bien éloignée de souhaiter que le roi d'Espagne fît des conquêtes ; qu'elle desiroit seulement de le voir engagé à faire la guerre en Italie, et forcé de s'épuiser pour la soutenir. Comme le roi d'Espagne avoit frété un grand nombre de bâtiments françois pour servir au transport de ses troupes, ceux qui prétendoient que le Régent verroit avec plaisir commencer la guerre en Italie regardèrent comme une preuve de leur opinion, et comme une collusion secrète, la permission tacite qu'il sembloit donner aux sujets du Roi, d'employer leurs vaisseaux au service de Sa Majesté Catholique. Enfin chacun raisonnoit à sa manière, et peu de gens croyoient que l'Espagne, seule et sans certitude d'alliés, voulût entreprendre la guerre.

On eut lieu de croire que le roi d'Espagne, paroissant difficile sur le projet de traité en général, avoit seulement en vue d'obtenir quelque avantage particulier, car Alberoni dit clairement au colonel Stanhope que ce prince accepteroit le projet s'il obtenoit de conserver la Sardaigne. Le colonel ayant fait savoir en Angleterre la proposition qui lui avoit été faite, les ministres anglois assurèrent Monteleon que leur maître étoit très-affligé de ne pouvoir acquiescer à une demande si raisonnable. Ils se plaignirent du silence que le roi d'Espagne avoit gardé jusqu'alors sur cette prétention, et feignirent d'en être d'autant plus touchés que, selon eux, il y auroit eu moyen de satisfaire Sa Majesté Catholique si elle eût déclaré plus tôt ses prétentions; que l'argent auroit été bien employé pour y parvenir, et que l'Angleterre auroit volontiers concouru avec la France pour assembler une somme telle qu'on eût obtenu ce que desiroit le roi d'Espagne; mais malheureusement cette conjoncture favorable étoit, disoient-ils, passée, parce que l'engagement étoit pris avec l'Empereur, qu'il étoit impossible d'y rien changer, que ce prince se trouvoit dans une telle situation qu'il rejetteroit avec hauteur toute proposition d'altérer la moindre clause du traité; qu'il se voyoit d'un côté sûr, et comme à la veille de conclure la paix avec le Turc; que, d'un autre côté, le roi de Sicile continuoit de faire des propositions avantageuses à la maison d'Autriche et que la cour de Vienne accepteroit si l'Angleterre lui don-

noit quelque occasion de retirer sa parole : inconvénients
que le roi d'Angleterre vouloit surtout éviter par affection
et par tendresse pour le roi d'Espagne, car il prétendoit
que Sa Majesté Catholique devoit lui savoir beaucoup de
gré de ce qu'il avoit fait pour elle; et les ministres anglois
feignoient de ne pouvoir comprendre l'injustice que la
cour de Madrid leur faisoit, de les accuser de partialité
pour l'Empereur, quand ils servoient réellement l'Espagne,
et qu'ils faisoient voir par les effets la préférence qu'ils
donnoient à ses intérêts sur ceux de la maison d'Autriche.

Monteleon se vanta d'avoir essuyé des reproches de
leur part, et prétendit qu'ils l'accusoient d'être auteur
des soupçons injustes que le roi son maître faisoit
paroître à leur égard. Mais ces accusations ne le discul-
poient pas à Madrid. Alberoni avoit trop de soin de le
représenter au roi et à la reine d'Espagne comme vendu
aux Anglois; et quand le cardinal n'auroit pas eu le crédit
et l'autorité d'un premier ministre absolu, il auroit cependant persuadé d'autant plus aisément que la cour d'Angleterre donnant de grandes espérances au roi d'Espagne,
ne tenoit rien de ce qu'elle avoit promis quand il s'agissoit de l'exécution. C'est ainsi que les ministres anglois
promirent à l'abbé du Bois qu'il seroit permis au roi
d'Espagne de mettre des garnisons espagnoles dans les
places des États du grand-duc et du duc de Parme. Monteleon fit des instances pour obtenir que la déclaration
d'une condition si essentielle, qui n'étoit pas comprise
dans le projet, lui fût donnée par écrit. L'abbé du Bois
lui promit de refuser sa signature au projet, si cette condition n'étoit auparavant bien assurée. Nonobstant les
assurances et les promesses, les Anglois refusèrent de la
passer, et dans le temps qu'ils éludoient la parole donnée
au roi d'Espagne, ils assuroient son ambassadeur que
l'objet du roi leur maître, en armant une escadre pour la
Méditerranée, étoit d'autoriser et d'employer ces vaisseaux suivant les réponses, dont il doutoit, et qu'il attendoit de la cour de Vienne. Monteleon desiroit que leurs

intentions fussent droites. Il étoit de son honneur et de son intérêt que la correspondance s'établît parfaitement entre la cour d'Espagne et celle d'Angleterre, et profitant de la disposition de son cœur, ne se contraignoit pas lorsqu'il étoit question de ménager d'autres princes au préjudice de Sa Majesté Catholique. Les ministres d'Angleterre, pressés de conserver la Sardaigne à ce prince, s'étoient excusés d'y travailler, alléguant pour prétexte que l'Empereur ne souffriroit jamais que le traité reçût la moindre altération dans les conditions dont les parties intéressées étoient convenues. La crainte d'un changement de la part de l'Empereur étoit le motif qu'ils employoient pour autoriser le refus d'une condition demandée par le roi d'Espagne, comme un moyen de lever toute difficulté, et de conclure un traité qu'on proposoit comme la décision du repos général de l'Europe. Mais en même temps qu'ils parloient ainsi à l'ambassadeur d'Espagne, Stanhope, impatient des reproches que lui faisoit le ministre de Savoie, répondit aux plaintes de cet envoyé que le duc de Savoie, qui se plaignoit d'être abandonné par l'Angleterre, ne savoit pas reconnoître les obligations qu'il avoit à cette couronne; qu'elle soutenoit seule les intérêts de ce prince, bien résolue de ne se pas relâcher sur un point qu'elle avoit si fort à cœur; que le projet seroit accepté par le roi d'Espagne, si le roi d'Angleterre consentoit à lui laisser la Sardaigne; mais qu'il étoit trop attentif aux intérêts du roi de Sicile pour y laisser donner quelque atteinte, nonobstant les difficultés qu'il trouvoit de tous côtés lorsqu'il étoit question de soutenir ces mêmes intérêts; et qu'actuellement sa plus grande peine à Vienne étoit de vaincre la répugnance presque insurmontable, que l'Empereur montroit à renoncer à ses droits sur la monarchie d'Espagne en faveur de la maison de Savoie.

Si les Anglois cherchoient à faire valoir en même temps leurs soins et leurs peines pour des princes dont les intérêts étoient directement opposés, la conduite d'Alberoni n'étoit pas plus sincère que celle de la cour d'Angleterre, car il demandoit au roi Georges la conservation de la Sardaigne pour le roi d'Espagne ; et pendant qu'il insistoit sur cette condition, comme sur un moyen sûr d'engager ce prince de souscrire au traité, il donnoit ordre à Cellamare de confier à Provane, qui étoit lors encore à Paris de la part du roi de Sicile, que, nonobstant la déclaration que Sa Majesté Catholique avoit faite à l'égard de la Sardaigne, elle n'avoit nulle intention d'accepter le projet, quand même cette condition lui seroit accordée ; qu'elle vouloit seulement, par une telle demande, exclure la proposition de l'échange de la Sicile. Toutefois les ministres de l'Empereur ne se croyoient pas encore assez sûrs de la bonne foi du roi d'Angleterre pour demeurer tranquilles sur les propositions nouvelles que faisoit le roi d'Espagne, et sur les conférences secrètes et fréquentes que l'abbé du Bois avoit à Londres avec Monteleon. Penterrieder étoit encore en cette cour de la part de l'Empereur. Il parut très-inquiet de la demande faite par Sa Majesté Catholique, et de la prétention qu'elle formoit de mettre actuellement des garnisons espagnoles dans les places de Toscane et de Parme. Il étoit surtout alarmé de l'attention que le Régent donnoit à ces nouveautés, que Penterrieder traitoit d'extravagantes ; et, pour en trancher le cours, il disoit que, si elles étoient écoutées, les ennemis de la paix auroient le plaisir de la renverser et de l'étouffer dans sa naissance. Quelque inquiétude qu'il fît paroître, les ministres anglois ne lui donnoient aucun sujet de soupçonner ni leur conduite ni leurs intentions en faveur de ce prince. Ils n'oublioient rien pour consommer l'ouvrage qu'ils avoient entrepris, et pour conduire à sa perfection le projet de la quadruple alliance. Il falloit pour la rendre parfaite persuader les Hollandois d'y souscrire ; et la chose étoit encore difficile, nonobstant l'habitude que cette république avoit contractée depuis longtemps de suivre aveuglément les volontés de l'Angleterre.

Cadogan, alors ambassadeur d'Angleterre en Hollande, se donnoit beaucoup de mouvements pour entraîner les états généraux à se conformer aux intentions de son maître. On prétendoit qu'il répandoit de l'argent que le prince, naturellement aussi ménager que l'ambassadeur, n'épargnoit pas dans une occasion où il s'agissoit de gagner les bourgmestres et les magistrats d'Amsterdam. Cadogan s'étoit marié dans cette ville, et les parents de sa femme agissoient pour contribuer au succès de sa négociation. Beretti agissoit de son côté pour le traverser ; il parloit mal à propos, donnoit des mémoires mal composés, souvent peu sensés. Toutefois la crainte que les Hollandois avoient de s'engager dans une nouvelle guerre étoit si forte et si puissante, que Beretti avoit lieu de croire que son éloquence l'emporteroit sur la dextérité de Cadogan, sur ses libéralités, ses profusions, et sur le crédit de ses amis. Les états d'Hollande s'assembloient, mais ils se séparoient sans décider sur le point de l'alliance ; en sorte que Cadogan, reconnoissant que l'autorité de l'Angleterre étoit désormais trop foible pour déterminer les états généraux, se voyoit, chose nouvelle, réduit à recourir aux offices de la France. Il craignoit que le Régent ne laissât paroître quelque indécision dans ses résolutions. Il demandoit pressamment que Son Altesse Royale ne se lassât point d'envoyer à Châteauneuf, ambassadeur du Roi en Hollande, des ordres clairs et positifs, tels qu'il convenoit de les donner, pour assurer les états généraux qu'il étoit incapable de changer ; car il avouoit qu'au moindre doute les affaires seroient absolument ruinées, au lieu, disoit-il, que ses soins et ses diligences avoient si bien réussi à Amsterdam que cette ville étoit prête à concourir avec les nobles et les autres villes principales de la province à la signature de l'alliance ; en sorte que l'affaire seroit conclue la semaine suivante, nonobstant les représentations de Beretti et les raisonnements foibles et mal fondés dont il prétendoit les appuyer.

Ces deux ambassadeurs, directement opposés l'un à l'autre, convenoient également que le Régent seul pouvoit entraîner la balance du côté qu'il voudroit favoriser, et que les Hollandois, encore incertains du parti qu'ils prendroient, seroient déterminés par le mouvement que Son Altesse Royale leur donneroit. L'objet de Beretti étoit de gagner du temps et de maintenir autant qu'il seroit possible la Hollande neutre au milieu de tant de puissances opposées. Mais un point encore plus sensible pour lui étoit de décrier Monteleon en toutes occasions, de le rendre suspect à son maître, et d'attribuer au dévouement qu'il avoit pour les Anglois, les conseils foibles et timides de s'accommoder au temps, de céder à la nécessité, et de remettre à négocier aux conférences de la paix les conditions que le roi d'Espagne ne pouvoit se flatter d'obtenir avant le traité, telle que celle de conserver la Sardaigne.

Il est certain que Monteleon, raisonnant politiquement sur la situation où les affaires étoient alors, donnoit lieu à son antagoniste de lui porter secrètement des coups qui le ruinoient à la cour de Madrid, d'autant plus sûrement, qu'en attaquant sa fidélité, on étoit sûr de plaire au premier ministre. Toutefois la réputation du génie, de l'expérience, de la capacité de Monteleon, étant mieux établie que celle de Beretti, bien des gens, surtout les princes d'Italie, ne balançoient pas à s'ouvrir à l'un plutôt qu'à l'autre, et confioient à Monteleon ce qu'ils vouloient faire savoir au roi d'Espagne. Ainsi l'envoyé du grand-duc lui dit, de la part de son maître, que ce prince et son fils auroient désiré tous deux, pour leur honneur et pour leur satisfaction, qu'avant de faire un projet pour disposer de leur succession, on leur en eût communiqué l'idée; ils auroient eu au moins la satisfaction de faire connoître en concourant au même but leurs sentiments pour le roi d'Espagne et pour la maison de France, et de découvrir sans crainte l'inclination que les conjonctures des temps les avoient obligés de tenir cachée au fond de leur cœur. Corsini ajouta que son maître et le prince son fils, malheureusement privés de succession, ne pouvoient recevoir de consolation plus touchante pour eux que de voir l'infant don Carlos destiné, par le concours des principales puissances de l'Europe, à recueillir après eux la succession de leurs États; qu'ils prévoyoient les avantages que cette disposition apporteroit à leurs sujets. La satisfaction qu'ils en avoient étoit cependant troublée, disoit-il, par la loi, nouvelle et dure, qu'on imposoit à l'infant de recevoir de l'Empereur l'investiture de tous les États dont la maison de Médicis étoit en possession. La liberté du domaine de Florence étoit indubitable, et depuis Cosme de Médicis il ne s'étoit fait aucun acte capable d'y porter le moindre préjudice. La seule démarche que ce prince, aussi bien qu'Alex. son prédécesseur, eussent faite à l'égard de l'Empereur, avoit été de recevoir la confirmation impériale de l'élection que la république de Florence avoit faite de leurs personnes; mais les Florentins prétendoient que cet acte, reçu pour d'autres fins, ne pouvoit passer pour une investiture féodale. Ainsi le prince et les sujets seroient également affligés de se voir assujettis sous une loi si déshonorante; et comme il n'étoit ni juste ni convenable que la Toscane, gouvernée par un prince de la maison de France, devînt de pire condition qu'elle ne l'étoit sous le gouvernement des Médicis, le grand-duc et son fils prioient le roi d'Espagne de réfléchir sur les inconvénients qui retomberoient sur l'infant d'une disposition si contraire à son honneur et à ses intérêts.

Ils représentoient en même temps ceux de l'électrice palatine douairière, reconnue pour héritière des États de Toscane; et le grand-duc disoit qu'il ne pouvoit croire que le roi d'Espagne, plein d'équité, voulût s'opposer au droit de cette princesse, et empêcher l'effet de la tendresse légitime d'un père envers une fille douée de tant de mérite et de tant de vertu. D'ailleurs, si on jugeoit par le cours de nature, elle ne devoit pas survivre à son frère, étant âgée de quatre ans plus que lui. Mais quand même elle en hériteroit, le grand-duc représentoit qu'il seroit de l'intérêt du roi d'Espagne d'établir le droit de succession en faveur des filles, parce qu'il arriveroit peut-être que l'infante nouvellement née profiteroit un jour de la loi que Sa Majesté Catholique appuyeroit pour la succession des États de Toscane. Enfin le grand-duc regardoit comme un déshonneur pour lui qu'il fût stipulé dans le traité que le roi d'Espagne mettroit[1] des garnisons espagnoles dans les places de Toscane. C'étoit, disoit-il, douter de sa bonne foi que d'exiger de telles précautions lorsqu'il auroit une fois consenti aux dispositions faites pour la succession de ses États; et s'il étoit nécessaire d'augmenter les garnisons de ses places, les moyens de les grossir ne lui manqueroient pas, sans troubler le repos de ses sujets. Monteleon, instruit de l'opposition que le roi d'Espagne et son premier ministre apportoient au projet du traité, répondit à Corsini que tout ce qu'il savoit des intentions de son maître étoit qu'il trouvoit ce projet impraticable, injuste et préjudiciable à ses intérêts, parce qu'il étoit contraire à l'équilibre, au repos et à la liberté de l'Italie.

Alberoni avoit cependant laissé entendre en Angleterre que tant de répugnance et tant d'opposition de la part du roi d'Espagne seroient surmontées, s'il étoit possible de faire insérer dans le traité la condition de lui laisser la Sardaigne, et d'introduire des garnisons espagnoles dans les places du grand-duc et du duc de Parme. Mais la première de ces conditions ne pouvoit convenir aux vues des ministres anglois, attentifs à plaire à l'Empereur, et craignants la hauteur de la cour de Vienne lorsqu'elle croyoit avoir lieu de se plaindre. Ils répondirent donc à l'égard de la Sardaigne que ni le roi leur maître ni le Régent ne pouvoient se départir du plan proposé tel qu'il avoit été accepté par l'Empereur; que la résolution étoit

---

1. *Metteroit* est ici l'orthographe de Saint-Simon.

prise de signer le traité conformément à ce plan et sans y rien changer; que la moindre variation renverseroit absolument un projet qui avoit coûté tant de peine. Ils prétendirent que si on faisoit à l'Empereur quelque proposition sur ce sujet, ce prince regarderoit toute négociation nouvelle comme une rupture; que se croyant affranchi des engagements qu'il avoit pris, il seroit en état d'en prendre de contraires avec le roi de Sicile, de qui il obtiendroit facilement cette île, conservant lui-même ses droits et ses prétentions sur l'Espagne; que le fruit d'une telle union seroit de rendre l'Empereur et le duc de Savoie maîtres absolus en Italie, en sorte que l'Espagne, persistant à refuser le projet du traité comme contraire au repos public, attireroit sur elle-même et sur toute l'Europe le malheur que cette couronne sembloit appréhender de l'excès de puissance de la maison d'Autriche. La conclusion de ce raisonnement étoit qu'il n'y avoit de remède aux maux qu'on craignoit que de lier les mains à l'Empereur, et de profiter pour cet effet du consentement qu'il y donnoit lui-même; qu'il seroit de la dernière imprudence de lui laisser la liberté de se dégager, dans une conjoncture où il étoit assuré de faire la paix avec le Turc, et maître de traiter comme il voudroit avec le roi de Sicile.

Les Anglois ajoutèrent à ces raisons un motif d'intérêt et de considération personnelle pour la reine d'Espagne et pour Alberoni. Ils firent entendre à l'un et à l'autre que l'état incertain de la santé du roi d'Espagne devoit les porter tous deux à suivre en cette occasion les conseils du roi d'Angleterre. Les ministres anglois se montrèrent plus faciles sur l'article des garnisons espagnoles. Ils déclarèrent que le roi d'Angleterre consentiroit à la demande du roi d'Espagne d'introduire ses troupes dans les places du grand-duc et du duc de Parme, pourvu toutefois qu'il en obtînt le consentement de ces princes. Il falloit, disoient-ils, ménager avec beaucoup d'attention une telle clause, capable de renverser le traité, si elle étoit mise en négociation avant que l'Empereur eût signé. Mais au fond, les Anglois savoient bien qu'ils ne risquoient rien en donnant cette apparence de satisfaction au roi d'Espagne, et que les deux princes dont ils exigeoient le consentement préalable ne le donneroient jamais volontairement. Ils pouvoient compter pareillement sur la disposition intérieure et véritable du roi d'Espagne, résolu de tenter les hasards d'une guerre, et d'essayer s'il pourroit profiter de la conjoncture qu'il trouvoit si favorable, et si propre à réparer les pertes qu'il avoit faites de ses États d'Italie.

Les ministres d'Espagne dans les cours étrangères ne permettoient pas de douter de ses intentions. Cellamare à Paris, et Beretti en Hollande, s'en expliquoient hautement, et déclamoient sans mesure contre le projet du traité. Tous deux se flattoient de réussir. Beretti se vantoit de suspendre par sa dextérité l'accession des états généraux, vivement pressés par la France et l'Angleterre. Cellamare laissoit entendre en Espagne que le Régent, touché de ses remontrances, pourroit bien faire quelque pas en arrière pour sortir des engagements où il s'étoit imprudemment jeté. Cet ambassadeur faisoit valoir à sa cour les démarches qu'il avoit faites auprès des principaux ministres de la régence. Il prétendoit qu'ils étoient également touchés de ses représentations, nonobstant la diversité de leurs réponses : que quelques-uns, plus courtisans que sincères, défendoient le projet, mais si foiblement qu'il y avoit lieu de croire qu'ils parloient autrement quand ils se trouvoient tête à tête avec le Régent; que d'autres approuvoient les réflexions qu'il leur faisoit faire ; que les François hors du ministère louoient ses raisonnements, et que la nation, en général ennemie du nom autrichien, montroit ouvertement son respect et son attachement pour le roi d'Espagne (et tout cela étoit parfaitement vrai, mais parfaitement inutile).

Les ministres du roi de Sicile croyoient encore devoir faire cause commune avec ceux d'Espagne, et Cellamare étoit persuadé qu'il étoit du service de son maître de ne pas aliéner le seul prince qui parût disposé à résister avec Sa Majesté Catholique aux desseins de leurs ennemis communs. Alberoni vouloit ménager encore les Piémontois ; mais ses vues étoient différentes de celles de Cellamare. Il falloit tromper le duc de Savoie jusqu'à ce que le moment fût arrivé de faire éclater le véritable objet de l'armement du roi d'Espagne. Son premier ministre se contentoit de dire qu'on verroit bientôt si le duc de Savoie, demandant à s'unir avec l'Espagne, parloit sincèrement, et que le public connoîtroit pareillement, avant qu'il fût peu de jours, que Sa Majesté Catholique rejetoit totalement le projet, sans laisser entendre qu'elle consentît jamais à l'accepter, quelque offre avantageuse qu'on lui fît pour la persuader ; car il n'avoit tenu qu'à elle, disoit le cardinal, d'obtenir des médiateurs la condition de conserver la Sardaigne, si elle eût voulu, moyennant cette addition, souscrire aux engagements du traité. Il prétendit même que le colonel Stanhope, lui offrant depuis peu cette nouvelle condition, avoit employé toute son éloquence pour le convaincre que le roi d'Espagne devoit se contenter de l'avantage qu'on lui proposoit, et qu'il feroit bien mieux de l'accepter que d'employer inutilement ses trésors à faire armer tant de vaisseaux et transporter tant de troupes en Italie.

Ces offres prétendues étoient bien opposées aux discours que les ministres anglois avoient tenus à Londres à Monteleon. Les réponses, les démarches et les insinuations dont ses lettres étoient remplies, toutes tendantes à porter le roi son maître à la paix, déplaisoient tellement au cardinal qu'il ne cessoit de décrier la conduite d'un ambassadeur qui depuis longtemps lui étoit odieux, peut-être parce qu'il trouvoit en lui trop de talents propres à bien servir son maître ; et non content de l'accuser souvent d'infidélité, il lui reprochoit encore son incapacité, jusqu'au point de dire que les réponses qu'il faisoit au sujet du traité étoient discours d'un homme ivre, et que le roi d'Espagne ne pouvoit avouer ce qui sortoit de la bouche d'un ministre assez indifférent pour traiter le projet avec tranquillité, pendant que les autres le regardoient avec scandale et avec abomination. Celui qui a tout pouvoir ne manque jamais de flatteurs et de complaisants prêts à louer toutes ses vues, applaudir à tous ses projets, et empressés d'aplanir en lui parlant les difficultés qui semblent s'opposer à l'exécution de ses desseins. Telles gens, dont l'espèce subsistera toujours dans les cours, étoient écoutés avec plaisir par Alberoni ; d'autres plus sages, mais en moindre nombre, ne pénétroient pas jusqu'à lui. On écartoit avec soin ceux qui, pesant avec raison la qualité de l'engagement que le roi d'Espagne prenoit, faisoient de tristes réflexions sur le succès d'une entreprise prématurée, ne pouvoient, en approchant du roi et de la reine, parler sincèrement, et découvrir à Leurs Majestés Catholiques le péril où le royaume alloit être exposé. La nation, en général, étoit moins touchée de la crainte de l'avenir que de l'espérance de se remettre en honneur et en crédit par le succès de l'entreprise. Les Espagnols, jaloux de ce point d'honneur, se flattoient de chasser les Allemands d'Italie, et d'en recouvrer les États, qu'ils regardoient toujours comme dépendants de la couronne d'Espagne.

Alberoni, sans alliés, se flattoit que tous les événements seconderoient ses desseins. Il se figuroit que l'Empereur seroit obligé de faire encore une campagne en Hongrie ; et quoique il n'eût pas lieu de douter du desir que les Turcs avoient de conclure la paix, il vouloit se persuader qu'ils n'avoient demandé une suspension d'armes que pour gagner du temps, résolus cependant d'attendre le succès de la descente qu'on supposoit alors que le roi de Suède feroit au premier jour dans le Meckelbourg. Il espéroit que les Hollandois, quoique dépendants depuis un grand nombre d'années des volontés de l'Angleterre, secoueroient enfin le joug qu'ils s'étoient laissé imposer, et que les menaces de la France, jointes en cette occasion à celles des Anglois, n'ébranleroient pas la fermeté des bons républicains, qui gémissoient de voir la France et l'Angleterre unies pour forger des chaînes à l'Europe, et détestoient, disoit-il, le Régent, le regardant comme l'auteur des pertes que leur patrie souffriroit, si elle permettoit que la puissance de l'Empereur franchît les bornes où naturellement elle devoit être renfermée pour le bien commun de toutes les nations de l'Europe. Flatté de cette idée, Alberoni croyoit que lorsqu'il seroit question de faire déclarer la guerre à l'Espagne au nom de la France, le Régent y penseroit plus d'une fois, nonobstant les vues secrètes qu'il attribuoit à Son Altesse Royale, car il ne feignoit[1] pas de dire que c'étoit se tromper que de croire que le Régent et le roi d'Angleterre fissent la moindre attention à l'équilibre de l'Europe et à la sûreté de l'Italie. L'un de ces princes, disoit-il, songe à se maintenir roi, l'autre à le devenir : tous deux croient avoir besoin de l'Empereur, et tous deux sont prêts, pour leurs fins particulières, à sacrifier le tiers et le quart. Non-seulement ils ne pensent pas à retirer Mantoue des mains des Allemands, mais ils concourront encore à les introduire en d'autres places d'Italie. Alberoni prétendoit le prouver par le concours de la France et de l'Angleterre, unies l'une et l'autre à procurer à l'Empereur la Sicile, unique objet de ses desirs. Il osoit enfin traiter de visionnaire l'abbé du Bois, qu'il nommoit l'instrument de toutes les mauvaises intentions du Régent (mais c'étoit le Régent qui étoit l'instrument de toutes les mauvaises intentions de l'abbé du Bois ; souvent entraîné, contre ses propres lumières et contre sa volonté, par l'ascendant qu'il avoit laissé prendre sur lui à l'abbé du Bois, l'Alberoni de la France, qui pour soi n'étoit rien moins que visionnaire, et qui, *sciens et volens*, sacrifioit la France, l'Espagne, la réputation de son maître à son ambition de se faire cardinal, par les voies que j'ai déjà

---

1. Voyez tome V, p. 111 et note 1.

expliquées, d'être tout Anglois et tout impérial). Comme Alberoni ne pouvoit susciter assez d'opposition aux succès des vues du Régent, il employoit l'ascendant qu'il croyoit avoir sur l'esprit du duc de Parme pour lui persuader de protester qu'il ne recevroit jamais de garnison espagnoles dans ses places.

Il n'est pas difficile d'inspirer aux petits princes la crainte de cesser d'être maîtres chez eux en admettant dans leurs places les troupes de quelque grande puissance. Celle d'Espagne devenoit formidable, si on en croyoit l'énumération qu'Alberoni faisoit de ses forces tant de terre que de mer. Il en répandoit de tous côtés un détail magnifique. Il publioit que l'armée navale du roi d'Espagne étoit composée de trente-trois navires ou frégates; que le moindre de ces vaisseaux portoit quarante-cinq pièces de canon; que la flotte étoit fournie d'argent et de vivres pour plus de cinq mois. Les troupes, selon lui, formoient trente-trois mille hommes effectifs, payés jusqu'au moment de leur embarquement, habillés de neuf et bien armés, l'artillerie en bon état, et dix-huit mille fusils de réserve prêts à distribuer aux gens de bonne volonté, s'il s'en trouvoit qui offrissent de servir le roi d'Espagne et la cause commune de l'Italie. Alberoni, satisfait de tant de grandes dispositions, dont il croyoit le succès infaillible, disoit en s'applaudissant que la flotte et l'armée de terre marchoient avec les fiocques [1]. Il avouoit cependant que Dieu étoit sur tout, et que sans son aide tous les soins deviendroient inutiles. Le marquis de Lede fut nommé général de cette armée, et la flotte partit de Cadix pour Barcelone le 15 mai. Le prince Pio, alors vice-roi de Catalogne, s'étoit flatté d'être chargé de l'exécution de l'entreprise dont il s'agissoit. Alberoni, pour l'en consoler, lui fit dire que Leurs Majestés Catholiques avoient besoin de garder en Espagne un homme

---

1. Le mot italien *fiocchi*, dont Saint-Simon a fait *fiocques*, signifie littéralement les houppes qui garnissent le chapeau d'un cardinal ; être *in fiocchi*, c'est être en grand costume.

tel que lui, dans une conjoncture si critique, et qu'il verroit par la destination qu'elles avoient faite *in petto* sur son sujet, si les choses prenoient un certain pli, l'opinion qu'elles avoient de son mérite et de ses talents. Le cardinal vouloit que Pio reçût ces assurances enveloppées comme des marques certaines de la franchise de cœur et de la sincérité dont il usoit en lui parlant.

CHAPITRE VIII.

Riche prise de contrebandiers de Saint-Malo dans la mer du Sud. — Alberoni inquiet de la santé du roi d'Espagne. — Adresse d'Aldovrandi pour servir Alberoni à Rome. — Foiblesse singulière du roi d'Espagne; abus qui s'en fait. — Frayeur du Pape de l'Empereur. — Cellamare fait des pratiques secrètes pour soulever la France contre le Régent. — Sentiment de Cellamare sur le roi de Sicile; il confie à son ministre l'ordre qu'il a de faire une étrange déclaration au Régent. — Forte déclaration de Beretti en Hollande. — Scélératesse d'Alberoni à l'égard du roi de Sicile. — Audace des Impériaux, et sur quoi fondée; nouvelle difficulté sur les garnisons. — Scélératesse de Stairs. — Fausseté et pis des ministres anglois à l'égard de l'Espagne. — Le Czar s'offre à l'Espagne. — Intérêt et inaction des Hollandois. — Vanteries, conseils, intérêt de Beretti. — Succès des menées de Cadogan en Hollande. — Menteries, avis et fanfaronnades, embarras de Beretti, qui tombe sur Cellamare. — Le duc de Lorraine demande le dédommagement promis du Montferrat; manéges de Beretti; sa coupable envie contre Monteleon. — Manéges et bas intérêt de Beretti, qui veut perdre Monteleon. — Audace de ministres impériaux; abbé du Bois bien connu de Penterrieder. — Embarras du roi de Sicile, et ses vaines démarches, et de ses ministres, au dehors. — Monteleon intéressé avec les négociants anglois; ses bons avis en Espagne lui tournent à mal; il s'en plaint. — Superbe de l'Empereur; partialité des ministres anglois pour lui; leur insigne duplicité à l'égard de l'Espagne. — Les ministres anglois pensent juste sur le traité d'Utrecht, malgré les Impériaux; l'Angleterre subjuguée par le roi Georges. — Les ministres anglois contents de Châteauneuf; conduite et manéges de Beretti. — Conduite, avis et manéges de Cellamare. — Vagues raisonnements. — Monteleon en vient enfin aux menaces; Stanhope emploie en ses réponses les artifices les plus odieux; lui donne enfin une réponse par écrit, devenue nécessaire à Monteleon. — Surveillants de Monteleon à Londres; sa conduite avec eux.

Avant le départ de la flotte, on reçut à Madrid la nouvelle de la prise que Martinet, officier françois servant le roi d'Espagne dans sa marine, avoit faite aux Indes occidentales de quelques vaisseaux de Saint-Malo. Le vice-roi du Pérou écrivit que le produit des vaisseaux pris montoit à deux millions huit cent mille pièces de huit, tant en argent comptant qu'en marchandises d'Europe et de la Chine, qu'il avoit fait mettre dans les magasins de Lima. Un tel secours venoit fort à propos pour fournir aux frais de l'expédition. Outre l'argent le roi d'Espagne profitoit encore des vaisseaux pris. Il en choisit les trois meilleurs pour les joindre à deux autres qu'il avoit dans la mer du Sud, et pour en former ensemble une escadre destinée à empêcher la contrebande. Ce succès, et l'espérance d'en obtenir de plus grands en Italie, ne contrebalançoient pas la peine et l'inquiétude que le dérangement de la santé du roi d'Espagne causoit à Alberoni. Il prévoyoit ce qu'il auroit à craindre si ce prince, attaqué depuis quelque temps d'une fièvre dont les médecins sembloient ignorer la cause et la nature, venoit à manquer. Il pouvoit juger que les Espagnols lui demanderoient un compte sévère de son administration, et qu'il lui seroit peut-être difficile de se justifier d'avoir engagé témérairement la nation dans une guerre dont on ne pénétroit pas encore l'objet ni l'utilité. L'ambassadeur de Sicile à Madrid ne fut pas le seul qui avertit son maître de prendre garde aux desseins du roi d'Espagne. Le nonce, qui les ignoroit, avertit aussi le Pape de prendre ses précautions, parce qu'il pourroit arriver que le débarquement des troupes d'Espagne se feroit en quelque endroit de l'État ecclésiastique. Il l'écrivoit peut-être pour servir Alberoni en intimidant le saint-père, comme un moyen sûr de vaincre le refus des bulles de Séville. Le nonce dépeignoit donc la nation espagnole comme également irritée de ce refus. Il représenta qu'il étoit essentiel dans ces circonstances d'apporter toutes les précautions nécessaires pour prévenir le mal qui pourroit arriver;

qu'il falloit user d'une extrême vigilance, d'autant plus
que le Pape ne pouvoit espérer de personne de recevoir
des avis sûrs et certains; que le duc de Parme, qui auroit
pu lui en donner, ignoroit lui-même les desseins du roi
d'Espagne; et qu'enfin Sa Majesté Catholique, irritée
vraisemblablement par les instigations de son ministre,
venoit de mettre en séquestre les revenus des églises de
Séville et de Malaga, et d'établir un économe pour les
percevoir à l'avenir et les régir. Une telle résolution devint
dans la suite un des chefs principaux des plaintes et des
poursuites que le Pape fit contre le cardinal Alberoni. En
effet c'étoit à lui seul qu'il pouvoit attribuer un séquestre
qu'il regardoit comme une violence faite aux priviléges et
immunités ecclésiastiques, étant bien assuré que les intentions du roi d'Espagne étoient très-éloignées des voies que
son ministre lui faisoit prendre.

Ce prince avoit donné une preuve singulière de ses
sentiments à l'égard des biens d'Église, car ayant des
scrupules de conscience qu'il ne pouvoit surmonter sur
l'usage qu'il avoit été forcé de faire des revenus de quelques églises vacantes de son royaume, pendant les temps
malheureux de la dernière guerre, il avoit fait demander
secrètement au Pape l'absolution de l'excommunication
qu'il croyoit avoir encourue pour avoir appliqué aux
besoins de l'État les revenus de ces églises pendant ces
conjonctures fâcheuses. La cour de Rome ne s'étoit pas
rendue difficile, et tout pouvoir d'absoudre ce prince
avoit été envoyé au P. d'Aubanton, son confesseur. Le
Pape avoit de plus remercié par une lettre particulière,
et loué ce religieux en des termes capables de lui faire
espérer les plus hautes récompenses, du zèle qu'il avoit
fait paroître en cette occasion. Il y avoit donc lieu de
croire qu'un roi si pieux, dont la conscience étoit si
timorée qu'il avoit demandé secrètement l'absolution
d'une résolution prise et exécutée dans une nécessité
pressante et pour sauver son État, ne se porteroit jamais
de lui-même à toucher de nouveau, et sans nul besoin,

aux biens et aux revenus de l'Église. Avant que le Pape sût le séquestre des revenus de Séville et de Malaga, il voulut s'informer de deux circonstances, seulement pour la sûreté de la conscience du roi d'Espagne. Sa Sainteté demanda au P. d'Aubanton premièrement, quelles raisons il avoit eues de restreindre l'absolution dont le pouvoir lui avoit été envoyé de Rome, et de la réduire au seul cas de l'appropriation des revenus vacants. Le Pape prétendoit qu'il y avoit bien d'autres cas où le roi d'Espagne n'avoit pas moins offensé l'immunité ecclésiastique et l'autorité du saint-siége; et par conséquent il ne comprenoit pas pourquoi le P. d'Aubanton n'avoit pas usé de l'ample faculté qui lui avoit été donnée d'absoudre de tous ces cas. Sa Sainteté se plaignoit en second lieu qu'il ne l'eût pas informée de ce qu'il avoit réglé avec Sa Majesté Catholique, au sujet des satisfactions dues à la chambre apostolique. Le Pape ne pouvoit croire qu'il se fût avancé à donner l'absolution sans cette condition, à laquelle la faculté d'absoudre étoit littéralement limitée. Ces plaintes, au reste, ne diminuoient en rien son affection pour ce jésuite. Il crut même lui donner une preuve distinguée de sa confiance, en s'adressant uniquement à lui, pour avoir ces éclaircissements sans les demander à son nonce à Madrid, à qui il ne voulut pas en écrire, pour mieux observer le secret que le roi d'Espagne avoit demandé. Sa Sainteté exigea cependant du confesseur de communiquer à ce ministre ce qui s'étoit passé, et de plus, d'envoyer à Rome un témoignage authentique du concordat que le confesseur devoit avoir fait avec le roi d'Espagne, soit avant, soit après l'absolution donnée selon les facultés qu'il en avoit reçues. Cette cour, si sûre du roi d'Espagne, craignoit seulement son premier ministre, nonobstant la dignité de cardinal qui devoit l'attacher plus particulièrement aux intérêts du saint-siége.

L'opinion publique étoit que le Pape craignoit moins encore les entreprises qu'Alberoni méditoit, que Sa Sainteté ne craignoit le ressentiment de l'Empereur, persuadé ou faisant semblant de croire que le projet du roi d'Espagne étoit concerté avec elle. Le Pape desiroit donc, comme une grâce principale, que Sa Majesté Catholique lui fît quelque honneur à la cour de Vienne de la paix qu'on disoit prête à se conclure entre ces deux princes; et le nonce Aldovrandi eut ordre de représenter au roi d'Espagne que ce seroit faire à Sa Sainteté un plaisir, qui ne coûteroit guère à Sa Majesté Catholique, que de répondre à la lettre que Sa Sainteté lui avoit écrite de sa main, et de marquer dans cette réponse que les remontrances paternelles du chef de l'Église avoient engagé ce prince à faciliter la conclusion de la paix avec l'Empereur, dans la vue de ne point mettre d'obstacle aux progrès des armes chrétiennes en Hongrie. Une telle réponse, que le devoir et la bienséance seuls[1] sembloient exiger, étoit cependant si desirée de Sa Sainteté qu'elle déclara que, dans son esprit, elle tiendroit lieu de la satisfaction qu'elle avoit jusqu'alors inutilement demandée, pour le manquement, disoit-elle, de l'année précédente, dont le souvenir demeureroit toujours profondément gravé dans sa mémoire.

Les arrêts opposés du conseil et du Parlement, qui faisoient alors du bruit, firent croire à ceux qui, comme le nonce Bentivoglio, desiroient le désordre, qu'ils étoient au moment de voir leurs souhaits réussir. Cellamare, qui travailloit alors dans cette vue, ne manqua pas d'avertir le roi son maître que s'il y avoit en France des flambeaux pour allumer le feu, l'affaire de la monnoie pourroit exciter une incendie[2] funeste au royaume. Il est ordinaire à ceux qui sont occupés d'une affaire principale de croire qu'elle occupe également tous les esprits. Cellamare étoit donc persuadé que généralement toute la nation françoise songeoit uniquement à l'alliance que le Régent négocioit, et que généralement aussi toute la nation, à

1. Il y a *seules* au manuscrit.
2. *Une incendie*, au féminin.

la réserve de peu de personnes admises dans le cabinet de Son Altesse Royale pour seconder ses maximes, désapprouvoit cette négociation, même au point de prendre des partis extrêmes pour en prévenir le succès. Sur ce fondement, il s'étoit émancipé dans ses discours; et quoique jusqu'alors il n'eût agi que secrètement, il s'étoit donné la liberté de parler de manière qu'il avoit aigri le Régent. Il voulut réparer auprès de lui ce qu'il avoit dit, mais toutefois il n'abandonna pas les pratiques secrètes qu'il avoit commencées; et pendant qu'il vouloit faire croire au Régent qu'il ne desiroit que l'union et la bonne intelligence entre Sa Majesté Catholique et Son Altesse Royale, il conjuroit le roi son maître de croire qu'à Londres et à Paris on persisteroit dans les résolutions prises, l'intention des deux princes étant d'établir sur les fondements de la paix générale, l'un ses espérances, l'autre sa sûreté sur le trône.

La foi du roi de Sicile, quoique douteuse, ne la paroissoit plus à Cellamare, parce qu'étant persuadé que le roi d'Espagne, ayant besoin de ce prince, ne devoit rien oublier pour ménager ses bonnes dispositions, ainsi la confiance étoit grande entre l'ambassadeur d'Espagne et le comte de Provane, chargé pour lors à Paris des affaires du roi de Sicile. Cellamare lui apprit qu'il avoit reçu par un courrier un ordre positif de déclarer au Régent qu'il étoit inutile de laisser plus longtemps Nancré auprès de Sa Majesté Catholique, parce qu'elle ne vouloit accepter ni le projet ni tel autre qu'on pourroit lui proposer, quand même la cession du royaume de Naples y seroit comprise; qu'elle vouloit uniquement se venger de ceux qui osoient prétendre lui imposer des lois et disposer de sa volonté à leur fantaisie; qu'elle tâcheroit en même temps d'ouvrir les yeux aux bons François, et leur faire connoître le mauvais usage que M. le duc d'Orléans faisoit de l'autorité de sa régence, combien, par conséquent, leur fidélité étoit intéressée à ne plus tolérer de semblables abus.

L'ambassadeur d'Espagne en Hollande eut en même temps ordre de déclarer que son maître ne recevroit jamais la loi barbare que ses plus grands amis, et ceux qui avoient reçu de lui plus de bienfaits, prétendoient lui imposer; que le seul cas de la dernière extrémité pourroit le réduire à cette nécessité; mais qu'il mettoit sa confiance en Dieu, et que la Providence divine sauroit ouvrir à la monarchie espagnole les chemins pour parvenir à la plus grande gloire, et pour obliger au repentir ceux qui refusoient aveuglément de profiter de l'amitié que Sa Majesté Catholique leur offroit; à cette déclaration ajouta que le but de Georges et du Régent étoit connu de toute l'Europe; qu'au reste l'Espagne n'étoit plus une puissance si foible et si abattue qu'elle dût souffrir le manquement de foi et les mortifications qu'elle avoit essuyées en d'autres conjonctures; qu'elle pouvoit enfin faire respecter ses résolutions, et le parti qu'elle choisiroit, de quelque côté qu'elle voulût faire pencher la balance.

Pendant qu'Alberoni tâchoit d'éblouir les nations étrangères par l'éclat de la puissance nouvelle où il prétendoit avoir élevé l'Espagne, il voulut endormir le roi de Sicile par de fausses confidences. Ainsi, en même temps qu'on dépêcha de Madrid un courrier au prince de Cellamare, avec l'ordre de parler si décisivement au Régent, le cardinal fit partir un autre courrier pour avertir le roi de Sicile que le roi d'Espagne faisoit partir sa flotte; que l'intention de Sa Majesté Catholique étoit de faire tous ses efforts pour garantir ce prince des insultes de l'Empereur et de ses alliés. L'armement d'Espagne ne causoit nulle alarme à la cour de Vienne. Si elle en eût la moindre inquiétude, il dépendoit de l'Empereur de s'assurer des secours de France et d'Angleterre, en acceptant le traité que ces deux couronnes lui offroient. Il étoit si avantageux à ce prince que le public étoit persuadé qu'il y souscriroit, non-seulement sans balancer, mais encore avec l'empressement que produit ordinairement la crainte

de perdre une conjoncture heureuse, qu'on ne retrouve
pas après l'avoir laissée mal à propos échapper. Toutefois
les ministres de l'Empereur, bien persuadés que les ministres d'Angleterre, encore moins le roi leur maître, ne
leur manqueroient pas, et que, par le moyen des Anglois,
l'Empereur obtiendroit de la France ce qu'il desireroit,
firent des difficultés, même des changements, sur le projet
que le Suisse Schaub leur avoit présenté. Il revint en
France rendre compte de sa négociation, et des obstacles
qui suspendoient encore la conclusion du traité. Stairs,
ambassadeur d'Angleterre à Paris, ne trouva pas qu'ils
fussent considérables. Toutefois l'Empereur demandoit,
par un nouvel article qu'il avoit ajouté au projet, que les
alliés consentissent qu'il mît des garnisons impériales
dans les places des États de Toscane et de Parme; et le
seul adoucissement qu'il apportoit à cette proposition
dure étoit qu'au moins on convînt de toutes parts qu'il
n'entreroit dans ces places ni garnison françoise, ni espagnole, ni soudoyée au nom du prince à qui l'expectative
des États de Toscane et de Parme devoit être donnée.

Stairs et Schaub insistèrent, pour la satisfaction de
l'Empereur, sur ce second point, dans une audience que
le Régent leur donna, et qui dura trois heures. Son
Altesse Royale convint avec eux que les garnisons ne
seroient ni françoises ni espagnoles. Il proposa des
troupes neutres; il lui vint même en pensée de prier le
roi d'Angleterre de garder par des troupes à lui les places
dont il étoit question, en attendant que la contestation
fût réglée. Ces troupes auroient prêté serment au grand-
duc et au duc de Parme. Stairs se chargea d'en écrire
au roi d'Angleterre, et le Régent dit qu'il attendroit la
réponse avant que d'en faire la proposition à Vienne.
Cependant Stairs n'oublia rien pour lui faire craindre
que l'Empereur, bien disposé à souscrire le traité, ne
changeât de sentiment si l'expédition préparée par l'Espagne venoit à échouer. Les avantages offerts pour l'a-
grandissement de l'Empereur ne suffisoient pas, si l'on

en vouloit croire Stairs. Pour borner les desirs de ce prince, il demanderoit de nouvelles conditions, et ne se croiroit pas obligé aux premières, si l'entreprise du roi d'Espagne, dont le succès étoit très-incertain, venoit à échouer. L'Empereur prétendoit aussi de nouvelles renonciations de la part du roi d'Espagne. Stairs trouvoit tant de justice dans toutes ses demandes, tant de dispositions en France à les passer, qu'il regardoit le traité comme fait, puisque la conclusion ne dépendoit que d'un seul article, peu important suivant son opinion, tel enfin que le Régent ne pouvoit refuser de l'admettre, non plus que les autres demandes de la cour de Vienne, toutes si évidemment raisonnables. C'étoit un triomphe pour un ministre anglois que d'obliger la France et l'Espagne à demander des troupes angloises pour garder les places des États de Toscane et de Parme. Il étoit vraisemblable que l'Empereur, sûr de la cour d'Angleterre, ne récuseroit pas de pareils gardiens. Ainsi, Stairs étoit personnellement flatté de la pensée que M. le duc d'Orléans avoit eue, de proposer lui-même à l'Empereur de confier ces places aux Anglois, et d'y laisser leurs garnisons jusqu'à ce qu'on fût convenu d'un projet pour les relever par des troupes neutres choisies à la satisfaction des parties intéressées. Mais il n'eut pas longtemps le plaisir d'espérer que cette idée seroit suivie de la réalité. Le Régent, au lieu de troupes angloises, proposa des Suisses, et pour ôter toute[1] ombre de soupçon, il ajouta qu'ils seroient payés par le corps helvétique, et que chaque canton recevroit des parties intéressées un subside suffisant pour le payement de cette solde.

Une proposition si juste ne pouvoit être rejetée. Stairs n'osa la condamner en elle-même ; mais il fit entendre au roi son maître qu'elle étoit dangereuse, en ce qu'elle prolongeroit la négociation, et que les délais pourroient faire échouer le traité ; que tout devoit être suspect de la

---

1. *Tout*, au manuscrit.

part des ministres de France ; qu'ils étoient les auteurs de la proposition nouvelle des garnisons suisses ; et que, quoiqu'on ne pût la dire mauvaise en elle-même, ces ministres donnoient, disoit-il, dans ce qu'il y avoit de plus mauvais sans en faire semblant ; qu'on pouvoit porter ce jugement de leurs intentions secrètes sans blesser la charité, puisqu'ils avoient saisi toutes les occasions de s'opposer au traité dès le commencement ; qu'ils différeroient le plus qu'il seroit possible d'envoyer à Londres la résolution du Régent, pour la faire passer à Vienne si elle étoit approuvée du roi d'Angleterre, et que peut-être ils donneroient pour motif de retardement l'embarras survenu à Paris au sujet de l'affaire de la monnoie. Cet incident, que les ministres étrangers regardoient comme un commencement de brouillerie éclatante entre le Régent et le Parlement, étoit pour eux un sujet important de réflexions et d'attention sur les suites qu'un tel démêlé pouvoit avoir.

Le roi d'Angleterre, soit par ce motif, soit par l'intérêt capital qu'il avoit de conserver à ses sujets la liberté du commerce d'Espagne, essayoit de maintenir un reste de bonne intelligence avec le roi d'Espagne, quoique la flotte angloise fût déjà sortie de la Manche, envoyée à dessein et avec des ordres exprès de traverser les entreprises que l'armée d'Espagne pourroit tenter en Italie. Les ministres anglois tâchoient de justifier par des paroles la conduite que leur maître tenoit à l'égard de l'Espagne ; mais l'apologie en étant difficile, ils se plaignoient d'Alberoni, attribuant au procédé de ce ministre l'aigreur déraisonnable que le roi d'Espagne faisoit paroître à l'égard du roi d'Angleterre. Comme il étoit au moins douteux que ces plaintes réussissent à Madrid, et que le roi d'Espagne se laissât persuader de l'amitié des Anglois, malgré les preuves qu'il recevoit de leur inimitié, les ministres anglois avoient soin d'avertir leurs marchands à Cadix et dans les autres ports d'Espagne de se tenir sur leurs gardes, et de prendre des mesures pour mettre à couvert leurs effets en cas de rupture : toutes choses y paroissoient disposées, et cependant le roi d'Espagne manquoit absolument d'alliés. Un prince dont la puissance étoit grande, mais trop éloignée pour être utile à l'Espagne, s'offrit à la seconder : le Czar fit dire à Cellamare qu'il étoit prêt de reconnoître le roi d'Espagne pour médiateur des différends du Nord ; que de plus il feroit dire clairement au Régent qu'étant mal satisfait des Autrichiens et du roi d'Angleterre, il étoit résolu d'appuyer les intérêts du roi d'Espagne. Il eût été plus utile pour ce dernier monarque que les Provinces-Unies en eussent entrepris la défense ; mais l'objet principal de cette république étoit alors de conserver la paix, et de se ménager également envers toutes les puissances, dont les intérêts différents pouvoient rallumer la guerre en Europe.

Cette république demeuroit dans une espèce d'inaction, et paroissoit également sourde aux instances de la France et de l'Angleterre, et à celles de l'Espagne. On attendoit de temps à autre quelque effet de différentes députations des villes de la province de Hollande, des assemblées des états de la même province ; mais il n'en sortoit aucune résolution. Beretti s'applaudissoit d'une lenteur qu'il croyoit insupportable aux cours de France et d'Angleterre. Il attribuoit à sa dextérité la longue incertitude des Hollandois, et pour se rendre encore plus agréable à Alberoni, il renchérissoit par de nouvelles invectives sur celles dont ce cardinal usoit familièrement en parlant de la conduite de la France. Beretti, non content de parler, faisoit encore agir le résident de Sicile à la Haye, et démentoit par cet homme, qu'il envoyoit de porte en porte le bruit qui s'étoit répandu d'un accommodement déjà fait entre l'Empereur et le duc de Savoie. Il assuroit en même temps que le roi d'Espagne se défendroit jusqu'à la dernière extrémité ; que plutôt que céder, il mettroit l'épée à la main, résolu toutefois d'écouter et d'admettre les bons offices que la République interposeroit pour la paix quand ils seroient, disoit-il, portés dans les termes et avec la possibilité convenables. Il se croyoit assuré, ou peut-être feignoit-il de l'être pour se rendre plus agréable à Madrid, que si la République employoit ses offices, elle useroit de phrases telles que la France et l'Angleterre et la cour de Vienne en seroient également satisfaites, sans toutefois que les états généraux prissent le moindre engagement sur la matière du projet, que le roi d'Espagne n'accepteroit ni ne vouloit accepter. Ainsi ce prince, admettant seulement les offices d'une république zélée pour la conservation de la paix, devoit, suivant l'idée de son ambassadeur, faire le beau personnage de prince pacifique, sans se lier, sans discontinuer, s'il ne vouloit, ses entreprises, libre et maître de faire ce qu'il lui plairoit dans la situation avantageuse d'attendre les offices, de répondre comme il le trouveroit à propos, et de dire *non* quand bon lui sembleroit.

Beretti conseilloit de plus de rendre des réponses plausibles, d'amuser le tapis et de gagner du temps, excellent moyen pour exciter les soupçons et la division entre les puissances qui se liguoient contre l'Espagne, car il croyoit que la France se défieroit des promesses du roi d'Angleterre, dès qu'elle s'apercevroit que ce prince, qui avoit répondu que les Hollandois entreroient dans l'alliance, n'avoit pas eu en Hollande le crédit dont il s'étoit vanté, ou bien qu'il manquoit à sa parole. Pour appuyer ces conseils Beretti représenta que si le roi d'Espagne refusoit sèchement le projet, sans ajouter comme un lénitif que la Hollande pourroit employer ses offices, le parti françois, anglois, autrichien, celui des ignorants et des autres qui veulent tout savoir, tomberoient tous ensemble sur l'Espagne, au lieu que le torrent seroit détourné par le moyen qu'il proposoit; que la conjoncture étoit d'autant plus favorable que Cadogan, par ses bravades et par ses menaces, avoit irrité les bourgmestres d'Amsterdam, aussi bien que les membres des états d'Hollande, et qu'enfin quatre des principales villes de cette province demandoient déjà des grâces au roi d'Espagne pour le commerce, s'engageant de procurer en ce cas la neutralité des états généraux.

Cadogan, de son côté, paroissoit très-content du succès de ces mêmes négociations que Beretti disoit échouées, et pendant que ce dernier se donnoit à Madrid comme le promoteur des dégoûts qu'il supposoit que son antagoniste recevoit en Hollande, Cadogan écrivoit à Londres que, par sa dextérité et par le crédit de ses amis dans la province d'Hollande, il avoit réussi à persuader les villes d'Amsterdam, Dorth, Harlem, Tergaw et Gorcum de prendre enfin la résolution de signer le projet; que la plus grande partie des villes de la même province suivroit l'exemple de ces premières, en sorte que, lorsque chaque ville auroit donné son consentement particulier, rien ne retarderoit plus la résolution unanime de la province, et la chose paroissoit d'autant plus sûre que le pensionnaire et les amis de l'Angleterre, alors très-nombreux, y travailloient de tout leur pouvoir avec espérance de réussir avant la séparation de l'assemblée des états d'Hollande. La province d'Utrecht donnoit les mêmes espérances. Déjà ses ecclésiastiques et ses nobles consentoient au projet, et on ne doutoit pas que la ville d'Utrecht n'y consentît aussi dans l'assemblée qui devoit se tenir le 26 juin. Mais malgré ces dispositions Beretti, persuadé que la voie la plus sûre de plaire étoit de rapporter des choses agréables, persistoit à assurer le roi son maître que les Hollandois ne feroient aucune démarche qui pût lui déplaire. Il prétendoit le savoir en confidence des députés les plus graves. C'étoit selon lui l'effet des ménagements qu'il avoit eus à l'égard de ceux de la République capables de rendre de bons services; mais en vantant son attention pour eux et le fruit qu'il tiroit de son industrie, il voulut aussi laisser croire que le dernier mémoire qu'il avoit délivré aux états généraux avoit fait sur l'esprit de l'assemblée une impression si heureuse qu'on devoit attribuer à ce rare ouvrage une partie principale du succès.

Beretti relevoit l'utilité de ce mémoire avec d'autant

plus de soin qu'il s'étoit avancé sans ordre de promettre que le roi d'Espagne accepteroit les bons offices de la République. Il n'étoit pas sans inquiétude des suites que pourroit avoir à Madrid une démarche faite sans la participation du premier ministre, jaloux à l'excès de son autorité, très-éloigné d'approuver de pareilles licences, et de permettre aux ambassadeurs d'Espagne de les prendre à son insu. Ainsi Beretti n'oublia rien pour faire comprendre au cardinal Alberoni que, s'il s'étoit émancipé, il ne l'avoit fait que parce qu'il avoit connu clairement qu'une telle déclaration étoit, disoit-il, le moyen unique de mettre une digue au torrent impétueux des instances de la France et de l'Angleterre, et qu'en effet par cet expédient employé à propos, il avoit obtenu les délais et le bénéfice du temps, dont Cadogan paroissoit actuellement désespéré; car il étoit arrivé à la Haye en figure de dictateur, accompagné de pompes, de festins, de livres sterling en quantité prodigieuse. Il se trouvoit, chose singulière, secondé par les François et les Autrichiens. Outre l'argent, il faisoit agir les prédicants, et remuoit par leur moyen, ajoutoit Beretti, les passions du bigotisme protestant, de manière que les peuples étoient persuadés que la religion de l'État ne pouvoit être en sûreté, si la République n'adhéroit en tout aux sentiments du roi Georges. Il sembloit donc aux ministres françois et anglois qu'ils devoient commander à baguette à la république d'Hollande. Telles étoient les relations que l'ambassadeur d'Espagne faisoit à la cour de Madrid. Il les ornoit de temps en temps de quelques nouvelles découvertes. Il supposoit que les alliés avoient gagné de certains magistrats d'Amsterdam. Souvent il taisoit leurs noms, se faisant honneur de l'espèce de discrétion que l'ignorance des faits ne lui permettoit pas de violer. Quelqu'un lui dit que Pancras, bourgmestre d'Amsterdam, et Buys, pensionnaire de la même ville, avoient été gagnés par l'argent d'Angleterre; il fut moins discret à leur égard. Il chargea surtout Buys, le nommant l'orateur des Anglois. Malgré ses ennemis, il se vantoit de faire face à tout. Comme il doutoit cependant du succès et de ses assurances et de ses prédictions, il ne vouloit pas s'en rendre absolument garant envers le roi son maître. Il avertit ce prince qu'il étoit impossible de répondre du parti que prendroit la République depuis que la France étoit entrée en danse, rejetant indirectement sur Cellamare le démérite de n'avoir pas empêché l'union entre le Régent et le roi d'Angleterre.

Beretti, fertile en expédients bons ou mauvais, conseilla à Alberoni de faire courir le bruit qu'il seroit ordonné aux négociants espagnols de remettre à ceux que Sa Majesté Catholique commettroit un registre fidèle de tous les effets confiés à ces négociants appartenants aux Anglois et aux Hollandois. Il représenta que cette simple formalité donneroit lieu a bien des réflexions, et que la démarche pouvoit être utile, parce que Buys soutenoit en Hollande que les négociants espagnols étoient si fidèles que jamais ils ne découvriroient les effets appartenants à leurs correspondants. Enfin la principale vue de Beretti étant toujours de gagner du temps, il souhaitoit comme une chose avantageuse au roi son maître que les états généraux, sans en être sollicités de la part de ce prince, lui écrivissent pour lui proposer non-seulement d'être médiateurs, mais encore arbitres des différends présents, car il seroit facile en ce cas de laisser écouler deux mois entre la proposition et la réponse ; et pendant cet intervalle, comme on étoit alors au mois de juin, le roi d'Espagne auroit éprouvé le succès de son entreprise. S'il étoit heureux, disoit Beretti, Sa Majesté Catholique seroit en état de soutenir ses droits et ses prétentions, et s'il étoit malheureux, plus on approcheroit de la fin de la campagne, et plus on auroit le temps de négocier. Ce ministre, de son côté, prétendoit ne rien négliger, soit pour détourner les villes de Hollande de prendre aucun engagement contraire aux intérêts du roi son maître, soit pour semer la défiance, source de discorde, entre les puissances liguées ou prêtes à se liguer ensemble contre l'Espagne.

Comme le duc de Savoie n'avoit pris encore aucun engagement, Beretti crut faire beaucoup d'inspirer à l'agent que ce prince avoit en Hollande des soupçons sur les desseins que l'alliance prête à éclater pouvoit former au préjudice de la maison de Savoie. Le duc de Lorraine avoit écrit au roi d'Angleterre, et pareillement aux états généraux, représentant à l'une et à l'autre puissance que, pendant la guerre terminée par le traité d'Utrecht, les alliés lui avoient promis de l'indemniser de ses prétentions sur le Montferrat donné au duc de Savoie sans autre raison que celle du bien de la cause commune. Le roi d'Angleterre avoit déjà répondu qu'il falloit attendre un temps plus favorable, la conjoncture présente ne permettant pas d'agir pour les intérêts du duc de Lorraine, si le duc de Savoie n'y donnoit occasion par sa résistance à souscrire au traité.

La Hollande, plus lente dans ses réponses, n'en avoit fait aucune au duc de Lorraine. Le public ignoroit même que ce prince lui eût écrit quand Beretti révéla cette espèce de secret à l'agent de Sicile à la Haye, et prétendit par cette confidence lui donner une preuve de l'attention que le roi d'Espagne auroit toujours aux intérêts du roi de Sicile quand ce dernier auroit un procédé sincère à l'égard de Sa Majesté Catholique. Beretti, voulant toujours pénétrer les motifs secrets, dit à l'agent de Sicile que comme le duc de Lorraine ne remuoit pas la prunelle sans la volonté de l'Empereur, on devoit regarder les lettres qu'il avoit écrites en Angleterre et en Hollande comme une insinuation procédant de quelque stratagème politique de la cour de Vienne, soit pour faire peur au roi de Sicile, soit pour se venger de lui, supposé qu'elle crût que ce prince se conduisît de bonne foi à l'égard du roi d'Espagne. Beretti, content de tout ce qu'il remarquoit d'ingénieux dans sa propre conduite, satisfait de son zèle et de son attention à profiter des moindres occasions de servir utilement son maître, et, persuadé que la cour de Madrid ne pouvoit lui refuser la justice qu'il se faisoit à lui-même, croyoit aussi qu'il ne lui manquoit pour posséder toute la confiance du roi d'Espagne dans les affaires étrangères que de décrier et de vaincre Monteleon, son ancien ami, mais qu'il haïssoit alors parce que tous deux couroient la même carrière, et que, dans l'esprit du public, Monteleon avoit sur lui de grands avantages : c'en étoit un pour Beretti de savoir que son émule étoit mal dans l'esprit du roi et de la reine d'Espagne et d'Alberoni. Avec une pareille avance, il ne doutoit pas de perdre un compétiteur si dangereux, et pour y parvenir, il ne cessoit de se plaindre des lettres qu'il recevoit de Monteleon, contenant des avis si superficiels et si obscurs, qu'après les avoir lues, il n'en étoit pas plus instruit. Beretti l'accusoit de faire l'avocat perpétuel des Anglois, si changés à son égard qu'ils célébroient ses louanges après en avoir dit beaucoup de mal il n'y avoit pas encore longtemps. Beretti se vantoit d'être devenu au contraire, l'objet de leur haine et de celle des François, nonobstant les civilités feintes et affectées qu'il recevoit de leur part.

Il est certain que les ministres de la cour d'Angleterre décrioient ou élevoient alors ceux de France et d'Espagne, selon qu'ils plioient ou qu'ils résistoient aux volontés du roi d'Angleterre. Nancré étoit alors regardé comme absolument gagné par Alberoni; l'abbé du Bois étoit célébré quoique Penterrieder, alors ministre de l'Empereur à Londres, eût très-mauvaise opinion de lui et que même il ne se mît pas en peine de cacher ce qu'il en pensoit; car il suffisoit d'être agent de l'Empereur pour se croire en droit de parler avec autorité, de trancher et de décider souverainement sur toutes les difficultés d'une négociation, même sur le mérite du négociateur. Penterrieder trouva mauvais que l'abbé du Bois eût proposé à la cour d'Angleterre d'essayer les moyens de douceur pour fléchir le roi d'Espagne et lui persuader de souscrire au traité moyennant la promesse que les alliés lui feroient de permettre qu'il mît des garnisons espagnoles dans les places de Toscane. Une telle proposition choquoit la cour de Vienne, et Penterrieder, sans attendre de nouveaux ordres, déclara que, s'il en étoit question, il ne falloit plus parler de sociétés, son maître étant résolu de se porter à toutes sortes d'extrémités plutôt que d'admettre de telles conditions; il ajouta que ses complaisances ne servoient qu'à augmenter la fierté d'Alberoni, que son but étoit de retrancher aux ministres anglois la connoissance des affaires d'Espagne, et que bien loin de se rapprocher de leur manière de penser, on apprenoit par les dernières lettres de Madrid qu'il demandoit pour le roi d'Espagne la Sicile et la Sardaigne, et qu'il prétendoit encore prendre le duc de Savoie sous sa protection. Ainsi cet homme n'ayant en vue que de renverser la disposition des traités, il falloit, suivant le raisonnement de Penterrieder, agir avec vigueur pour le prévenir et pour détruire ses projets. La conséquence de ce raisonnement étoit la nécessité de faire partir au plus tôt l'escadre angloise destinée pour la Méditerranée. Les instances de l'envoyé de l'Empereur étoient favorablement écoutées; le roi d'Angleterre lui promit à la fin de mai que cette escadre partiroit avant la fin de la semaine, et que le commandant, qui avoit reçu des instructions conformes aux engagements de l'Angleterre, promettoit de faire le voyage en quinze jours si le vent étoit favorable.

Il n'y a pour les souverains de situation plus embarrassante que celle d'un prince foible, dont les États sont enviés par des puissances supérieures à la sienne, ennemies entre elles; mais desirant également l'une et l'autre s'enrichir de ses dépouilles. Le duc de Savoie se trouvoit dans cette situation à l'égard de l'Empereur et du roi d'Espagne; il ne pouvoit espérer d'empêcher par la force l'exécution de leurs desseins; sa seule ressource étoit celle de la négociation; il l'avoit employée à Vienne et à Madrid, mais sa dextérité ne pouvoit suppléer à l'opinion que toute l'Europe avoit de sa foi, et comme il n'y avoit point de cour où elle ne fût également suspecte, ses ministres étoient plus souvent occupés à faire des apologies qu'ils ne l'étoient à négocier. Ils ne réussirent pas à Vienne, et leurs justifications à Madrid n'eurent pas un meilleur succès. Ils avouèrent au roi d'Espagne que leur maître avoit négocié à Vienne, mais ils soutinrent que Sa Majesté Catholique n'avoit pas lieu de s'en plaindre, puisque ce prince lui avoit donné part et de l'objet et du peu de succès de sa négociation. L'objet en avoit été le mariage du prince de Piémont avec une des archiduchesses filles du défunt empereur Joseph. Le roi de Sicile prétendoit encore de s'assurer par le même traité la possession de la Sicile, ou tout au moins d'en obtenir un équivalent juste et raisonnable si l'échange étoit jugée[1] absolument nécessaire au repos de l'Europe ainsi qu'à l'accomplissement des vues des puissances engagées dans l'alliance. Il donnoit comme une marque de sa bonne foi le soin qu'il avoit eu de communiquer à ces mêmes puissances ainsi qu'au roi d'Espagne le peu de succès de cette négociation; mais prévoyant qu'on douteroit de la sincérité de ses expressions, il y ajouta que, si quelque puissance le vouloit attaquer, il repousseroit la force par la force, qu'il mettoit la Sicile en état de faire une résistance ferme et vigoureuse, et qu'il en usoit de même à l'égard des places de Piémont; qu'il avoit fait la revue de ses troupes, qu'il étoit résolu de tout risquer si quelque ennemi l'attaquoit, et qu'enfin la défense qu'il feroit seroit digne de lui. Ce fut en ces termes que le marquis du Bourg, un de ses principaux ministres, déclara les intentions du roi son maître au marquis de Villamayor, alors ambassadeur d'Espagne à Turin.

Monteleon, instruit de cette déclaration par Villamayor, et croyant savoir les intentions du roi d'Espagne, jugea que Sa Majesté Catholique et le roi de Sicile ayant une

---

1. Voyez ci-dessus, p. 52 et note 1.

égale horreur du traité proposé, il ne risquoit rien en s'ouvrant à la Pérouse, résident de ce prince à Londres, comme au ministre d'un prince qui pensoit comme le roi d'Espagne et qui, par conséquent, devoit avoir le même intérêt, ayant le même objet. Il lui dit donc qu'il avoit reçu un ordre précis d'Alberoni de déclarer et de prouver que le roi d'Espagne ne pouvoit accepter les propositions qui lui étoient faites par la France et par l'Angleterre. La Pérouse remarqua une sorte d'affectation de la part de Monteleon à ne pas dire que Sa Majesté Catholique ne vouloit pas accepter les propositions. Tout est suspect à un ministre chargé des affaires de son maître, et les soupçons, souvent contraires au bon succès des négociations, sont permis quand on traite dans une cour dont les intentions sont au moins douteuses, et avec gens qu'on a raison de croire gagnés, et conduits par leur intérêt particulier. La Pérouse étoit persuadé que, si jamais le ministère anglois procuroit quelque avantage au roi de Sicile, ce ne seroit que par hasard, par caprice et par passion de la part des ministres; mais que lorsqu'ils agiroient de sang-froid et de propos délibéré, ils travailleroient directement contre les intérêts de ce prince et à son désavantage. Il n'étoit pas plus sûr de l'ambassadeur d'Espagne, car enfin Monteleon avoit acheté des actions; il étoit lié intimement avec les principaux négociants anglois; sa partialité pour eux paroissoit en toutes occasions; son union étoit grande avec l'abbé du Bois; il différoit autant qu'il lui étoit possible à déclarer les intentions du roi son maître au sujet du traité, et lorsqu'il avoit déclaré à la Pérouse les derniers ordres qu'il avoit reçus de Madrid, la conclusion de son discours avoit été qu'il ne pouvoit se promettre un heureux succès du parti que prenoit le roi d'Espagne, et qu'il n'y avoit rien à espérer de pareilles entreprises si la France ne faisoit quelque chose de plus que de demeurer neutre.

Les lettres de Monteleon en Espagne étoient de même

style, et comme elles contrarioient directement la résolution du roi catholique, non-seulement elles déplaisoient, mais elles fortifioient les soupçons qu'Alberoni avoit conçus, que Beretti avoit augmentés, et que tant de circonstances sembloient confirmer au sujet de la fidélité de l'ambassadeur. Il n'étoit pas difficile à Monteleon de reconnoître par les lettres qu'il recevoit les fâcheuses idées que la cour de Madrid avoit prises à son égard. Il s'en plaignoit, persuadé qu'il avoit bien servi son maître, et lui représentoit les inconvénients que le refus du traité entraîneroit, les difficultés de soutenir longtemps un semblable refus, enfin indiquant les mesures qu'il étoit nécessaire de prendre, et dont l'omission étoit cause du mauvais état où se trouvoit actuellement l'Espagne, car il craignoit tout pour sa flotte, celle d'Angleterre étant prête à mettre à la voile pour la Méditerranée, et le roi Georges ayant donné de nouveaux ordres pour en hâter le départ. Malgré les injustices dont il prétendoit que ses services étoient payés, il se vantoit de se comporter en homme d'honneur et en ministre fidèle de son maître, lorsqu'il étoit question, pour satisfaire à ses ordres, de parler avec fermeté aux ministres d'Angleterre, même à l'abbé du Bois, car il témoignoit également à tous la juste indignation que Sa Majesté Catholique ressentoit et du projet de traité et de la conduite tenue dans le cours de la négociation ; mais se plaindre et menacer étoit pour l'Espagne crier dans le désert.

La cour de Londres n'avoit d'attention que pour l'Empereur. Il se faisoit solliciter pour accepter les avantages qu'elle vouloit lui procurer. Ses ministres faisoient des difficultés, non sur des choses essentielles, car ils étoient satisfaits, mais sur les termes les plus indifférents de la traduction du traité. Les ministres anglois attendoient que ces difficultés fussent levées pour faire partir la flotte, et témoignoient la même impatience de les voir aplanies, que si l'Empereur en eût attendu la décision pour appuyer de toute sa puissance le roi d'Angleterre et conquérir en faveur de ce prince une nouvelle couronne. Toutefois ils ne négligeoient pas le roi d'Espagne, et pendant qu'on armoit dans les ports d'Angleterre pour le combattre, le colonel Stanhope recevoit des ordres précis d'assurer Alberoni que Georges avoit soutenu les intérêts de l'Espagne comme les siens propres; que les peines qu'il s'étoit données pour amener la cour de Vienne à la raison ne se pouvoient exprimer, et qu'il ne pouvoit dire aussi les difficultés sans nombre qu'il avoit essuyées et surmontées de la part de l'Empereur pour le fléchir et le réduire à peu près au point que Sa Majesté Catholique le desiroit, chose d'autant plus difficile que la paix avec la Porte étoit comme assurée, et que l'Empereur n'étoit pas moins sûr de conclure un traité avec le roi de Sicile en tel temps et à telles conditions qu'il conviendroit aux intérêts de la maison d'Autriche. Ainsi l'envoyé d'Angleterre devoit faire voir que, sans les bons offices du roi son maître, le roi d'Espagne n'auroit pas eu le moindre lieu d'espérer qu'il trouveroit tant de docilité de la part de la cour de Vienne.

Le roi d'Angleterre prétendoit aussi qu'il n'auroit pu se flatter de réussir, s'il n'eût fait naître dans l'esprit de l'Empereur ces bonnes dispositions, en lui faisant voir que lui-même étoit réciproquement disposé à lui donner toutes sortes de secours contre les perturbateurs du repos public. C'étoit les motifs que les ministres anglois alléguoient pour justifier l'armement de l'escadre prête à faire voile au premier vent. Ils décidoient en même temps que quelques changements que l'Empereur desiroit au projet lui devoient être accordés; qu'aucun ne devoit faire la moindre peine, même à l'égard de la forme, ni à la France ni à l'Angleterre. Ils jugèrent seulement que la France pourroit avoir quelque répugnance à consentir à l'idée que les ministres de l'Empereur avoient d'exiger du Roi une renonciation nouvelle à ses droits sur la couronne d'Espagne et sur les États qui en dépendent, et de faire assembler les états du royaume pour autoriser cette renonciation. Ces ministres anglois s'objectoient eux-mêmes qu'un tel acte fait par un prince mineur seroit nul; que s'il paroissoit qu'on eût quelque doute sur la solidité du traité d'Utrecht, l'incertitude sur la foi qui faisoit la base de tout l'édifice affoibliroit toutes les précautions nouvelles qu'on prendroit pour les soutenir; qu'il étoit enfin plus à propos de s'abandonner à la disposition de ce traité, et de croire que la clause insérée en faveur de la maison de Savoie valoit une renonciation du Roi et du Régent, que de troubler la France en lui demandant une assemblée d'états, dangereuse, et principalement odieuse dans un temps de minorité. Ainsi rien ne les embarrassoit, pas même les murmures de la nation, qui voyoit avec peine les apprêts d'une guerre prochaine avec l'Espagne. Les négociants, uniquement touchés de l'intérêt du commerce, ne dissimuloient pas à quel point leur déplaisoit une rupture sans prétexte, sans avantage pour les Iles-Britanniques, uniquement utile aux intérêts de l'Empereur, et par conséquent aux vues d'agrandissement et d'affermissement qu'un roi d'Angleterre duc d'Hanovre pouvoit avoir en Allemagne. De telles vues paroissoient très-dangereuses, bien loin d'être conformes à l'intérêt et à la liberté de la nation; mais étant assujettie, et n'ayant d'autre pouvoir que de former des vœux, elle souhaitoit et elle espéroit qu'une guerre si mal entreprise produiroit la ruine du ministère, consolation et ressource ordinaire des Anglois.

Les ministres d'Angleterre parurent alors aussi contents du mouvement que Châteauneuf se donnoit en Hollande pour engager la République à souscrire à l'alliance, qu'ils avoient paru précédemment mal satisfaits de la mollesse et de la partialité dont ils avoient accusé plusieurs fois cet ambassadeur dans les plaintes qu'ils en avoient portées au Régent. Ils commencèrent à louer son zèle, sa vigilance, son industrie, sa sincérité à leur égard, la vigueur qu'il faisoit paroître dans ses discours. Ils lui donnèrent ces louanges comme à dessein de réparer ce qu'ils en avoient dit précédemment à son préjudice, et comme un effet de la justice qu'ils croyoient devoir à ses bonnes intentions présentes et à son activité. Ce nouveau langage tenu par les Anglois fut une raison nouvelle à Beretti de changer de style à l'égard de Châteauneuf. Beretti avoit assuré plusieurs fois en Espagne qu'il feroit si bien par ses manéges, que la Hollande ne souscriroit pas au projet proposé par l'Angleterre. Il voyoit qu'il ne pouvoit plus parler si affirmativement, et que chaque fois que les états de la province d'Hollande s'assembloient, il avoit lieu de craindre qu'ils ne prissent la résolution de souscrire au traité. Il falloit donc pour son honneur préparer la cour d'Espagne à un événement qui pouvoit arriver d'un jour à l'autre, et comme c'étoit pour lui une espèce de rétractation que d'annoncer ce qu'il craignoit, le seul moyen d'éviter de se rendre garant de ce qu'il avoit avancé étoit d'attribuer le changement des Hollandois aux sollicitations impétueuses, disoit-il, de la France, assurant que, si cette couronne ne s'étoit mêlée de la négociation commencée par les Anglois, jamais leurs propositions n'auroient été écoutées, qu'elles n'auroient pas même été mises en délibération, car outre que les états généraux étoient bien résolus d'éviter tout engagement capable d'entraîner une rupture avec le roi d'Espagne, et de causer, par conséquent, un préjudice extrême à leur commerce, la défiance qu'ils avoient depuis longtemps des Anglois augmentoit tous les jours.

Beretti prétendoit qu'elle étoit montée d'un nouveau degré depuis qu'il avoit découvert aux députés de la province d'Hollande que l'Angleterre offroit au roi d'Espagne de lui remettre Gibraltar. Une telle offre faisoit juger que le roi d'Angleterre obtiendroit de nouvelles prérogatives pour le commerce de la nation; que même il étoit déjà sûr des avantages que le roi d'Espagne lui accorderoit, puisqu'il n'étoit pas vraisemblable que sans cette considération, un prince tenace, desirant toujours d'acquérir, ayant à répondre à des peuples également avides, voulût abandonner et céder gratuitement une acquisition que la couronne d'Angleterre avoit faite sous le règne précédent. Le mystère de cette négociation inconnue aux Hollandois fournit encore à Beretti matière à leur faire soupçonner des embûches, et d'exciter de leur part la jalousie si facile et si naturelle entre deux nations si intéressées au commerce. Toute défiance sur cet article est un moyen sûr d'inquiéter et d'alarmer la république de Hollande. Ainsi, Beretti fit répandre le bruit dans les provinces maritimes que le roi d'Espagne prenoit déjà des mesures pour découvrir dans son royaume les effets appartenants aux négociants nationaux des royaumes et pays qui avoient abusé des grâces que Sa Majesté Catholique accordoit pour la facilité de leur commerce. Mais, malgré l'industrie dont Beretti se vantoit, il s'apercevoit que les moyens qu'il employoit étoient de foibles ressources. Il avouoit donc que la cabale contre l'Espagne étoit trop forte, et ne trouvoit en quelque façon de consolation que dans la honte qui rejaillissoit, disoit-il, sur la France des démarches que son ambassadeur faisoit à la Haye, démarches si basses, disoit-il, qu'elle avoit été obligée de les dénier dans le temps même qu'elles se faisoient. Il les attribuoit à l'abbé du Bois, grand moteur de la machine, dont il prétendoit connoître parfaitement la manœuvre et le mauvais esprit, et avoir averti plusieurs fois Cellamare de prendre garde aux intentions et à la conduite de la France.

Cellamare, de son côté, assura le roi son maître que, suivant ses ordres, il avoit parlé très-fortement au maréchal d'Huxelles; qu'il n'avoit pas ménagé les termes; qu'il avoit clairement fait connoître les sujets que le roi d'Espagne avoit de se plaindre des instances que la France faisoit pour engager la république hollandoise dans une alliance, et vraisemblablement dans une guerre contre Sa Majesté Catholique, instances plus vives et plus pressantes que ne l'étoient celles que l'Angleterre même faisoit à cette république. A ces représentations l'ambassadeur d'Espagne avoit ajouté quelque espèce de menaces; mais il ne comptoit nullement sur l'effet que ses plaintes, ses protestations et ses clameurs pourroient produire. L'engagement étoit pris, et Cellamare comprenoit que, quoi qu'il pût dire pour décrier la quadruple alliance, ses discours n'obligeroient pas le Régent à faire le moindre pas en arrière; qu'en vain les ministres d'Espagne répandroient de tous côtés qu'un tel traité scandalisoit toute l'Europe, Son Altesse Royale suivroit toujours son objet; qu'elle travailloit constamment à l'affermissement d'une paix qui assuroit ses intérêts particuliers, et qu'elle ne s'embarrasseroit que des moyens de faire réussir ses vues. Il y avoit peu de temps qu'on avoit reçu avis en France que Martinet, François, officier de marine, actuellement au service d'Espagne, avoit pris dans la mer du Sud six vaisseaux françois qui faisoient le commerce de la contrebande. Il paroissoit impossible d'obtenir la restitution de ces vaisseaux. Cellamare avertit le roi d'Espagne que les particuliers intéressés en cette perte, jugeant bien que toute négociation sur un point si délicat pour l'Espagne seroit absolument inutile, prenoient le parti d'armer en Hollande et en Angleterre quatre frégates, qu'ils enverroient sous le pavillon de l'Empereur au-devant des vaisseaux espagnols chargés des effets pris, et qu'après avoir enlevé leurs charges, ces frégates les rapporteroient dans les ports de France. Si l'ambassadeur d'Espagne servoit fidèlement son maître en lui donnant de pareils avis, il s'en falloit beaucoup qu'il ne rendît des services aussi utiles à ce prince, lorsque, croyant lui faire sa cour, il l'assuroit que les François, presque généralement, détestoient la conduite du Régent; qu'ils ne pouvoient souffrir qu'il n'eût pas pris le parti sage, et seul convenable, de s'unir à l'Espagne, et d'agir de concert avec elle et le roi de Sicile contre la maison d'Autriche. Les suites firent voir que Cellamare ne s'en tint pas, à ces simples assurances.

Toutefois il se défioit lui-même de ce qu'il avançoit à la cour de Madrid, dans la seule vue vraisemblablement de plaire et de flatter, car en même temps qu'il exhortoit son oncle à Rome à demeurer dans une espèce de neutralité, persuadé que toute détermination seroit dangereuse d'un côté ou d'autre jusqu'à ce que le sort douteux de la Sicile fût décidé[1].

On ignoroit encore si l'armement d'Espagne avoit pour objet la conquête de cette île. Ceux des ministres du roi de Sicile qui croyoient avoir plus lieu de le craindre, se flattoient que l'Empereur s'opposeroit au succès d'une pareille entreprise, et que les forces qu'il avoit en Italie suffiroient pour l'empêcher. D'ailleurs on ne comptoit point à Turin sur l'assistance de la France; et Provane, qui étoit à Paris, ne cessoit d'assurer son maître que le Régent sacrifieroit sans peine les intérêts de la maison de Savoie, quand il le croiroit nécessaire, persuadé qu'il n'avoit rien à craindre ni à espérer d'elle. Toutefois Provane demeura longtemps incertain des véritables sentiments de Son Altesse Royale. Il crut qu'elle étoit inquiète des menaces personnelles que l'ambassadeur d'Espagne laissoit entendre qu'il lui avoit faites du ressentiment du roi d'Espagne, et qu'alarmée des suites, elle desireroit de n'avoir pas pris d'engagement sur le plan proposé par la cour d'Angleterre. Il y avoit même des gens qui assuroient Provane qu'elle s'en dégageroit volontiers si elle trouvoit quelque bon expédient pour rompre cette liaison fatale, parce qu'elle commençoit à connoître que c'étoit en vain qu'elle s'étoit flattée d'obliger le roi d'Espagne de souscrire au projet, et qu'enfin ni l'espérance de la succession des États de Parme et de Toscane, ni la crainte de la quadruple alliance, ni celle de l'accommodement prétendu du roi de Sicile avec l'Empereur, que le Régent avoit regardé comme un moyen infaillible de persuader Sa Majesté Catholi-

---

1. Encore une phrase inachevée.

que, ne suffisoient pas pour faire impression sur son esprit.

Mais Provane, et ceux qui lui donnoient des avis, se trompoient également, et dans le temps qu'ils supposoient quelque incertitude dans l'esprit du Régent, Stairs louoit, au contraire, la fermeté de Son Altesse Royale, étant sûr qu'elle étoit résolue à signer le traité, dès le moment que Penterrieder auroit reçu l'ordre de le signer au nom de l'Empereur, événement d'autant plus important que les ministres d'Angleterre étoient alors persuadés que l'objet principal de la reine d'Espagne et d'Alberoni étoit de ménager et de se conserver toujours une ouverture à la succession de la couronne de France, se flattant l'un et l'autre que la branche d'Espagne avoit un grand parti dans le royaume; que cultivant ceux qui lui étoient attachés, et se faisant de nouveaux amis, elle y seroit un jour assez puissante pour exclure M. le duc d'Orléans et y placer un des fils du roi d'Espagne, système absolument opposé aux dispositions que l'Angleterre et la Hollande avoient faites pour empêcher à jamais l'union des deux couronnes, même la trop grande intelligence entre les deux branches de la maison royale, et maintenir en les divisant l'équilibre de l'Europe, objet que le ministère d'Angleterre présentoit pour faire valoir aux autres nations ce que le roi Georges, prince d'Allemagne, porté par les vues de son intérêt particulier à ménager l'Empereur, faisoit aux dépens des Anglois pour agrandir la puissance de la maison d'Autriche; car en même temps qu'il protestoit au roi d'Espagne que ses intentions et ses vues concouroient toutes au véritable intérêt de Sa Majesté Catholique, les Anglois déclaroient, avec beaucoup de franchise, que l'escadre armée dans leurs ports étoit destinée à s'opposer à toutes entreprises que les Espagnols tenteroient en Italie. En vain les ministres d'Espagne en France et en Hollande tâchoient de profiter au moins du bénéfice du temps; leurs ménagements, leurs instances, les représentations réitérées qu'ils faisoient, lorsqu'ils croyoient que quelque difficulté survenue à la négociation pouvoit en interrompre le cours, rien de leur part ne produisoit l'effet qu'ils desiroient; et Cellamare avouoit qu'il regardoit comme absolument inutiles les sollicitations les plus fortes qu'il faisoit, parce que le Régent étoit tellement aheurté à mettre l'Espagne en paix, malgré qu'elle en eût, que ni promesses ni menaces de la part du roi d'Espagne ne pouvoient détourner Son Altesse Royale du projet qu'elle avoit formé.

Les instances de l'ambassadeur d'Espagne en Angleterre ne furent pas plus heureuses. Monteleon, pressé par les ordres réitérés qu'il recevoit de la cour de Madrid, fut enfin obligé, malgré lui, d'en venir aux menaces. Il déclara donc au comte de Stanhope que, si l'escadre angloise destinée pour la Méditerranée faisoit la moindre hostilité, ou si elle causoit le moindre dommage à l'Espagne, toute la nation angloise généralement s'en ressentiroit, et que le prochain parlement de la Grande-Bretagne vengeroit Sa Majesté Catholique. Stanhope, facile à prendre feu, n'écouta pas tranquillement les menaces de l'Espagne; il suivit son penchant naturel, et renchérit, par un emportement qui ne lui coûtoit rien, sur les discours que Monteleon lui avoit tenus. Tous deux se calmèrent, l'un plus facilement que l'autre; et Stanhope, revenu avec peine, tâcha de faire voir que le roi son maître, plein de bonnes intentions pour le roi d'Espagne, agissoit pour le véritable bien de Sa Majesté Catholique en faisant passer une escadre dans la Méditerranée. Pour soutenir un tel paradoxe, il établit, comme un principe incontestable, que le projet du traité étoit ce qu'on pouvoit imaginer de mieux pour le roi d'Espagne; qu'il étoit indubitable par cette raison que l'Empereur s'opposeroit à sa conclusion, et que cette opinion n'étoit que trop bien fondée, puisque ce prince hésitoit encore à souscrire à l'alliance. Comme elle étoit toute à l'avantage de l'Espagne, suivant les principes de Stanhope, le roi d'Angleterre avoit essentiellement travaillé pour les véritables intérêts du roi d'Espagne en armant une escadre et la faisant actuellement passer dans la Méditerranée, uniquement à dessein de s'opposer à la mauvaise volonté de l'Empereur, et d'empêcher le trouble que ce prince apporteroit à l'exécution des vues formées pour l'avantage du roi d'Espagne, si les Allemands avoient la liberté d'agir, et s'ils n'étoient retenus par une puissance telle que seroit celle que l'Angleterre feroit agir par mer. Mais comme il étoit juste que cette couronne tînt une balance à peu près égale entre l'Empereur et le roi d'Espagne, Stanhope ajouta que ce seroit abuser Sa Majesté Catholique que de lui laisser croire que l'Angleterre, faisant autant qu'elle faisoit pour la maison royale d'Espagne, pût demeurer dans l'indifférence, si les armes espagnoles se portoient à quelque entreprise contraire à la tranquillité des États que l'Empereur possédoit en Italie. On croit que Stanhope poussa le raisonnement jusqu'à vouloir prouver à Monteleon que c'étoit servir réellement le roi d'Espagne que de traverser et faire échouer toutes entreprises de cette nature, parce qu'elles rallumeroient la guerre en Italie, et qu'il étoit de l'intérêt essentiel de ce prince d'y maintenir la paix.

Monteleon, persuadé ou non, demanda une réponse par écrit. Elle lui fut promise; et quelques jours après, ayant réitéré la même demande dans une conférence qu'il eut avec les trois ministres principaux du roi d'Angleterre, Stanhope, Sunderland et Craggs, la réponse par écrit lui fut remise, mieux digérée et disposée avec plus d'ordre qu'il ne l'avoit reçue de Stanhope. Monteleon desira de l'avoir pour sa justification personnelle auprès du roi son maître, car Alberoni ne cessoit de lui reprocher une tranquillité coupable sur les intérêts de Sa Majesté Catholique, et une confiance outrée aux paroles et aux conseils de l'abbé du Bois. Il falloit donc faire voir, par un écrit des ministres d'Angleterre, que les comptes qu'il rendoit de leurs sentiments et de leurs expressions étoient exacts [1]

1. Saint-Simon a écrit : *étoit exact et fidèle*, au singulier.

et fidèles. Il avoit d'ailleurs à Londres des surveillants très-attentifs à sa conduite, observant jusqu'à la moindre de ses démarches. L'un étoit l'agent de Sicile, l'autre celui du duc de Parme. Tous deux l'interrogeoient sur chaque pas qu'il faisoit et sur les ordres qu'il recevoit. Il se croyoit obligé de ménager le ministre de Parme, dans la vue de se conserver la protection du duc de Parme auprès de la reine; mais quelque inclination qu'il eût pour le roi de Sicile, il étoit un peu plus réservé à l'égard de son ministre. Toutefois Monteleon, affectant à son égard une apparence de confiance, l'informoit des choses qu'il ne pouvoit lui cacher. Il y ajoutoit souvent que, pourvu que le roi de Sicile tînt ferme avec l'Espagne, on pourroit enfin dissiper le nuage; mais cette apparente cordialité n'alla pas jusqu'au point de lui communiquer la réponse par écrit des ministres d'Angleterre. Monteleon se fit un mérite auprès d'Alberoni de sa discrétion. Il assura le premier ministre qu'il avoit voulu le laisser maître de communiquer cette réponse à l'ambassadeur de Sicile à Madrid, ou de lui en dérober la connoissance suivant qu'il le jugeroit plus à propos; et pour se justifier du reproche de trop de confiance en l'abbé du Bois, il assura qu'il évitoit de le voir, chose aisée, parce qu'alors l'abbé du Bois demeuroit renfermé dans sa maison à Londres, et ne se montroit ni à la cour ni ailleurs.

CHAPITRE IX.

Départ de l'escadre angloise pour la Méditerranée; fourberie de Stanhope à Monteleon. — Propos d'Alberoni. — Maladie et guérison du roi d'Espagne; vanteries d'Alberoni; secret du dessein de son expédition. — Défiance du roi de Sicile de ceux même qu'il emploie au dehors; leurs différents avis. — Ministres d'Espagne au dehors déclarent que le roi d'Espagne n'acceptera point le traité; détail des forces d'Espagne fait en Angleterre avec menaces. — Alberoni déclame contre le roi d'Angleterre et contre le Régent. — Alberoni se loue de Nancré; lui impose silence sur le traité; peint bien l'abbé du Bois; menace; donne aux Espagnols des louanges artificieuses; il a un fort entretien avec le colonel Stanhope, qui avertit tous les consuls anglois de retirer les effets de leurs négociants. — Inquiétude des ministres de Sicile à Madrid. — Fourberie insigne d'Alberoni. — Forte et menaçante déclaration de l'Espagne aux Hollandois. — Avis contradictoire d'Aldovrandi au Pape sur Alberoni. — Plaintes du Pape contre l'Espagne, qui rompt avec lui sur le refus des bulles de Séville pour Alberoni. — Conduite de Giudice à l'occasion de la rupture de l'Espagne avec Rome; il ôte enfin les armes d'Espagne de dessus sa porte; craint les Impériaux et meurt d'envie de s'attacher à eux; avertit et blâme la conduite de Cellamare à leur égard; le Pape menacé par l'ambassadeur de l'Empereur; malice d'Acquaviva contre les Giudice. — Dangereuses pratiques de Cellamare en France; secret et précautions; ses espérances. — Embarras domestiques du Régent, considérés différemment par les ministres étrangers à Paris. — Königseck, ambassadeur de l'Empereur à Paris; génie de la cour de Vienne et de ses ministres; garnisons. — Conduite insolente de Stairs.

Enfin le moment du départ de l'escadre angloise destinée pour la Méditerranée arriva. Comme elle étoit prête à mettre à la voile, Stanhope dit à Monteleon que l'amiral Bing, qui la commandoit, avoit ordre d'user d'une bonne correspondance avec l'Espagne. Monteleon demanda si le cas fatal aux deux rois et aux deux nations arriveroit, et si l'Angleterre s'opposeroit aux desseins du roi d'Espagne. Stanhope répondit, en termes généraux, qu'il espéroit que cette occasion ne se présenteroit pas; que le roi d'Angleterre et son ministère avoient toujours devant les yeux combien il leur importoit de maintenir l'amitié et la bonne correspondance avec l'Espagne, aussi bien que les inconvénients et le préjudice d'une rupture; que le temps et les effets dissiperoient les mauvaises impressions et l'opinion sinistre qu'on avoit à Madrid de leurs intentions. En effet, cette opinion ne pouvoit être plus mauvaise. Le roi d'Espagne étoit non-seulement persuadé de la partialité du roi d'Angleterre pour l'Empereur, mais de plus Sa Majesté Catholique déploroit le malheur général de l'Europe et l'esclavage dont plusieurs nations étoient menacées, si les projets que la France et l'Angleterre soutenoient avec tant d'efforts réussissoient en faveur de la maison d'Autriche.

Alberoni, pour lors arbitre absolu des sentiments et des décisions de son maître, protestoit que jamais ce prince ne subiroit la dure loi que ceux qui se disoient ses meilleurs amis vouloient lui imposer; que s'il cédoit, ce ne seroit que lorsqu'il y seroit forcé par la nécessité et qu'il ne seroit plus maître d'agir contre ses propres intérêts : qu'il adoroit les jugements impénétrables de Dieu, et qu'il prévoyoit que quelque jour les mêmes puissances qui travailloient à augmenter celle d'un prince dont elles devoient redouter les desseins ambitieux regretteroient amèrement les secours qu'elles lui donnoient avec tant de zèle pour s'élever à leur préjudice. Le cardinal prétendoit que Nancré même, venu à la cour d'Espagne comme ministre confident du Régent, étoit honteux de sa commission; que, ne pouvant répondre aux justes plaintes que le roi d'Espagne faisoit de la conduite et des démarches de ce prince, il se contentoit de lever les épaules et de dire qu'il étoit trop engagé pour reculer, et d'avouer en même temps qu'il avoit bien prévu que son voyage en Espagne auroit un triste succès.

Cette cour, ou pour mieux dire la reine et le premier ministre avoient eu de grands sujets d'alarme, causée par une maladie opiniâtre du roi d'Espagne, dont les médecins auguroient mal et ne pouvoient le guérir. Sa santé se rétablit enfin d'elle-même sans remèdes, et la fièvre le quitta après beaucoup d'accès et différentes rechutes. On ne manqua pas de publier avec soin sa guérison ; et Alberoni réitéra, surtout en Italie, les descriptions magnifiques qu'il avoit déjà faites de l'état de la flotte espagnole, [de] celui de l'armement destiné à faire une descente, des provisions de vivres, d'artillerie, et généralement de toutes les précautions qu'il avoit prises pour assurer le dessein dont il gardoit encore le secret. Enfin il vouloit que le monde vît que l'Espagne n'étoit plus un cadavre, et que l'administration d'un ministre habile, pendant un an et demi, avoit mis ce royaume en état d'armer et habiller soixante-cinq mille hommes effectifs,

et de former une marine, de construire actuellement douze
navires chacun de quatre-vingts pièces de canon, de fondre
cent cinquante pièces d'artillerie, et de bâtir à Barcelone
une des plus belles citadelles de l'Europe. Il envisageoit
comme un moyen de fournir à tant de dépenses le retour
prochain de quatorze vaisseaux envoyés en Amérique
pour le compte seul du roi d'Espagne, et ce qui marquoit
à quel point la puissance de ce prince imposoit au dehors
étoit l'empressement que le duc de Savoie témoignoit de
s'unir à Sa Majesté Catholique, offrant d'envoyer exprès
à Madrid un ministre muni de pouvoirs pour traiter. Il
auroit été le quatrième de ceux que ce prince avoit à la
cour d'Espagne. L'abbé del Maro, son ambassadeur,
quoique rappelé n'en étoit pas encore parti. Il y avoit
envoyé quelque temps auparavant Lascaris comme ministre
de confiance, dont il n'avoit cependant que l'apparence.
Un nommé Corderi, secrétaire d'ambassade, paroissoit
être plus du goût du roi son maître; toutefois il
n'avoit pas encore son secret. Aucun de ces ministres et
agents du roi de Sicile n'avoit pu pénétrer quel étoit le
véritable objet de l'armement d'Espagne. Del Maro, mécontent
de cette cour, assuroit depuis longtemps que
l'entreprise regardoit la Sicile; Lascaris, espérant encore
de réussir où l'ambassadeur avoit échoué, assuroit son
maître que c'étoit Naples. Il élevoit le bon état et la puissance
de l'Espagne, et par ses relations il insinuoit à son
maître que le meilleur parti qu'il eût à prendre étoit de
traiter avec cette couronne. Corderi, souhaitant de prolonger
son emploi, écrivoit douteusement. Il représentoit
le roi d'Espagne comme encore indéterminé dans
ses résolutions; il répandoit des doutes sur l'état de
la négociation de Nancré: et n'étant pas informé de
ce qu'il s'y passoit, il croyoit utile à ses vues particulières
de laisser entrevoir à son maître qu'Alberoni et
Nancré étoient entre eux plus d'accord que le public
n'avoit lieu de le croire; il étoit d'ailleurs l'espion de
Lascaris. Moyennant les différentes affections de ces

trois ministres, le roi de Sicile étoit très-mal informé d'un projet dont la connoissance étoit si importante à ses intérêts.

Si la bonne foi d'Alberoni eût été moins suspecte, qui que ce soit n'auroit douté de la résolution ferme et constante que le roi d'Espagne avoit prise de rompre toute négociation et d'entrer incessamment en guerre; car il n'y avoit pas d'occasion où le cardinal ne déclarât nettement les intentions de Sa Majesté Catholique sur ce sujet. Ses ministres au dehors avoient ordre d'en parler avec la même franchise. Monteleon, peut-être parce qu'il étoit plus suspect, reçut des ordres plus précis qu'aucun autre de déclarer que le roi son maître ne consentiroit jamais à l'indigne projet qu'on lui proposoit, son honneur exigeant qu'il pérît plutôt que de recevoir une loi dont sa dignité et l'intérêt de sa couronne souffriroient un égal préjudice, loi très-fatale d'ailleurs au bien général de l'Europe. Monteleon devoit dire aussi que Sa Majesté Catholique attendoit de savoir quels ordres le roi d'Angleterre donneroit à l'escadre qu'il faisoit passer dans la Méditerranée, afin de régler de son côté les mesures qu'elle auroit à prendre; que si elle n'avoit pu gagner l'amitié du roi Georges, elle vouloit au moins gagner son estime. Pour appuyer une telle déclaration, Alberoni fit une nouvelle énumération des forces d'Espagne. Cette couronne, disoit-il, réveillée de sa léthargie, fait ce que nulle puissance n'a fait encore. Elle a plus de trois cent soixante voiles, trente-trois mille hommes effectifs de débarquement, cent pièces de canon de vingt-quatre, trente de campagne, quarante mortiers, trente mille bombes et grenades, le reste à proportion; vingt mille quintaux de poudre, quatre-vingt mille outils à remuer la terre, dix-huit mille fusils de réserve, des vivres pour l'armée de terre et de mer jusqu'à la fin du mois d'octobre, toutes les troupes armées, montées et vêtues de neuf; enfin deux millions de pièces de huit embarquées, c'est-à-dire un million trois cent mille pièces en monnoie d'or et d'argent, le reste en lettres de change sur Gênes et sur Livourne. Outre ces troupes, il demeure quarante-deux mille hommes en Espagne. C'est en ces termes qu'Alberoni s'expliquoit à Monteleon au commencement de juin 1718, avouant cependant que les hommes ayant fait ce qu'ils pouvoient, le succès dépendoit de la bénédiction de Dieu ; mais ces dispositions suffisoient, disoit le cardinal, pour faire voir au roi d'Angleterre qu'il se trompoit s'il croyoit traiter un roi d'Espagne à l'allemande; car enfin Sa Majesté Catholique se mettoit en état de faire de temps en temps de ces sortes de coups qui devroient donner à penser à quelqu'un, et si, plutôt que de porter ses forces en Italie, elle les eût fait passer en Écosse sous le commandement de ce galant homme pour lors relégué à Urbin et demandant secours à tout le monde, peut-être que le roi Georges eût fait ses réflexions avant que d'envoyer une escadre dans la Méditerranée; mais il paroissoit que Dieu aveugloit ce seigneur, permettant qu'il travaille contre son propre bien, et comme conduit par un esprit d'erreur qui ne lui permettoit pas de se laisser persuader par les raisons les plus claires, les plus convaincantes et les plus conformes à ses véritables intérêts.

Alberoni ne traitoit pas le Régent plus favorablement que le roi d'Angleterre : tous deux, selon lui, ne pensoient qu'à leurs intérêts particuliers, et tous deux prenoient, disoit-il, de fausses routes pour arriver à leur but. L'un, selon lui, sacrifioit à cet objet la nation angloise, et l'autre la françoise. Enfin, sortant des bornes du simple raisonnement, il se porta jusqu'à dire à Nancré, de la part du roi d'Espagne, de cesser absolument de parler du projet à Sa Majesté Catholique, pour ne pas obliger sa patience royale à sortir des règles usitées à l'égard des ministres étrangers. Cette espèce de menace ne regardoit pas personnellement Nancré, car Alberoni déclara souvent qu'il avoit lieu d'être content de sa conduite; qu'elle ne pouvoit être plus sage ni plus mesurée, ayant une mauvaise cause à défendre. Il ajoutoit à cet éloge un parallèle peu obligeant pour l'abbé du Bois, qu'il traitoit de nouveau ministre, artisan de chimères, agent des passions d'autrui (point du tout, mais des siennes), d'homme qui avoit mis tout son génie à vendre et à débiter ses artifices par cabale et par mille menteries (c'étoit bien là le vrai portrait de tous les deux), mais dont l'orviétan [1] trouvoit peu de débit, parce que tout homme d'honneur étoit persuadé que ses manéges n'aboutiroient qu'à décréditer son maître et à l'engager dans le précipice. La conséquence et la conclusion de tous ces discours étoient que ceux qui se donnoient pour amis du roi d'Espagne avoient enfin poussé son flegme au point de jouer à jeu découvert, et de prendre en main toutes les armes qu'il croiroit utiles à la défense de son honneur et de sa monarchie; qu'il seroit vaillamment secondé par la nation espagnole généralement occupée du desir de contribuer de son sang, de son bien, enfin de tout ce qu'elle possédoit, pour servir le roi son maître, qu'elle étoit transportée de joie de voir une marine et tant de forces, que Sa Majesté Catholique avoit mises sur pied; que les Espagnols disoient unanimement : si l'on avoit tant fait en peu de temps, que pourroit-on faire à l'avenir? que le moindre d'entre eux se croyoit conquérant de nouveaux mondes; que l'Espagne enfin étoit en pleine mer, et qu'il falloit ou périr ou parvenir au port. Alberoni s'expliqua dans le même sens et dans les mêmes termes à peu près avec le colonel Stanhope.

Cet envoyé avoit reçu de Londres l'ordre de représenter les raisons qui empêchoient le roi d'Angleterre d'acquiescer à la proposition que le roi d'Espagne avoit faite de garder la Sardaigne en souscrivant au projet du traité. Stanhope crut adoucir ce refus en l'ornant de toutes les expositions que le roi son maître lui avoit prescrites, pour persuader le cardinal que ce prince étoit plus tou-

---

1. Voyez tome XIII, p. 267 et note 1.

ché que personne de l'honneur et des intérêts de Sa
Majesté Catholique, et que c'étoit même en cette considération qu'il croyoit important de ne rien innover au
projet de traité, parce qu'il falloit éviter de fournir à
l'Empereur le moindre prétexte de changer de sentiment,
au moment qu'il dépendoit de lui de faire la paix avec
les Turcs. Alberoni ne parut point touché de ces marques
de considération, que Stanhope lui vouloit faire valoir.
Il répondit qu'il regardoit toujours le plan comme
désavantageux, déshonorant pour l'Espagne, et comme
dressé avec beaucoup de partialité en faveur de l'Empereur; que si le roi d'Angleterre et le Régent étoient résolus à refuser tout changement, le roi d'Espagne l'étoit
aussi de rejeter tout l'ouvrage, et que, par cette raison,
il étoit inutile de traiter davantage ; qu'il attaqueroit
l'Empereur avec toute la vigueur possible, quand même
toute l'Europe le menaceroit de lui déclarer la guerre,
qu'il en attendroit l'effet avant de changer de résolution ; que si les événements lui étoient contraires, il se
retireroit auprès de sa cheminée, et tâcheroit de s'y
défendre, n'étant pas assez don Quichotte[1] pour attaquer
tout le genre humain ; mais aussi qu'il auroit l'avantage
de connoître ses ennemis, et que peut-être il trouveroit
le temps et l'occasion de leur faire sentir sa vengeance ;
qu'il préféroit donc un parti honorable à celui de se
soumettre à des conditions infâmes. Cette déclaration
fut soutenue d'une description pompeuse des forces
d'Espagne. Si le pouvoir de cette couronne étoit demeuré
comme éclipsé pendant plusieurs siècles, la faute, dit
Alberoni, devoit en être imputée à ceux qui, se trouvant
à la tête des affaires, les avoient follement et pitoyablement administrées. Mais au moment présent les finances
du roi d'Espagne étoient dans un état florissant. Ce
prince ne devoit rien, son bonheur ayant été de manquer
de crédit pour emprunter dans les conjonctures fatales

---

1. *D. Guichotte*, au manuscrit.

où il auroit regardé comme un bien les moyens de se ruiner. Il pouvoit donc, disoit le cardinal, soutenir désormais la guerre sans le secours de personne, et déjà les fonds étoient réglés pour les dépenses d'une seconde campagne.

L'ostentation d'un pouvoir, dont il étoit permis aux étrangers de douter, auroit peut-être fait peu d'impression sur les Anglois. Comme il falloit les toucher par quelque intérêt plus sensible et plus pressant pour la nation, Alberoni déclara nettement à l'envoyé d'Angleterre que le roi d'Espagne ne permettroit pas à la compagnie angloise du Sud d'envoyer dans le cours de cette même année le vaisseau qu'elle avoit droit de faire passer tous les ans dans les Indes espagnoles, en vertu du traité d'Utrecht[1]. Ce refus n'étoit ni l'effet ni l'apparence d'une rupture prochaine. Alberoni prit pour prétexte l'excès des marchandises d'Europe portées aux Indes en contrebande, et promit qu'au lieu d'un vaisseau les Anglois auroient l'année suivante permission d'en envoyer deux dans la mer du Sud. Mais en même temps qu'il relevoit l'avantage que la nation angloise retireroit de ce changement, il ne put s'empêcher de laisser échapper avec colère, soit malgré lui, soit à dessein, que l'Espagne n'auroit plus d'égard aux traités faits avec l'Angleterre; que Stanhope ne recevroit désormais aucune réponse favorable sur les mémoires qu'il pourroit donner, parce que, dans la situation où se trouvoient les affaires, le roi catholique n'avoit que trop de sujet de regarder le roi d'Angleterre comme ennemi. Stanhope, étonné de l'emportement du cardinal, et persuadé que les menaces qu'il laissoit échapper seroient suivies de l'effet prochain, crut à propos de lui représenter qu'au moins, en cas de rupture, les traités fixoient un temps aux marchands des deux nations pour retirer leurs personnes et leurs effets. Alberoni répondit avec encore plus de chaleur qu'auparavant, que

---

1. Voyez tome XIII, p. 64 et note 1.

sitôt que l'escadre angloise paroîtroit dans la Méditerranée, les Anglois devoient s'attendre à être maltraités dans toutes les circonstances imaginables. Les vivacités d'Alberoni furent mêlées de mots entrecoupés du Prétendant, de dispositions que le parlement prochain de la Grande-Bretagne témoigneroit vraisemblablement à l'égard de la guerre d'Espagne, de raisonnements et de pronostics[1] sur la nécessité où l'Espagne et l'Angleterre se trouveroient indispensablement réduites de périr l'une ou l'autre, enfin de tant de mouvements de colère, et si vifs, de la part du premier ministre, que Stanhope, au sortir de l'audience, dépêcha sur-le-champ des courriers aux consuls anglois de tous les ports d'Espagne, pour leur enjoindre de mettre sous leur garde tous les effets appartenants aux marchands de leur nation. On doutoit cependant encore à Madrid des intentions du roi d'Espagne. Quelques ordres donnés pour différer de quelques jours le départ de la flotte firent croire que Sa Majesté Catholique pourroit enfin accepter le projet, malgré tant de démonstrations contraires qu'elle avoit données au public. Les ministres de Sicile parurent plus inquiets et plus alarmés du soupçon qu'ils eurent d'une intelligence prochaine du roi d'Espagne avec l'Empereur, que de la crainte qu'ils avoient eue que la Sicile ne fût effectivement l'objet de l'entreprise. Lascaris, entre autres, observa qu'Alberoni ne donnoit que le titre de duc de Savoie au roi de Sicile, dans une lettre que ce premier ministre lui communiqua, et qu'il écrivoit au prince de Cellamare. C'étoit un grand sujet de réflexion pour les ministres d'un prince défiant, qui d'ailleurs soupçonnoient avec beaucoup de raison la bonne foi et la sincérité du cardinal.

Il étoit parvenu à persuader au nonce Aldovrandi que c'étoit contre son avis et contre son sentiment que le roi d'Espagne s'engageoit dans la guerre. Il se fit même

---

1. Saint-Simon a écrit *prognostics*. A la ligne suivante, on lit *réduits*, pour *réduites*.

honneur d'avoir disposé ce prince à l'accommodement ; mais il prétendit que toutes ses mesures avoient été rompues par l'opiniâtreté de la reine, si entêtée du projet de guerre, et des avantages particuliers qu'elle se proposoit d'en tirer, qu'il y avoit eu à cette occasion une contestation très-vive entre le roi et elle ; que, se regardant elle-même, elle ne pouvoit renoncer aux vastes espérances qu'elle avoit conçues du succès, et que, quoique tout le monde le regardât comme impossible, elle persistoit cependant dans l'idée qu'elle avoit formée dès le commencement ; qu'elle se fioit en la force des armées de terre et de mer jusqu'au point de croire que la France ne pressoit la paix que poussée par la crainte qu'elle avoit des succès et du pouvoir du roi d'Espagne. C'étoit à cette raison que le cardinal attribua l'inutilité des dernières instances de Nancré, qui avoit déclaré formellement que la France et l'Angleterre s'opposeroient de toutes leurs forces aux entreprises de l'Espagne. L'autorité de la reine avoit tout entraîné sans laisser le moindre crédit aux avis contraires au sien. Alberoni, voulant flatter Rome, laissa croire qu'il avoit proposé au roi d'Espagne de faire passer sa flotte en Afrique, d'employer ses troupes à faire la conquête d'Oran, à délivrer Ceuta, et ruiner Alger par les bombes. Il demanda cependant un profond secret d'un projet qui pouvoit réussir encore si le roi d'Espagne faisoit la paix avec l'Empereur. Alberoni savoit bien qu'un tel mystère seroit de peu de durée, car en même temps il fit savoir aux ministres d'Espagne employés au dehors qu'il n'étoit plus question de parler d'un traité si contraire à l'honneur du roi d'Espagne, et si fatal à ses intérêts ; qu'il ne céderoit donc qu'au seul cas de la dernière extrémité, et que, se conformant alors à la nécessité des temps, il attendroit des conjonctures plus favorables pour reprendre les délibérations et les mesures qui conviendroient le mieux à son honneur.

Beretti eut ordre de déclarer particulièrement aux états généraux les sentiments du roi d'Espagne. Ce prince voulut qu'il leur dît en termes clairs que jamais il ne se soumettroit à la loi dure et inique que la France et l'Angleterre prétendoient lui imposer; qu'il n'admettoit ni n'admettroit jamais les conditions honteuses d'un projet qui blessoit également son honneur et sa satisfaction. Sa Majesté Catholique voulut que son ambassadeur avertît les états généraux, comme puissance amie, des engagements où le roi d'Angleterre et le Régent avoient dessein de les entraîner; qu'il ouvrît les yeux à ceux qui gouvernoient la République, afin de leur découvrir et de leur faire éviter le piége où on vouloit les faire tomber, d'autant plus dangereux que ces deux princes prétendoient pour leurs fins particulières conduire effectivement cette république à sa ruine, sous l'apparence trompeuse de ne vouloir point de guerre, aux dépens même d'une paix de peu de durée. Beretti eut ordre d'ajouter que le roi son maître seroit affligé, même offensé, si les états généraux se conduisoient en cette occasion d'une manière contraire au bien public et à la continuation de l'amitié et de la bonne correspondance; car ils forceroient Sa Majesté Catholique à faire usage des conjonctures que le temps et la justice de sa cause lui fourniroient, et ce seroit à regret qu'elle se verroit obligée de prendre les mesures et les résolutions qui lui conviendroient davantage.

La flotte avoit déjà mis à la voile pour faire le trajet de Cadix à Barcelone, lorsque ces déclarations furent faites. Aldovrandi avoit déjà employé son industrie à persuader le Pape que les intentions d'Alberoni étoient bonnes, et que, si les effets n'y répondoient pas, on devoit l'attribuer à la situation présente de l'Espagne, qui ne permettoit pas au premier ministre de faire généralement tout ce qu'il vouloit, car il avoit à combattre les préventions de la reine, persuadée que son intérêt et celui de ses enfants étoit que la guerre se fît en Italie. Mais lorsque la flotte fut partie, Aldovrandi, désabusé trop tard, changea de sentiment à l'égard d'Alberoni. L'objet de l'entreprise étoit encore un secret; mais le nonce ne douta plus que, quel que fût le dessein du roi d'Espagne, l'Italie n'en sentît le principal dommage, et tel que la paix, qui ne pouvoit être éloignée, ne répareroit pas les pertes, et peut-être la destruction totale, que la guerre lui auroit causées [1]. Il avertit le Pape qu'il ne falloit compter ni sur la piété, ni sur les bonnes intentions du roi d'Espagne, parce que ce prince, souvent malade, étoit hors d'état de s'appliquer aux affaires, et qu'elles étoient souverainement gouvernées par un premier ministre plein de ressentiment, et vivement piqué des refus qu'il essuyoit de la cour de Rome. Tout étoit à craindre de sa vengeance, et le Pape, naturellement porté à s'alarmer facilement, avoit lieu d'être encore plus intimidé par les prédictions fâcheuses que lui faisoit son ministre à Madrid, et par les avis réitérés qu'il lui donnoit de veiller sur toutes choses à prévenir les premières tentatives que les troupes espagnoles pourroient faire sur l'État ecclésiastique. Alberoni, de son côté, n'oublioit rien pour augmenter les frayeurs du nonce et celles du Pape. Il faisoit dire à Sa Sainteté que c'étoit elle qu'il servoit plutôt que le roi d'Espagne, en la pressant d'accorder les bulles de Séville, lui laissant assez entendre ce qu'elle avoit à craindre d'un plus long refus. Elle y persistoit cependant, et le cardinal Acquaviva, ayant inutilement insisté pour vaincre sa résistance, se crut enfin obligé d'exécuter les ordres qu'il avoit reçus de Madrid, de rompre ouvertement avec la cour de Rome. Avant que d'en venir à cette extrémité, il avoit pris toutes les voies qu'il croyoit propres à persuader au Pape de l'éviter; mais un accommodement avec l'Espagne ne convenoit pas à Sa Sainteté; elle étoit moins alarmée des effets incertains du ressentiment du roi d'Espagne, qu'elle n'étoit effrayée de la vengeance prochaine et facile dont les Allemands la menaçoient continuellement, soit que l'Empereur fût véritablement persuadé d'une intelligence

---

1. Il y a *causé*, sans accord.

secrète entre la cour de Rome et celle de Madrid, soit que
ce prince crût de son intérêt de conserver longtemps un
pareil prétexte, dont il se servoit utilement pour intimider le Pape et pour le tenir dans une dépendance continuelle.

Les vues de l'Empereur réussirent si bien qu'Acquaviva
devint l'objet de toute la colère de Sa Sainteté. Il ne
reçut d'elle que des réponses dures. Lorsqu'il insistoit
sur les bulles de Séville, il demandoit des réparations
publiques et authentiques de tous les affronts et de tout
le préjudice que l'immunité ecclésiastique avoit reçu en
Espagne. Un des principaux chefs sur cet article étoit le
séquestre et l'emploi que le roi d'Espagne avoit fait pour
son usage des revenus des églises vacantes de Vich et de
Tarragone, et la jouissance des revenus de celles de Malaga
et de Séville, qu'Alberoni s'étoit en même temps attribuée.
Toutefois, ne voulant pas que la rupture vînt de sa part,
et suivant en cette occasion son caractère incertain et
indécis, elle[1] dit à Acquaviva de conférer avec le cardinal
Albane. Mais ces conférences ne conduisirent à rien de
certain, en sorte que les ordres du roi d'Espagne étant
précis et pressants, Acquaviva jugea qu'il devoit enfin les
exécuter, et pour cet effet, il fit dire à tous les Espagnols
qui étoient à Rome d'en sortir incessamment. Ils obéirent
tous, et leur soumission surprit la cour de Rome. Le
Pape parut embarrassé, et laissa voir qu'il n'auroit jamais
cru que le roi d'Espagne prît une telle résolution, et
qu'il croyoit encore moins que les ordres de Sa Majesté
Catholique fussent exécutés, et suivis avec autant d'exactitude.

Le cardinal del Giudice, moins prompt à obéir, voulut
tourner en ridicule, et la résolution prise à Madrid, et
l'effet qu'elle avoit eu à Rome. Il dit que cette expédition
éclatante avoit fait rire tout le monde ; que ceux qui vouloient flatter le conseil d'Espagne disoient qu'elle avoit

---

1. Sa Sainteté.

été concertée avec le Pape, et que le véritable dessein étoit de tromper les Allemands et de leur déguiser l'intelligence secrète que Sa Sainteté avoit avec le roi d'Espagne; qu'il seroit cependant difficile de les abuser longtemps, et que si le nonce demeuroit encore à Madrid, sous quelque prétexte et sous quelque figure que ce pût être, son séjour en cette cour découvriroit la vérité. Giudice, tournant en dérision l'obéissance des Espagnols envers le roi leur maître, croyoit justifier le refus qu'il faisoit depuis quelque temps d'obéir à l'ordre qu'Acquaviva lui avoit fait présenter de la part du roi d'Espagne de faire ôter le tableau des armes d'Espagne qu'il avoit sur la porte de son palais, ainsi que les cardinaux nationaux et les ministres des princes étrangers ont coutume d'élever sur la porte des leurs les armes des princes qu'ils servent ou à qui ils sont attachés véritablement. Il avoit espéré que le Régent intercéderoit pour lui auprès du roi d'Espagne, et que ses puissants offices procureroient la révocation d'un ordre qu'il attribuoit au crédit absolu de son plus mortel ennemi; mais l'ordre n'ayant pas été révoqué, il fallut enfin se soumettre. Le Pape même le pressa de prendre ce parti nécessaire, un particulier ne pouvant longtemps tenir tête à un grand roi. Giudice, en obéissant, protesta que jamais il n'arboreroit les armes d'une couronne qui rejetoit ses services, et se félicitant d'être libre désormais, il paroissoit résolu d'éviter tout commerce avec les Allemands; mais, soit desir de les servir, soit qu'il craignît effectivement les effets de leur ressentiment à l'égard de sa famille, il avertit souvent Cellamare, son neveu, de songer sérieusement aux mauvais offices qu'on lui avoit rendus à Vienne, et de prévenir les suites qu'ils[1] pourroient avoir.

Cette cour avoit envoyé au comte de Gallas, ambassadeur de l'Empereur à Rome, plusieurs pièces, dont on

---

1. *Qu'elles*, pour *qu'ils*, au manuscrit.

disoit que les unes étoient originales et les autres légalisées, toutes servant à prouver une intelligence secrète entre le roi d'Espagne et le Grand-Seigneur, liée et contractée par le moyen de Cellamare. Le bruit couroit que, parmi ces pièces, il y avoit plusieurs lettres originales de lui et du prince Ragotzi. Gallas, en les communiquant au Pape, lui avoit dit en forme de menaces que l'Empereur seroit attentif à la conduite de Sa Sainteté, et qu'elle serviroit de règle aux mesures qu'il croiroit devoir prendre. C'en étoit assez pour faire trembler Rome, et plus qu'il n'en falloit pour faire trembler en particulier un Italien dont les biens étoient situés dans le royaume de Naples, sous la domination de l'Empereur. Cellamare avoit encore ajouté un autre motif à la colère de ce prince. Il avoit écrit une lettre où, rejetant comme calomnie ce que les Allemands avoient publié de ses négociations avec la Porte, il s'étoit répandu en invectives sur la mauvaise foi de la cour de Vienne. Acquaviva communiqua cette lettre au Pape, en distribua différentes copies, et pour la rendre plus intelligible aux Romains, il la fit traduire en italien. Il dit même qu'il la feroit imprimer; en sorte que, sous prétexte de relever et de faire valoir le zèle de l'ambassadeur d'Espagne pour son maître il suscitoit en effet, et faisoit retomber toute la vengeance de l'Empereur sur la famille des Giudice. Le cardinal, persuadé que tout ce que faisoit Acquaviva n'étoit que par malignité, avertit son neveu de prendre garde aux conséquences fâcheuses qu'il devoit craindre d'un pareil écrit, le danger étant pour lui d'autant plus grand que le roi d'Espagne venoit d'ordonner à son ministre à Rome de mépriser les vains discours des Allemands. Ainsi l'ambassadeur d'Espagne paroissoit en quelque façon abandonné du roi son maître, et livré à ce que voudroient faire contre lui les ministres de l'Empereur, qui trouveroient également à satisfaire et leur vengeance et leur avidité, en retenant, lors d'un traité de paix, les biens confisqués dont ils étoient en possession dans le royaume de Naples; mais cet ambassadeur étoit alors moins occupé de ses propres intérêts du côté de l'Italie qu'il ne l'étoit d'animer et de fortifier les intrigues et les cabales secrètes qu'il entretenoit depuis quelque temps à la cour de France, sous l'espérance de secours infaillibles et puissants de la part du roi d'Espagne.

Cellamare se flattoit que s'il réussissoit dans l'affaire du monde qui touchoit le plus sensiblement le roi d'Espagne, et qui satisfaisoit en même temps le goût et la vengeance de son premier ministre, la récompense qu'il tireroit d'un pareil service le dédommageroit abondamment des pertes qu'il comptoit avoir déjà faites dans le royaume de Naples. Il travailloit donc, et connoissant parfaitement la nécessité du secret, il aimoit mieux laisser le roi son maître quelque temps dans l'ignorance du progrès de ses manéges que de s'en expliquer autrement que par des voies bien sûres, telles par exemple que les voyages que quelques officiers espagnols ou wallons avoient occasion de faire à Paris et à Madrid, et c'étoit ordinairement par les mêmes voies qu'il recevoit les réponses et les ordres de Sa Majesté Catholique. Il se défioit même des courriers, en sorte que, lorsqu'il étoit obligé d'écrire par cette voie, il ne s'expliquoit jamais clairement, mais, enveloppant ses relations de voiles, il disoit, par exemple, qu'il préparoit les matériaux nécessaires, qu'il s'en serviroit en cas de besoin, que les ouvriers contribuoient cordialement à les lui fournir. Quelquefois il laissoit entendre qu'il se défioit de quelques-uns de ceux qui entroient dans ces intrigues. Enfin il cachoit le mieux qu'il lui étoit possible sous différentes expressions figurées ce qu'il vouloit et ce qu'il n'osoit exposer clairement aux yeux de son maître. Deux circonstances flattoient alors l'ambassadeur d'Espagne, et lui faisoient espérer un succès infaillible des intrigues qu'il avoit formées. L'une étoit la division qui éclatoit ouvertement entre le Régent et le parlement de Paris. Cellamare, persuadé du poids que l'exemple et l'autorité de cette compagnie devoit avoir dans les affaires publiques, traitoit de héros les officiers qui la composoient. Il assuroit que leur constance surpassoit toute croyance; que ceux d'entre eux qui souffroient quelque mortification s'en réjouissoient comme s'ils étoient couronnés par la gloire du martyre; que jusqu'alors ils n'étoient soutenus que par la bienveillance et par les applaudissements du public, mais que bientôt l'intérêt commun et le bien de l'État uniroit les autres parlements du royaume à celui de Paris, et que cette union mutuelle causeroit immanquablement des nouveautés imprévues.

L'autre circonstance dont l'ambassadeur d'Espagne espéroit profiter pour les intérêts du roi son maître étoit celle de la division que la bulle *Unigenitus* excitoit plus fortement que jamais, non-seulement dans le clergé, mais encore dans tous les états du royaume. Il sembloit que l'expédition des bulles nouvellement accordées par le Pape devoit calmer pour quelque temps cette agitation. Mais le nonce Bentivoglio étoit le premier à détruire le bon effet que cette démarche sage du Pape auroit dû produire, et les déclamations imprudentes de ce ministre rallumoient le feu dans le temps que son maître témoignoit avoir intention de l'apaiser. Ainsi les partisans de Rome qui desiroient le véritable bien de cette cour commençoient à craindre les résolutions que la France seroit obligée de prendre pour prévenir celles du Vatican. Ils ne doutoient pas que le Régent ne consentît enfin à l'appel général de la nation, etc.

D'un autre côté, le Régent avoit sur les bras des affaires qui pouvoient devenir très-sérieuses, et l'embarrasser de manière qu'il se trouveroit dans un triste état, s'il avoit en même temps à soutenir des démêlés avec la cour de Rome. Ces affaires étoient celles qui survinrent alors à l'occasion des monnoies. Le nonce, ajoutant foi aux bruits de ville, croyoit, ainsi que les autres ministres étrangers, que la cour et le Parlement prenoient réciproquement des engagements dont les suites seroient considérables. Ces ministres en attendoient l'événement avec différentes vues. L'ambassadeur d'Espagne se flattoit que l'opposition du Parlement aux résolutions que le Régent prenoit sur la monnoie donnoit à penser à Son Altesse Royale sur la négociation du traité d'alliance, et que la réflexion qu'elle faisoit sur la disposition générale des esprits ne contribuoit pas moins que les représentations de la cour d'Espagne à ralentir l'ardeur qu'on avoit fait voir en France pour la conclusion de ce traité. Les agents du roi d'Angleterre jugeoient, au contraire, que les embarras suscités au Régent par le Parlement le persuaderoient encore davantage du besoin qu'il avoit de se faire des amis; qu'il comprendroit qu'il ne pouvoit en avoir de plus puissants que l'Empereur et le roi d'Angleterre; que ce seroit, par conséquent, une nouvelle raison pour lui de s'unir avec ces princes, trouvant chez lui si peu de satisfaction.

Le comte de Königseck, ambassadeur de l'Empereur, suivant le génie des ministres autrichiens, vouloit, quoique d'ailleurs honnête homme, trouver à redire et donner un tour de mauvaise foi à toute la conduite du Régent. Le style de la cour de Vienne, et le moyen de lui plaire, est depuis longtemps d'interpréter à mal toutes les démarches de la France, et la suprême habileté d'un ministre de l'Empereur est de croire, d'écouter de fausses finesses et de secondes intentions dans les résolutions les plus simples. Ainsi Königseck prétendoit avoir découvert que le Régent commençoit à changer de langage; que Son Altesse Royale ne lui parloit plus avec la franchise et la vivacité qui faisoient juger quelque temps auparavant la prompte conclusion du traité. Il remarquoit, comme une preuve indubitable de ce changement et du desir de ralentir la négociation, les différentes propositions que ce prince avoit faites pour assurer les principales conditions de l'alliance. Comme un des articles les plus essentiels étoit celui de la succession des États de Parme et de Toscane, Son Altesse Royale avoit proposé que la garde des places fortes de ces deux États fût commise à des garnisons suisses. Rien n'étoit moins du goût des ministres de l'Empereur. Königseck crut avoir pénétré par les discours de Stairs que, les garnisons suisses rejetées, on proposeroit de substituer en leur place des garnisons angloises et hollandoises. L'Empereur, qui n'en vouloit aucune, ne s'en seroit pas mieux accommodé ; mais son ambassadeur lui conseilla de l'accepter, persuadé que la France elle-même n'y consentiroit jamais. Les variations de la cour au sujet de l'alliance étoit[1], selon lui, le triomphe des anciens ministres toujours opposés à ce projet ; mais il prévoyoit que le Régent seroit la victime de la victoire qu'ils remportoient, et que ces mêmes ministres, dévoués à l'Espagne, l'entraîneroient insensiblement en de tristes affaires.

Il y avoit alors grand nombre de gens, et principalement les étrangers, qui regardoient comme un abîme ouvert sous les pieds du Régent les brouilleries que l'affaire des monnoies excitoit entre la cour et le Parlement, et ces mêmes gens étoient persuadés que les autres parlements du royaume suivroient incessamment l'exemple de celui de Paris. Stairs, de son côté, paroissoit mécontent de quelque refroidissement qu'il avoit cru remarquer dans la confiance que le Régent lui avoit témoignée jusqu'alors. Son Altesse Royale lui avoit communiqué un mémoire qu'elle vouloit envoyer en Angleterre ; comme il y fit quelques remarques, elle eut égard à ses représentations et promit de s'y conformer. Il prétendit qu'elle lui avoit promis de lui faire voir une seconde fois le projet quand il seroit changé. Toutefois, les changements faits, elle envoya ce projet en Angleterre, même avec quelques additions, sans le communiquer, et ce ne fut qu'après le départ du courrier que Stairs en reçut la copie. Il s'en plaignit. Le Régent lui répondit qu'il avoit apostillé chaque article du mémoire de sa propre main.

---

1. Ce verbe est bien au singulier.

Stairs, peu satisfait de la réponse, fit partir sur le-champ un courrier pour informer son maître de ce qu'il s'étoit passé, et de plus, il obligea Schaub, l'homme de confiance de Stanhope, de passer lui-même en Angleterre pour instruire plus particulièrement les ministres de cette cour de la situation et du véritable état des affaires de France.

CHAPITRE X.

Avis peu uniforme de Monteleon en Espagne sur l'escadre angloise. — Forfanteries de Beretti. — Les ministres d'Angleterre veulent faire rappeler Châteauneuf d'Hollande; comte de Stanhope à Paris, content du Régent, mécontent des Hollandois. — Le Czar se veut réunir aux rois de Suède et de Prusse contre l'Empereur et l'Angleterre. — Conférence de Monteleon avec les ministres d'Angleterre sur les ordres de l'escadre angloise, qu'ils ne lui déguisent pas; ils résistent à toutes ses instances. — Faux et odieux discours du colonel Stanhope à Alberoni. — Opinion des Anglois du Régent, de ceux qu'il employoit et d'Alberoni. — Alberoni tente de surprendre le roi de Sicile et de le tromper cruellement, en tâchant de lui persuader de livrer ses places de Sicile à l'armée espagnole; artificieuses lettres d'Alberoni à ce prince. — Alberoni compte sur ses pratiques dans le Nord, encore plus sur celles qu'il employoit en France contre le Régent; il les confie en gros au roi de Sicile. — Alberoni envoie à Cellamare la copie de ses deux lettres au roi de Sicile; il propose frauduleusement au colonel Stanhope quelques changements au traité pour y faire consentir le roi d'Espagne, et sur le refus, éclate en menaces; lui seul veut la guerre, et a besoin d'adresse pour y entraîner le roi et la reine d'Espagne, fort tentés d'accepter le traité pour la succession de Toscane et de Parme. — Alberoni s'applaudit au duc de Parme d'avoir empêché la paix, et lui confie le projet de l'expédition de Sicile et sur les troubles intérieurs à exciter en France et en Angleterre. — Artifices et menaces d'Alberoni sur le refus des bulles de Séville. — Aldovrandi, malmené par Alberoni sur le refus des bulles de Séville, lui écrit; n'en reçoit point de réponse; s'adresse, mais vaguement, à d'Aubanton sur un courrier du Pape, et ferme la nonciature sans en avertir; sur quoi il est gardé à vue, et Alberoni devient son plus cruel ennemi, quoique il l'eût toujours infiniment servi. — Étranges artifices d'Alberoni sur Rome et contre Aldovrandi. — Reproches réciproques des cours de Rome et de Madrid. — La flotte espagnole arrivée en Sardaigne; crue aller à Naples; triste état de ce royaume pour l'Empereur.

L'escadre angloise étoit alors partie des ports d'Angleterre ; elle avoit mis à la voile le 13 juin ; on comptoit quinze jours environ de navigation pour arriver au détroit, et peut-être quatre semaines en tout pour se rendre au port Mahon. Monteleon, avec le secours des amis dont il se vantoit, ne put pénétrer les ordres de l'amiral Bing, qui la commandoit. Il se flattoit, et même il en assura le roi d'Espagne, que les Anglois éviteroient tout engagement avec la flotte espagnole. Il prétendit savoir que les ministres autrichiens étoient bien loin d'espérer que les vaisseaux d'Angleterre allassent à toutes voiles chercher et combattre ceux d'Espagne. Toutefois, en habile ministre, il ne devoit compter que jusqu'à un certain point sur les avis qu'il recevoit. Il écrivit au roi son maître que, suivant les conjonctures, le roi d'Angleterre pouvoit envoyer de nouveaux ordres. Monteleon s'apercevoit alors du changement de cette cour par les traitements qu'il y recevoit, très-différents de ceux qu'il y avoit précédemment reçus, et comme les ministres d'Angleterre avoient peu de communication avec lui, celui de France (du Bois) encore moins, il avouoit qu'il ne pouvoit plus découvrir leur intrigue ni leurs intentions.

Beretti se flattoit de servir l'Espagne avec plus de succès en Hollande. Chaque fois que les états de la province se séparoient sans avoir pris de résolution sur l'alliance proposée, Beretti l'attribuoit à ses pratiques secrètes et aux ressorts qu'il savoit faire jouer à propos pour traverser les ennemis de son maître. Si quelque député donnoit sa voix pour l'alliance, Beretti, assuroit aussitôt qu'il avoit été gagné par argent. Cadogan, de son côté, se moquoit de la vanité de Beretti, et triomphoit quand quelqu'une des villes de la province de Hollande paroissoit disposée à l'acceptation de l'alliance ; chacun des deux se croyoit assuré de ses partisans, et si Cadogan comptoit sur les villes de Leyde et de Rotterdam, Beretti se vantoit d'avoir persuadé les députés de Delft, d'autant plus difficiles à ramener qu'ils avoient paru les plus empressés pour l'alliance. Comme il ne convenoit pas de se borner à la seule province de Hollande, Beretti voulut gagner le baron de Welderen, tout-puissant, croyoit-il, dans la province de Gueldre. Il lui promit un présent considérable si, par son crédit, il empêchoit les états généraux d'entrer dans l'alliance, et persuadé qu'il ne pouvoit faire une meilleure acquisition pour le service du roi son maître, il écrivit à Alberoni qu'il vendroit son bien pour satisfaire la promesse qu'il avoit faite, si le roi d'Espagne désapprouvoit l'engagement qu'il avoit pris pour son service. Le bruit se répandit alors que ce prince avoit donné ordre à ses sujets négociants, sous peine de la vie, de remettre un registre exact et fidèle des effets qu'ils avoient entre les mains appartenants à des étrangers, de quelque nation qu'ils fussent. Une telle nouvelle causa quelque alarme à la Haye. Beretti se flatta d'en avoir profité, et d'avoir utilement augmenté la frayeur que les apparences d'une guerre prochaine et de la ruine du commerce produisoient déjà dans les esprits, mais son zèle et l'attention qu'il avoit à le faire valoir à la cour de Madrid y réussissoit mal. Il eut plusieurs fois lieu de se plaindre de la manière dont il étoit traité par Alberoni. Il gémissoit donc, mais inutilement, d'essuyer mille dégoûts de la cour d'Espagne, ou pour mieux dire du premier ministre de cette cour, pendant qu'il se donnoit tout entier au service de son maître, et que, sans en recevoir aucun secours, il employoit uniquement ses talents, son industrie, ses manéges, comme les seules armes qu'il eût pour combattre l'ambassadeur d'Angleterre, soutenu par de puissants amis et répandant l'or avec profusion pour gagner ceux qu'il savoit être autorisés dans la République. Beretti comprenoit dans ce nombre Pancras, bourgmestre régent d'Amsterdam, et Buys, pensionnaire de la même ville. Le dernier, disoit-il, menoit l'autre par le nez. La liste des magistrats et députés gagnés par l'Angleterre étoit bien plus nombreuse si on ajoutoit foi à un écrit imprimé qu'on distribuoit sous main à la Haye, spécifiant par nom et par surnom tous ceux qui recevoient des pensions ou des gratifications de cette couronne. Beretti se vantoit que, malgré tant de dépenses faites et continuées par les ennemis de Sa Majesté Catholique, il étoit parvenu par son activité et par ses amis à faire en sorte que la province d'Hollande avoit déjà séparé cinq fois ses assemblées sans rien résoudre au sujet de l'alliance. Cadogan parloit en même temps très-différemment, car il dit avec plus de vérité que les états de cette province avoient pris unanimement la résolution d'entrer dans le traité. Il est vrai cependant que les députés des principales villes déclarèrent à l'assemblée que leur instruction portoit de consentir à la quadruple alliance quand l'affaire seroit mise en délibération ; mais le temps de cette délibération fut prolongé.

Les ministres d'Angleterre se défiant toujours de Châteauneuf, ambassadeur de France en Hollande, pressoient plus que jamais son rappel et l'envoi du successeur qui lui étoit désigné. Ils comptoient de tout obtenir du Régent par le moyen du comte de Stanhope nouvellement arrivé à Paris. Son Altesse Royale lui avoit fait un accueil très-favorable ; elle avoit pris soin de lui persuader qu'elle souhaitoit ardemment la conclusion du traité et qu'elle n'oublieroit rien pour en faciliter la signature. Ainsi les Anglois comptoient qu'elle ne seroit désormais retardée qu'autant de temps qu'il en falloit pour traduire le traité en latin. Ils approuvoient quelques changements que le Régent demandoit, et comptoient que la cour de Vienne ne pourroit avec raison y refuser son approbation. Il s'en falloit beaucoup que les ministres d'Angleterre fussent aussi contents de la conduite des Hollandois. On commençoit à dire que la République, après avoir longtemps biaisé, après avoir laissé entrevoir exprès une diversité apparente de sentiments entre les villes de la province d'Hollande, termineroit ces incertitudes affectées par une offre simple et toujours inutile d'interposer ses offices pour mettre en paix les principales puissances de l'Europe. Une telle offre auroit été un refus honnête d'accéder au traité, et les ministres d'Angleterre avoient un intérêt personnel de faire voir à la nation angloise que le projet de la quadruple alliance étoit un projet sage, solide, approuvé généralement des principales puissances de l'Europe et de celles qui pouvoient donner le plus de poids aux affaires.

Une telle opinion étoit pour eux d'autant plus nécessaire à établir, qu'il étoit alors assez vraisemblable que le Czar, cherchant à faire un personnage dans les affaires de l'Europe, animé d'ailleurs contre le roi d'Angleterre, vouloit s'opposer à la quadruple alliance et secourir le roi d'Espagne par quelque diversion puissante. On assuroit déjà que la paix étoit faite entre la Suède et la Moscovie et le roi de Prusse; que les mesures étoient prises entre ces princes pour s'opposer de concert aux desseins de l'Empereur et du roi Georges. Ce qui n'étoit encore que bruits incertains parut se confirmer et devenir réel, suivant un discours que le ministre du Czar à Paris tint à Cellamare. Le Moscovite l'assura que son maître, voulant s'opposer aux desseins de l'Angleterre, avoit fait sa paix avec le roi de Suède; qu'il ménageoit celle du roi de Prusse, et qu'une des principales conditions du traité seroit une ligue offensive et défensive contre l'Empereur et contre le roi Georges. Il ajouta qu'il sollicitoit actuellement le Régent d'entrer dans la ligue ou tout au moins de demeurer neutre. Ce ministre ne se contenta pas de ce qu'il avoit dit à l'ambassadeur d'Espagne, il crut le devoir dire encore au comte de Provane, chargé pour lors des affaires du roi de Sicile à Paris. A son récit il ajouta des réflexions sur l'utilité que le roi de Sicile tireroit de la diversion que le Czar feroit des forces de l'Empereur. Il pressa Provane de lui découvrir les intentions du roi son maître au sujet de l'alliance, et les liaisons qu'il avoit prises avec le roi d'Espagne. Ce discours ne servit qu'à faire voir quelles étoient alors les dispositions du Czar.

Son animosité contre le roi d'Angleterre n'empêcha pas les ministres de cette cour de suivre le plan qu'ils avoient formé pour traverser l'entreprise que le roi d'Espagne étoit sur le point de tenter en Italie. Ils jugeoient alors qu'elle regardoit le Milanois et qu'apparemment il agiroit de concert avec le roi de Sicile. Comme l'escadre angloise étoit partie des ports d'Angleterre, l'ambassadeur d'Espagne, suivant les ordres qu'il en avoit reçus du roi son maître, demanda une conférence aux ministres d'Angleterre pour savoir d'eux positivement quelles étoient les instructions que l'amiral Bing, commandant de l'escadre, avoit reçues avant son départ. La conférence fut tenue le 24 juin ; Stanhope n'étoit pas encore parti pour France ; ainsi Monteleon le vit aussi bien que Sunderland et Craggs, et leur dit que ce seroit apparemment une des dernières fois qu'il leur parleroit d'affaires puisqu'il se croyoit à la veille d'aller à Douvres s'embarquer, prévoyant quelque hostilité imminente quand l'escadre angloise paroîtroit dans la Méditerranée. Ayant ensuite demandé quels étoient les ordres dont l'amiral Bing étoit chargé, Stanhope lui répondit que les instructions données à Bing lui prescrivoient d'observer toute la bonne correspondance que le roi son maître prétendoit entretenir avec l'Espagne ; qu'il avoit ordre de donner toutes sortes de marques d'attention à l'égard des officiers du roi d'Espagne, soit de terre, soit de mer ; que s'il trouvoit quelque convoi faisant voile en Sardaigne, à Portolongone, même en Sicile, il n'en troubleroit pas la navigation ; mais s'il arrivoit que la flotte espagnole entreprît de débarquer des troupes dans le royaume de Naples ou sur quelque autre terre dont l'Empereur étoit en possession en Italie, en ce cas l'amiral anglois déclareroit aux commandants espagnols qu'il s'opposeroit à leur entreprise, le roi d'Angleterre ne pouvant permettre qu'il s'en fît aucune au préjudice de la neutralité d'Italie dont il s'étoit rendu garant envers l'Empereur. Stanhope ajouta de plus à cet aveu que si les bonnes raisons ne suffisoient pas, les Anglois employeroient la force, et qu'ils s'opposeroient ouvertement à l'entreprise de l'Espagne. Monteleon, peu content de cette explication, voulut cependant pousser les questions plus loin : il supposa que la flotte d'Espagne eût mis le débarquement à terre avant que l'escadre angloise fût arrivée, et demanda si Bing traiteroit, en ce cas, les vaisseaux espagnols comme ennemis. Stanhope répondit à cette question nouvelle qu'il étoit impossible de prévoir tous les accidents qui pouvoient arriver; et revenant à son principe, il dit que l'ordre général donné à l'amiral Bing étoit de s'opposer à toute entreprise que l'Espagne feroit contre l'Italie.

L'explication étoit claire et nette : ainsi Monteleon, suffisamment instruit des intentions de la cour d'Angleterre, ne trouva de ressources pour les faire changer que dans son éloquence; mais il l'employa vainement. Les raisons, quand le parti est pris, sont d'un foible secours, et l'ambassadeur d'Espagne s'étendit assez inutilement sur l'aveuglement et l'ingratitude de l'Angleterre, qui renonçoit aux avantages du commerce d'Espagne, perdoit en un moment le souvenir de ceux que le roi catholique lui avoit nouvellement accordés, le tout pour agrandir l'Empereur sans utilité pour la nation angloise, même au préjudice du roi Georges intéressé comme électeur de l'Empire à modérer la puissance de la maison d'Autriche; il reprit en détail tout le projet de l'alliance et s'efforça de faire voir qu'elle étoit absolument contraire au but d'établir le repos public et l'équilibre nécessaire pour le maintenir, comme on affectoit de se le proposer, car il n'y avoit rien de si opposé à la tranquillité générale qu'une rupture entre l'Espagne et l'Angleterre, et les facilités que le roi d'Angleterre donnoit à l'Empereur de subjuguer l'Italie. Monteleon ne garda pas le silence sur l'état de la France et la conduite du Régent; il insista sur le changement des ordres donnés à Bing; il demanda qu'il lui fût défendu de faire la moindre hostilité, ou tout au moins qu'il fût averti que si les Espagnols avoient débarqué leurs troupes avant leur arrivée, le sujet de sa mission étant fini, l'intention du roi son maître étoit qu'il évitât tout engagement, surtout la déclaration d'une guerre ouverte contre l'Espagne. L'ambassadeur essaya de flatter les ministres d'Angleterre de la gloire qui reviendroit au roi leur maître de faire le personnage d'arbitre dans une négociation prochaine pour la paix. Il tenta même de les piquer contre les ministres d'Hanovre, accusés, dit-il, par les Anglois, d'être les instigateurs de la partialité que le roi d'Angleterre témoignoit pour l'Empereur, même de sa dépendance pour la cour de Vienne. Mais enfin la conférence finit sans se persuader de part ni d'autre, comme il arrive en semblables conjonctures, et les ministres anglois, n'acceptants aucune des propositions de Monteleon, protestèrent seulement que l'intention du roi leur maître étoit de faire ce qui dépendroit de lui pour ne pas rompre avec l'Espagne.

Le colonel Stanhope eut ordre de parler dans le même sens à Alberoni, et de joindre aux plaintes et même aux menaces des reproches tendres de l'ingratitude que l'Espagne témoignoit à l'égard de l'Angleterre. Le roi Georges prétendoit avoir travaillé si puissamment pour procurer au roi d'Espagne une paix avantageuse, que l'Empereur étoit mécontent des efforts qu'il avoit faits pour la satisfaction de Sa Majesté Catholique, et qu'ils avoient été regardés à Vienne comme une marque évidente de partialité; que cette cour se plaignoit encore amèrement des délais du roi d'Angleterre à satisfaire aux conditions principales du traité et des prétextes dont il s'étoit servi jusqu'alors pour éviter d'envoyer le secours qu'il avoit promis; condition que l'Espagne n'ignoroit pas, puisque la copie de ce même traité lui avoit été communiquée[1] de bonne foi par l'envoyé d'Angleterre. Ce ministre

---

1. *Communiqué*, au manuscrit.

eut ordre de se plaindre du peu de retour que l'Angleterre trouvoit de la part de l'Espagne à tant de marques d'attention et d'amitié qu'elle recevoit de la part du roi d'Angleterre et de la nation angloise; car, au lieu de témoignages réciproques d'amitié et de confiance, le roi d'Espagne se conduisoit comme envisageant une rupture prochaine entre les deux couronnes. Il sembloit même qu'elle étoit déjà résolue dans son esprit, puisqu'il refusoit d'exécuter les derniers traités de paix, et que les Anglois étoient presque regardés comme ennemis dans les ports et dans les îles de la domination d'Espagne. La cour d'Angleterre établissoit pour premier sujet de plaintes le refus que le roi d'Espagne faisoit d'accorder la permission stipulée par le traité d'Utrecht pour le vaisseau anglois qui devoit être envoyé tous les ans à la mer du Sud[1]. Il n'appartenoit pas à l'Espagne, disoient les Anglois, de décider si le traité devoit être accompli ou son exécution suspendue, et d'en juger par la seule raison de ce qui convenoit ou non aux intérêts de cette couronne. Les Anglois se plaignoient encore des poursuites injustes et dures, disoient-ils, que l'on faisoit en Espagne contre les négociants de leur nation. Ils ajoutoient que nouvellement le roi d'Espagne avoit fait enlever dans les ports de son royaume un grand nombre de bâtiments anglois, qui depuis avoient été employés, par ses ordres, à transporter ses troupes en Italie. Enfin les Espagnols venoient de s'emparer, dans les Indes occidentales, de l'île de Crab, dont l'Angleterre étoit en possession; ils en avoient chassé les habitants, enlevé plusieurs bâtiments anglois, soit à l'ancre, soit en pleine mer. Ils menaçoient encore plusieurs autres îles de traitements semblables.

Malgré tant de griefs le colonel Stanhope eut ordre de protester que le roi son maître vouloit maintenir la paix, et qu'il l'observeroit ponctuellement, si malheureusement l'Espagne ne le forçoit à la rompre; qu'il oublieroit les

---

1. Voyez ci-dessus, p. 170.

sujets particuliers qu'il avoit de se plaindre; qu'il garderoit le silence sur l'entreprise faite contre l'Empereur au préjudice de la neutralité de l'Italie, dont l'Angleterre étoit garante, pourvu que le roi d'Espagne voulût, de son côté, renoncer au dessein de troubler l'Europe et donner à un roi qui vouloit cultiver avec Sa Majesté Catholique la plus sincère amitié les témoignages qu'il devoit attendre d'une confiance et d'une amitié réciproque; que s'il en arrivoit autrement, il sauroit conserver la dignité de sa couronne, la sûreté de ses sujets et la foi des traités; que jusqu'alors il avoit souffert, et que ses sujets recevant tout le dommage de la part de l'Espagne, il n'avoit causé aucun mal à cette couronne; qu'il avoit prié pendant qu'il étoit menacé; que l'événement feroit peut-être connoître que le langage qu'il avoit tenu étoit dicté par l'amitié et non par la crainte; et qu'enfin, ne manquant ni de raisons de rupture ni de moyens de se venger, il n'appartenoit pas au cardinal Alberoni de croire et de se vanter qu'il pouvoit intimider un roi d'Angleterre, de qui l'inimitié pouvoit être fatale à ceux qui se flatteroient vainement de pouvoir aider ses ennemis. Les ministres d'Angleterre étoient persuadés que si celui d'Espagne menaçoit l'Angleterre des entreprises du Prétendant, l'Empereur étoit à l'égard de l'Espagne un prétendant au moins aussi dangereux, et que l'état présent de ces deux monarchies donnoit à celle d'Angleterre une supériorité bien marquée sur celle d'Espagne. On ne craignoit à Londres aucune traverse de la part de la France; mais en même temps qu'on étoit persuadé de la sincérité du Régent, on se défioit des ministres qu'il employoit. Nancré surtout étoit suspect. Stanhope fut averti de veiller sur sa conduite comme sur celle d'un homme qu'Alberoni avoit gagné, car il passoit pour constant que rien ne coûtoit au premier ministre d'Espagne; qu'il étoit maître en l'art de séduire et de tromper; il s'en faisoit lui-même honneur, et persuadé de sa supériorité en cet art, il amusoit depuis longtemps le roi de Sicile sous la feinte apparence d'une négociation qu'il jugea nécessaire pour surprendre ce prince, et pour l'empêcher de veiller à la conservation du royaume dont il étoit alors en possession.

Le roi de Sicile, prince très-éclairé, très-attentif à ses intérêts, facilita cependant à Alberoni les moyens de le surprendre. Ce prince, accoutumé à se défier de ses ministres, en employoit souvent plusieurs de différents ordres dans la même cour. Lascaris étoit le dernier qu'il avoit envoyé à Madrid, pour lier, à l'insu de son ambassadeur, une négociation secrète qu'il n'avoit peut-être pas envie de conclure. On ne pénétra pas le détail des propositions faites par Lascaris, mais il est certain qu'elles ne convinrent pas aux desseins d'Alberoni. Comme il ne se rapportoit pas absolument au compte que Lascaris rendoit à son maître de cette négociation secrète, il écrivit lui-même au roi de Sicile que les offres faites par son ministre éclaircissoient un peu l'état des affaires présentes; qu'elles donnoient lieu d'embarrasser le projet de l'alliance, et de faire voir à tout le monde l'injustice et la tromperie de ceux qui vouloient pour leur intérêt particulier s'ériger en maîtres de partager l'univers à leur fantaisie, et sans autre raison que celle de leur volonté se rendre arbitres du sort des princes, et les dépouiller des États qu'ils avoient reçus de leurs ancêtres.

Alberoni assura ce prince que le roi d'Espagne ne recevroit la loi de personne, qu'il se défendroit jusqu'à la dernière extrémité, ajoutant qu'une bonne union avec Sa Majesté Catholique obligeroit peut-être le roi Georges et le Régent à changer de pensée, l'un et l'autre connoissant ce qu'ils auroient à craindre d'une telle liaison. Alberoni conclut de ce principe qu'il n'y avoit point de temps à perdre, et qu'il étoit nécessaire de prendre et d'exécuter au plus tôt les mesures proposées en conséquence. Il pressa le roi de Sicile de remettre incessamment quelques places de ce royaume, on n'a pas su les-

quelles, entre les mains du roi d'Espagne ; car alors rien
n'empêcheroit de passer sur-le-champ dans le royaume
de Naples, dont la conquête seroit prompte et facile par
le moyen des intelligences pratiquées dans ce royaume
qui seroient appuyées d'une grosse armée abondamment
pourvue de tout l'attirail et de toutes les provisions
nécessaires pour assurer le succès de l'entreprise. La
remise des places de Sicile entre les mains des Espagnols
étant donc la base et le fondement du traité proposé,
Alberoni promit au roi de Sicile que s'il consentoit à cette
condition essentielle, et s'il vouloit envoyer au plus tôt
ses ordres aux gouverneurs de ses places de les remettre
sans délai au commandant de l'armée espagnole, on profiteroit non-seulement de l'alarme et de la confusion où
cet événement jetteroit les Allemands dans le royaume de
Naples, mais que de plus Sa Majesté Catholique ne perdroit pas un instant à faire passer un corps considérable
de ses troupes, en tel endroit de Lombardie que le roi de
Sicile jugeroit à propos ; qu'elles y seroient payées aux
dépens de l'Espagne, et quant aux places de Sicile, que
le roi d'Espagne les recevroit comme un dépôt sacré
qu'il garderoit à telles conditions que le roi de Sicile
voudroit prescrire, ne les demandant que pour assurer
le succès du projet, puisque tous les États que les Allemands possédoient en Italie étoient incertains et va-
cillants entre leurs mains s'ils ne s'emparoient de la
Sicile dont la conquête les mettroit en état de subjuguer
le reste ; mais il ne falloit pas, dit-il, perdre un instant :
tout moment étoit précieux, et le moindre délai pouvoit devenir fatal ; parce que le moyen de rendre inutile
la dépense que l'Angleterre avoit faite pour armer sa
flotte, étoit de débarquer promptement l'armée d'Espagne en Sicile, et d'occuper incessamment le Phare de
Messine.

 Alberoni pratiquoit depuis longtemps des alliances
dans le Nord. Il tramoit des intelligences en France, un
grand royaume fournissant toujours et des mécontents

et des gens qui n'ayant rien à perdre se repaissent
d'espérances chimériques d'obtenir de grands avantages
dans un changement produit par le trouble et la confusion. Cette seconde ressource étoit celle qui flattoit le
plus Alberoni; il étoit persuadé que le roi d'Espagne
avoit en France un parti puissant très-affectionné aux
intérêts de Sa Majesté Catholique; qu'il n'y avoit pas le
moindre lieu de douter des bonnes intentions de ceux
qui le composoient. Comme le cardinal s'applaudissoit
de l'avoir heureusemnt ménagé, il fit valoir au roi de
Sicile l'importance dont il étoit de pouvoir compter sur
un tel secours, et de se trouver en état de donner au
Régent une occupation si sérieuse, qu'il penseroit plus
d'une fois à s'engager à faire une guerre ouverte à l'Espagne pour une cause, ajoutoit Alberoni, si injuste et si
peu honorable à Son Altesse Royale. Il espéroit, de plus,
que les Hollandois, instruits des dispositions intérieures
de la France, craindroient moins les menaces que cette
couronne et celle d'Angleterre ne cessoient de leur faire
pour les obliger d'approuver le traité d'alliance, et de
s'engager à le soutenir. Enfin, il comptoit tellement sur
les mouvements que ses négociations secrètes excite-
roient dans le Nord, qu'il n'étoit plus question, selon lui,
que de seconder et d'aider de la part du roi d'Espagne
les sages dispositions que ce ministre avoit faites. Il se
proposoit, pour en assurer le succès, d'employer premièrement à lever des Suisses l'argent qu'il attendoit des
Indes. Il assura le roi de Sicile que la seule représaille
faite depuis peu sur les François dans la mer du Sud,
avoit produit plus d'un million d'écus. Ce secours casuel
n'étant qu'un commencement, Alberoni comptoit que la
monarchie d'Espagne lui fourniroit d'autres assistances
pareilles, et que le bon usage qu'il en feroit lui donneroit
les moyens de prouver aux alliés du roi son maître que
ce prince vouloit agir de bonne foi avec sincérité, honneur et probité; ainsi, que chaque démarche de générosi-
sité que feroit le roi de Sicile, le roi d'Espagne y répon-

droit avec une générosité égale et réciproque, avec reconnoissance, et Sa Majesté Catholique, suivant les assurances de son ministre, feroit fidèlement tous ses efforts pour procurer les avantages, l'honneur et la gloire des deux rois également offensés, également intéressés à ne consentir jamais que les Allemands maintinssent leur autorité en Italie, au préjudice du repos et de la liberté de cette partie de l'Europe.

Ces projets et ces espérances dont le cardinal fit part au roi de Sicile par une lettre qu'il lui écrivit de sa main le 22 mai, furent nouvellement confirmés par une seconde lettre de ce ministre au même prince du 30 du même mois. Mais il développa ses intentions dans cette seconde lettre plus clairement que dans la première. L'une avoit été écrite pour donner une grande idée des forces du roi d'Espagne, et pour faire envisager à ceux qui s'uniroient à Sa Majesté Catholique, les avantages singuliers qu'ils devoient se promettre de son alliance. La seconde lettre fit voir que le roi d'Espagne avoit besoin du concours du roi de Sicile, et que les projets du cardinal ne pouvoient réussir si les places principales de la Sicile n'étoient confiées à la garde des commandants et des troupes d'Espagne. Il n'étoit pas aisé de faire goûter une pareille proposition à un prince aussi défiant que le roi de Sicile. Toutefois Alberoni, s'appuyant apparemment sur la supériorité de son génie, entreprit de persuader à ce prince qu'un acte de confiance aussi opposé à son caractère qu'il l'étoit à la prudence, devenoit une démarche nécessaire et conforme à ses intérêts. Il employa toute son éloquence à convaincre ce prince que l'unique moyen de délivrer l'Italie de l'oppression des Allemands, étoit qu'il s'abandonnât lui-même avec une confiance généreuse à la bonne foi, sincérité, probité du roi d'Espagne, n'ayant d'autres vues que d'assurer la liberté de l'Italie. Une fin si glorieuse étoit impossible, disoit le cardinal, sans cette pleine confiance. Il avouoit même que, si elle manquoit, on seroit forcé d'accepter le parti proposé par les médiateurs, car il falloit nécessairement être sûr d'une retraite avant que d'exposer les troupes espagnoles, et la retraite n'étoit sûre qu'autant qu'elles seroient en possession des places de Sicile. Le roi d'Espagne les demandoit, non pour en demeurer le maître et pour recouvrer un État qu'il avoit perdu, mais par la seule nécessité d'assurer ses projets, dont l'exécution seroit encore plus avantageuse au roi de Sicile qu'à l'Espagne. Ce prince, suivant le raisonnement d'Alberoni, contribueroit infiniment à les avancer s'il déclaroit par la remise de ses places son union avec l'Espagne, car il donneroit une telle inquiétude aux Allemands, qu'ils n'oseroient dégarnir l'État de Milan pour envoyer du secours à Naples ; et suivant le plan d'Alberoni, le soulèvement entier et subit de ce royaume étoit indubitable, si les Napolitains voyoient les armes d'Espagne et de Sicile, et les places de cette île entre les mains du roi d'Espagne qui promettoit de les garder purement et simplement comme un dépôt, et de les rendre fidèlement au roi de Sicile après la fin de la guerre. Naples soumis, le roi d'Espagne détacheroit un gros corps de ses troupes et l'enverroit en Lombardie en tel lieu que le roi de Sicile le jugeroit à propos, l'intention de Sa Majesté Catholique étant de travailler autant pour l'intérêt d'un prince qu'elle aimoit, et qui faisoit la première figure en Italie, que par la gloire de rendre à cette partie de l'Europe son ancienne liberté. Alberoni attribuoit à ces deux motifs détachés de tous desirs de faire des conquêtes, l'armement que le roi d'Espagne avoit fait, et comme le succès de l'entreprise seroit apparemment utile au roi de Sicile, il vouloit persuader à ce prince qu'il étoit le premier obligé à faciliter une expédition dont il retireroit le plus grand avantage. Son union, disoit Alberoni, et l'aveu public de ses liaisons avec le roi d'Espagne, ne laisseroit pas d'étourdir et de rompre les mesures de ceux qui s'étoient figuré qu'ils étoient les maîtres de couper le monde en morceaux.

Comme ces exhortations générales ne suffisoient pas pour persuader un prince attentif à ses intérêts qui pesoit les engagements avant de les prendre, Alberoni, ne voulant peut-être pas lui faire par écrit des offres précises, ajouta que, si le roi de Sicile vouloit envoyer à Madrid quelque personne de confiance munie de pouvoirs nécessaires pour conclure et signer un traité, le roi d'Espagne ne feroit aucune difficulté de lui accorder tout ce qu'il pourroit prétendre et desirer; que Lascaris, bien informé des forces d'Espagne et du gouvernement actuel de cette monarchie, ne lui auroit pas laissé ignorer qu'elle étoit en état de faire figure dans le monde; que certainement il l'auroit informé des conférences que le cardinal et lui avoient eues ensemble, et qu'enfin le temps étoit passé où les affaires qu'on traitoit à Madrid étoient affoiblies ou déchirées par la longueur des conseils; que le roi d'Espagne les examinoit présentement par lui-même; que la décision de celles qui regarderoient le roi de Sicile seroit également prompte[1]; que la même diligence se trouveroit dans l'exécution, parce que le succès en dépendoit, et, par cette raison, Sa Majesté Catholique prioit le roi de Sicile d'avertir de ce qu'il feroit Patiño, intendant de l'armée d'Espagne, en sorte qu'on évitât de faire plusieurs débarquements, surtout d'artillerie, et que l'armée d'Espagne pût au plus tôt descendre au royaume de Naples. Ainsi le roi d'Espagne, ne doutant pas que le roi de Sicile ne profitât des dispositions où Sa Majesté Catholique se trouvoit à son égard, avoit, par avance, ordonné à Patiño de se conformer aux avis qu'il recevroit de ce prince, et de les suivre comme la règle la plus sûre des mouvements que l'armée auroit à faire.

Le cardinal chargea Lascaris d'envoyer cette lettre à son maître, priant Dieu, dit-il, de persuader ce prince de faire attention à des insinuations dont le seul objet étoit

---

1. *Seroient* et *promptes,* au manuscrit.

de l'agrandir et de pourvoir à sa gloire et à la sûreté de l'Italie. Il ajouta que jamais l'occasion ne seroit si belle, que si le roi de Sicile, prudent et politique, la laissoit échapper, il ne devoit pas compter de retrouver en d'autres temps un roi qui voulût bien employer ses forces et son argent dans un pays où lui-même n'avoit nulle prétention, ni de trouver auprès de ce même roi un ministre italien transporté de l'amour de sa patrie, et résolu de faire tous ses efforts pour seconder les intentions de son maître. La copie de ces deux lettres fut envoyée par Alberoni à Cellamare ; car alors le cardinal avoit une attention particulière à bien instruire l'ambassadeur d'Espagne en France des projets et des résolutions du roi son maître, l'assurant toujours que jamais ce prince n'accepteroit la proposition de la quadruple alliance, qu'il traitoit de projet inique en sa substance et indigne en sa manière. Il parut toutefois que le roi d'Espagne, quoique déterminé à le rejeter, vouloit cependant avoir un prétexte assez spécieux pour justifier envers le public le refus qu'il faisoit de concourir à la tranquillité de l'Europe, et il fit proposer au colonel Stanhope quelques changements [afin], dit Alberoni, d'adoucir Sa Majesté Catholique, et de la porter à souscrire aux engagements que la France et l'Angleterre avoient déjà pris ensemble. Le colonel, en ayant rendu compte en Angleterre, répondit, suivant les ordres qu'il en reçut, que son maître n'avoit pas osé faire savoir à Vienne que l'Espagne voulût altérer une seule syllabe dans le projet. Sur cette réponse, Alberoni déclara que le roi d'Espagne rejetoit entièrement le plan du traité, et qu'il attaqueroit l'Empereur avec toute la vigueur possible. Il dit de plus au colonel Stanhope que les marchands anglois établis en Espagne étoient comme entre les bras de l'escadre de leur nation, parce que, si elle faisoit la moindre hostilité, les effets de ces négociants seroient arrêtés sans égard au temps que le dernier traité leur donnoit pour se retirer en cas de rupture entre les deux couronnes. Malgré tant de menaces, et malgré ces déclarations si souvent répétées de la fermeté du roi d'Espagne, Alberoni n'avoit pas été sans inquiétude et sans crainte au sujet de l'offre faite au roi d'Espagne des États de Parme et de Toscane, dont la succession devoit être assurée à l'infant don Carlos. Il avoua que la tentation avoit été grande, et que l'espérance d'un tel héritage, destiné au fils de la reine d'Espagne, avoit fait une impression très-vive sur l'esprit de cette princesse. Il confia ses alarmes au duc de Parme, mais s'applaudissant en même temps d'avoir si habilement et si heureusement travaillé, qu'il avoit fait connoître à Leurs Majestés Catholiques que l'idée étoit chimérique, l'offre trompeuse et sans fondement. Après les avoir entraînés dans son sentiment, craignant apparemment quelque changement de leur part, il avoit protesté en France et en Angleterre que le roi d'Espagne ne consentiroit jamais à laisser la Sicile entre les mains de l'Empereur; enfin il avoit établi comme un principe de politique dont Sa Majesté Catholique ne devoit jamais s'écarter, que la paix avec l'Empereur lui seroit toujours préjudiciable, qu'une guerre éternelle étoit au contraire conforme aux véritables intérêts de l'Espagne, ses événements ne pouvant jamais nuire à cette couronne, au lieu qu'il en pouvoit arriver de tels que l'Empereur en recevroit un préjudice considérable.

Le temps approchoit, et le secret de l'entreprise depuis longtemps méditée par le roi d'Espagne alloit être dévoilé. On étoit près de la fin du mois de juin, et la flotte étoit prête à mettre en mer. Alberoni, sujet du duc de Parme, et parvenu par sa protection à la fortune où il étoit monté, ne lui avoit pas jusqu'alors confié l'objet de l'armement d'Espagne. Il ne lui en donna part que le 20 juin, et lui apprit que la foudre alloit tomber sur la Sicile. La raison que le roi d'Espagne avoit de s'en emparer étoit que, s'il ne s'en rendoit maître, il ne pouvoit le devenir du royaume de Naples, ni se promettre d'éviter les piéges et les tromperies ordinaires du duc de Savoie. Si Sa Majesté Catholique se faisoit un ennemi de plus, elle croyoit en être dédommagée par une conquête facile à conserver, et qui donneroit le temps de semer pendant l'hiver la discorde en France et en Angleterre ; c'est ainsi qu'Alberoni s'en expliquoit, persuadé qu'il trouveroit dans l'un et dans l'autre royaume des dispositions favorables au succès de ses intrigues, et prévenu que les mouvements dont il entendoit parler, soit en France soit en Angleterre, produiroient des révolutions.

Sur ce fondement, il pria le duc de Parme de vivre en repos, et sûr qu'il ne recevroit pas le moindre préjudice tant qu'Alberoni subsisteroit ; il promit pareillement à ce prince de faire valoir en temps et lieu ses droits sur le duché de Castro. Le cardinal comptoit déjà les Allemands chassés d'Italie, convaincu que sans leur expulsion totale cette belle partie de l'Europe ne jouiroit jamais de la paix et de la liberté. Il se donnoit pour desirer ardemment de procurer l'une et l'autre à sa patrie, nonobstant les raisons générales et personnelles qu'il avoit de se plaindre des traitements que le roi d'Espagne et lui recevoient du Pape ; car il unissoit autant qu'il étoit possible les intérêts de Leurs Majestés Catholiques aux siens, et leurs plaintes étoient, selon lui, plus vives que les siennes sur le refus des bulles de Séville. Le roi et la reine d'Espagne étoient, disoit-il, persuadés que ce refus n'étoit qu'un prétexte à de nouvelles offenses que la cour de Rome vouloit leur faire pour plaire à celle de Vienne. Ainsi Leurs Majestés Catholiques, lasses de se voir sur ce sujet l'entretien des gazettes, avoient résolu de garder désormais le silence et d'employer les moyens qu'elles jugeroient à propos à maintenir les droits de la royauté et de leur honneur, ayant toutefois peine à comprendre que le Pape vît avec tant de sérénité d'esprit une rupture entre les deux cours. Sa Sainteté, disoit le cardinal, refusoit quatre baïoques, et voyoit tranquillement la confiscation de tous les revenus des églises

vacantes en Espagne, et de ce qu'on appelle le *spoglio*[1]
des évêques chassés du royaume, sûr que, quelque
accommodement qu'il se fît à l'avenir, la chambre apostolique n'en retireroit pas un maravédis. Le scandale
d'une rupture ouverte étoit trop imminent; la patience du
roi et de la reine d'Espagne éprouvée pendant huit mois
étoit enfin à son dernier période; la modération chré-
tienne avoit suffisamment éclaté de leur part; il étoit
temps que Leurs Majestés Catholiques prissent les résolutions nécessaires pour défendre leurs droits, les souverains étant obligés en honneur et en conscience d'employer à les soutenir les moyens que Dieu leur avoit mis
en main. C'est ce qu'Alberoni disoit, et qu'il écrivoit en
même temps à Rome, pour intimider cette cour, toutefois
avec la précaution de se représenter lui-même au Pape
comme un instrument de paix, de protester qu'il n'avoit
rien omis de ce qui pouvoit dépendre de lui pour éviter
les maux qu'il prévoyoit, et que la cour de Rome s'étoit
trompée quand elle avoit regardé comme un effet d'impatience excessive les démarches qu'il avoit faites dans la
seule vue de conserver l'union entre le saint-père et le roi
catholique.

Alberoni savoit que le P. d'Aubanton, très-attentif à se
faire un mérite à Rome des saintes dispositions du roi
d'Espagne, assuroit fréquemment le Pape que ce prince
ne prendroit jamais de résolution contraire à la soumission qu'il devoit à Sa Sainteté. Le cardinal vouloit détruire cette confiance, et comme il falloit une action
d'éclat, il résolut et menaça de chasser de Madrid le
nonce Aldovrandi; c'étoit par une telle voie qu'il vouloit,
disoit-il, mériter à l'avenir, de la part du Pape, l'estime
due à un cardinal et à un gentilhomme (il étoit public
qu'il étoit de la dernière lie du peuple et fils d'un jar-
dinier) alors à la tête des affaires d'une monarchie qui
pouvoit se rendre arbitre des cours de l'Europe, puisqu'il

---

1. La dépouille.

n'avoit pu mériter par ses services (quels?) la moindre attention de la part de Sa Sainteté (qui l'avoit fait cardinal). Le pauvre nonce étoit à plaindre, mais ces termes de compassion furent les seules marques qu'il reçut de la reconnoissance d'Alberoni. La principale affaire de ce premier ministre étoit non-seulement de se venger des refus qu'il essuyoit de la part du Pape, mais encore de faire voir à Sa Sainteté qu'elle s'étoit absolument trompée en appuyant ses espérances à la cour d'Espagne sur la correspondance et sur le crédit d'Aubanton; car il étoit essentiel au cardinal d'établir à Rome qu'il n'y avoit à Madrid qu'une unique source pour les affaires, et que toutes les cours de l'Europe étoient instruites de cette vérité par la pratique et par les négociations conduites à leur fin sans qu'il en eût été parlé à âme vivante, hors à un seul.

Les dispositions du premier ministre ne laissoient pas espérer au nonce beaucoup de succès des raisons que le Pape lui avoit ordonné d'employer pour autoriser le refus des bulles de Séville. En effet, Alberoni reçut si mal ces représentations, et la conférence entre eux fut si vive, que depuis, Aldovrandi, homme sage, ne jugea pas à propos de retourner à la cour. Il falloit cependant savoir quelle résolution le roi d'Espagne prendroit après avoir su celle du Pape. Le nonce écrivit au cardinal, mais inutilement; la lettre demeura sans réponse. Ce silence fut un pronostic de ce qui devoit bientôt arriver. Le nonce, s'y préparant, avertit le Pape que, s'il étoit chassé de Madrid, il iroit directement à Rome, suivant les ordres de Sa Sainteté; qu'il croyoit cependant convenable à son service de laisser une personne de confiance à portée d'entendre les propositions que la cour d'Espagne pourroit faire, et capable d'entrer dans les expédients propres à réunir les deux cours, car il regardoit les conséquences d'une rupture comme plus fatales à la religion qu'on le pensoit peut-être à Rome, et sur ce fondement il étoit persuadé que rien ne seroit plus dangereux que de fermer toute voie à la conciliation. Il s'étoit plaint déjà plusieurs fois du peu d'égards que Rome avoit eus à ses représentations. Il enchérit encore sur les plaintes précédentes, assurant que, si la cour de Madrid en venoit aux démarches violentes qu'il prévoyoit, bien des gens verroient clair sur les fausses suppositions qu'ils avoient faites, en attribuant ses représentations à des motifs d'intérêt personnel; qu'il n'avoit rien à espérer d'Alberoni, et que, lorsqu'il avoit ménagé et cultivé sa confiance, il n'avoit eu d'autres vues que le service du saint-siége; que l'autorité étoit toute entière entre les mains de ce ministre, et son pouvoir augmenté considérablement depuis que le roi d'Espagne, attaqué de fréquentes maladies, étoit hors d'état de s'appliquer aux affaires; que ce seroit désormais mal raisonner que de compter sur la piété et sur la religion du roi catholique; que tout dépendoit d'un premier ministre vindicatif et irrité; que les ordres qu'il donneroit seroient les seuls que les troupes d'Espagne recevroient; que le secret en étoit observé si exactement, qu'on ne les savoit qu'après qu'ils étoient exécutés, et qu'enfin les dispositions étoient telles qu'il ne seroit pas surpris si les Espagnols, débarqués en Italie, faisoient quelque entreprise au préjudice de l'État ecclésiastique. La rupture prévue par le nonce arriva, et, malgré la sagesse de ses conseils, Rome et Madrid firent tomber sur lui toute l'iniquité d'un événement qu'il avoit tâché de prévenir. La nouvelle du refus des bulles de Séville fut confirmée par les lettres du cardinal Acquaviva apportées par un courrier extraordinaire. Le nonce en reçut en même temps un du Pape, et comme ce ministre n'avoit point eu de réponse à la lettre qu'il avoit écrite à Alberoni, la cour étant alors à Balsaïm, il demanda une audience au P. d'Aubanton, qui étoit demeuré à Madrid. Il dit seulement à ce religieux que, quoique ses lettres de Rome ne fussent pas encore déchiffrées, il en voyoit assez pour juger qu'il seroit obligé d'exécuter des ordres peu avantageux à la cour d'Espagne et à la personne du cardinal Alberoni. En effet, dès le lendemain, il fit fermer le tribunal de la nonciature sans en donner auparavant le moindre avis et sans faire paroître aucune marque d'égards et de respect pour le roi d'Espagne.

Alberoni affecta de répandre que ce prince étoit aussi vivement que justement indigné de la conduite du nonce, et, pour en donner une démonstration publique, Sa Majesté Catholique commanda qu'il fût gardé à vue jusqu'à ce qu'elle eût consulté le conseil de Castille, son tribunal supprimé, sur les mesures qu'elle avoit à prendre pour repousser les entreprises téméraires du ministre de la cour de Rome. Le conseil de Castille consulté fut d'avis que le roi d'Espagne devoit faire arrêter le nonce, fondé sur ce que ce ministre du Pape, n'ayant pas l'autorité par lui-même d'ouvrir le tribunal de la nonciature et ne pouvant le faire sans la permission du roi d'Espagne, ne pouvoit aussi le fermer sans la connoissance et la permission de Sa Majesté Catholique. On ne douta plus à la cour d'Espagne que la rupture, dont cette cour faisoit retomber la haine sur le Pape, ne fût depuis longtemps préméditée comme le seul moyen que Sa Sainteté et ses ministres eussent imaginé de persuader les Allemands qu'elle n'avoit aucune liaison secrète avec l'Espagne, et par conséquent nulle part aux entreprises de cette couronne en Italie. On disoit qu'il y avoit plus de trois mois que le nonce faisoit emballer ce qu'il avoit de plus précieux dans sa maison, et qu'étant dans l'habitude de faire valoir son argent, il avoit pris depuis quelque temps ses mesures pour retirer des mains des négociants les sommes qu'il leur avoit données à intérêt; on ajoutoit que le courrier dépêché de Rome au nonce avoit eu l'indiscrétion, en passant à Barcelone, de dire au prince Pio que le cardinal Albane l'avoit fait partir avec un extrême secret, qu'il lui avoit donné deux cents pistoles pour sa course, le chargeant de dire au nonce qu'ils se verroient bientôt, et de l'assurer qu'il seroit content, parce qu'il trouveroit de bons amis à Rome. Le même courrier avoit dit aux domestiques de ce prélat que les nouvelles de Rome étoient bonnes pour leur maître, et qu'il seroit bientôt élevé à la pourpre.

Alberoni chargeoit encore sur ces bruits dont il étoit le secret auteur. Il ajoutoit que les Allemands avoient reconnu qu'ils devoient gagner Aldovrandi comme un agent nécessaire pour engager le Pape à rompre avec l'Espagne, et qu'Aldovrandi, de son côté, persuadé que toute sa fortune dépendoit de se réconcilier avec la cour de Vienne, avoit oublié facilement tout ce qu'il devoit au cardinal et au confesseur, aussi bien que les protestations qu'il avoit tant de fois faites d'une reconnoissance éternelle, jusqu'au point de dire qu'étant assuré de l'amitié et de la protection du cardinal il se moquoit de ses ennemis à Rome, et ces ennemis n'étoient pas des personnages de peu de considération, car il avoit attaqué directement le cardinal Albane, il l'avoit traité de vil mercenaire des Allemands, d'homme ingrat et sans foi, qui trahissoit l'honneur de l'Église et celui du Pape, son oncle, pour l'intérêt sordide d'une pension de vingt-quatre mille écus assignée sur les revenus du royaume de Naples, dont le payement étoit suspendu toutes les fois qu'il ne servoit pas les ministres de l'Empereur à leur fantaisie. Cette accusation n'étoit ni secrète ni portée au Pape par des voies obscures. Alberoni prétendoit savoir que le nonce l'avoit écrite dans une lettre signée de lui et envoyée à Rome à dessein qu'elle fût montrée à Sa Sainteté. Il concluoit qu'un homme, si déclaré contre le cardinal neveu, n'auroit pas osé renoncer à la protection du roi d'Espagne, et tenir à son égard une conduite indigne, s'il n'étoit sûr que la protection de l'Empereur ne lui manqueroit pas au défaut de celle de Sa Majesté Catholique. C'étoit donc en se déclarant contre l'Espagne, disoit le cardinal, qu'Aldovrandi s'étoit réconcilié avec la cour de Vienne, et le Pape, au moins aussi timide que le nonce, essayoit de regagner les bonnes grâces de l'Empereur en refusant les bulles de Séville.

Ces sortes de refus étoient les voies que les ministres impériaux traçoient à Sa Sainteté pour plaire à leur maître. Ils s'étoient précédemment opposés à l'expédition des bulles qu'Alberoni avoit demandées pour l'évêché de Malaga. Leurs oppositions ayant été inutiles, ils avoient fait des instances si pressantes pour empêcher que les bulles de Séville ne fussent données, que le Pape, timide, mais toutefois ne voulant pas paroître céder aux menaces des Allemands, avoit cherché des prétextes pour autoriser le refus d'une grâce toute simple que le roi d'Espagne lui demandoit. Ces prétextes, traités à Madrid de frivoles, étoient que les évêques de Vich et de Sassari étoient chassés de leurs siéges et privés de leurs revenus; que ceux de l'église de Tarragone étoient confisqués, et qu'Alberoni en jouissoit; que ce ministre revêtu de la pourpre oublioit les intérêts de la chrétienneté[1] jusqu'au point de négocier une ligue entre le roi son maître et le Grand Seigneur. C'étoit sur ces reproches que le refus des bulles de Séville étoit fondé. Le Pape, avant de les accorder, vouloit que le roi d'Espagne rétablît les évêques de Sassari et de Vich sur leurs siéges. Il jugeoit bien que les conjonctures ne permettoient pas qu'il rétablît deux prélats manifestement rebelles. Les ministres d'Espagne lui avoient souvent exposé les raisons du roi leur maître à l'égard de l'un et de l'autre, et quant aux revenus confisqués de Tarragone, Alberoni s'étonnoit des reproches que Sa Sainteté lui faisoit sur cet article, elle qui n'avoit jamais rien dit sur la confiscation des revenus de l'église de Valence, dont plusieurs particuliers jouissoient, entre autres le cardinal Acquaviva, à qui le roi d'Espagne avoit donné une pension de deux mille pistoles sur cet archevêché. Ainsi Alberoni,

---

1. Voyez tome IX, p. 228 et note 1.

faisant tomber sur la cour de Rome toute la haine de la rupture, dit que cette cour avoit cru faire un sacrifice à celle de Vienne en ordonnant au nonce d'y procéder d'une manière offensante pour Leurs Majestés Catholiques ; qu'elles étoient indignées de la manière dont ce prélat s'étoit conduit, et que son imprudence avoit forcé le roi d'Espagne à suivre l'avis que le conseil de Castille avoit donné de le faire arrêter.

L'ordre fut envoyé en même temps au cardinal Acquaviva de signifier généralement à tous les Espagnols qui étoient à Rome d'en sortir incessamment. L'une et l'autre cour croyoit avoir également raison de se tenir vivement offensée. Si celle de Madrid se plaignoit, Rome prétendoit, de son côté, que les menaces et la conduite du roi d'Espagne ne justifioient que trop le Pape sur les délais qu'il avoit prudemment apportés à la translation que le cardinal Alberoni demandoit de l'église de Malaga en celle de Séville. C'étoit à ces mêmes menaces que Sa Sainteté attribuoit la résolution qu'elle avoit prise de refuser absolument la grâce que le cardinal prétendoit arracher d'elle en l'intimidant ; car il seroit, disoit-elle, pernicieux à l'autorité apostolique, aussi bien qu'aux lois les plus sacrées de l'Église, d'admettre et de couronner un tel exemple de violence, et la conquête de l'église de Séville étoit si différente de celle de Sardaigne, que les moyens qui avoient été bons pour l'une étoient exécrables pour l'autre. Le Pape s'expliquant ainsi protestoit qu'il n'oublieroit jamais la manière terrible dont la cour d'Espagne avoit abusé de sa crédulité l'année précédente, ni le préjudice que le saint-siége et la religion en avoient reçu. Sa Sainteté plus attentive alors aux affaires d'Espagne, et surtout aux desseins de cette couronne sur l'Italie, qu'à toute autre affaire de l'Europe, différoit de s'expliquer encore sur celle de France, et par ses délais excitoit l'impatience du nonce Bentivoglio, etc.

Cependant la flotte d'Espagne étoit en mer, et le 15 juin

elle entra dans le port de Cagliari[1]. Toute l'Italie étoit persuadée que la conquête du royaume de Naples étoit l'objet de l'entreprise du roi d'Espagne. On supputoit le temps nécessaire pour l'exécution, et on comptoit que les Espagnols ne seroient pas en état d'agir avant le 20 juillet. Les agents du roi d'Angleterre en Italie se flattoient que la flotte du roi leur maître feroit une navigation assez heureuse pour arriver avant ce terme aux côtes du royaume de Naples, et s'opposer aux desseins de l'Espagne. Le secours des Anglois étoit d'autant plus nécessaire que les Allemands ne paroissoient pas assez forts pour s'opposer avec succès au grand nombre de troupes que le roi d'Espagne avoit fait embarquer. Le comte de Thaun, vice-roi de Naples, ayant rassemblé dans un même camp toutes celles que l'Empereur avoit dans ce royaume, il s'étoit trouvé seulement six mille fantassins et quinze cents chevaux, qu'il avoit ensuite distribués dans Capoue et dans Gaëte[2] pour la défense de ces deux places. On remarqua même à cette occasion l'indifférence que la noblesse du royaume témoigna pour la domination de l'Empereur, qui que ce soit de ce corps ne s'étant fait voir au camp.

Fin des six premiers mois de l'année 1718.

CHAPITRE XI.

Scélératesses semées contre M. le duc d'Orléans; manéges et forte déclaration de Cellamare. — Manége des Anglois pour brouiller toujours la France et l'Espagne, et l'une et l'autre avec le roi de Sicile. — Cellamare se sert de la Russie; projet du Czar; son ministre en parle au Régent, et lui fait inutilement des représentations contre la quadruple alliance. — Cellamare s'applique tout entier à troubler intérieurement la France. — Le traité s'achemine à conclusion. — Manéges à l'égard du roi de Sicile. — Le Régent

1. Voyez tome XIV, p. 158, note 1.
2. Voyez tome XIV, p. 461, note 1.

parle clair au ministre de Sicile sur l'invasion prochaine de cette île par l'Espagne, et peu confidemment sur le traité. — Convention entre la France et l'Angleterre de signer le traité sans changement, à laquelle le maréchal d'Huxelles refuse sa signature; Cellamare présente et répand un peu un excellent mémoire contre le traité, et se flatte vainement. — Le ministre de Sicile de plus en plus alarmé. — Folie et présomption d'Alberoni. — Efforts de l'Espagne à détourner les Hollandois de la quadruple alliance. — Alberoni tombe rudement sur Monteleon. — Succès des intrigues de Cadogan et de l'argent d'Angleterre en Hollande. — Châteauneuf très-suspect aux Anglois, qui gardent là-dessus peu de mesures. — Courte inquiétude sur le Nord; le Czar songe à se rapprocher du roi Georges; intérêt de ce dernier d'être bien avec le Czar et d'éviter toute guerre; ses protestations sur l'Espagne. — Les Anglois veulent la paix avec l'Espagne, et la faire entre l'Espagne et l'Empereur, mais à leur mot et au sien; Monteleon y sert le comte Stanhope outre mesure. — Le Régent, par l'abbé du Bois, aveuglément soumis en tout et partout à l'Angleterre, et le ministère d'Angleterre à l'Empereur. — Embarras de Cellamare et de Provane; bruits, jugements et raisonnements vagues, instances et menées inutiles. — Menées sourdes du maréchal de Tessé avec les Espagnols et les Russes; le Régent les lui reproche. — Le Régent menace Huxelles de lui ôter les affaires étrangères, et le maréchal signe la convention avec les Anglois, à qui Châteauneuf est subordonné en tout en Hollande. — Efforts de Beretti à la Haye; embarras de Cellamare à Paris.

Six derniers mois de l'année 1718.

Pendant que le Pape, aussi bien que toute l'Europe, donnoit sa principale attention aux desseins de l'Espagne prêts à éclore, et aux succès qu'auroient les entreprises de cette couronne, Bentivoglio, nonce de Sa Sainteté à Paris, occupé des affaires de la constitution, condamnoit le silence de Sa Sainteté, et ne cessoit de lui représenter, etc.

La conservation si précieuse de la personne sacrée du Roi étoit aussi ce qui servoit de prétexte au discours que les malintentionnés répandoient sans beaucoup de ménagement pour alarmer le public et pour l'animer contre M. le duc d'Orléans. Les faux bruits qu'ils suscitoient étoient fomentés par Cellamare, ambassadeur d'Espagne à Paris. Son but apparent étoit d'empêcher la conclusion de la quadruple alliance, et pour y réussir, il se croyoit tout permis. Il crut qu'il n'avoit pas un moment à perdre quand il vit arriver à Paris le comte Stanhope, secrétaire d'État et ministre confident du roi d'Angleterre. Comme il devoit ensuite passer à Madrid, Cellamare se donna de nouveaux mouvements, non-seulement auprès des ministres étrangers, mais encore dans l'intérieur du royaume pour traverser l'union et la consommation des projets du Régent et du roi d'Angleterre. Cellamare, immédiatement après l'arrivée du comte de Stanhope, déclara que si le Régent entroit dans les propositions de cette couronne au sujet de la quadruple alliance ou dans quelque autre engagement contraire aux dispositions du roi d'Espagne, les liaisons que prendroit Son Altesse Royale produiroient une rupture ouverte entre Leurs Majestés Catholiques et elle, des maux infinis à la couronne de France, aussi bien qu'à celle d'Espagne, et certainement un préjudice égal aux intérêts particuliers et personnels de l'un et de l'autre de ces princes. Provane, ministre de Savoie, excité par Cellamare, fit ses représentations avec tant de force que tous deux se flattèrent que le Régent s'étoit borné à donner à Stanhope de bonnes paroles, et que Son Altesse Royale, sans rien conclure, gagneroit du temps, remettant à décider jusqu'à ce qu'elle eût reçu les réponses de Vienne, et vu quel seroit le succès de l'arrivée de la flotte d'Espagne aux côtes d'Italie, et du débarquement des troupes espagnoles. Il ne tenoit qu'à Cellamare de se détromper de ces idées. Stanhope qu'il vit ne lui dissimula pas ses sentiments ; il parut défenseur très-âcre du projet de la quadruple alliance, regardée pour lors comme le moyen infaillible de maintenir la paix de l'Europe.

Cellamare déploya son éloquence pour combattre ce plan et pour en faire voir l'injustice ; il ne réussit qu'à s'assurer que Stanhope, ainsi que les autres ministres anglois, s'étudioit à semer la jalousie entre les cours de France et d'Espagne, et que, dans la vue de les priver l'une et l'autre des secours du roi de Sicile, ses artifices tendoient à rendre ce prince également suspect à Paris et à Madrid. Il en avertit Provane, qui d'ailleurs parut alarmé par les discours positifs que tenoit le ministre d'Angleterre, car il assuroit sans le moindre doute que le roi d'Espagne accepteroit sans hésiter le projet qu'il alloit incessamment lui porter. Stanhope prétendoit le savoir certainement de l'envoyé du roi son maître à Madrid. Il ajoutoit avec la même certitude que Sa Majesté Catholique abandonneroit les intérêts du roi de Sicile, et que pour le dépouiller de son nouveau royaume elle uniroit ses armes à celles des alliés, si le roi d'Angleterre se relâchoit sur l'article de la Sardaigne. Cellamare fit encore agir l'envoyé de Moscovie. Le Czar, impatient de faire figure en Allemagne et de se mêler des affaires de l'Empire, prétendoit réussir en son dessein en se liant au roi de Suède, et prenant pour prétexte de soutenir les droits du duc de Mekelbourg. Il étendoit encore ses vues plus loin : son intention étoit de se venger du roi d'Angleterre, en faisant valoir les droits du roi Jacques. Il vouloit porter ce prince à la guerre en Écosse, le soutenir par une armée de soixante mille hommes, pendant que le Czar maintiendroit pour l'appuyer une flotte de quarante navires de ligne dans la mer Baltique et plusieurs galères.

Ce projet étant concerté avec le roi de Suède qui n'étoit pas moins irrité contre le roi Georges, et qui ne desiroit pas moins se venger de sa perfidie que le Czar, Cellamare avoit, par ordre de son maître, fait passer un émissaire secret à Stockholm, et cependant l'union étoit intime entre le ministre d'Espagne et celui de Moscovie, résidents tous deux à Paris. Ce dernier parla donc au Régent dans les termes que lui prescrivit Cellamare, et pour appuyer les représentations qu'il fit à Son Altesse Royale contre la quadruple alliance, il l'assura que tout étoit disposé à former incessamment une alliance entre les princes du Nord, qui seroit également utile à la France et au maintien de la paix, puisqu'elle empêcheroit également et l'Empereur et le roi d'Angleterre de troubler l'une et l'autre; qu'il seroit, par conséquent, plus utile au Roi et plus avantageux de favoriser ces liaisons et d'y entrer, que de persister à soutenir le projet proposé par le roi d'Angleterre. Ces représentations inutiles furent éludées par une réponse douce et honnête du Régent, dont l'envoyé de Moscovie ne fut pas content. Il pria Cellamare d'en informer le roi d'Espagne, et de lui demander des ordres positifs aussi bien que des pouvoirs, pour traiter ensemble quand les réponses du Czar arriveroient, et pour former une ligue capable de tenir tête à celle des François et des Anglois, puisqu'on ne pouvoit plus douter que le projet pernicieux de la France et de l'Angleterre n'eût incessamment son exécution. Les Hollandois commençoient même à se montrer plus faciles, et les ministres de la régence, voyant la conduite de l'ambassadeur de France à la Haye, sembloient se laisser entraîner au torrent.

Cellamare commençoit donc à réduire et à fonder ses espérances uniquement sur les dispositions qu'il croyoit voir en France en faveur du roi d'Espagne. Il ramassoit les discours qu'on tenoit dans le public, et, soit pour plaire à Sa Majesté Catholique, soit pour faire sa cour à Alberoni, il assuroit que les François parloient avec autant de joie que d'étonnement de la flotte que l'Espagne avoit mise en mer, que les vœux publics étoient pour le succès heureux de cette entreprise, et que, si la cour pensoit différemment, les intérêts particuliers de ceux qui gouvernoient n'empêchoient pas la nation de faire voir ses sentiments. Dans ces favorables dispositions, Cellamare continuoit, disoit-il, de cultiver la vigne sans toutefois porter la main à cueillir les fruits qui n'étoient pas encore mûrs. On vendoit déjà publiquement les premiers raisins destinés à adoucir la bouche de ceux qui devoient tirer le vin, on se disposoit ensuite à porter chaque jour au marché les autres qui demeuroient sur la paille. C'étoit sous ces expressions figurées que Cellamare cachoit ses manéges secrets, mais il ne dissimuloit pas l'espérance qu'il avoit conçue d'une division prochaine entre la cour et le Parlement, dont il se persuadoit que les suites éclatantes produiroient de grands changements. Il comptoit que le Parlement étoit appuyé par le duc du Maine, le comte de Toulouse et les maréchaux de Villeroy et de Villars, et qu'enfin, dans la disposition où les esprits étoient, le Régent craindroit au moins autant que les Anglois d'en venir à une rupture ouverte avec l'Espagne, événement que les ministres de Sa Majesté Catholique croyoient que le roi d'Angleterre éviteroit avec la dernière attention, persuadés même que le voyage du comte de Stanhope à Madrid étoit une preuve du desir que la cour d'Angleterre avoit de trouver quelque expédient pour n'en pas venir à une rupture, qui certainement déplairoit fort à la nation angloise.

Cette crainte faisoit peu d'impression sur l'esprit du Régent et du roi Georges. Stanhope régla les articles du traité; les difficultés qui suspendoient son exécution s'aplanirent. La principale étoit celle qui regardoit les garnisons qui seroient mises dans les places de Toscane. Le ministre d'Angleterre le dressa de manière qu'il ne douta plus qu'elle ne dût passer, au moyen des ménagements qu'il se flattoit d'y avoir apportés. L'ambassadeur de l'Empereur en parut content, et comme la satisfaction de ce prince étoit le point de vue du roi d'Angleterre, Stanhope crut tout achevé si le traité plaisoit à la cour de Vienne. Il s'embarrassoit beaucoup moins de celle d'Espagne, et si Alberoni prétendoit exécuter les menaces qu'il avoit faites de se porter aux dernières violences à l'égard des Anglois, négociants en Espagne, l'expédient dont le ministre d'Angleterre prétendoit user pour réprimer ces violences étoit d'en informer sur-le-champ l'amiral Bing. Il falloit aussi rompre toute intelligence entre le roi d'Espagne et le roi de Sicile, car il étoit assez incertain quelles liaisons ces princes pouvoient avoir prises ensemble.

Le roi de Sicile, aimant toujours à négocier, avoit eu à Madrid des ministres avec caractère public, et plusieurs agents secrets. Provane étoit encore à Paris, sans caractère, mais très-attentif à toutes les démarches de Stanhope, et très-exact à faire savoir à son maître ce qu'il pouvoit en découvrir. Il croyoit encore que l'intérêt de ce prince et celui du roi d'Espagne étoit le même, et par cette raison, il cultivoit avec soin l'ambassadeur d'Espagne. Ce dernier étoit persuadé de son côté que le roi son maître devoit ménager le roi de Sicile, et sur ce fondement, il n'oublioit rien pour fortifier Provane dans les sentiments qu'il témoignoit, et pour le mettre en garde contre les artifices qu'il disoit que la France et l'Angleterre employoient pour semer les soupçons et faire naître la mauvaise intelligence entre la cour de Madrid et celle de Turin. Il fit donc voir à Provane la réponse nette et décisive qu'Alberoni avoit rendue au colonel Stanhope au sujet du projet du traité. Cette preuve toutefois ne fut pas assez forte pour déraciner les défiances d'un ministre du duc de Savoie, et Provane, persuadé qu'il convenoit aussi au roi d'Espagne d'être parfaitement uni avec le roi de Sicile, douta néanmoins si Sa Majesté Catholique s'intéresseroit pour lui vivement et sincèrement. Stanhope ne manqua pas d'ajouter par ses discours de nouvelles inquiétudes à celles que Provane lui fit paroître. Il lui dit que ce prince devoit craindre les promesses trompeuses d'Alberoni ; que le roi d'Espagne auroit déjà souscrit au projet de paix si la cession de la Sardaigne eût été ajoutée en sa faveur aux conditions proposées à Sa Majesté Catholique. Stanhope ajouta qu'Alberoni en avoit fait la confidence au colonel Stanhope, son cousin, envoyé d'Angleterre à Madrid, offrant même d'accepter encore, nonobstant le débarquement que la flotte d'Espagne avoit peut-être fait alors en Italie ; qu'il avoit dit de plus que cette flotte se joindroit à l'escadre angloise pour faire ensemble la conquête de la Sicile. Provane étonné combattit le discours de Stanhope, en disant que

Cellamare lui avoit communiqué les lettres d'Alberoni, directement contraires aux relations du colonel Stanhope. Le comte de Stanhope répondit qu'Alberoni tenoit deux langages ; qu'il tromperoit les Anglois si la flotte réussissoit ; que, si l'entreprise manquoit, le roi de Sicile seroit sacrifié ; que d'ailleurs un prince si prudent, si éclairé, devoit connoître qu'il ne pouvoit espérer aucun avantage solide en Italie de l'union qu'il formeroit avec l'Espagne, parce que l'année suivante l'Empereur se vengeroit des liaisons prises à son préjudice ; que l'unique voie d'obtenir des avantages dont la durée seroit sûre étoit d'entrer dans l'alliance proposée.

Le Régent parla plus clairement encore à Provane, et voyant qu'il flottoit encore entre les derniers discours du comte de Stanhope et les assurances contraires d'Alberoni, lui offrit de parier que la flotte d'Espagne faisoit voile vers la Sicile, et qu'elle débarqueroit sur les côtes de cette île. Ce prince ajouta qu'on soupçonnoit le roi de Sicile d'être en cette occasion de concert avec le roi d'Espagne, et même disposé de remettre entre les mains des Espagnols quelques places de Sicile pour la sûreté du traité. Provane, surpris, voulut effacer un tel soupçon comme injurieux à son maître. Il assura que ce prince seconderoit de toutes ses forces l'opposition que le Régent apporteroit aux desseins du roi d'Espagne si Son Altesse Royale vouloit en concerter les moyens ; mais elle répondit qu'elle régleroit ses démarches suivant les événements que produiroient l'entreprise de la flotte d'Espagne, la paix de l'Empereur avec les Turcs, et la ligue du Nord ; que, jusqu'au dénouement de ces grandes affaires, il ne convenoit pas aux intérêts du Roi de prendre aucun parti décisif ; que, sur ce fondement, elle venoit de déclarer au comte de Stanhope qu'elle ne signeroit la quadruple alliance qu'après que l'Empereur se seroit désisté de la difficulté qu'il formoit sur le projet de la paix, et qu'après que les Hollandois se seroient engagés dans l'alliance comme garants des promesses du roi d'Angleterre ; elle ajouta qu'elle prévoyoit qu'ils auroient peine à s'en charger, et que, d'un autre côté, elle trouveroit les Anglois opposés à rompre les premiers avec l'Espagne, et retenus par la crainte d'exposer leur commerce. Tout étoit cependant réglé entre les cours de France et d'Angleterre, on s'obligeoit de part et d'autre à signer une convention portant que le Roi et le roi d'Angleterre ne souffriroient aucun changement au projet du traité de paix. Il devoit être inséré de mot à mot dans la convention, aussi bien que la promesse de le signer dès que le ministre de l'Empereur à Londres auroit pouvoir de le signer pareillement au nom de son maître.

Ce fut à cette occasion que le maréchal d'Huxelles, président du conseil établi pour les affaires étrangères, refusa sa signature. Le comte de Cheverny, conseiller du même conseil, qui subsistoit encore, se montra plus facile. L'ambassadeur d'Espagne, persuadé des dispositions du premier, comptoit toujours que les sollicitations de Stanhope seroient infructueuses, et que la cour de France étoit encore éloignée de souscrire à la quadruple alliance. Il voyoit cependant, disoit-il, un nuage épais et noir, qu'il falloit dissiper ; mais se confiant en son éloquence, il se flatta d'éclaircir les ténèbres par un mémoire qu'il fit pour combattre les oppositions d'Angleterre, et la négociation qu'il s'agissoit alors de conclure. On disoit à Paris qu'elle l'avoit été peu de jours auparavant dans un souper que le Régent avoit donné à Stanhope au château de Saint-Cloud. Cellamare ne le pouvoit croire, persuadé que Son Altesse Royale attendoit le retour d'un courrier dépêché à Vienne, et que jusqu'à son arrivée, les instances de Stanhope n'ébranleroient pas la volonté du Régent. Ainsi le moment lui parut propre à communiquer à Son Altesse Royale, ensuite aux maréchaux d'Huxelles et de Villeroy, le mémoire qu'il avoit fait contre les propositions du ministre d'Angleterre. Outre la force des raisons contenues dans ce mémoire, Cellamare espéroit beaucoup du secours des ministres de Moscovie et de Sicile. Le premier s'opposoit ouvertement à la quadruple alliance jusqu'au point d'avoir présenté un mémoire au Régent pour la combattre. Le second n'avoit rien oublié pour détourner Son Altesse Royale de s'unir si étroitement avec les Anglois. Il avoit peint le génie et les maximes de la nation avec les couleurs qui convenoient le mieux pour détourner tout François de prendre confiance en elle; mais la ferveur de Provane se ralentissoit, il ne savoit plus quel langage il devoit tenir, et depuis quelques jours il paroissoit tout hors de lui, et consterné d'avoir appris de Stairs que la flotte d'Espagne faisoit voile vers la Sicile.

Cellamare n'avoit pu opposer aux assurances certaines de Stairs que des raisonnements vagues et des présomptions, que les forces d'Espagne n'agiroient que de concert avec le roi de Sicile, avouant au reste qu'il ignoroit absolument les ordres dont les commandants de la flotte et des troupes étoient chargés. Il étoit vrai qu'Alberoni ne l'en avoit pas instruit; mais il lui avoit communiqué, sous un grand secret et par des voies détournées, les propositions dures que le roi d'Espagne avoit faites au roi de Sicile, et Cellamare avoit pénétré que, nonobstant le secret qui lui étoit recommandé, le Régent avoit eu connoissance de ces propositions. Ce ne pouvoit être par la cour de Turin, car alors le roi de Sicile se flattoit encore de réussir dans sa négociation à Madrid; il croyoit avoir fait toutes les offres que le roi d'Espagne pouvoit attendre et desirer de sa part, et si le roi d'Espagne avoit gardé si longtemps le silence, le roi de Sicile ne sembloit l'attribuer qu'au desir qu'il avoit de voir, avant de conclure, quel seroit le succès de ses premières expéditions. Il étoit persuadé, et même plusieurs ministres d'Espagne croyoient pareillement que, sans une union intime avec lui, l'Espagne ne réussiroit pas dans ses projets; que si l'intelligence étoit bien établie, et les entreprises faites de concert, le Milanois seroit bientôt enlevé aux Impériaux, qui déjà même songeoient à retirer leurs troupes à

Pizzighittone et à Mantoue. Mais Albcroni, prévenu de ses propres talents, enivré de ce qu'il croyoit avoir fait pour l'Espagne, comptoit de pouvoir se passer de l'alliance et des secours de tous les potentats de l'Europe; sûr du succès de ses projets, il n'étoit plus occupé que de savoir ce qu'on disoit de lui dans les pays étrangers. Il espéroit que sa curiosité seroit payée par les louanges qu'on donneroit de toutes parts à ses lumières, à sa vigilance, à son activité, et par la comparaison flatteuse que chacun selon lui devoit faire de la misère précédente où les rois d'Espagne s'étoient vus depuis longtemps réduits, avec l'état de splendeur, de force et de puissance où ses soins avoient enfin fait remonter le roi Philippe. C'étoit aux talents d'un tel ministre, infiniment supérieur dans sa pensée à tous ceux qui l'avoient précédé en de pareils postes, que Sa Majesté Catholique devoit, disoit-il, le bonheur d'être désormais regardée avec respect et non traitée comme un petit compagnon.

Il vouloit que ces hautes idées fussent principalement données en Hollande, parce que l'accession de la République à la quadruple alliance étoit toujours douteuse. Ainsi Cellamare, Monteleon et Beretti, comme étant les ministres du roi d'Espagne qui se trouvoient le plus à portée d'agir utilement auprès des états généraux, soit par écrit, soit par leurs discours, reçurent des ordres nouveaux et pressants d'employer tout leur savoir-faire pour exciter toute l'attention de la République sur les suites funestes qu'elle devoit craindre pour son gouvernement, si elle se laissoit entraîner aux sollicitations qu'on ne cessoit de lui faire d'entrer dans la quadruple alliance. Ces ministres devoient en parler sans ménagement comme d'un projet injuste, abominable, criminel, dont l'unique but étoit de soutenir les intérêts particuliers et personnels du roi Georges et ceux du Régent; projet si détestable, disoit Alberoni, que l'univers étoit étonné que la Hollande l'eût seulement écouté; que bientôt elle s'en repentiroit et confesseroit humblement qu'en l'écoutant seulement elle se mettoit la corde au cou. Ces invectives, et tant d'épithètes que la passion dictoit à Alberoni, seroient cependant tombées, même de son aveu, si les Anglois eussent offert la restitution de Gibraltar ; mais, pour l'obtenir, il falloit, suivant la pensée d'Alberoni, un ambassadeur à Londres plus fidèle à son maître que Monteleon ne l'étoit au roi d'Espagne. Le cardinal l'accusoit de faire en Angleterre le métier de marchand bien plus que celui de ministre. Il lui reprochoit de dire que l'air de Londres lui étoit mauvais, que sa santé y dépérissoit, prétexte qu'il cherchoit pour aller jouir quelque part en repos de ses gains illicites, aussi condamnable dans sa sphère que l'étoit dans la sienne Cadogan, insigne voleur, fripon achevé, qui avoit enlevé de Flandres plus de deux cent mille pistoles, indépendamment des autres vols ignorés, enfin vrai ministre d'iniquité.

Pendant qu'Alberoni déclamoit à Madrid, Cadogan agissoit en Hollande, et pour engager cette république à souscrire à la quadruple alliance, il n'épargnoit ni présents ni promesses. Les parents de sa femme, puissants à Amsterdam, travailloient à rendre utiles les moyens qu'il mettoit en usage pour assurer les succès de ses négociations. Les personnes privées, les magistrats même, touchés de l'appât d'un gain que peut-être ils ne croyoient pas contraire aux intérêts de leur patrie, se permettoient sans scrupule d'agir et de conseiller au préjudice de l'Espagne. Beretti, malgré sa vivacité, cédoit à la nécessité du temps ; il conseilloit à son maître de dissimuler, de suspendre tout ressentiment, et de remarquer seulement ceux qui, dans ces temps difficiles, feroient paroître de bonnes intentions. Il mettoit dans ce nombre van der Dussen, chef de la députation de la province de Zélande, qui tout nouvellement l'avoit assuré que cette province desiroit toutes sortes d'avantages au roi d'Espagne, et que l'expérience feroit voir comment elle se comporteroit. Beretti s'appuyoit encore sur l'éloignement et sur la crainte que la province d'Hollande et la ville d'Amsterdam en particulier avoient témoignés[1] jusqu'alors, d'engager la République à soutenir une partie des frais de la guerre que le traité proposé pourroit entraîner, d'autant plus que ces dépenses retomberoient principalement sur la ville et sur la province, qui, dans les répartitions, supportent toujours le poids le plus pesant des charges de l'État.

En effet, il s'étoit tenu quelque temps auparavant une conférence entre les deux ministres d'Angleterre en Hollande, Pancras, bourgmestre régent, et Buys, pensionnaire de la ville d'Amsterdam. Ce dernier avoit représenté aux Anglois qu'une des clauses du projet de l'alliance portoit : « Que si malheureusement toutes les conditions n'étoient pas acceptées, les alliés prendroient les mesures convenables pour en procurer l'accomplissement, et le rétablissement du repos de l'Italie ; » qu'une telle clause causoit une juste inquiétude aux Provinces-Unies, en leur donnant lieu de craindre qu'elles ne fussent liées et forcées d'entrer dans toutes les mesures que l'Angleterre proposeroit dans la suite. Pancras et Buys protestèrent qu'un pareil scrupule venoit moins d'eux que des autres députés, mais qu'il étoit absolument nécessaire de le lever. Les ministres anglois condescendirent à la proposition des deux magistrats, et pour dissiper l'alarme des Provinces-Unies, ils assurèrent qu'elles ne seroient engagées, en cas de refus, qu'à réunir leurs soins, leurs instances, leurs démarches, avec les alliés, et concerter avec eux les mesures qui seroient jugées les plus convenables ; qu'elles auroient, par conséquent, une entière liberté d'agréer ou de rejeter les mesures qu'on leur proposeroit, aussi bien que de proposer celles qu'ils croiroient plus conformes, soit à l'intérêt de leur État, soit à l'accomplissement du principal objet du traité. Une telle déclaration, faite verbalement aux députés des affaires secrètes, parut suffisante pour calmer les soup-

---

1. *Témoigné*, sans accord, au manuscrit.

çons des esprits foibles et difficultueux, et pour engager la province d'Hollande à souscrire au traité. Ce pas fait, les Anglois se promettoient que les états généraux se trouveroient trop engagés pour reculer. Ils étoient contents de la franchise et de la bonne volonté de Pancras et de Buys; ils ne le furent pas moins de celle de Duywenworden, appelé depuis à la consultation de la même affaire. Tous convinrent unanimement qu'il ne suffisoit pas que l'Angleterre seule fît la déclaration proposée; qu'il étoit nécessaire que la France la fît en même temps par son ambassadeur. Ils crurent que Châteauneuf ne répugneroit pas à la faire telle qu'ils la desiroient, parce qu'il avoit déjà dit aux députés d'Amsterdam l'équivalent de ce qu'on lui demandoit. Mais, s'agissant de faire une déclaration au nom du Roi, ils comprirent que le ministre de Sa Majesté avoit besoin d'un ordre particulier et précis, pour s'en expliquer avec les députés aux affaires secrètes, et pour obtenir cet ordre du Régent, ils avertirent les ministres du roi d'Angleterre à Londres qu'il étoit nécessaire d'engager l'abbé du Bois d'en écrire fortement à Son Altesse Royale. Les intentions et la conduite de Châteauneuf leur étoient fort suspectes; ils observoient jusqu'à ses moindres démarches. S'il dépêchoit un courrier en France, ils l'accusoient de travailler secrètement à séduire la cour par de fausses représentations. Il parut en Hollande un écrit contre l'alliance; le nommé d'Épine, agent du duc de Savoie auprès des états généraux, passa pour en être l'auteur; les ministres anglois répandirent qu'il avoit été composé de concert avec l'ambassadeur de France, et que son neveu jésuite avoit eu part à l'ouvrage. Ils se plaignirent ouvertement des discours que Châteauneuf avoit tenus au greffier Fagel, prétendant que ce ministre avoit dit que les changements étoient si fréquents en Angleterre que le Régent ne pouvoit compter sur les secours de cette couronne, et qu'il seroit contre la prudence d'entrer en des engagements qui certainement conduiroient la France à la guerre, si les états généraux ne se lioient avec elle. Châteauneuf leur avoit dit à eux-mêmes que le Roi comptoit que la République entreroit ouvertement et franchement dans la dépense et les risques, et comme le Régent devoit donner son bon argent, il s'attendoit aussi que l'État en devoit faire de même quant à sa proportion; que jamais Son Altesse Royale ne se seroit embarquée en cette affaire si elle n'avoit été positivement assurée qu'il en seroit ainsi. Sur de tels discours les Anglois se crurent en droit de dire que Châteauneuf avoit prévariqué, car enfin c'étoit un crime, à leur avis, de presser les états généraux de consentir à ce qui devoit être réservé pour faire la matière des articles secrets, avant que la République eût pris sa résolution sur l'alliance; c'étoit agir contre les mesures prises, c'étoit gâter les affaires en Hollande, où le moyen infaillible de les perdre étoit de les précipiter; un négociateur habile et sincère devoit savoir qu'on ne pouvoit amener l'État que par degrés à consentir au projet du traité; il devoit agir sur ce principe, et par conséquent Châteauneuf n'étoit pas excusable, puisqu'il savoit que les députés d'Amsterdam entendoient que leurs signatures les engageoient à prendre part à toutes les mesures qu'on jugeroit nécessaires pour l'exécution du traité, toutefois autant que leurs divisions et le mauvais état de leurs finances le pourroient permettre. Nonobstant cette clause, qu'on pouvoit effectivement regarder comme un moyen que le roi d'Angleterre laissoit aux Hollandois de s'exempter de toute contribution aux frais de la guerre que le traité pouvoit exciter, les ministres de ce prince ne pouvoient pardonner à Châteauneuf d'avoir laissé entendre au Régent que les états généraux, entrant dans le traité, ne seroient tenus qu'à la simple interposition de leurs bons offices. C'étoit à leur avis un crime à l'ambassadeur de France d'avoir donné lieu par sa conduite et par ses discours aux soupçons injurieux formés contre la pureté des intentions du Régent; ils assurèrent le roi leur maître que la déclaration demandée par quelques députés étoit un acte qui n'engageoit ni la France ni l'Angleterre, qu'il n'en avoit pas même été fait mention sur le registre des états; que le pensionnaire avoit seulement spécifié dans ses notes particulières, au bas du registre, en quels termes les députés desiroient que la déclaration fût conçue. Les termes étoient les suivants :

« Que si, contre toute attente, les rois d'Espagne et de Sicile refusoient d'accepter les conditions stipulées pour eux dans ledit traité, et qu'il fût nécessaire de prendre des mesures ultérieures, les états généraux seroient dans une entière liberté de délibérer par rapport auxdites mesures, comme ils étoient avant que d'avoir signé le traité. »

Ainsi, disoient Cadogan et Widword, c'étoit une malice noire et un dessein formé d'embrouiller le traité que le retardement que Châteauneuf apportoit à s'expliquer comme eux aux députés des affaires secrètes; qu'un tel retardement pouvoit faire naître des jalousies incroyables; et, sur ce fondement, ils pressèrent le roi leur maître de solliciter vivement cette déclaration de la part de la France, comme un moyen nécessaire pour fixer enfin l'incertitude de quelques provinces qui hésitoient encore de signer le projet de l'alliance, quoique la plus grande partie des députés des principales villes de Hollande fussent autorisés à consentir au traité. Le pensionnaire Heinsius et les autres ministres de Hollande qu'on avoit toujours regardés comme amis et partisans de l'Angleterre, employoient tous leurs soins à vaincre la répugnance de quelques magistrats d'Amsterdam, trop persuadés que, le principal bien de la République consistant à demeurer en repos, il ne lui convenoit pas de s'engager dans les nouveaux embarras que le projet dont il s'agissoit pouvoit produire. Quelques autres magistrats des autres grandes villes de la province d'Hollande étoient aussi de la même opinion. Il falloit ramener ces esprits difficiles et leur inspirer avant l'assemblée des états de la province l'unanimité de sentiments pour concourir tous à l'acceptation du traité.

Chaque jour la chose devenoit plus pressante : car alors le Czar inquiétoit toutes les puissances du Nord par les mouvements qu'il faisoit faire à sa flotte. Le roi d'Angleterre et les Hollandois étoient également alarmés des apparences qu'ils croyoient voir à une paix prochaine, suivie de liaisons secrètes entre le roi de Suède et le Moscovite. Quelques voyages du baron de Gœrtz, ministre confident du roi de Suède, autorisoient les soupçons qu'on avoit d'une alliance entre ces deux princes, et de la jonction de leurs flottes. L'ambassadeur d'Espagne en Hollande se flattoit plus que personne d'une diversion du côté du Nord, et s'attribuoit tout le mérite de ce qu'elle produiroit de favorable aux intérêts de son maître, se donnant aussi la gloire de l'incertitude et même de la répugnance que la province d'Hollande témoignoit à l'acceptation du traité, chaque fois que les états de la province se séparoient sans avoir de résolution sur ce sujet. Mais l'inquiétude que les négociations secrètes entre le roi de Suède et le Czar avoient causée cessa bientôt. Le Czar ne vouloit pas abandonner le roi de Prusse, et le roi de Suède refusoit alors de traiter avec les amis du Czar. La conjoncture n'étoit pas favorable pour retirer ce que le roi de Prusse avoit acquis en Poméranie. Le roi de Suède, attendant un moment heureux, ne put s'accorder avec les Moscovites. Ainsi le Czar, changeant de pensée, fit quelques démarches pour se réconcilier avec le roi d'Angleterre. Rien n'étoit plus à souhaiter pour le roi Georges. Il n'y avoit qu'à perdre pour lui et pour les Anglois dans une guerre contre la Moscovie; les conséquences en pouvoient être fatales à ses États d'Allemagne, et quant aux Anglois, elle ruinoit sans profit un commerce avantageux à la nation. Il étoit d'ailleurs de l'intérêt de ce prince de conserver la paix en Europe, et la guerre pouvoit donner lieu à des révolutions dans la Grande-Bretagne. Persuadé de cette vérité,

il témoignoit un desir ardent d'éviter toute rupture avec
l'Espagne. Il vantoit les bons offices qu'il avoit rendus à
cette couronne pour établir la paix générale en Europe.
Il se plaignoit des mauvais traitements qu'il recevoit de
la cour d'Espagne, en échange de ses attentions et de ses
empressements pour elle. Mais il s'en plaignoit tendrement, et Stanhope eut ordre de mesurer les discours qu'il
tiendroit à Madrid, et de faire ses représentations de manière que le roi d'Espagne, persuadé des bonnes raisons
et de l'amitié du roi d'Angleterre, voulût bien se porter à
changer de conduite à son égard. Nancré étoit suspect
aux ministres d'Angleterre. Stanhope eut ordre de le
prier d'être témoin des représentations qu'il feroit, et de
l'accompagner à l'audience d'Alberoni. Monteleon, ami de
Stanhope, soupçonné même d'être intéressé à plaire au
roi d'Angleterre et à ses ministres, n'avoit rien oublié
pour préparer au négociateur un accueil favorable à la
cour de Madrid, persuadé d'ailleurs qu'il se ressentiroit à
Londres de la manière dont ce comte, ministre confident
du roi d'Angleterre, seroit reçu en Espagne. Il assura
donc, sur sa propre connoissance, que le comte de Stanhope avoit toujours été particulièrement porté pour les
intérêts de l'Espagne, qu'il les regardoit comme inséparables de ceux de l'Angleterre, et sur la foi de Craggs,
l'autre secrétaire d'État d'Angleterre, il répondit hardiment que le motif du voyage de Stanhope à Madrid étoit
de porter à Sa Majesté Catholique non-seulement des
assurances, mais des preuves de l'amitié que le roi d'Angleterre avoit pour elle, et de l'attention très-particulière
de ce prince aux intérêts de l'Espagne. Ainsi, dans cette
vue, Stanhope tenteroit tous les moyens possibles pour
établir la tranquillité publique par une paix stable entre
l'Empereur et le roi d'Espagne; autrement un ministre
de cette sphère demeureroit tranquillement auprès de
son maître et ne s'exposeroit pas aux risques d'une
longue absence, simplement pour être porteur de propositions peu convenables à l'honneur et à la satisfaction

d'un grand roi tel que le roi d'Espagne, et par ces considérations Monteleon conclut que ce voyage ne pouvoit causer aucun préjudice à l'Espagne. Toutefois, exagérant l'affection singulière du roi Georges aussi bien que son zèle et la droiture de ses intentions pour la paix, il avoit dit très-clairement, et comme une preuve incontestable des sentiments de ce prince, qu'il se déclareroit ennemi de celui qui refuseroit d'accepter la proposition qu'il avoit faite.

Le public avoit lieu de juger que le refus ne viendroit pas de la part de l'Empereur, et Monteleon, bien instruit de l'état des affaires de l'Europe, auroit eu peine à penser différemment. Mais comme il lui convenoit que le roi son maître fût persuadé de la sincérité du roi d'Angleterre et de ses ministres, il assura que la menace de ce prince regardoit uniquement la cour de Vienne, fondé sur ce que Craggs avoit dit, que cette cour étoit inflexible sur les conditions du projet, qu'elle refusoit opiniâtrément les sûretés demandées pour les successions de Parme et de Toscane, qu'elle rejetoit avec une hauteur égale les changements proposés, enfin les autres conditions jugées si nécessaires, que sans elles les médiateurs ne pouvoient se charger de faire exécuter les traités; mais que, si elle se rendoit trop difficile, flattée par l'espérance d'une paix prochaine avec les Turcs, ses prétentions étant connues, le plan seroit facile à changer; qu'alors le roi d'Espagne connoîtroit l'injustice de ceux qui lui dépeignoient le ministère d'Angleterre comme partial pour l'Empereur. Il y a des moments où les princes le plus liés d'intérêts pensent différemment, mais l'union entre eux est intime. Cette diversité de sentiments n'est qu'un nuage qui obscurcit la lumière du soleil pendant quelques instants, sans l'éteindre. Le conseil de Vienne avoit fait plusieurs changements au projet envoyé de Londres. Les ministres anglois avoient désapprouvé cette contradiction de la part des Allemands, mais les ratures faites ensuite par les ministres d'Angleterre ne pouvoient altérer l'union

entre les deux cours; et celle de Londres, travaillant
uniquement pour la grandeur et les avantages de la
maison d'Autriche, étoit bien assurée que l'Empereur
seroit docile à ses décisions : elle n'étoit pas moins sûre
de la docilité de la France. L'abbé du Bois avoit déclaré
qu'elle feroit tout ce que voudroit le roi d'Angleterre, que
le Régent lui commandoit de signer tout ce que Sa
Majesté Britannique jugeroit à propos de lui prescrire.
Ainsi les ministres d'Angleterre, maîtres de la conclusion,
ne la différoient que pour essayer d'amener l'Empereur
à se désister des conditions qu'il avoit ajoutées au projet,
ou pour se faire honneur des tentatives, même inutiles,
qu'ils feroient encore à Vienne; mais qui que ce soit ne
croyoit que cette cour consentît à la condition que la
France demandoit, comme condition capitale, de mettre
dans les places des duchés de Toscane et de Parme des
garnisons suisses entretenues et payées aux dépens de la
France et de l'Angleterre. Monteleon disoit lui-même que
si l'Empereur y consentoit, le roi d'Espagne ne pouvoit
se dispenser d'accepter le projet. Ces raisonnements
incertains ne faisoient rien au fond de l'affaire. L'union
étoit intime entre le roi d'Angleterre et le Régent, et
Stanhope avec Stairs trouvoient à Paris les mêmes dispositions, les mêmes sentiments, les mêmes facilités dont
l'abbé du Bois à Londres ne cessoit de renouveler les
assurances. Le Régent et le maréchal d'Huxelles évitoient
encore d'avouer aux ministres étrangers l'état véritable
de la négociation. Cellamare importunoit par ses représentations et par ses questions pressantes : on lui répondoit sèchement que le traité de la quadruple alliance
n'étoit pas encore signé, mais qu'il falloit prendre les
mesures nécessaires pour assurer le repos de l'Europe.
C'en étoit assez pour instruire un homme d'esprit du fait
qu'il vouloit pénétrer. Il conclut donc sans peine qu'on
travailloit vivement à finir le traité; faute de ressources,
il attendoit du secours du bénéfice du temps ou des
inégalités de la Hollande, enfin des succès que l'armée

d'Espagne auroit peut-être en Italie. Alberoni lui laissoit ignorer l'objet de cette expédition : mais les nouvelles publiques de la route que tenoit la flotte commençoient à dissiper les doutes, et on jugeoit, avec apparence de certitude, que le dessein du roi d'Espagne regardoit la Sicile. On croyoit le roi de Sicile de concert avec Sa Majesté Catholique, parce qu'il ne paroissoit pas vraisemblable qu'elle entreprît une guerre éloignée sans alliés, qu'il falloit soutenir par mer, et qu'elle voulût attaquer en même temps la maison d'Autriche et celle de Savoie. On supposoit donc des traités secrets entre le roi d'Espagne et le roi de Sicile, parce que la prudence et la raison d'État le vouloient ainsi. Le Régent dit à Provane qu'il savoit sûrement que le roi de Sicile avoit retiré ses troupes du château de Palerme, de Trapani, de Syracuse, pour y laisser entrer apparemment les troupes espagnoles. Provane, de son côté, mettoit toute son application à pénétrer les intentions et le dessein du Régent, et remarquant seulement des contradictions fréquentes dans les discours et dans les démarches de ce prince, il en inféroit que la vue principale, même l'unique vue de Son Altesse Royale, étoit d'assurer la paix à la France pour s'assurer à lui-même la couronne. Fondé sur ce principe, Provane avertit son maître que le roi d'Angleterre pour se maintenir tranquillement sur le trône, et M. le duc d'Orléans pour y monter, procureroient de tout leur pouvoir les avantages du roi d'Espagne; qu'ils sacrifieroient à leurs desseins les intérêts du roi de Sicile, s'ils pouvoient à ce prix engager Sa Majesté Catholique à l'alliance proposée. Comme la conclusion en demeuroit encore secrète, les ministres intéressés à la traverser continuoient d'agir auprès du Régent pour en représenter les inconvénients à ce prince. L'envoyé du Czar réitéra ses instances, et lui dit qu'en vain son maître s'étoit proposé de mettre l'équilibre dans l'Europe, si Son Altesse Royale renversoit par les conditions dont elle convenoit les dispositions que le Czar avoit faites pour empêcher que la paix générale ne fût troublée par l'ambition des princes dont la puissance n'étoit déjà que trop augmentée. Le Régent répondit qu'il n'avoit pas signé la quadruple alliance; que la ligue qu'il avoit faite avec l'Angleterre ne l'empêchoit en aucune manière de s'unir avec le Czar, et de concourir aux bonnes intentions de ce prince. Son Altesse Royale ajouta qu'elle souhaiteroit de le voir dès ce moment réuni parfaitement avec les rois de Suède et de Prusse, la triple alliance entre eux signée, et ces princes déjà prêts à entrer en action : discours qui ne coûtoient rien à tenir, mais si peu conformes aux dispositions où se trouvoit alors le Régent, qu'il reprocha au maréchal de Tessé d'avoir formé les entrevues secrètes entre le prince de Cellamare et le ministre moscovite; et ces reproches, dont le comte de Provane fut bientôt instruit, parvinrent bientôt à la connoissance du roi de Sicile. Toutefois l'attention que Provane apportoit à découvrir ce [qui] se passoit dans une conjoncture si critique et si délicate pour son maître, ses liaisons avec les ministres étrangers résidents lors à Paris, ses soins, ses peines, ses intrigues, ses amis, tous les moyens enfin qu'il employoit pour pénétrer la vérité et la situation des affaires, étoient moyens inutiles pour lui apprendre certainement et l'objet véritable de l'armement d'Espagne et l'état du traité d'alliance entre la France et l'Angleterre. Il ignoroit encore l'un et l'autre le 15 juillet. Il inclinoit à croire avec tout Paris que l'alliance étoit signée. Mais le Régent l'assuroit si positivement du contraire qu'il se réduisoit à penser que Son Altesse Royale avoit simplement signé une convention particulière avec Stanhope pour assurer la garantie de la France en faveur des États que le roi Georges possédoit en Allemagne, clause omise dans le traité fait avec ce prince deux ans auparavant. L'expédition de deux courriers extraordinaires dépêchés en même temps, l'un à Londres par Stanhope, l'autre à Vienne par Königsek, confirmoit le mouvement qui paroissoit dans les affaires, mais dont la qualité ne se démêloit pas encore. Cellamare crut que le Régent attendroit, pour signer l'alliance, le retour du courrier dépêché à Vienne. On disoit qu'elle l'avoit été après un souper[1] que le Régent avoit donné à Stanhope à Saint-Cloud, mais on en doutoit, et les politiques assuroient que le Régent mesureroit un peu plus ses pas, surtout après l'éclat que le maréchal d'Huxelles avoit fait en refusant de signer. Le bruit que fit ce refus cessa bientôt et ne produisit nul effet. Les deux ministres anglois eurent la satisfaction de voir le Régent, excité par leurs plaintes, prendre feu et ordonner au maréchal d'Huxelles de signer ou de se démettre de son emploi, et le maréchal signer. Ils obtinrent aussi des ordres précis à Châteauneuf de se conformer à ce que les ministres d'Angleterre feroient à la Haye, et jugeroient à propos qu'il fît lui-même auprès des états généraux. Ainsi les ministres d'Espagne se flattoient inutilement de quelque résolution favorable et de quelque secours du côté de la Hollande. Ils interprétoient à leur avantage les délais que cette république apportoit à s'expliquer. Le soin qu'elle avoit de gagner du temps étoit, selon eux, une marque évidente du desir qu'elle avoit de se tirer du labyrinthe dangereux où on tâchoit de l'engager. Cellamare excitoit Beretti à continuer de représenter aux états généraux qu'il étoit de leur prudence autant que leur intérêt d'observer une neutralité parfaite, et d'éviter non-seulement les dépenses, mais de plus le danger où on vouloit les entraîner, uniquement pour favoriser et pour soutenir les vues et les intérêts de deux princes, dont l'un vouloit monter sur le trône, l'autre se maintenir sur celui où la fortune l'avoit élevé. Les Hollandois différoient à se résoudre ; mais la crainte seule les retenant, on jugeoit assez que le côté où elle seroit la plus forte seroit celui où la balance pencheroit. Les instructions manquoient aux ambassadeurs d'Espagne dans les cours étrangères. Alberoni, persuadé que le

---

1. Ici encore Saint-Simon a écrit *soupé*. Voyez tome XI, p. 184 et note 1.

moyen le plus sûr de garder son secret étoit de ne le communiquer à personne, les laissoit dans une ignorance totale des desseins, même des résolutions du roi leur maître. Cellamare, mécontent des Anglois, surtout de Stairs, étoit réduit à le rechercher, à l'inviter à des repas chez lui, à demander à ce même Stairs à dîner dans sa maison de campagne, espérant par un tel commerce pouvoir au moins découvrir quelque circonstance de ce qu'il se passoit, plus certaine que les nouvelles qu'on en répandoit dans le public. Le mois de juillet s'avançoit, et tout ce que Cellamare savoit encore de la flotte d'Espagne étoit qu'on avoit appris par des lettres de Marseille qu'elle étoit arrivée à Cagliari le 23 juin, que l'opinion commune étoit qu'elle feroit le débarquement des troupes espagnoles en Sicile.

CHAPITRE XII.

Alberoni confie à Cellamare les folles propositions du roi de Sicile au roi d'Espagne, qui n'en veut plus ouïr parler; duplicité du roi de Sicile. — Ragotzi peu considéré en Turquie. — Chimère d'Alberoni; il renie Cammock au colonel Stanhope. — Alberoni dément le colonel Stanhope sur la Sardaigne. — Éclat entre Rome et Madrid; raisons contradictoires; vigueur du conseil d'Espagne. — Sagesse et précautions d'Aldovrandi; ses représentations au Pape. — Sordide intérêt du cardinal Albane. — Timidité naturelle du Pape. — Partage de la peau du lion avant qu'il soit tué. — Le secret de l'entreprise demeuré secret jusqu'à la prise de Palerme. — Déclaration menaçante de l'amiral Bing à Cadix, sur laquelle Monteleon a ordre de déclarer l'artificieuse rupture en Angleterre et la révocation des grâces du commerce. — Sentiments d'Alberoni à l'égard de Monteleon et de Beretti. — Alberoni, dégoûté des espérances du Nord, s'applique de plus en plus à troubler l'intérieur de la France; ne peut se tenir de montrer sa passion d'y faire régner le roi d'Espagne, le cas arrivant; aventuriers étrangers, dont il se défie. — Rupture éclatante entre le Pape et le roi d'Espagne; raisonnements.

Enfin, Alberoni s'ouvrit à cet ambassadeur[1], et lui con-

---

1. A. Cellamare.

fiant les propositions que le roi de Sicile avoit faites au roi d'Espagne, il étendit la confiance jusqu'à lui apprendre que Sa Majesté Catholique ne vouloit plus en entendre parler. Ces propositions étoient que le roi d'Espagne attaqueroit le royaume de Naples, feroit en même temps passer dix mille hommes en Lombardie pour y agir sous les ordres du roi de Sicile. Il demandoit que dans les places qui seroient prises et dans le royaume de Naples, et dans l'État de Milan, les garnisons fussent composées moitié des troupes espagnoles, moitié de troupes savoyardes sous le commandement d'un officier savoyard, à qui la garde de la place seroit confiée ; qu'après la conquête du royaume de Naples, le roi d'Espagne fît passer vingt mille hommes en Lombardie, que Sa Majesté Catholique payeroit ; que, pour suppléer à l'artillerie et aux munitions, qu'elle ne pouvoit envoyer dans le Milanois, elle payeroit les sommes d'argent, dont on conviendroit pour en tenir lieu. Le roi de Sicile exigeoit de plus un million d'avance pour faire marcher son armée, et par mois soixante mille écus de subsides tant que la guerre dureroit. Il vouloit commander également toutes les troupes, celles d'Espagne aussi absolument que les siennes, disposer pleinement des quartiers d'hiver. Il consentoit à partager les contributions qui se lèveroient sur le pays ennemi, et se contentant de la moitié, il laissoit l'autre à l'Espagne. Des conditions si dures, dictées en maître, irritèrent le roi d'Espagne et son premier ministre, d'autant plus qu'ils savoient que, pendant que le roi de Sicile les faisoit à Madrid, il travailloit à Vienne, et pressoit vivement la conclusion d'une ligue avec l'Empereur. Les Anglois même en avertirent Alberoni, et le ministre de Sicile à Madrid, ne pouvant nier une négociation entamée à Vienne, se défendit en assurant qu'elle ne rouloit que sur des propositions de mariage d'une archiduchesse avec le prince de Piémont ; que d'ailleurs il n'étoit nullement question de la Sicile, comme de fausses nouvelles le supposoient. Ainsi l'Espagne, mécontente du roi de Sicile, entreprenoit, sans alliés, de chasser les Allemands de l'Italie. Le roi d'Espagne ne pouvoit même se flatter de l'espérance d'aucune diversion favorable au succès de ses desseins. Alberoni étoit désabusé des projets et des entreprises du Czar et du roi de Suède. Il en avoit reconnu la chimère aussi bien que celle qu'il s'étoit faite de susciter à l'Empereur de dangereux ennemis par le moyen et par le crédit du prince Ragotzi à la Porte; car, au lieu de la considération que Ragotzi s'étoit vanté qu'il trouveroit auprès des Turcs, il avoit été obligé de dire, pour se relever auprès du Grand Seigneur et de ses ministres, que le roi d'Espagne lui proposoit de quitter la Turquie, et de venir prendre le commandement des troupes espagnoles que Sa Majesté Catholique vouloit lui confier. Pour autoriser la supposition, il avoit fait croire qu'un nommé Boischimène, envoyé véritablement auprès de lui par Alberoni, étoit venu exprès lui faire cette proposition; il avoit affecté de persuader à la Porte qu'il entretenoit une correspondance avec la cour de Madrid, assez vive pour y dépêcher des courriers; et pour y réussir, il avoit nouvellement profité de la bonne volonté ou plutôt de l'empressement et de l'impatience qu'un officier françois eut de sortir pour jamais de Constantinople, où il s'étoit rendu avec un égal empressement, attiré et persuadé par l'espérance qu'il s'étoit formée de s'élever à une haute fortune par la protection de Ragotzi. Cet officier, nommé Mongaillard, lui offrit de porter en Espagne les lettres qu'il voudroit écrire au cardinal Alberoni. L'offre acceptée, l'officier partit, bien résolu de ne rentrer jamais dans un pareil labyrinthe, et pour n'y plus retomber, il se mit au service du roi d'Espagne, et prit de l'emploi dans un régiment d'infanterie wallonne.

Le roi d'Espagne, dénué d'alliés, persista cependant dans la résolution qu'il avoit fortement prise d'essayer une campagne, déclarant que, quelque succès qu'eussent ses armes, il seroit également porté à recevoir des propositions de paix lorsqu'elles seroient honorables pour lui, et telles que le demandoit la sûreté de l'Europe, dont il vouloit maintenir le repos et la liberté. C'est ce qu'Alberoni répondit aux instances du colonel Stanhope, l'assurant en même temps que le plan proposé à Sa Majesté Catholique par la France et par l'Angleterre, pour un traité, étoit si contraire à son idée, que jamais elle n'accepteroit un tel projet. Malgré tant de fermeté le colonel ne laissoit pas de remarquer que le cardinal sachant la flotte angloise à la voile parloit avec plus de modération et de retenue sur l'article des Anglois négociants en Espagne. « Leur sort, disoit-il, dépendra des ordres que l'amiral Bing a reçus du roi d'Angleterre. » Ce ministre étoit persuadé qu'ils étoient bornés à traverser le passage et le débarquement des troupes espagnoles en Italie. L'un et l'autre étant exécutés suivant son calcul, il supposoit que l'Angleterre croiroit, en envoyant sa flotte, avoir satisfait aux engagements qu'elle avoit pris avec l'Empereur sans être obligée de les étendre plus loin, et de faire de gaieté de cœur la guerre à l'Espagne. Il vouloit ménager la cour d'Angleterre et la nation angloise; il conservoit l'espérance d'y réussir, dans le temps même qu'il voyoit les forces navales de cette couronne couvrir les mers pour soutenir les intérêts de l'Empereur, et lui porter de puissants secours contre les entreprises du roi d'Espagne. Un officier de marine anglois s'étoit donné à Sa Majesté Catholique. Son nom étoit Cammock, et le projet dont il avoit flatté le cardinal étoit de corrompre environ quarante officiers de la flotte angloise, de les faire passer au service d'Espagne, quelques-uns même avec les vaisseaux qu'ils commandoient. Stanhope se plaignit qu'une telle proposition eût été acceptée dans un temps de paix et d'union entre les couronnes d'Espagne et d'Angleterre. Alberoni répondit à ces plaintes en niant qu'elles fussent légitimes; il traita Cammock de visionnaire, dit que son projet étoit celui d'un fou et d'un enragé; que le roi d'Espagne avoit actuellement à son service plus d'officiers de marine qu'il ne pouvoit en employer. Il assura que jamais il n'avoit eu de correspondance avec ce Cammock; qu'il ne le connoissoit pas, quoique véritablement il eût reçu de Paris plusieurs lettres en sa faveur, et que Cellamare le lui eût recommandé particulièrement. Il n'avoit point encore le projet du roi d'Espagne, et le mois de juillet s'avançoit sans que le colonel Stanhope sût autrement que par les conjectures et par les raisonnements vagues du public quelle étoit la destination de l'escadre espagnole. On jugeoit qu'elle aborderoit aux côtes de Naples ou de Sicile, et on jugeoit par les conférences fréquentes que le ministre de Sicile avoit avec le cardinal, apparences d'autant plus capables de tromper, qu'il étoit vraisemblable que le roi d'Espagne, voulant porter la guerre en Italie, auroit apparemment pris ses liaisons, et concerté ses projets avec le seul prince de qui l'union, la conduite et les forces pouvoient assurer le succès de l'entreprise, et rendre inutile l'opposition des Allemands. C'étoit pour le cardinal un sujet de triomphe, non-seulement de cacher ses desseins, mais de tromper par de fausses avances ceux mêmes qu'il desiroit le plus de ménager. Le colonel Stanhope l'avoit éprouvé, et pour lors il avoit eu besoin de tout le crédit du comte de Stanhope son cousin pour se justifier auprès du roi d'Angleterre d'avoir écrit trop légèrement que le roi d'Espagne accepteroit le traité si la Sardaigne lui étoit laissée. Il citoit Nancré comme témoin de l'aveu que le cardinal leur en avoit fait. Nancré, de son côté, convenoit qu'ils avoient souvent, Stanhope et lui, rebattu cet article avec Alberoni, que jamais ce ministre n'avoit rien dit qui pût tendre à désavouer la proposition qu'il en avoit précédemment approuvée; mais Alberoni nia le fait absolument : sa confiance étoit dans les événements, qu'il se flattoit d'avoir préparés avec tant de prudence, qu'il seroit difficile que le succès ne répondît pas à son attente, et comme la décision en étoit imminente, il comptoit d'être incessamment débarrassé des instances importunes du roi d'Angleterre, des ménagements qu'il se croyoit obligé de garder avec ce prince, aussi bien que délivré de toute crainte des menaces du Pape. Il espéroit enfin de se venger, avant qu'il fût peu, du refus absolu de sa translation à Séville, et de venger le roi son maître des ordres rigides que Sa Sainteté venoit d'envoyer à son nonce à Madrid.

En vertu de ces ordres, dont Rome menaçoit depuis longtemps la cour d'Espagne, le nonce Aldovrandi fit fermer, le 15 juin, le tribunal de la nonciature. Il avertit les évêques du royaume par des écrits, portant le nom de monitoires, que le Pape suspendoit toutes les grâces qu'il avoit accordées au roi d'Espagne. La cause de cette suspension étoit l'usage que Sa Majesté Catholique avoit fait des sommes qu'elle en retiroit, très-différent de l'exposé qu'elle avoit fait en obtenant ces grâces, et très-opposées aux intentions de Sa Sainteté. Car elle prétendoit qu'en permettant au clergé d'Espagne d'aider de ses revenus le roi catholique, c'étoit afin de le mettre en état d'armer l'escadre qu'il avoit promis d'envoyer dans les mers de Levant pour la joindre à la flotte vénitienne, et faire ensemble la guerre contre les Turcs : au lieu que, sous le faux prétexte du secours promis, l'Espagne avoit effectivement armé et fait partir sa flotte pour porter la guerre en Italie. Alberoni prétendoit que le roi son maître ne méritoit en aucune manière les reproches que le Pape lui faisoit. « Ils sont injustes, disoit-il, puisque Sa Majesté Catholique soutient actuellement contre les Maures d'Afrique les siéges de Ceuta et de Melilla, qu'en défendant ces deux places comme les dehors de l'Espagne, elle préserve le royaume de l'irruption des infidèles, que de plus une de ses escadres est en course contre les corsaires d'Alger. » Ces raisons dites, Alberoni jugea qu'il falloit employer d'autres moyens pour soutenir l'honneur du roi son maître, et maintenir en Espagne son autorité contre les entreprises de la cour de Rome, elle ne pouvoit être mieux défendue que par le premier tribunal du royaume. Ainsi le premier ministre fit décider par le conseil de Castille que le nonce, en fermant la nonciature en conséquence des ordres du Pape, s'étoit dépouillé lui-même de son caractère; qu'après cette abdication, il ne devoit plus être souffert en Espagne; que tolérer plus longtemps son séjour, ce seroit offenser Sa Majesté et causer un notable préjudice à son service. Le même conseil décréta que tous monitoires répandus en Espagne par le nonce seroient incessamment retirés des mains de ceux qui les avoient reçus, et que la prétendue suspension des grâces accordées par le saint-siége à Sa Majesté Catholique seroit déclarée *insuffisante*[1]. Tout commerce entre Rome et l'Espagne étant ainsi rompu, on résolut de former une junte, de la composer de conseillers du conseil de Castille et de canonistes, et de les charger d'examiner l'origine de plusieurs introductions et pratiques prétendues abusives et aussi avantageuses à la cour de Rome que contraires au bien du royaume d'Espagne. Leurs Majestés Catholiques voulurent elles-mêmes parler en secret à quelques ministres, en sorte qu'il parut que cette affaire très-sérieuse, et dont les suites deviendroient considérables, étoit leur propre affaire, non celle du cardinal Alberoni; et soit qu'il voulût alarmer le Pape par des avis secrets, soit qu'il écrivît naturellement la vérité telle qu'il croyoit la voir, il confia au duc de Parme que le feu étoit allumé de manière que sans la main de Dieu on ne verroit pas sitôt la fin de l'incendie.

Quelques agents de Rome à Madrid, ou séduits par le cardinal, ou formant leur jugement sur les discours qu'ils entendoient, pensoient aussi que les engagements que le roi d'Espagne prenoit pourroient faire une plaie considérable à l'Église; ils condamnoient la précipitation du Pape, très-opposée à la patience si convenable au père

---

1. Ce mot est souligné.

commun, et très-dangereuse pour le saint-siége et pour l'Espagne, qu'elle exposoit également, au lieu que Sa Sainteté temporisant, comme elle le pouvoit aisément et comme elle le devoit, jusqu'à la fin de la campagne, auroit pris sûrement les résolutions qu'elle auroit jugé à propos de prendre selon sa prudence et selon les événements. Ils l'accusoient d'avoir trop écouté et suivi les mouvements de sa vengeance contre le cardinal Acquaviva, car le Pape se plaignoit amèrement de lui, persuadé qu'il lui avoit manqué de parole, et sur ce fondement Sa Sainteté avoit déclaré qu'elle ne traiteroit jamais avec lui d'aucune affaire.

Aldovrandi, homme sage, et nonce aimant la paix, assez expérimenté pour prévoir qu'une division entre les cours de Rome et de Madrid seroit encore plus fatale à sa fortune particulière qu'elle ne la[1] seroit aux affaires publiques, voulut ménager les choses, de manière qu'en obéissant fidèlement à son maître, il prévînt, s'il étoit possible, l'éclat d'une rupture entre le Pape et le roi d'Espagne. Deux grands princes se réconcilient, mais le ministre de la rupture demeure souvent sacrifié. Aldovrandi ferma donc la nonciature suivant ses ordres, et envoya les lettres monitoires dont on a parlé pour avertir tous les évêques d'Espagne de la suspension des grâces accordées au roi d'Espagne par le Pape. Le nonce observa d'employer différentes mains pour écrire les inscriptions de ces lettres, persuadé que toutes, et certainement celles des ministres étrangers, étoient ouvertes à Madrid, et que le passage libre n'étoit accordé qu'à celles qui n'intéressoient pas la cour; il fit porter à Cadix, par un homme sûr, celles qui étoient adressées aux évêques des Indes. Ces précautions prises, après avoir obéi à son maître, il lui représenta vivement les inconvénients d'une rupture et l'embarras où Sa Sainteté se jetoit par les engagements qu'elle venoit de prendre. Elle vouloit se venger

---

1. *La* corrige *le*, au manuscrit.

du roi d'Espagne et de son ministre, non de la nation espagnole dont le saint-père n'avoit point à se plaindre, et, par l'événement, la vengeance tomboit uniquement sur les Espagnols. Les revenus de la cruzade[1] et des autres grâces de Rome étoient affermés; le roi d'Espagne en étoit payé d'avance, et les fermiers attendroient sans beaucoup d'inquiétude que la querelle, qui ne pouvoit durer longtemps, finît. Mais un grand nombre de particuliers avoient payé pour jouir des grâces du saint-siége; par exemple, pour obtenir pendant le cours d'une annnée les dispenses accordées par la bulle de la croisade, l'argent étoit donné, les dispenses et autres grâces étoient révoquées. Le nonce appuya beaucoup à Rome sur les plaintes que cette révocation subite et inopinée lui avoit attirées; il différa d'ailleurs le plus qu'il lui fut possible son départ de Madrid, et soit vérité, soit artifice employé à bonne intention, il excusa ce retardement sur ce que le roi d'Espagne lui avoit fait proposer d'attendre encore et d'examiner s'il ne seroit pas possible de trouver quelque expédient pour conduire les affaires à la paix. Un te délai parut au nonce moins dangereux et moins contraire aux intentions du Pape que ne le seroit un départ trop précipité, capable de fermer la porte à tout accommodedement; mais s'il jugeoit sainement des intentions de Sa Sainteté, il y a lieu de croire qu'il n'étoit pas assez bien informé de tous les ressorts que les Allemands faisoient agir auprès d'elle pour l'intimider au point de la forcer à rompre totalement avec l'Espagne.

Le Pape avoit résisté aux menaces de Gallas, ambassadeur de l'Empereur; Sa Sainteté ne put résister à celles de son neveu, le cardinal Albane, plus foudroyantes que celles du ministre allemand. Ce cardinal ne cessoit, depuis longtemps, de dire au saint-père que la cour de Vienne avoit des sujets très-légitimes de se plaindre de la conduite ou partiale ou tout au moins molle que Sa

---

1. Voyez tome XIII, p. 77, note 2.

Sainteté tenoit à l'égard du roi d'Espagne. Il avoit promis d'envoyer ses vaisseaux dans la mer de Levant; il avoit manqué de parole, et Sa Sainteté, insensible à un tel affront, n'avoit rien fait encore ni contre ce prince ni contre son ministre. Albane représentoit à son oncle ce qu'il devoit craindre d'un gouvernement tel que celui de Vienne, justement irrité, qui donnoit des marques terribles de son ressentiment et de sa vengeance, quand même les prétextes de se plaindre lui manquoient. Un tel solliciteur servoit mieux l'Empereur que ses ministres, et les biens que ce prince lui faisoit dans le royaume de Naples l'assuroient de sa fidélité. Le roi d'Espagne ne pouvoit pas et peut-être n'auroit pas voulu lui accorder des bienfaits supérieurs à ceux qu'il recevoit de Vienne : c'étoit l'unique moyen de le faire changer de parti. L'amitié ni la haine ne le conduisoient pas; l'intérêt présent le déterminoit, et d'un moment à l'autre il embrassoit, suivant ce qu'il croyoit lui convenir davantage, des sentiments contraires à ceux qu'il avoit suivis précédemment. Son intérêt, ses espérances pour sa famille, l'attachoient à l'Empereur. Aucune autre puissance ne combattant ces motifs par d'autres plus forts et de même nature, le cardinal Albane travailloit avec succès pour le parti qu'il avoit embrassé; il réussissoit moins par la confiance que le Pape avoit en lui, que parce que le caractère d'esprit de Sa Sainteté étoit timide, et qu'il étoit facile de l'obliger par la crainte à faire les choses mêmes qui paroissoient le plus opposées à sa manière de penser. Ce moyen, employé à propos, força Sa Sainteté de rompre avec l'Espagne, et cependant elle écrivit au roi catholique une lettre, où mêlant les plaintes aux menaces, laissant entrevoir des sujets d'espérance, évitant de s'engager, il paroissoit qu'elle craignoit les suites de la démarche qu'on lui faisoit faire, et que si elle eût suivi son génie, elle auroit simplement tâché de gagner du temps, pour voir quels seroient les événements de la campagne, et se déterminer en faveur du plus heureux.

Il y avoit alors lieu de douter de quel côté la fortune se déclareroit. L'Italie étoit persuadée que le roi d'Espagne étoit secrètement d'accord avec le roi de Sicile, parce qu'il n'étoit pas vraisemblable que le roi d'Espagne entreprît, seul et sans alliés, une guerre difficile, et que les Allemands, maîtres de Naples et de Milan, les soutiendroient aisément avec les forces qu'ils avoient dans ces deux États. On croyoit à Rome que la ligue étoit signée; le nonce l'avoit écrit de Madrid au Pape. Les partisans de la couronne d'Espagne commençoient à donner des conseils sur la conduite qu'elle devoit tenir pour se réconcilier avec les Italiens, et regagner leur affection qu'elle avoit perdue en faisant précédemment la guerre conjointement avec la France. Deux moyens selon eux suffisoient pour y parvenir. Le premier étoit de délivrer le Pape des vexations qu'il essuyoit de la part des Allemands, l'une au sujet de Comachio, que l'Empereur avoit usurpé sur l'Église, et qu'il retenoit injustement; l'autre en faveur du duc de Modène, que les Impériaux protégeoient aux dépens de la ville et du territoire de Bologne, à l'occasion des eaux dont le Bolonois couroit risque d'être inondé. Les amis de l'Espagne comptoient qu'il lui seroit facile de faire restituer au saint-siége la ville et les dépendances de Comachio, encore plus aisé de ranger à son devoir un petit prince tel que le duc de Modène; qu'un tel service rendu à l'Église, dans le temps même que le Pape en usoit si mal à l'égard de Sa Majesté Catholique, feroit d'autant plus éclater sa piété, qu'il augmenteroit les soupçons que les Allemands avoient déjà des intentions de Sa Sainteté, au point qu'elle n'auroit plus d'autre parti à prendre que de se jeter entre les bras d'un prince qui se déclaroit son protecteur, lorsqu'il avoit le plus de sujet de se plaindre de la partialité qu'elle témoignoit pour ses ennemis.

Selon ces mêmes conseils, rien n'étoit plus facile que de s'emparer de l'État de Modène, de forcer le duc à restituer l'usurpation qu'il avoit faite de la Mirandole; et

comme le prince qu'il avoit privé de ce petit État étoit
alors grand écuyer du roi d'Espagne, on supposoit que le
duc de Modène, privé de son pays, iroit à son tour à
Vienne briguer la charge de grand écuyer de l'Empereur.
On intéressoit dans ces projets la reine d'Espagne, et
pour la flatter, on vouloit aussi que le duc de Modène
rendît au duc de Parme quelque usurpation faite sur le
Parmesan. Les restitutions ne coûtoient rien à ceux qui
les conseilloient ; ainsi rien ne les empêchoit de les étendre encore en faveur du duc de Guastalle, et de forcer
l'Empereur à lui rendre Mantoue comme le patrimoine[1] de
la maison Gonzague, usurpé et retenu très-injustement
par les Allemands. Le roi d'Espagne devenu le protecteur
non-seulement des princes d'Italie, mais le réparateur
des pertes et des injustices qu'ils avoient souffertes, les
engageroit aisément dans son alliance, et le même intérêt les uniroit pour fermer à jamais aux Allemands les
portes de l'Italie. Pour achever sans inquiétude de telles
entreprises proposées comme un moyen sûr d'établir solidement la paix et l'équilibre du monde, on demandoit
seulement que, pendant que les troupes d'Espagne s'ouvriroient un chemin en Lombardie, le roi d'Espagne fît
croiser quelques vaisseaux de sa flotte dans les mers de
Naples, afin d'empêcher le transport des secours que les
Impériaux ne manqueroient pas d'en tirer pour la défense
du Milanois, si le passage demeuroit libre. On se promettoit, de plus, que la ville de Naples, bientôt affamée, seroit obligée de se rendre à son souverain légitime sans
être attaquée. Enfin ceux qui desiroient de voir le roi
d'Espagne engagé à faire la guerre en Italie, soit par zèle
pour le bien public, soit par des raisons d'intérêt particulier, lui représentoient et l'assuroient que les Allemands
étoient consternés, qu'ils ne doutoient pas que l'orage ne
tombât sur l'État de Milan, mais ne sachant pas certainement où ils auroient à se défendre ; que leurs comman-

1. Saint-Simon a écrit *partimoine*.

dants n'avoient d'autres ordres que de se tenir sur leurs gardes, et lorsque l'entreprise seroit déterminée, de secourir l'État que les Espagnols attaqueroient.

L'opinion publique étoit que l'armée d'Espagne devoit attaquer cet État. Un des ministres de Savoie à Madrid assura son maître que, malgré le secret exact et rigoureux qu'on observoit encore sur la destination de l'armée d'Espagne, il savoit qu'elle débarqueroit à Saint-Pierre-d'Arène et à Final. Alberoni lui avoit cependant confié que depuis qu'il étoit appelé au ministère, il avoit écrit et chiffré de sa main tout ce qui concernoit les négociations et les affaires secrètes. Le cardinal ne fut pas trahi en cette occasion. C'étoit l'onze juillet que le ministre du roi de Sicile avertit son maître que le débarquement se feroit à Saint-Pierre-d'Arène, et le 16 du même mois on sut à Turin par un courier dépêché de Rome, que les Espagnols descendus en Sicile avoient pris la ville de Palerme.

Environ le même temps, l'amiral Bing commandant la flotte angloise, arriva à Cadix. Aussitôt il déclara de la part du roi d'Angleterre que ses ordres étoient d'insister auprès du roi d'Espagne pour en obtenir une suspension d'armes et cessation de toutes hostilités, comme un moyen nécessaire pour avancer la négociation de la paix; que si le débarquement des troupes espagnoles étoit déjà fait en tout ou en partie en Italie, il avoit ordre d'offrir le secours de la flotte qu'il commandoit pour les retirer en toute sûreté; qu'il offroit aussi la continuation de la médiation du roi son maître, pour concilier le roi d'Espagne avec l'Empereur; que si Sa Majesté Catholique, la refusant, attaquoit les États que l'Empereur possédoit en Italie, ses ordres en ce cas l'obligeoient d'employer pour la défense de ces mêmes États et pour le maintien de la neutralité, les forces qu'il avoit sous son commandement. Bing prétendoit qu'une telle déclaration étoit fondée sur le traité signé à Utrecht pour la neutralité de l'Italie, aussi bien que sur le traité de Londres, signé le 25 mai, entre l'Empereur et le roi d'Angleterre. Les offres ni les menaces des Anglois n'ébranlèrent point le roi d'Espagne. Son ministre répondit que Bing pouvoit exécuter les ordres dont il étoit chargé, et regardant comme rupture la déclaration que cet amiral avoit faite, il écrivit à Monteleon qu'il étoit juste et raisonnable que tout engagement pris par le roi d'Espagne avec le roi d'Angleterre, fût rompu réciproquement; que Sa Majesté Catholique cessoit donc d'accorder aux négociants anglois les avantages qu'elle avoit prodigués si généreusement en faveur de cette nation; que la conduite prescrite à l'amiral Bing étoit la seule cause d'un changement que le roi d'Espagne faisoit à regret, et qu'ayant suivi son inclination particulière en distinguant les Anglois des autres nations par les grâces singulières qu'il leur avoit faites, c'étoit aussi contre son gré qu'il en suspendoit les effets, même dans un temps où Sa Majesté Catholique vouloit, nonobstant les représentations du commerce de Cadix, accorder la permission que les ministres d'Angleterre avoient instamment sollicitée, pour le départ du vaisseau que la compagnie du Sud devoit envoyer aux Indes[1]. Les Anglois en avoient obtenu la faculté par le traité de paix conclu à Utrecht entre l'Espagne et l'Angleterre. Le roi d'Espagne n'avoit pas jusqu'à cette année refusé l'exécution de cette condition. Il ne prétendoit pas la refuser encore, mais seulement en différer l'effet jusqu'à l'année suivante, et la raison du délai étoit que le voyage seroit inutile et infructueux, la contrebande ayant introduit en Amérique tant de marchandises d'Europe, que le commerce de Cadix, jugeant de la perte qu'il y auroit pour les négociants d'envoyer aux Indes de nouvelles marchandises avant que les précédentes fussent vendues, avoit obtenu sur ses remontrances que le départ des galions seroit différé jusqu'à l'année suivante. Le roi d'Espagne avoit par la même raison remis aussi à l'autre année le départ

---

1. Voyez ci-dessus, p. 170 et p. 190.

du vaisseau anglois, et, pour dédommager les intéressés, il avoit résolu de leur permettre d'envoyer deux vaisseaux au lieu d'un seul. Enfin il étoit sur le point de porter l'indulgence plus loin, même au préjudice du commerce de Cadix, quand l'entrée de la flotte angloise changea ces dispositions.

Monteleon devoit expliquer bien clairement aux négociants de Londres, intéressés dans le commerce de la mer du Sud, les intentions favorables du roi d'Espagne, et la raison qui les rendoit inutiles. Il devoit même chercher dans leurs maisons ceux qui n'auroient pas la curiosité de lui demander la cause d'un tel changement, et de les en instruire. Alberoni se promettoit de leur part quelque mouvement, si ce n'étoit un soulèvement général contre les ministres qui donnoient au roi d'Angleterre des conseils si pernicieux aux avantages du commerce de la nation : soit haine, soit défiance, il laissoit peu de liberté à Monteleon sur l'exécution des ordres qu'il lui prescrivoit. Les exhortations fréquentes de cet ambassadeur à la paix, ses représentations sur les maux que la guerre entraîneroit étoient mal interprétées. Alberoni les regardoit comme des preuves ou d'infidélité, ou tout au moins d'une fidélité très-équivoque, et disoit que c'étoit mal connoître le roi d'Espagne que de croire amollir ses résolutions par la terreur des périls, dont on prétendoit en vain l'effrayer. Beretti, sans être estimé du cardinal, étoit bien plus de son goût. Il louoit le zèle extrême de cet ambassadeur pour le service du roi son maître, et lui accordoit de montrer au moins un bon cœur, persuadé cependant que si les Hollandois résistoient jusqu'alors aux instances de la France et de l'Angleterre, on ne le devoit pas attribuer aux négociations de Beretti, non plus qu'au crédit de ses prétendus amis, mais seulement à la sagesse de la République, trop prudente pour souscrire à des engagements dangereux, surtout dans une conjoncture très-critique.

L'inaction des Provinces-Unies étoit tout ce qu'Alberoni

desiroit de leur part. Il avoit espéré davantage des princes du Nord, mais il commençoit à se détromper des différentes idées qu'il avoit formées sur les secours et sur les diversions du Czar, du roi de Prusse et du roi de Suède; car il avoit porté ses vues sur les uns et sur les autres, et désabusé de ces projets, il avouoit qu'il n'entendoit plus parler de ces princes qu'avec dégoût. Il se flattoit de réussir plus heureusement en attaquant la France par elle-même; il entretenoit dans le royaume des intelligences secrètes qu'il croyoit capables d'allumer le flambeau de la guerre civile, et connoissant peu le crédit des conspirateurs, il attendoit les nouvelles du progrès de leurs complots avec la même impatience que si leurs trames eussent dû faire triompher le roi d'Espagne de tous ses ennemis. Cellamare avoit ordre de dépêcher des courriers pour instruire le roi son maître de tout ce qui regarderoit cette affaire capitale. La conjoncture paroissoit favorable aux desirs de ceux qui souhaitoient de voir régner la division en France; ils comptoient beaucoup sur le mécontentement du parlement de Paris, sur les vues qu'on lui attribuoit de profiter d'un temps de foiblesse du gouvernement pour étendre l'autorité de cette Compagnie. Ses entreprises, quand même elles ne réussiroient pas, seroient toujours autant de piqûres à l'autorité de la régence, et les corps dont le crédit[1] établi par une longue suite de temps étoient, suivant l'opinion d'Alberoni, un puissant correctif au gouvernement despotique. Le temps lui paroissoit un grand modérateur dans toutes les affaires, et savoir le gagner étoit un grand art. Un aventurier, qui se faisoit nommer le comte Marini, vint le trouver, envoyé, disoit-il, par un autre aventurier danois, qu'on nommoit le comte Schleiber, trop connu pour son honneur sous le règne du feu Roi. Marini proposa, de concert avec son ami, une ligue entre le roi d'Espagne et le roi de Prusse.

---

1. Il faut suppléer ici le mot *étoit*.

Alberoni, en garde contre l'industrie de ces sortes de gens, avertit Cellamare que Marini partoit pour Paris, et le pria d'éclaircir ce que c'étoit que cet aventurier et quelle foi on pouvoit donner à ses paroles. Il est naturel à celui qui fait un grand usage d'espions de croire qu'on lui rend la pareille, et que plusieurs inconnus qui lui offrent leurs services n'ont pour objet que de pénétrer ses secrets et d'en informer ceux qui les emploient. Les principales vues d'Alberoni étoient sur la succession du roi d'Espagne à la couronne de France; et quoique il fût de la prudence de cacher ces vues avec beaucoup de soin, il ne put s'empêcher de dire un jour à un des ministres du roi de Sicile que, si le cas arrivoit, le parti du roi d'Espagne en France seroit plus fort que celui du Régent.

La rupture entre les cours de Rome et de Madrid acheva d'éclater par l'ordre que le nonce reçut de la part du roi d'Espagne, au commencement de juillet, de sortir des États de Sa Majesté Catholique; et comme le motif de cet ordre étoit principalement le refus des bulles de l'archevêché de Séville pour le cardinal Alberoni, cette cause parut si légère que bien des gens crurent la chose concertée entre les deux cours uniquement pour cacher à l'Empereur leur intelligence secrète. Mais ces politiques, comme il arrive souvent, se trompent dans leurs raisonnements, et la rupture étoit sérieuse; le sort du Pape étoit de passer le cours de son pontificat brouillé avec les premières puissances catholiques, la France, etc.

CHAPITRE XIII.

Soupçons mal fondés d'intelligence du roi de Sicile avec le roi d'Espagne; frayeurs du Pape, qui le font éclater contre l'Espagne et contre Alberoni, pour se réconcilier l'Empereur avec un masque d'hypocrisie. — Ambition d'Aubanton vers la pourpre romaine; Alberoni, de plus en plus irrité contre Aldovrandi, est déclaré par le Pape avoir encouru les censures; rage, réponse, menaces d'Alberoni au Pape. — Les deux Albanes, neveux du Pape, opposés de partis ; le cadet avoit douze mille livres de pension du feu Roi. — Vanteries d'Alberoni et menaces. — Secret de l'expédition poussé au dernier point ; vanité folle d'Alberoni ; il espère et travaille de plus en plus à brouiller la France. — Le Régent serre la mesure et se moque de Cellamare et de ses croupiers, qui sont enfin détrompés. — Conduite du roi de Sicile avec l'ambassadeur d'Espagne, à la nouvelle de la prise de Palerme. — Cellamare fait le crédule avec Stanhope, pour éviter de quitter Paris et d'y abandonner ses menées criminelles ; ses précautions. — Conduite du comte de Stanhope avec Provane ; situation du roi de Sicile. — Abandon plus qu'aveugle de la France à l'Angleterre. — Rage des Anglois contre Châteauneuf. — Pratiques, situation et conduite du roi de Sicile sur la garantie. — Blâme fort public de la politique du Régent ; il est informé des secrètes machinations de Cellamare. — Triste état du duc de Savoie. — Infatuation de Monteleon sur l'Angleterre. — Alberoni fait secrètement des propositions à l'Empereur, qui les découvre à l'Angleterre et les refuse ; le roi de Sicile et Alberoni crus de concert, et crus de rien partout. — Belle et véritable maxime, et bien propre à Torcy.

L'armée d'Espagne, débarquée en Sicile sous le commandement du marquis de Lede, avoit pris Palerme le 2 juillet. Maffeï, vice-roi de l'île, s'étoit retiré à Messine, et personne ne doutoit que cette ville, attaquée par les Espagnols, ne se rendît aussi facilement que Palerme. On doutoit encore si le roi de Sicile, averti depuis longtemps par l'abbé del Maro, son ambassadeur à Madrid, des dispositions de l'Espagne, n'étoit pas secrètement de concert avec Sa Majesté Catholique, et si ce ne seroit pas en conséquence de cette intelligence secrète que les troupes de Piémont avoient été augmentées depuis peu jusqu'au nombre de quatorze mille hommes. De tels doutes augmentoient plutôt que de calmer les agitations du Pape. Les armes du roi d'Espagne offensé paroissoient de nouveau comme aux portes de Rome, puisqu'il ne savoit pas encore quel progrès elles pourroient faire. Le duc de Savoie, s'il étoit son allié, pouvoit faciliter le succès ; il ne pouvoit les empêcher s'il étoit ennemi. L'Empereur vouloit croire qu'il y avoit intelligence et liaison étroite entre le Pape et le roi d'Espagne, et que les Espagnols n'avoient rien entrepris que de concert avec Sa Sainteté. La vengeance des Allemands, plus prochaine, plus facile et plus dure que toute autre, lui paroissoit aussi la plus à craindre; elle crut par ces raisons que son intérêt principal et celui du saint-siége étoit de tout employer pour en prévenir les effets. Il falloit, pour calmer le ressentiment vrai ou feint que l'Empereur témoignoit, que le Pape fît voir évidemment qu'il n'avoit pas la moindre part à l'entreprise du roi d'Espagne; que jamais le projet ne lui en avoit été communiqué; que même Sa Sainteté avoit été abusée par les mensonges d'Alberoni; qu'elle étoit irritée au point de rompre ouvertement avec le roi d'Espagne. Elle lui écrivit donc un bref fulminant, et pour justifier ses plaintes et sa conduite, en même temps que ce bref fut imprimé, elle rendit publique une lettre que ce prince lui avoit écrite le 29 novembre de l'année précédente. Il promettoit expressément par cette lettre d'observer exactement la neutralité d'Italie sans inquiéter les États que l'Empereur y possédoit, et sans y porter la guerre, pendant que les Turcs continueroient de faire la guerre en Hongrie. Sur une parole si précise, le Pape avoit exhorté et pressé l'Empereur de poursuivre les avantages que Dieu lui donnoit sur les infidèles; Sa Sainteté s'étoit positivement engagée à ce prince qu'il ne seroit troublé par aucune diversion; que s'il se livroit entièrement à la guerre du Seigneur, nulle autre n'interromproit le cours de ses victoires. Elle justifioit la cour de Vienne des infractions à la neutralité que les ministres d'Espagne lui imputoient. Ces prétendus chefs de plaintes étoient, disoit-elle, antérieurs à la promesse solennelle que Sa Majesté Catholique avoit faite, et le seul incident à reprocher aux Allemands étoit l'enlèvement de Molinez arrêté et conduit au château de Milan, retournant à Madrid de Rome où il avoit rempli pendant plusieurs années la place d'auditeur, et de doyen de la rote. Mais l'aventure d'un particulier, sujette à discussion, ne dégageoit pas le roi d'Espagne de la parole qu'il avoit donnée, et dont le Pape

étoit le dépositaire. Sa Sainteté, persuadée qu'il étoit de
son honneur comme de son devoir d'en procurer l'effet,
vouloit que dans le temps qu'elle traitoit le plus durement
le roi d'Espagne, ce prince lui sût gré des ménagements
qu'elle avoit eus pour lui. Elle alléguoit donc, comme
preuves de considération portée peut-être trop loin,
l'inaction où elle étoit demeurée tout l'hiver; le parti
qu'elle avoit pris, au lieu d'instances vives et pressantes,
au lieu d'user de menaces et de passer aux effets, de se
borner à des insinuations tendres et pathétiques, mais
inutiles, dont les réponses avoient été injures et nouvelles
offenses; qu'elle étoit donc forcée de publier ce bref
terrible, comme la dernière ressource et le dernier moyen
qu'elle pouvoit avoir encore pour vaincre l'opiniâtreté du
roi d'Espagne; arrêter dans son commencement une
guerre si fatale à la chrétienneté[1], empêcher enfin le
mauvais usage des grâces que le saint-siége avoit accordées à cette couronne, dont le produit devoit être employé
contre les infidèles, et par un abus intolérable servoit à
faire une diversion utile et avantageuse au rétablissement
de leurs affaires. On croyoit encore à Rome que les
mêmes intérêts unissoient les cours de France et
d'Espagne, et le Pape craignoit que le Régent ne prît
vivement le parti du roi catholique. Mais depuis la
régence les maximes étoient changées. Sa Sainteté pouvoit agir librement à l'égard de l'Espagne, la France ne
songeoit pas à détourner ni même à retarder les coups
qui menaçoient Madrid. Toutefois le Pape prit la précaution superflue d'avertir son nonce à Paris, et de ses résolutions et de ses motifs. Le seul étoit l'obligation et le
desir de faire son devoir; car il importe bien plus, disoit
Sa Sainteté, de ne pas tomber entre les mains du Dieu
vivant que de tomber dans les mains des hommes. Cette
nécessité, détachée de tout intérêt et de toute vue
humaine, l'avoit fait agir. Nulle réflexion sur la cour de

---

1. Voyez tome IX, p. 228 et note 1.

Vienne n'avoit part à sa conduite. Elle n'en étoit pas mieux traitée que de celle d'Espagne. Elle recevoit également des injures de l'une et de l'autre. Mais dans le cas présent la justice et la raison de se plaindre étoient du côté de l'Empereur, qui se croyoit trompé par la confiance qu'il avoit prise en la parole du roi d'Espagne, garantie par Sa Sainteté. Aldovrandi avoit ordre de s'expliquer ainsi à Madrid, au sujet des résolutions de son maître; mais tout accès lui étant fermé, il fallut se contenter d'une longue conférence qu'il eut avant son départ avec le P. d'Aubanton, confesseur du roi d'Espagne. On sut que ce jésuite lui avoit conseillé de marcher lentement, de régler chacune de ses journées à quatre lieues, et de s'arrêter à la frontière de France. Le reste demeura secret. Aubanton avoit de grandes vues. Son élévation dépendoit de la cour de Rome; la rupture avec celle d'Espagne renversoit ses projets. Il voulut faire le pacificateur. Un tel rôle déplut à Alberoni, personnellement offensé, et autant irrité contre Aldovrandi que contre le Pape. Il se plaignit du nonce comme ayant manqué de confiance pour lui; et c'étoit à cette défiance que ce ministre, disoit Alberoni, devoit attribuer son malheur, qu'il auroit évité par une meilleure conduite, s'il n'avoit pas perdu la tramontane.

Le Pape offensoit Alberoni en faisant déclarer qu'il avoit encouru les censures. Le cardinal voulut croire son honneur attaqué par une telle déclaration. Il auroit desiré persuader le public que ce point étoit ce qu'il avoit de plus cher au monde, et comme le croyant lui-même, il dit hautement qu'il ne lui étoit plus permis de se taire; qu'il avoit gardé le silence tant que le Pape, ajoutant foi aux calomnies des ministres impériaux, avoit seulement essayé de le faire mourir de faim; que la même retenue devenoit impossible à conserver, s'agissant d'accusations énormes portées contre lui, effet ordinaire de la haine et de l'artifice infâme et grossier des Allemands; que le motif des censures si formidables de la cour de Rome étoit apparemment le profit de quatre baïoques qu'il avoit retiré de l'évêché de Tarragone ; qu'il ne connoissoit pas d'autres prétextes pour appuyer un jugement si rigoureux ; qu'il étoit triste pour lui que le Pape le réduisît à la fâcheuse nécessité d'oublier qu'il étoit sa créature ; mais peut-être que cette extrémité ne seroit pas moins désagréable pour Sa Sainteté ; que Leurs Majestés Catholiques soutiendroient leur engagement, et que de sa part il feroit tout ce que les lois divines et humaines lui suggéreroient ; que s'il secondoit seulement le génie de certaines gens, on verroit bientôt de si belles scènes, que le Pape regretteroit d'y avoir donné lieu. Le cardinal Albane, neveu du Pape, étoit dévoué à l'Empereur. Don Alex. Albane, frère cadet du cardinal, qui n'étoit pas encore honoré de la pourpre, avoit pris une route contraire à celle que suivoit son aîné ; et soit par antipathie, soit par une politique assez ordinaire dans les familles papales, il avoit reçu du feu Roi une pension secrète de douze mille livres. Il continuoit par les mêmes motifs de se dire attaché à la France et à l'Espagne. Alberoni lui fit part de ses plaintes. Il affectoit de ne pouvoir croire que le Pape voulût ajouter foi à la calomnie dont les Allemands prétendoient le noircir dans l'esprit de Sa Sainteté ; mais il protestoit en même temps que si elle étoit assez foible pour se porter à quelque résolution contraire à la dignité comme à la réputation d'un cardinal, il avoit reçu de Dieu assez de force comme assez de courage pour se défendre ; qu'on verroit de belles scènes, et qu'elle seroit fâchée d'y avoir donné lieu. Il fit prier don Alex. de ne rien cacher au Pape, même de lui dire que si les choses continuoient comme elles avoient commencé, le marquis de Lede seroit aux portes de Rome avant le mois d'octobre. Alberoni louoit la reine d'Espagne d'avoir dit que le saint-père abusoit de la bonté, de la piété et de la religion du roi Catholique. Ce ministre annonçoit une division prochaine, qui ne seroit pas honorable pour le Pape, parce qu'enfin Sa Majesté Catholique, se voyant forcée d'exposer par un manifeste ce qu'elle avoit souffert, rouvriroit des plaies refermées, qu'il seroit plus à propos pour Sa Sainteté de laisser oublier; que le public disoit déjà que le Pape ne refusoit les bulles de Séville que parce que le comte de Gallas avoit menacé Sa Sainteté de se retirer si elle les accordoit, et annoncé qu'en ce cas le nonce seroit chassé de Vienne; mais Alberoni prétendoit que l'Espagne pouvoit aussi menacer à plus juste titre. Il se plaisoit à parler de la flotte qu'il avoit équipée et mise en mer, des forces de cette couronne, et de sa puissance qu'il se vantoit d'avoir relevée. L'Europe devoit voir de plus grands efforts et de plus grands succès l'année suivante, et dès lors, il prenoit les mesures nécessaires pour y réussir. Des machines en l'air devoient produire des scènes curieuses, et tel, qui se croyoit alors obligé à des respects humains, joueroit un autre jeu s'il pénétroit dans l'avenir. C'étoit ainsi qu'Alberoni s'applaudissoit de ses projets et des ordres qu'il avoit donnés pour leur exécution, s'expliquant mystérieusement, même à ceux qui devoient concourir au succès de ces grands desseins.

Le marquis de Lede, général de l'armée, ignoroit en s'embarquant quelle en étoit la destination. Il devoit, quand il seroit à la hauteur de l'île de Sardaigne, ouvrir un paquet écrit de la main d'Alberoni, signé du roi d'Espagne. Il y trouveroit seulement le lieu du rendez-vous de la flotte indiqué aux îles de Lipari. En y arrivant, il ouvriroit une seconde enveloppe, qui renfermoit les ordres de Sa Majesté Catholique. C'étoit ainsi que le cardinal prétendoit conserver le secret, l'âme des grandes entreprises, et pour y parvenir, il se plaignoit de se voir obligé de faire en même temps les fonctions de ministre, de secrétaire et d'écrivain, d'être réduit à ne sortir de son appartement que pour aller en ceux de Sa Majesté Catholique et des princes, consolé cependant dans cette vie pénible, par la satisfaction que le roi d'Espagne goûtoit du changement subit qu'il voyoit dans sa monarchie. En cet état florissant, le cardinal ne pouvoit croire que l'amiral Bing, commandant la flotte angloise, eût l'ordre ni la hardiesse d'en venir à des actes d'hostilité. Il croyoit voir la crainte et l'agitation du gouvernement d'Angleterre clairement marquée par l'arrivée du comte de Stanhope à Paris, en intention de passer à Madrid. Il supposoit que ce ministre ne se seroit pas engagé à faire le voyage d'Espagne, si le roi d'Angleterre pensoit à rompre avec le roi catholique. Toutefois Cellamare eut ordre de persuader, s'il pouvoit, au Régent de suspendre tout engagement jusqu'à ce que Son Altesse Royale eût vu l'effet que produiroit à Madrid l'éloquence du comte de Stanhope. De part et d'autre, on vouloit gagner du temps. Le ministre d'Espagne embrassoit beaucoup d'affaires; il étoit fertile en projets, se flattoit aisément de les voir tous réussir. Aucun cependant ne s'accomplissoit. Cellamare, par ordre du roi son maître, cultivoit le ministre du Czar à Paris. Jamais, disoit-il, Sa Majesté Catholique n'accepteroit le traité qu'on lui proposoit; elle le regardoit comme injuste, offensant son honneur. Elle étoit prête, au contraire, à travailler avec le Czar. Elle s'obligeoit à mettre en mer trente vaisseaux de guerre, en même temps qu'elle agiroit par terre avec une armée de trente ou quarante mille hommes. Une telle parole étoit plus aisée à donner qu'à exécuter; mais Alberoni n'étoit point avare de promesses qui ne lui coûtoient rien. Il falloit aussi que s'il ne pouvoit y satisfaire, les mouvements qu'il comptoit de susciter en France le dédommageoient assez de ce qu'il perdoit en manquant de parole aux alliés de son maître. Il espéroit alors beaucoup des liaisons que Cellamare avoit formées. Il falloit les conduire avec prudence, ménager les intérêts, la considération, le crédit, le rang, la fortune de ceux qui entroient dans ces intrigues, leur laisser le loisir de les conduire sagement, et de profiter des conjonctures. Le temps étoit donc nécessaire, et pour les alliances à contracter et pour les trames secrètes dont Alberoni espéroit encore plus que des alliances et des secours des étrangers.

Le Régent, méprisant les discours du public et les raisonnements sur l'intérêt particulier qui portoit Son Altesse Royale à rechercher avec tant d'empressement l'alliance du roi d'Angleterre, pressoit la négociation, et quoique elle fût près de sa conclusion, le temps étoit nécessaire aussi pour lui donner sa perfection. Ainsi ce prince dissimuloit si bien l'état où elle étoit, que les ministres étrangers les plus intéressés à le savoir l'ignoroient. Celui d'Espagne faisoit des représentations et des déclarations très-inutiles; il ameutoit quelques ministres étrangers et faisoit valoir à Madrid, comme fruits de ses soins, quelques déclamations vaines des ministres du Czar et du duc d'Holstein contre la quadruple alliance. Il ne leur coûtoit rien de les faire; elles ne faisoient aussi nulle impression. Le Régent laissoit cependant à Cellamare le plaisir de croire que ses manéges et ses représentations réussissoient; il l'assuroit, de temps en temps, que les bruits répandus sur la conclusion de l'alliance étoient faux, et suivant le penchant qui conduit à croire ce qui flatte et ce qu'on souhaite, Cellamare vouloit se persuader que ces assurances, qu'il trouvoit fondées en raison, étoient vraies, parce qu'elles lui paroissoient vraisemblables. Le Parlement faisoit alors de fréquentes remontrances, souvent sans sujet, quelquefois avec raison. L'extérieur suffisoit pour donner des espérances à l'ambassadeur d'Espagne, et comme le bruit se répandit que bientôt le procureur général appelleroit comme d'abus de tout ce que le Pape pourroit faire au préjudice des libertés de l'Église gallicane et contre les évêques opposés à la bulle *Unigenitus*, ce ministre espéra de voir aussi, à cette occasion, des mouvements dans le royaume; car il comprenoit qu'un tel dénouement devenoit enfin nécessaire pour arrêter cette fatale négociation qu'il ne pouvoit rompre, et que le roi d'Espagne son maître ne pouvoit approuver. Les avis que Cellamare recevoit sans cesse, et de différents endroits, l'emportoient enfin sur les assurances que le Régent lui avoit données. Il commençoit à croire, malgré ce que Son Altesse Royale lui avoit dit au contraire, que la proposition de la quadruple alliance avoit été portée au conseil de régence, qu'elle y avoit été approuvée à la pluralité des voix, nonobstant l'opposition [de] quelques ministres bien intentionnés. Il n'osoit cependant rien affirmer encore, parce que le Régent continuoit de nier également aux autres ministres étrangers qu'il y eût rien de conclu. Provane, ministre de Sicile, sur les assurances du Régent, doutoit comme Cellamare; mais bientôt tous deux furent éclaircis, l'un de manière à ne conserver ni doute, ni espérance; l'autre, voulant se flatter et se réserver un prétexte de prolonger son séjour en France, trouva dans les discours qui lui furent tenus les moyens qu'il cherchoit de parvenir à son but.

Un courrier, dépêché par l'ambassadeur de France à Turin, apporta la nouvelle du débarquement des troupes d'Espagne, descendues le 3 juillet près de Palerme. Elles s'étoient emparées de la ville sans résistance. Dans un événement que le roi de Sicile n'avoit pas prévu, il fit arrêter le marquis de Villamayor, ambassadeur d'Espagne, et s'adressant au Régent et au roi d'Angleterre, il demanda l'effet de la garantie du traité d'Utrecht, promise par la France et par l'Angleterre. Villamayor donna parole de demeurer dans les États du roi de Sicile, jusqu'à ce que les ministres piémontois qui étoient alors à Madrid sortissent d'Espagne. Après cet engagement, il ne fut plus gardé. Provane jugea sans peine que c'étoit demande et sollicitation inutile, que celle de la garantie de la France et de l'Angleterre. Cellamare, au contraire, vouloit faire croire qu'il ajoutoit foi aux promesses que lui fit le comte de Stanhope, avant que de passer de Paris à Madrid. Elles n'auroient pas abusé un ministre moins clairvoyant que lui; mais il y a des conjonctures où on ne veut pas voir, et Cellamare, ménageant à Paris des affaires secrètes où sa présence étoit nécessaire, voulut prendre pour des assurances réelles et solides les vains discours de Stanhope, croire ou faire semblant de croire, comme lui disoit cet Anglois, qu'il y avoit dans le nouveau projet de traité des changements tels, qu'ils étoient beaucoup plus conformes à ce que le roi d'Espagne desiroit qu'aux espérances de la cour de Vienne. Stanhope n'expliqua ni la qualité des changements, ni celle des propositions avantageuses dont il se disoit chargé. Il ajouta seulement qu'il avoit dépêché un courrier à Vienne, et qu'il espéroit, lorsqu'il seroit à Madrid, surmonter les grandes difficultés que les médiateurs avoient trouvées jusqu'alors de la part de cette cour. Cellamare, recevant pour bon et valable tout ce qu'il plut à Stanhope de lui dire, avertit cependant le roi son maître qu'il y avoit une alliance intime et particulière entre le Régent et le roi d'Angleterre, et, se défiant des sujets de querelle qu'on lui susciteroit en France, il pria instamment Beretti, de qui la prudence lui étoit très-suspecte, de ne lui adresser aucun paquet d'Hollande capable d'exciter des soupçons, ou de lui attirer la moindre affaire, voulant en éviter avec une attention extrême, non-seulement les causes, mais même les prétextes. Il auroit été difficile alors de désabuser le public de l'opinion généralement répandue d'une alliance secrète entre le roi d'Espagne et le roi de Sicile. L'entreprise des Espagnols étoit regardée comme un jeu joué entre ces deux princes, et quoique l'un agît réellement en ennemi, pour dépouiller l'autre d'un royaume, dont il étoit en possession, il sembloit qu'il ne fût pas permis de douter de l'intelligence qui étoit entre eux, pour donner une apparence de guerre, capable de cacher leurs conventions secrètes. Stanhope, bien instruit de la vérité, dit à Provane que si le roi de Sicile approuvoit le projet de paix, sitôt qu'il en feroit remettre la déclaration entre les mains de Stairs, Provane en échange recevroit des mains [de] ce ministre un ordre du roi d'Angleterre à l'amiral Bing de faire ce que le roi de Sicile lui commanderoit pour s'opposer aux Espagnols. Ces offres, loin de plaire à Provane, zélé pour les intérêts de son maître, le firent gémir sur l'étrange situation où se trouvoit ce prince, forcé d'accepter un projet qu'il ne pouvoit goûter, ou de perdre la Sicile, dont la perte devenoit encore plus malheureuse que n'en avoit été l'acquisition. Le Régent ajouta aux discours de Stanhope qu'il déclareroit incessamment au roi d'Espagne que s'il ne retiroit ses troupes de la Sicile, la France ne pouvoit refuser l'effet de sa garantie. Stanhope partit pour Madrid, portant à ceux qui étoient chargés des affaires de France en cette cour-là les ordres que lui-même avoit dictés. Ce n'étoit pas seulement en Espagne que le ministère d'Angleterre les prescrivoit, comme il n'a que trop continué, et même depuis que l'intérêt particulier a changé. En tout endroit de l'Europe où la France tenoit un ministre, s'il vouloit plaire et conserver son poste, il falloit qu'il fût non-seulement subordonné, mais obéissant aux Anglois, et de cette obéissance qu'ils appellent passive. Châteauneuf, ambassadeur en Hollande, leur étoit insupportable parce que, ce joug lui étant nouveau, il sembloit quelquefois vouloir y résister. Les Anglois ne cessoient donc de représenter que, tant que cet homme demeureroit à la Haye, il embarrasseroit la négociation. Ils l'accusèrent d'intelligence avec le secrétaire de Savoie, avec le baron de Nordwick du collége des nobles, partisan d'Espagne, et avec beaucoup d'autres amis de cette couronne. Ils prétendoient que tout ce qu'ils communiquoient de plus important et de plus secret étoit aussitôt révélé par l'ambassadeur de France.

On pressoit vivement la conclusion de la triple alliance entre cette couronne, l'Empereur et l'Angleterre. Stairs, ardent à exécuter les ordres qu'il recevoit de Londres, étoit parvenu à régler les conditions du traité au commencement du mois de juillet. S'il y restoit encore quelques difficultés de la part de l'Empereur, elles devoient être aplanies par Penterrieder, son envoyé à Londres, muni des pouvoirs nécessaires pour signer au plus tôt un traité que ce prince regardoit comme avantageux pour lui et pour sa maison. L'avis de ses ministres étoit conforme au sien, et, selon eux, cette alliance étoit l'unique moyen d'assurer à leur maître la conservation des États qu'il possédoit en Italie; ils jugeoient en même temps qu'il étoit de l'intérêt de l'Empereur de s'opposer au succès des pratiques du duc de Savoie, qui n'avoit rien oublié pour engager le roi d'Espagne dans ses intérêts, et ne désespéroit pas encore d'y réussir, nonobstant la descente des Espagnols en Sicile. En effet, jusqu'alors le ministre d'Espagne à Vienne s'étoit intéressé en faveur de ce prince, et ne cessoit d'appuyer la proposition d'une alliance entre l'Empereur, le roi d'Espagne et le roi de Sicile; mais alors Sa Majesté Catholique se désistoit de cette proposition, et demandoit qu'en l'abandonnant l'Empereur consentît à laisser à l'Espagne l'île de Sardaigne, offrant en échange de consentir réciproquement que Sa Majesté Impériale reprît la partie du Milanois qu'elle avoit cédée au duc de Savoie, et que le Montferrat y fût encore ajouté. Un Suisse, nommé Saint-Saphorin, homme plus intrigant qu'il n'appartient à la franchise de sa nation, employé autrefois par le roi Guillaume et toujours opposé aux intérêts de la France, étoit encore employé par le roi Georges, et même avoit gagné trop de confiance de la part du Régent. Cet homme, devenu négociateur, soutenoit qu'il étoit de l'intérêt de toutes les puissances de l'Europe d'abaisser celle du duc de Savoie. Ce prince, étonné de la descente imprévue des Espagnols en Sicile, suivie de la prise de Palerme, écrivit aussitôt au Régent pour lui demander, en exécution du traité d'Utrecht, les secours de troupes que la France étoit obligée de fournir pour la garantie du repos de l'Italie; le courrier, dépêché à Paris au comte de Provane, remit aussi au comte de Stanhope, qui s'y trouvoit encore alors, une lettre pour le roi d'Angleterre, contenant les mêmes instances. Cellamare ne manqua pas de s'y opposer, mais le Régent lui répondit que par le traité d'Utrecht le Roi étoit également garant et du repos de l'Italie et de la réversion de la Sicile à la couronne d'Espagne; que Sa Majesté, manquant à l'un de ses engagements, ne pourroit se croire obligée[1] à l'autre, stipulé par le même traité. Son Altesse Royale offrit donc des secours à Provane; mais on jugeoit par la manière dont ce prince les offroit qu'il n'avoit nulle intention d'exécuter ce qu'il promettoit; on sut même qu'il avoit fait quelques railleries de l'état où se trouvoit le duc de Savoie, et il revint dans le public qu'il avoit dit que le renard étoit tombé dans le piége, que le trompeur avoit été tompé, enfin plusieurs discours dont ceux qui les avoient entendus n'avoient pas gardé le secret. La discrétion n'étoit pas plus grande alors sur les affaires d'État, dont les particuliers n'ont pas droit de raisonner, encore moins de censurer les résolutions du gouvernement : on condamnoit librement et sans la moindre contrainte tant de traités différents, tant d'engagements opposés les uns aux autres, tant de liaisons avec les ennemis anciens et naturels de la France, prises secrètement et sans la connoissance du conseil de régence. On ne blâmoit pas moins les dépenses immenses faites mal à propos pour s'assurer de la foi légère et de la constance plus que douteuse de ces puissances, et les raisonneurs concluoient qu'il étoit difficile de comprendre comment et par quelle maxime on se séparoit de l'Espagne dont l'alliance, loin d'être à charge à la France, seroit toujours très-utile à ses amis, et qu'on l'abandonnoit dans la fausse vue d'acquérir chèrement des amis très-infidèles. Cellamare étoit préparé à faire cette réponse au Régent s'il lui eût parlé, comme il s'y attendoit, des bruits répandus alors d'un parti considérable que le roi d'Espagne avoit en France; mais ce n'étoit pas par un aveu de l'ambasssadeur d'Espagne que

1. *Obligé*, au manuscrit.

Son Altesse Royale comptoit de découvrir toutes les circonstances des trames secrètes, dont elle savoit déjà la plus grande partie. Le duc de Savoie, s'adressant de tous côtés pour être secouru, ne trouva pas en Angleterre plus de compassion de son état qu'il en avoit trouvé en France. La Pérouse, son envoyé à Londres, exposoit le triste état de son maître. Il demandoit inutilement en conséquence du traité d'Utrecht, des secours contre l'invasion que les Espagnols faisoient de la Sicile. Loin de toucher et de persuader par ses représentations, l'opinion commune à Londres, comme à Paris, étoit que le roi d'Espagne et le roi de Sicile agissoient de concert; et sur ce fondement les ministres d'Angleterre répondirent à la Pérouse que l'escadre angloise secourroit[1] son maître au moment qu'il auroit signé le traité d'alliance que le roi d'Angleterre lui avoit proposé. Monteleon persistoit cependant à croire que le roi d'Espagne n'avoit rien à craindre de la part de l'Angleterre, et soit persuasion, soit desir de flatter Alberoni et de lui plaire, il l'assura que le comte de Stanhope, nouvellement parti pour Madrid, joignoit à son penchant pour l'Espagne une estime singulière pour ce cardinal, en sorte que possédant la confiance intime du roi d'Angleterre, son voyage à Madrid ne pouvoit produire que de bons effets. Alberoni ne donnoit à qui que ce soit sa confiance entière, et l'auroit encore moins donnée à Monteleon qu'à tout autre ministre. Il se défioit généralement de tous ceux que le roi d'Espagne employoit dans les cours étrangères. Alors il avoit envoyé secrètement à Vienne un ecclésiastique, qu'il avoit chargé de proposer à l'Empereur un accommodement particulier avec le roi d'Espagne, sans intervention de médiateur. Les conditions étoient que la Sardaigne seroit laissée au roi d'Espagne; qu'en même temps l'Empereur lui donneroit l'investiture des duchés de Toscane et de Parme; que le roi d'Espagne réciproquement mettroit l'Empereur en

---

1. Saint-Simon a écrit *secoureroit*.

possession de la Sicile ; et que de plus qu'il l'aideroit[1]
à recouvrer la partie de l'État de Milan qu'il avoit
cédée[2] au duc de Savoie. Enfin on procureroit de
concert la propriété du Montferrat au duc de Lorraine.

Ce siècle étoit celui des négociations, en même temps
celui où régnoit entre les souverains une défiance réciproque, leurs ministres bannissant la bonne foi et se
croyant habiles autant qu'ils savoient le mieux tromper.
L'Empereur, persuadé que nulle alliance n'étoit aussi
solide pour lui que celle d'Angleterre, ne perdit pas de
temps à communiquer au roi d'Angleterre les propositions
secrètes d'Alberoni. La droiture et la sincérité du ministre
n'étoient pas mieux établies que celles du duc de Savoie.
Ainsi l'opinion commune à Londres comme à Vienne étoit
que, malgré les apparences, tous deux agissoient de concert, et que l'Espagne n'envahissoit la Sicile que du consentement secret du duc de Savoie, quelque soin que prît
ce prince de déguiser une convention cachée, et demander des garanties qu'il seroit fâché d'obtenir. Sur ce fondement, l'Empereur répondit aux propositions d'Alberoni
qu'il en accepteroit le projet, lorsqu'il seroit sûr du consentement et du concours des médiateurs. Mais l'artifice
d'un ministre tel qu'Alberoni, dont la bonne foi étoit plus
que douteuse, et suspecte également dans toutes les cours,
loin de suspendre, comme il l'espéroit, la conclusion du
traité de la triple alliance, en pressa la signature ; car il
ne suffit pas que la probité des princes soit connue et
hors de doute, si la réputation de ceux dont ils se servent
dans leurs affaires les plus importantes n'est aussi sans
tache ni susceptible par leur conduite passée d'accusation ni même de soupçon. Alberoni ne jouissoit pas de
cette réputation si flatteuse et si nécessaire au succès des
affaires dont un ministre est chargé. La cour de Rome ne
se plaignoit pas moins que le duc de Savoie de la fausseté

---

1. Nous avons déjà vu plusieurs fois des pléonasmes de ce genre.
Il y a *cédé*, sans accord.

des promesses et des assurances qu'il avoit faites et données à l'une et à l'autre de ces deux cours.

CHAPITRE XIV.

Les Anglois frémissent des succès des Espagnols en Sicile, et veulent détruire leur flotte. — Étranges et vains applaudissements et projets d'Alberoni; son opiniâtreté; menace le Régent. — Ivresse d'Alberoni; il menace le Pape et les siens, et son insolence sur les grands d'Espagne. — Le Pape désapprouve la clôture du tribunal de la nonciature faite par Aldovrandi. — Exécrable caractère du nonce Bentivoglio. — Sagesse d'Aldovrandi; représentations d'Aubanton à ce nonce pour le Pape. — Audacieuse déclaration d'Alberoni à Nancré. — Le traité entre la France, l'Angleterre et l'Empereur, signé à Londres. — Trêve ou paix conclue entre l'Empereur et les Turcs. — Idées du Régent sur le Nord. — Cellamare travaille à unir le Czar et le roi de Suède pour rétablir le roi Jacques. — Artifice des Anglois pour alarmer tous les commerces par la jalousie des forces maritimes des Espagnols; attention d'Alberoni à rassurer là-dessus. — Inquiétude et projets d'Alberoni. — Alberoni se déchaîne contre M. le duc d'Orléans. — Fautes en Sicile. — Projets d'Alberoni; il se moque des propositions faites à l'Espagne par le roi de Sicile. — Alberoni pense à entretenir dix mille hommes de troupe étrangère en Espagne; fait traiter par Leurs Majestés Catholiques comme leurs ennemis personnels tous ceux qui s'opposent à lui; inquiet de la lenteur de l'expédition de Sicile, introduit une négociation d'accommodement avec Rome; son artifice. — Les Espagnols dans la ville de Messine.

Leurs plaintes[1] n'arrêtoient pas le progrès des Espagnols, et la Sicile étoit soumise au roi d'Espagne à la fin de juillet. Cette conquête si rapide et si facile déplaisoit aux Anglois, à mesure du peu d'opposition que les Espagnols trouvoient à s'emparer totalement de l'île. Les agents d'Angleterre en différents lieux d'Italie représentoient qu'il étoit de l'intérêt de cette couronne d'anéantir la flotte d'Espagne, sinon qu'elle seroit bientôt employée en faveur du Prétendant; qu'on devoit se souvenir à Londres du projet formé en sa faveur peu de temps aupara-

1. Les plaintes de la cour de Rome et du duc de Savoie. Voyez la fin du chapitre précédent.

vant avec les princes du Nord, et de l'arrêt[1] du comte de Gyllembourg, alors ambassadeur du roi de Suède ; qu'on ne devoit pas non plus oublier que Monteleon étoit instruit de son dessein ; que ruinant la flotte d'Espagne, chose facile, non-seulement l'Angleterre auroit la gloire et l'avantage de secourir le duc de Savoie, mais qu'il seroit impossible à l'Espagne de réparer la perte qu'elle auroit faite et de ses vaisseaux et de son armée, au lieu que, laissant à cette couronne la liberté entière de poursuivre ses desseins, elle joindroit bientôt la conquête du royaume de Naples à celle de la Sicile. Les ennemis de l'Espagne craignoient le génie de son premier ministre, et n'oublioient rien pour inspirer de tous côtés la crainte des projets et des entreprises qu'il étoit capable de former et d'exécuter. Mais pendant qu'ils travailloient à décrier Alberoni, il s'applaudissoit à Madrid du succès étonnant des mesures prises et des ordres donnés pour la conquête de la Sicile. Il admiroit qu'une flotte de cinq cents voiles, partie de Barcelone le 27 juin, eût débarqué heureusement dans le port de Palerme, le 3 juillet, toutes les troupes dont elle étoit chargée avec l'attirail nécessaire pour une descente. Cet heureux début lui ouvrit de grandes vues pour l'avenir. Comme il falloit cependant donner une couleur à cette entreprise et justifier une expédition faite en pleine paix, au préjudice des traités, Alberoni supposa que le roi d'Angleterre, médiateur de la triple alliance qui se négocioit actuellement, avoit intention d'engager le duc de Savoie, de livrer la Sicile à l'archiduc, contre les dispositions du traité d'Utrecht, portant expressément que cette île retourneroit au pouvoir de l'Espagne au défaut d'héritiers mâles du duc de Savoie, à qui la Sicile étoit cédée. Alberoni vouloit persuader qu'une telle contravention aux traités de paix avoit forcé le roi d'Espagne à prévenir le coup en s'assu-

---

1. Et de l'arrestation. Voyez tome XIII, p. 319, et tome XIV, p. 137 et p. 215.

rant d'un royaume qui lui appartenoit par toutes les raisons de droit divin et humain.

Le projet d'Alberoni étoit d'entretenir en Sicile une armée de trente-six mille hommes, nombre de troupes suffisant non-seulement pour conserver sa conquête, mais encore pour tenir en inquiétude les Allemands dans le royaume de Naples et leur faire sentir les incommodités d'un pareil voisinage. La conquête de la Sicile, l'espérance de la conserver, de passer facilement à celle de Naples, et l'idée de chasser ensuite les Allemands de toute l'Italie, devinrent pour le roi d'Espagne de nouveaux motifs de rejeter absolument le traité d'alliance proposé par le roi d'Angleterre, et de s'irriter de la facilité que le Régent avoit eue d'acquiescer aux propositions de ce prince, d'envoyer même Nancré à Madrid pour appuyer les instances que le comte de Stanhope devoit faire, et persuader à Sa Majesté Catholique d'y consentir. Alberoni prétendit que, bien loin que tant de mouvements dussent toucher Sa Majesté Catholique, ils faisoient voir, au contraire, quelle étoit l'agitation des ministres du roi d'Angleterre, la crainte qu'ils avoient des recherches d'un nouveau parlement qui s'élèveroit contre une conduite si contraire aux véritables intérêts de la nation, enfin la partialité déclarée du roi Georges pour l'Empereur et sa maison. « On ne comprend pas, disoit Alberoni, comment le Régent ne connoît pas une vérité si évidente, comment il veut s'unir à un ministère si incertain et avec une nation sur qui on ne peut pas compter. » De ces réflexions Alberoni passoit à une espèce de menace : « Si, disoit-il, Son Altesse Royale veut signer une ligue si détestable, le roi d'Espagne fera les pas qu'il estimera convenables aux intérêts du Roi son neveu aussi bien qu'à la conservation d'une monarchie et d'une nation qu'il protégera et qu'il défendra jusqu'à la dernière goutte de son sang. Sa Majesté Catholique pourra dire qu'elle a satisfait à tous ses devoirs par les représentations qu'elle a faites pour mettre le Régent dans le chemin de la justice. Enfin *curavimus Babylonem.* » Alberoni ajoutoit : « Dieu sait ma peine à modérer la juste indignation du roi d'Espagne, quand il a su les sollicitations du Régent envers la Hollande; je suis las de parler davantage de modération, Leurs Majestés Catholiques commencent à s'ennuyer de cette chanson. » Cet échantillon des conférences de Nancré avec Alberoni peint à peu près le fruit qu'il remporta de sa mission en Espagne, où il avoit été envoyé principalement pour appuyer et seconder les instances des Stanhope. Alberoni disoit que le Régent auroit été convaincu de la solidité des réponses du roi d'Espagne, s'il eût été question de persuader *l'entendement et non la volonté.*

Le cardinal, encore plus piqué du refus des bulles de Séville que des négociations du Régent avec le roi d'Angleterre, ne doutoit pas que la conquête de la Sicile ne lui donnât les moyens de se venger du Pape personnellement, aussi bien que des principaux personnages de la cour de Rome. Il menaçoit déjà la maison Albane *d'une estafilade que le roi d'Espagne pouvoit aisément lui donner.* Il voulut aussi avoir une liste exacte des cardinaux et prélats romains possesseurs d'abbayes ou de pensions ecclésiastiques dans la Sicile. Ébloui du desir de vengeance, il bravoit par avance les censures de Rome, et disoit « que, puisque Sa Sainteté n'avoit pas osé en lancer la moindre contre le cardinal de Noailles, qui s'étoit fait chef d'une hérésie en France, elle oseroit encore moins faire un coup d'éclat contre le roi d'Espagne, bien informé que l'acharnement de la cour de Rome contre lui étoit tel, que Sa Majesté Catholique devoit penser à la réprimer à quelque prix que ce pût être. Elle se trompoit, selon lui, si elle comptoit sur l'ancienne superstition espagnole. *Altri tempi*, etc. Ces superstitions étoient l'ouvrage des grands, persuadés qu'il étoit de leur intérêt de les imprimer dans l'esprit des peuples; mais ces mêmes grands étoient sans autorité, sans crédit, toujours dans la crainte et le tremblement, enfin comptant pour beaucoup de vivre en repos. » Alberoni donc ajoutoit « que, le roi son maître ayant fait connoître qu'il n'étoit pas un *zéro*, et que ceux qui l'avoient méprisé auroient un jour à s'en repentir, trouveroit des amis; que plusieurs même s'empresseroient d'être admis dans ce nombre. Du temps, disoit-il, de la santé et de la patience. » Il savoit que le Pape avoit désapprouvé la demande que le nonce Aldovrandi avoit faite de fermer, sans ordre de Sa Sainteté, le tribunal de la nonciature à Madrid, et véritablement le ministre de Sa Sainteté faisoit tort à la juridiction que le saint-siége s'étoit attribuée et maintenoit dans ce royaume. Ainsi le Pape fit voir par un bref postérieur que son intention avoit été seulement de suspendre les grâces et priviléges que ses prédécesseurs avoient accordés aux rois d'Espagne. Le nonce Bentivoglio, averti de ce bref et de ce qu'il contenoit, jugea que la cour de France s'intéresseroit peu à l'embarras qu'il pourroit causer à celle d'Espagne, et de plus, que le Régent ne seroit pas fâché de voir croître en même temps le nombre des ennemis du Pape et les oppositions que le roi d'Espagne trouveroit à l'exécution de ses projets. Le caractère de ce nonce impétueux, violent, sans érudition, uniquement occupé que du desir effréné de parvenir au cardinalat, se montroit, dans toute sa conduite; persuadé que le moyen le plus sûr, le plus prompt, le plus aisé d'obtenir cette dignité étoit d'irriter le Pape et de mettre le feu dans l'Église de France, il n'oublioit rien pour arriver à son but, etc.

Le nonce du Pape à Madrid, plus sage que celui qui résidoit en France, avoit aussi mieux connu de quelle importance il étoit pour le saint-siége de ménager les grandes couronnes; il jugea donc qu'il étoit essentiel pour le bien de l'Église de conserver une voie à l'accommodement, lorsque le temps auroit un peu calmé l'aigreur de part et d'autre. Aubanton, jésuite, confesseur du roi d'Espagne, ouvrit cette voie. Il vint trouver Aldovrandi la veille de son départ de Madrid, et le priant de ne le nommer jamais dans ses lettres, il le chargea bien expressément de bien représenter au Pape quel mal il feroit s'il fermoit la voie à tout accommodement; que déjà la cour d'Espagne se croyoit méprisée, et qu'elle s'irriteroit au point de perdre le respect et l'obéissance due au saint-siége, si Sa Sainteté n'y prenoit garde et n'adoucissoit par sa prudence les différends survenus au sujet des bulles de Séville; il représenta que l'intérêt d'un particulier tel qu'Alberoni ne devoit point causer de pareils désordres.

La cour d'Espagne étoit alors occupée d'affaires plus sensibles pour elle que ne l'étoient celles de Rome. La mission de Nancré n'avoit pas eu tout le succès que le Régent s'en étoit promis, et le cardinal avoit déclaré à cet envoyé que le roi d'Espagne, informé de la résolution que Son Altesse Royale avoit prise de signer un traité d'alliance avec l'Empereur et le roi d'Angleterre, souhaitoit qu'elle voulût abandonner un tel projet ou tout au moins en suspendre l'exécution. En ce cas, Sa Majesté Catholique s'engageroit à regarder les intérêts du Régent comme les siens propres. Au contraire, le ressentiment d'un refus seroit tel que ni le temps ni même les services ne le pourroient effacer, et qu'il auroit en toute occasion le roi d'Espagne pour ennemi personnel. Nancré pressé par le cardinal d'envoyer un courrier à Paris porter une telle déclaration, le refusa, et dit de plus que, quand même il se pourroit charger d'en rendre compte, il seroit inutile, parce que le traité devoit être déjà signé. Alberoni répliqua que, lorsque le roi d'Espagne seroit assuré de la signature, Nancré ne demeureroit pas encore un quart d'heure à Madrid. Alberoni ne s'expliquoit pas moins clairement aux ministres d'Angleterre qu'il avoit parlé à Nancré au sujet du traité dont le roi d'Espagne rejetoit toute proposition. Ainsi le colonel Stanhope, ne pouvant douter de la résolution de Sa Majesté Catholique, détournoit le comte de Stanhope son cousin, ministre confident du roi d'Angleterre, de faire le voyage de

Madrid, prévoyant que la peine en seroit inutile, ainsi que les fréquentes déclarations du cardinal réitérées à toute occasion ne permettoient pas d'en douter. En effet, le traité étoit signé à Londres, et le roi d'Angleterre avoit conseillé au duc de Savoie d'y souscrire, comme le meilleur parti qu'il pût prendre pour résister à l'invasion des Espagnols.

La flotte angloise navigeoit[1] en même temps vers la Sicile, et déjà les ministres d'Angleterre avoient déclaré à Monteleon que le roi leur maître n'avoit pu se dispenser d'envoyer ses vaisseaux pour maintenir la neutralité d'Italie, et défendre, en conséquence des traités, les États possédés par l'Empereur ; que cependant Sa Majesté Britannique attendoit encore quel seroit le succès du voyage que le comte de Stanhope feroit à Madrid, d'où dépendoit la paix générale ou une malheureuse rupture. Quoique le roi de Sicile n'eût de secours à espérer que de la part de l'Angleterre, il hésitoit cependant à l'accepter avec la condition d'accéder au traité d'alliance, comme le demandoit le roi d'Angleterre. Stairs, son ambassadeur en France, offroit à Provane, ministre de Savoie à Paris, de lui remettre l'ordre par écrit de Sa Majesté Britannique, adressé à l'amiral Bing pour attaquer les Espagnols sitôt que le duc de Savoie auroit accepté le projet de traité, et Provane n'étoit pas autorisé à promettre que cette acceptation seroit faite. Il se bornoit à demander au Régent la garantie de la Sicile ; instances inutiles. Son Altesse Royale lui répondoit que la France n'avoit point d'armée navale. Le mariage d'une des princesses ses filles avec le prince de Piémont étoit alors une de ses vues, et c'étoit vraisemblablement un moyen d'y réussir que de dégager le duc de Savoie de la guerre de Sicile en persuadant au roi d'Espagne de consentir aux propositions de Stanhope. Deux motifs pouvoient y porter Sa Majesté Catholique. L'un étoit la difficulté de réduire les places de Sicile ;

---

1. Nous avons remarqué déjà l'emploi du verbe *naviger*.

l'autre motif, la conclusion d'une trêve entre l'Empereur et les Turcs, dont la nouvelle étoit récemment arrivée.

Ces apparences de pacification et d'assurer la tranquillité générale de l'Europe, n'empêchoient pas le Régent de chercher encore d'autres moyens d'en assurer le repos, et soit pour en être plus sûr, soit que le génie dominant du siècle fût de négocier, Son Altesse Royale vouloit que les monarques du Nord, particulièrement le Czar, crussent que la conclusion du traité proposé au roi d'Espagne ne l'empêcheroit pas de s'unir avec ces princes ; même, s'il étoit nécessaire, qu'elle renouvelleroit de concert avec eux la guerre contre l'Empereur; mais, soit vérité, soit dessein d'amuser, les ministres de ces princes, principalement celui du Czar, ajoutèrent peu de foi à de tels discours. Ce dernier assura Cellamare que le Czar ne pouvant approuver les liaisons nouvelles de la France avec l'Angleterre et la maison d'Autriche, vouloit, de concert avec le roi de Suède, unir leurs intérêts communs à ceux du roi d'Espagne. On attribuoit à de mauvais conseils (du Bois) la confiance que le Régent avoit prise aux promesses du roi d'Angleterre, et Cellamare, persuadé de l'utilité dont une ligue des princes du Nord pouvoit être à son maître, pressoit le ministre du Czar de le représenter à Son Altesse Royale, et de l'engager, s'il étoit possible, à fomenter les troubles qu'on croyoit prêts à s'élever en Écosse.

Le duc d'Ormond, nouvellement arrivé à Paris, où il se tenoit caché, prétendoit qu'il y avoit en Angleterre un parti pour le roi Jacques plus ardent que jamais pour les intérêts de ce prince. L'argent pour le soutenir et le fortifier étoit absolument nécessaire, et ne pouvant en espérer de France, il s'étoit adressé à l'ambassadeur d'Espagne pour obtenir l'assistance de Sa Majesté Catholique. Ce ministre ne doutoit pas de la bonne volonté de son maître, mais il connoissoit l'état de l'Espagne et son impuissance. Étant donc persuadé qu'elle ne pouvoit fournir les sommes nécessaires pour le succès d'une si grande entreprise, son objet étoit de la faire goûter au Czar, mécontent du roi d'Angleterre, et de l'engager à s'unir avec le roi de Suède pour se venger tous deux de concert des sujets qu'ils pouvoient avoir d'être mécontents de la conduite de ce prince à leur égard. Le temps étoit précieux, et Cellamare connoissant l'importance d'en ménager tous les moments, n'en perdit aucun pour animer le ministre de Moscovie. Il alla secrètement le trouver à la campagne où il étoit auprès de Paris, et l'ayant informé des dispositions du roi d'Espagne, il le pressa de dépêcher au plus tôt un courrier à Pétersbourg, pour instruire le Czar des dispositions de Sa Majesté Catholique, et demander des instructions sur une négociation dont il connoissoit parfaitement toutes les conséquences. Cellamare informa le roi de Suède par une voie détournée des mêmes avis qu'il donnoit au Czar, et non content d'exciter les puissances étrangères à traverser les desseins du Régent, il cherchoit encore à détacher du service du Roi des gens dont le nom, plutôt que le mérite peu connu, pouvoit faire plus d'impression dans les pays étrangers qu'ils n'en faisoient en France.

Si la descente des Espagnols en Sicile, la conquête facile de Palerme et celle de toute l'île qu'on regardoit déjà comme assurée, avoit surpris toute l'Europe, on ne l'étoit pas moins d'avoir vu paroître, et comme sortir du fond de la mer une flotte en ordre, armée par une couronne qui ne s'étoit pas distinguée par ses armements de mer depuis le règne de Philippe II. Cette nouvelle puissance maritime alarmoit déjà les Anglois. Ils croyoient aisément, et publioient que la véritable vue du conseil d'Espagne en relevant ses forces de mer, étoit de s'opposer généralement à tout commerce que les nations étrangères pourroient faire aux Indes occidentales. Il étoit facile qu'un tel soupçon fît en peu de temps un grand progrès en Hollande et en Angleterre. Alberoni, prévoyant l'effet que la jalousie du commerce pourroit causer dans l'un et l'autre pays, écrivit par l'ordre du roi d'Espagne à son ambassadeur en Hollande d'assurer non-seulement les négociants hollandois, mais encore les Anglois qui se trouveroient dans ce pays, et généralement tout homme de commerce, que jamais Sa Majesté Catholique n'altéreroit les lois établies, et ne manqueroit aux traités. Ce ministre devoit aussi leur dire que le peu de forces que le roi son maître avoit en mer étoit seulement pour la sûreté de ses côtes dans la Méditerranée, aussi bien que pour la défense et la conduite de ses galions ; qu'à la vérité, Sa Majesté Catholique avoit lieu de se plaindre de la déclaration des Anglois ; mais un tel procédé de leur part n'avoit pas empêché qu'elle n'eût donné ordre de ne pas toucher aux effets qui appartiendroient aux Anglois sur la flotte nouvellement arrivée à Cadix, l'intention de Sa Majesté Catholique étant de faire remettre à chacun des intéressés ce qui pouvoit leur appartenir.

Le ministre d'Espagne n'étoit pas cependant sans inquiétude du succès qu'auroit la descente des Espagnols en Sicile, et de la suite de leur premier succès. Son projet n'étoit pas encore bien formé, et ses résolutions incertaines dépendoient de l'événement. Alberoni vouloit croire que la Sicile seroit soumise en peu de temps ; il se proposoit de faire ensuite passer l'armée d'Espagne dans le royaume de Naples ; mais il sentoit, et l'avouoit même, que c'étoit uniquement aux officiers généraux qui commandoient l'armée à délibérer et décider des résolutions qu'il conviendroit de prendre. L'escadre angloise lui donnoit de justes inquiétudes ; il savoit qu'elle voguoit vers le Levant, mais depuis assez longtemps il ignoroit sa route, et les premiers jours d'août, il n'en savoit de nouvelles que du 14 juillet, écrites de Malaga. Ce même jour 14, le château de Palerme se rendit aux Espagnols. Le vice-roi de Naples faisoit quelques mouvements, comme ayant dessein d'envoyer en Sicile un détachement des troupes de l'Empereur pour fortifier la garnison de Messine. Ce secours paroissoit difficile, et l'opinion publique étoit que les ministres allemands ne faisoient ces démonstrations que pour satisfaire par des apparences les ministres de Savoie, et d'ailleurs le public étant persuadé que si les troupes allemandes marchoient effectivement et secouroient Messine, ce ne seroit pas pour le rendre aux Piémontois. La défiance étoit généralement répandue dans toutes les cours, et les sentiments du Pape n'étoient pas exempts de soupçon, en sorte que, quelques brouilleries qu'il y eût actuellement entre la cour de Rome et celle de Madrid, l'opinion publique étoit qu'il régnoit secrètement une union intime entre Sa Sainteté et le roi d'Espagne. Les troupes de ce prince, après une légère résistance à Palerme, dont elles s'étoient emparées, avoient marché vers Messine, et les galères du duc de Savoie s'étoient retirées à leur approche.

Jusqu'alors l'entreprise de Sicile réussissoit comme le roi d'Espagne et son ministre le pouvoient desirer, et ces succès heureux augmentant la fierté du ministre, irrité du refus constant des bulles de Séville, il se déchaîna sans mesure contre Sa Sainteté, et l'accusoit de se laisser conduire par les conseils du comte de Gallas, ambassadeur de l'Empereur auprès d'elle, qui de son côté prétendoit que le Pape étoit secrètement uni avec le roi d'Espagne. Mais Alberoni s'élevoit sans ménagement contre la personne de M. le duc d'Orléans et l'empressement qu'il avoit fait paroître à signer le traité de la quadruple alliance. « Ainsi, disoit Alberoni, ce prince s'est déclaré à la face de tout l'univers ami d'une puissance ennemie d'un roi son parent, et le temps est venu où vraisemblablement il sera obligé à se porter contre ce même roi à des actes d'hostilité. Le maréchal d'Huxelles, qui a consenti à cette alliance pour n'avoir point de guerre, verra la France agir contre le roi d'Espagne, qui de son côté sera ferme à continuer éternellement la guerre plutôt que de consentir à l'infâme projet, et tant qu'il aura de vie et de forces, il se vengera de ceux qui prétendent le forcer à l'accepter. Si Stanhope veut parler du ton de législateur, il sera mal reçu. Le passe-port qu'il a demandé a été expédié, on entendra ses propositions; mais il sera difficile de les écouter si elles ne sont pas différentes en tout de la substance du projet. Stanhope, ajoutoit-il, sera surpris d'entendre que le roi d'Espagne ne veut pas qu'on parle présentement des États de Toscane et de Parme, se réservant d'user de ses droits en temps et lieu. » Alberoni, s'expliquant hautement contre le traité de la quadruple alliance, voulut en même temps faire voir aux Anglois que si le roi d'Espagne rejetoit un pareil projet, il n'en étoit pas moins prêt à donner à la nation angloise des preuves de son affection pour elle; que c'étoit un témoignage bien sensible de cette affection, que la modération dont Sa Majesté Catholique donnoit une preuve évidente en défendant à ses sujets d'exercer aucun acte d'hostilité contre les négociants anglois demeurants dans ses États, quoique on dût l'attendre comme une suite naturelle de la rupture faite à contre-temps par le commandant de la flotte angloise.

Alberoni, flatté des premiers succès de l'entreprise de Sicile, ne laissoit pas de remarquer les fautes que le marquis de Lede avoit faites dans cette expédition, et de prévoir les suites funestes qu'il y avoit lieu de craindre du flegme de ce général, et de sa lenteur à finir une conquête aisée. Tout délai en cette occasion étoit d'autant plus à craindre que l'escadre angloise faisoit voile vers la Sicile. Il falloit donc prévenir son arrivée, et sans perdre de temps faire marcher les troupes vers Messine, dont il seroit désormais difficile de s'emparer, le coup de la prise de Palerme ayant mis en mouvement, suivant l'expression du cardinal, toutes les puissances infernales, et les mesures étant prises de tous côtés pour embarrasser l'Espagne. Il reprochoit encore au marquis de Lede, général de l'armée d'Espagne, d'avoir laissé au comte Maffeï, vice-roi de l'île pour le duc de Savoie, la liberté entière de se retirer à Syracuse, qu'on devoit regarder non-seulement comme la meilleure forteresse du royaume, mais qu'on savoit de plus être en état de recevoir les secours d'hommes et de vivres proportionnés au besoin qu'elle en auroit. Il étoit encore de la prudence de faire suivre Maffeï par un détachement de cavalerie; et quoique fatiguée, ce n'étoit pas une raison pour l'exempter de marcher, la conjoncture étant si importante qu'il n'étoit pas permis de ménager les troupes, quand même il auroit été sûr qu'elles périroient dans la marche. Don Jos. Patiño étoit alors intendant de l'armée. Alberoni l'exhorta pour l'amour de Dieu, disoit-il, à donner un peu plus de chaleur au naturel froid de son ami le marquis de Lede. « S'il est bon, disoit le cardinal, d'épargner les troupes quand on le peut, il faut aussi songer qu'elles sont faites pour fatiguer et pour crever quand il convient; qu'à plus forte raison, on doit en user de même à l'égard des bêtes. » La facilité de faire passer des troupes de Naples en Sicile augmentoit les difficultés que les Espagnols trouvoient à s'emparer de Messine dont ils auroient pu se rendre maîtres sans peine, si leur général, à qui Dieu pardonne son indolence, n'avoit perdu le temps à prendre Palerme, ville sans résistance. Alberoni comptoit déjà que la France, l'Angleterre, l'Empereur et le duc de Savoie, s'uniroient contre l'Espagne; le projet du cardinal étoit en ce cas de laisser quinze mille hommes en Sicile, pour en faire la conquête entière; et lorsqu'elle seroit achevée, il prétendoit transporter toutes ces troupes en Espagne. Il soutenoit que le duc de Savoie n'avoit songé qu'à tromper le roi d'Espagne, employant différentes voies pour l'amuser par de vaines propositions de traité; qu'enfin Lascaris, le dernier des ministres que ce prince avoit employé[1], étoit venu, au moment que la flotte partoit, déclarer qu'il avoit un pouvoir de son maître dans la forme la plus solennelle, pour conclure avec le roi d'Espagne une ligue offensive et défensive à des conditions véritablement à faire rire; ce qu'on en sait est,

---

1. Ce participe est bien au singulier.

que la première de ces conditions étoit deux millions d'écus que le duc de Savoie demandoit pour se mettre en campagne, et par mois soixante mille écus de subside ; la seconde, que le roi d'Espagne fît passer en Italie douze mille hommes, pour les unir aux troupes de Savoie et faire la guerre dans l'État de Milan. Mais Alberoni, persuadé qu'on ne pouvoit s'assurer sur la foi du duc de Savoie tant qu'il seroit maître de la Sicile, avoit jugé nécessaire que le roi d'Espagne s'en rendît maître soit pour la garder, soit pour la rendre au duc de Savoie si Sa Majesté Catholique, faisant la guerre aux Allemands, ne pouvoit procurer à ce prince une récompense plus avantageuse de son alliance avec l'Espagne.

Le cardinal, persuadé qu'il étoit de l'honneur et de l'intérêt de cette couronne d'avoir toujours un corps de troupes en Espagne, prenoit alors des mesures pour maintenir sur pied huit ou dix mille hommes de troupes étrangères. Ce fut à Cellamare qu'il s'adressa pour savoir de lui quelles mesures il jugeroit nécessaires à prendre pour accomplir ce dessein. Cette marque de confiance ne accordoit guère avec le traitement que le cardinal del Giudice, oncle de Cellamare, recevoit alors de la cour d'Espagne, tous les revenus des bénéfices qu'il possédoit en Sicile ayant été mis en séquestre. Il est vrai que les revenus des bénéfices que d'autres cardinaux et prélats avoient dans le même royaume eurent aussi le même sort, depuis la descente des Espagnols en Sicile ; mais le vrai motif étoit l'animosité particulière d'Alberoni, qui ne cessoit d'aigrir Leurs Majestés Catholiques contre Giudice, car il n'oublioit rien pour les engager à regarder et à traiter comme leurs ennemis personnels ceux qui se déclaroient contre leur premier ministre. Il n'avoit pas même ménagé le Pape, desirant de se venger du refus constant qu'il lui faisoit des bulles de Séville. Il changea cependant de conduite, lorsque la lenteur de l'expédition de Sicile lui donna lieu de craindre qu'après de beaux commencements, la fin de l'entreprise ne répondît pas à ses espérances. Alors il jugea nécessaire de ménager la cour de Rome, et de la prudence d'introduire une négociation pour un accommodement entre cette cour et celle d'Espagne. Le cardinal Acquaviva eut ordre de le confier à don Alex. Albane, second neveu du Pape. Il falloit flatter ce jeune homme, neveu chéri de Clément XI, en lui faisant entendre que le roi d'Espagne n'ayant encore formé aucune prétention au préjudice de la cour de Rome, tous différends entre les deux cours étoient faciles à terminer; que don Alex. en auroit l'honneur, par conséquent avanceroit sa promotion au cardinalat si son oncle, profitant d'une conjoncture heureuse, l'envoyoit nonce à Madrid. Mais pour y réussir sûrement, il seroit absolument nécessaire qu'il y vînt porteur des bulles de Séville, préliminaire indispensable pour finir à son entière satisfaction toutes les affaires qu'il trouveroit à régler. Autrement Leurs Majestés Catholiques deviendroient inexorables, et s'engageroient sans retour à suivre les projets formés par le conseil de Castille, et par la junte des théologiens et des canonistes. Alberoni, voulant mêler à cette espèce de menace quelque espérance de toucher le Pape, instruisit Acquaviva de ce qu'il avoit fait pour détromper Leurs Majestés Catholiques de l'opinion où elles étoient que Sa Sainteté avoit donné ordre au nonce Aldovrandi de fermer le tribunal de la nonciature ; qu'il y avoit ajouté que Sa Sainteté offroit même d'envoyer un nouveau nonce, soit ordinaire, soit extraordinaire, comme il plairoit le plus à Leurs Majestés Catholiques. Alberoni s'applaudissant d'avoir eu le bonheur, grâces à Dieu, de leur persuader que cette démarche du Pape étoit fort honorable, concluoit que Sa Sainteté devoit profiter d'une porte qui lui étoit ouverte pour sortir d'un engagement qui dureroit autant que sa vie, s'il négligeoit ce moyen facile de s'en débarrasser ; que ce seroit une satisfaction, pour un ministre revêtu de la pourpre, d'avoir donné cette nouvelle preuve de son respect et de son obéissance au Pape et au saint-siége ; mais que Sa Sainteté devoit aussi commencer par un acte de générosité tel que seroit l'expédition et l'envoi des bulles de Séville, grâce légère, telle qu'on ne la pouvoit refuser aux services importants d'un ministre dont le travail assidu avoit mis les finances du roi son maître en si bon état que, non-seulement il n'étoit rien dû à personne, mais qu'il restoit encore quelques sommes pour les dépenses journalières et casuelles outre les consignations données sur les provinces pour le payement des troupes, en sorte qu'il n'avoit pas été détourné ni employé un seul maravedis sur les fonds de l'année suivante.

Pendant que la cour de Rome cherchoit les moyens d'apaiser celle d'Espagne, et qu'il s'en falloit peu qu'Alberoni ne dictât les conditions, dont le premier article étoit de lui accorder une grâce contraire aux plus saintes règles, le Pape n'en usoit pas de même à beaucoup près à l'égard des prélats qui tenoient le premier rang dans l'Église de France, etc.

On apprit en France au commencement d'août que les Espagnols, continuant leurs progrès en Sicile, étoient entrés sans résistance dans la ville de Messine, aux acclamations unanimes du sénat et du peuple, les troupes piémontoises s'étant retirées dans la citadelle. Mais en même temps on apprit que la flotte angloise étoit à Naples, événements dignes d'occuper l'attention des princes de l'Europe et de leurs ministres. Il est par conséquent à propos de rappeler ce qui s'étoit passé depuis l'année 1716.

CHAPITRE XV.

Court exposé depuis 1716. — Négociation secrète de Cellamare avec le duc d'Ormond caché dans Paris, où cet ambassadeur continue soigneusement ses criminelles pratiques, que le Régent n'ignore pas; avis, vue et conduite de Cellamare. — Fâcheux état du gouvernement en France. — Quadruple alliance signée à Londres le 2 août, puis à Vienne et à la Haye; ses prétextes et sa cause; du Bois. — Morville en Hollande, très-soumis aux Anglois. — Conduite de Beretti et de Monteleon. — Plaintes réciproques des Espagnols et des Anglois sur le commerce. — Violence du Czar contre le résident d'Hollande. — Plaintes et défiances du roi de Sicile; conduite de l'Angleterre à son égard et de la Hollande à l'égard du roi d'Espagne. — Projets de l'Espagne avec la Suède contre l'Angleterre. — Mouvements partout causés par l'expédition de Sicile. — Vues, artifices, peu de ménagement de l'abbé du Bois pour M. le duc d'Orléans. — Conduite et propos d'Alberoni; sa scélérate duplicité sur la guerre, aux dépens du roi et de la reine d'Espagne; ses artificieux discours au comte de Stanhope, qui n'en est pas un moment la dupe. — Alberoni et Riperda en dispute sur un présent du roi d'Angleterre au cardinal. — Embarras de Rome; le Pape et le roi d'Espagne fortement commis l'un contre l'autre. — Poison très-dangereux du cardinalat. — Lit de justice des Tuileries, qui rend au Régent toute son autorité; fausse joie de Stairs; les Espagnols défaits; leur flotte détruite par Bing. — Sages et raisonnables desirs. — Cellamare de plus en plus appliqué à plaire en Espagne par ses criminelles menées à Paris. — Galions arrivés à Cadix. — Demandes du roi d'Espagne impossibles; le comte Stanhope part de Madrid pour Londres, par Paris; fin des nouvelles étrangères.

La république de Venise, alors attaquée par les Turcs, engagea l'Empereur à la secourir en vertu des traités et de l'alliance qu'il avoit contractée avec elle; il déclara donc la guerre au Grand Seigneur, et le roi d'Espagne, uniquement par zèle pour la religion, joignit sa flotte à celle de la République, si à propos, que ce secours préserva Corfou de l'extrême danger de tomber sous la puissance des infidèles. L'année suivante, 1717, le roi d'Espagne mit encore une flotte en mer. Elle paroissoit destinée à porter des secours aux Vénitiens, mais elle fut employée à enlever la Sardaigne à l'Empereur; le prétexte de cette invasion fut que ce prince manquoit à la parole qu'il avoit donnée de retirer ses troupes de la Catalogne et de l'île de Majorque. L'entreprise faite en Sicile en 1718 étoit la suite de l'invasion de la Sardaigne, et fondée sur le même prétexte. Le comte de Königseck étoit alors à Paris, ambassadeur de l'Empereur auprès du Roi. On peut juger de l'attention d'un ministre éclairé et vigilant, attentif à pénétrer quelle part la France pouvoit avoir à l'entreprise des Espagnols, aussi bien qu'à découvrir les résolutions qu'elle prendroit pour ou contre le duc de Savoie. Le bruit commun étoit que ce prince avoit signé un traité d'alliance offensive et défensive avec l'Empereur; mais son ambassadeur à Paris l'ignoroit, et quoique il ne pût douter que le Régent ne fût très-disposé à cultiver une intelligence parfaite avec l'Empereur, Königseck, soupçonnant l'intention des ministres, étoit scandalisé du peu de joie que la cour avoit fait paroître à la nouvelle de la conclusion de la paix entre l'Empereur et le Turc. Le desir de cet ambassadeur étoit alors d'obtenir comme récompense de ses services la vice-royauté de Sicile, persuadé que la possession de cette île retourneroit immanquablement à l'Empereur.

Les mouvements du Parlement contre la banque de Law attiroient dans ces conjonctures l'attention particulière des ministres étrangers résidents à Paris. Celui d'Espagne continuoit ses conférences secrètes avec le duc d'Ormond, et ce dernier, suivant le génie ordinaire des bannis, espéroit toujours, et se promettoit des révolutions sûres en Angleterre, si les mécontents du gouvernement étoient soutenus. Il demandoit, pour les secourir avec succès, douze vaisseaux, six mille hommes de débarquement, quinze mille fusils, des armes pour mille dragons, et des munitions de guerre; il ajoutoit à ces demandes l'assurance d'une retraite en quelque ville de Biscaye, et son projet étoit d'y faire passer le roi Jacques pour le conduire ensuite comme en triomphe en Angleterre, où il assuroit que les deux tiers de la nation se déclareroient pour lui. Le duc d'Ormond, caché aux environs de Paris et changeant souvent de demeure, comptoit d'attendre ainsi la réponse d'Espagne à ces mêmes propositions, que le cardinal Acquaviva avoit déjà communiquées au cardinal Alberoni, et qui depuis avoient été portées à Madrid par un capitaine de vaisseau anglois nommé Cammock, dévoué au roi Jacques.

L'objet d'exciter ou de fomenter des troubles en Angleterre n'étoit pas le principal dont Cellamare fût alors occupé; il savoit qu'Alberoni donnoit sa première attention à la suite des mouvements qu'il espéroit qu'on verroit incessamment éclore en France, article qui touchoit le plus sensiblement le roi et la reine d'Espagne et leur premier ministre. C'étoit, par conséquent, l'affaire que Cellamare suivoit avec le plus de soin, et qu'il croyoit traiter avec le plus de secret, quoique M. le duc d'Orléans fût bien informé de ses démarches et des noms de ceux qui croyoient faire ou avancer leur fortune en s'engageant imprudemment avec le ministre d'une cour étrangère. L'ambassadeur d'Espagne envoyoit à Madrid, sous le nom de pattes, le rapport des conférences qu'il avoit avec eux, et par le récit favorable qu'il leur faisoit des réponses de Leurs Majestés Catholiques, il s'appliquoit à fortifier de plus en plus les engagements imprudents qu'ils avoient déjà pris. Cellamare n'oublioit rien aussi pour faire entendre au roi son maître la nécessité de les appuyer, si ce prince vouloit maintenir leur bonne volonté et les mettre en état d'agir avec succès. La France étoit alors dans une profonde paix, et comme on ne voyoit nulle apparence d'une guerre prochaine, plusieurs officiers sans emploi desiroient de passer au service d'Espagne. Cellamare, persuadé qu'il étoit de l'intérêt de son maître d'avoir à son service non-seulement des officiers, mais encore un corps de troupes françoises, et sachant qu'Alberoni avoit dessein de lever jusqu'au nombre de huit mille étrangers, lui proposa de former un corps de soldats qu'on lèveroit aisément en France, et qu'on enrôleroit dans les régiments wallons et irlandois que le roi d'Espagne avoit actuellement à son service. Il y avoit en effet lieu de croire que plusieurs officiers se trouvant sans emploi ne demanderoient pas mieux que d'en obtenir en Espagne, et Cellamare en étoit persuadé par les demandes fréquentes de ceux qui s'adressoient à lui pour être reçus dans le service d'Espagne. Le chevalier Folard étoit du nombre; mais il vouloit auparavant faire ses conditions, et ne pas passer comme aventurier.

L'ambassadeur connoissoit ses talents et lui rendit justice, ajoutant seulement qu'il battoit beaucoup la campagne, et que par cette raison il avoit jugé à propos d'éluder sa proposition. On pouvoit encore, suivant l'avis de l'ambassadeur, former quelques nouveaux régiments françois, et, pour cet effet, recevoir sur la frontière de Catalogne, d'Aragon et de Navarre, ceux qui se présenteroient pour s'enrôler sous des commandants de leur nation. Outre les avantages du service, il s'en trouveroit encore d'autres par rapport à la politique. Cellamare ne laissoit pas d'être effrayé de la difficulté qu'il prévoyoit à puiser des eaux hors de leur source, et vaincre les obstacles que le gouvernement de France apporteroit à de telles levées. Comme on reçut alors la nouvelle de l'entrée des troupes d'Espagne dans Messine, il assura Alberoni que toute la nation françoise s'étoit réjouie de cet événement, qu'on ne parloit à Paris que de la gloire du roi d'Espagne, et qu'il seroit à souhaiter que le Régent eût les mêmes sentiments, au moins intérieurement; mais Cellamare, persuadé que Son Altesse Royale en étoit bien éloignée, ramassoit avec soin tous les discours de la ville, comptant faire sa cour en Espagne en rendant compte exact non-seulement de ce qui étoit, mais encore des faits qu'on supposoit contre le gouvernement du Régent.

Les nouveautés introduites dans l'administration des finances, l'établissement de la banque, les projets qu'on attribuoit à Law, l'abus que le Régent avoit fait de toutes ces nouveautés, l'opposition du Parlement, une espèce de guerre entre les arrêts du conseil et les arrêts de cette Compagnie pour les annuler, donnoient lieu d'ajouter foi à toutes les funestes prédictions qui se débitoient d'une guerre intestine et prochaine non-seulement dans la capitale, mais encore dans toutes les parties du royaume. Cellamare recueilloit avec joie les faux avis et les étudioit avec d'autant plus de soin qu'il croyoit, en les donnant à Alberoni, effacer l'impression que ce premier ministre pourroit avoir prise contre le neveu du cardinal del Giudice, tel que l'étoit Cellamare. Il grossissoit donc tous les objets, et croyoit donner une bonne nouvelle à Madrid en assurant que le Régent faisoit venir autour de Paris plusieurs régiments, que l'ordre étoit donné aux gardes ainsi qu'aux mousquetaires de se tenir prêts. Il espéroit en même temps que la république d'Hollande refuseroit d'entrer dans le traité qui se négocioit à Londres, pour former l'alliance dont il étoit question depuis longtemps entre l'Empereur, la France, l'Angleterre et les états généraux, traité dans lequel on s'efforçoit inutilement de faire entrer le roi d'Espagne, et dont la négociation étoit le sujet de l'envoi du sieur de Nancré à Madrid de la part de la France, et de celui du comte de Stanhope de la part de l'Angleterre.

Mais pendant que l'ambassadeur d'Espagne se flattoit de tant de vaines espérances, le traité de la quadruple alliance négocié à Londres fut signé premièrement dans cette ville le 2 août, et ensuite à Vienne et à la Haye, le roi d'Espagne ayant refusé d'y entrer, nonobstant les vives insances qui lui en avoient été faites. Le prétexte de cette quadruple alliance étoit premièrement de réparer les troubles apportés, soit à la paix conclue à Baden en septembre 1714, soit à la neutralité d'Italie établie par le traité d'Utrecht en 1713. Une paix solide, bien affermie, et soutenue par les principales puissances de l'Europe étoit le but que celles qui contractoient sembloient se proposer, et pour y parvenir, elles régloient entre elles non-seulement de quelle manière la France accompliroit parfaitement la démolition du port et des fortifications de Dunkerque promise par le traité d'Utrecht; comment elle détruiroit le canal de Mardick, dont l'Angleterre regardoit l'ouverture comme une infraction faite à ce même traité. On disposoit de plus de différents États souverains situés en Italie; on donnoit des successeurs aux princes qui possédoient encore les mêmes États, lorsque ces possesseurs actuels viendroient à mourir; en sorte que, suivant ces dispositions, nul des changements qui renouvellent ordinairement les guerres ne troubleroit désormais le repos de l'Europe. Mais ce grand objet du bien et de la tranquilité publique n'étoit pas le seul de tant de mesures prises en apparence pour en assurer le repos : un intérêt particulier et trop à découvert étoit le ressort de cette alliance.

Le Régent, persuadé que si malheureusement le Roi encore enfant étoit enlevé aux desirs comme aux vœux que ses sujets formoient pour sa conservation, Son Altesse Royale auroit peine à faire valoir les renonciations exigées du roi d'Espagne, elle avoit jugé que le meilleur moyen d'en assurer la validité étoit de se préparer des défenseurs tels que le roi d'Angleterre et les états généraux pour soutenir la disposition faite à Utrecht pour le bien de la paix, mais contre toutes les lois et la constitution inviolable du royaume. Celles de la Grande-Bretagne n'avoient pas été moins violées en faveur de la maison d'Hanovre, et le prince appelé en Angleterre au préjudice du roi légitime n'avoit pas moins à craindre une révolution qui le priveroit quelque jour, lui ou sa postérité, du trône qu'il avoit usurpé. Ainsi, l'intérêt réciproque unissant le roi d'Angleterre avec le Régent, tous deux consentirent sans peine à garantir, l'un le maintien des renonciations du roi d'Espagne à la succession de France, l'autre l'ordre de succession à la couronne établi nouvellement en Angleterre au préjudice du véritable roi de la Grande-Bretagne et de ses héritiers légitimes. On peut ajouter à ces grands intérêts l'ambition du négociateur employé par M. le duc d'Orléans, qui de valet d'un docteur de Sorbonne étoit parvenu, par ses intrigues et ses fourberies, à devenir précepteur de ce prince, et que le caprice de la fortune, ou plutôt la juste colère de Dieu, éleva depuis à l'archevêché de Cambray et à la dignité de cardinal, enfin au poste de premier ministre, avec une telle autorité que, lorsqu'il mourut au mois d'août 1723, Son Altesse Royale avoit lieu de craindre le pouvoir excessif dont elle voyoit clairement qu'il étoit prêt d'abuser contre son maître et son bienfaiteur[1].

Les états généraux des Provinces-Unies entrèrent sans peine dans les vues de la France et de l'Angleterre, et les ministres anglois en Hollande parurent d'autant plus contents de Morville, nouvellement arrivé à la Haye en qualité d'ambassadeur de France, qu'ils le trouvèrent soumis à leurs conseils, pour ne pas dire à leurs ordres, conduite très-différente de celle de Châteauneuf son prédécesseur, dont ils avoient souvent éprouvé la contrariété et qu'ils avoient enfin fait révoquer. Beretti, ambassadeur d'Espagne, travailloit inutilement à traverser les ministres de France et d'Angleterre. Ses instances, qu'il exaltoit à Madrid, étoient tournées en ridicule à la Haye et ne persuadoient personne. Il interprétoit à sa fantaisie les démarches les plus indifférentes, et si chacune des Provinces-Unies, si les états étoient assemblés, ou si chaque province délibéroit séparément, Beretti se persuadoit, et vouloit se persuader, que c'étoit pour l'intérêt du roi son maître, et s'attribuoit l'honneur et l'utilité prétendue des résolutions prises sans qu'il y eût la moindre part. Pendant qu'il se vantoit des heureux effets de sa vigilance, de son industrie et du crédit de ses amis en Hollande, la signature du traité d'alliance démentit les éloges qu'il donnoit à tant de démarches qu'il supposoit avoir faites. Il est vrai que le traité ne fut pas si aisément signé, nonobstant le désir unanime et l'intérêt qui pressoit les parties contractantes de le conclure au plus tôt; mais plus cette conclusion étoit ardemment desirée, plus on vouloit aussi prévoir et prévenir toutes les difficultés capables d'ébranler une alliance qui devoit être le fondement solide de la paix générale de l'Europe. Comme il est plus aisé de prévoir le mal que d'empêcher qu'il n'arrive, on voulut, avant de conclure le traité, remédier à chacun des inconvénients qui se présentoient à la pensée.

1. *Bienfacteur* est, ici encore, l'orthographe de Saint-Simon. Voyez tome VI, p. 24, note 1.

La multitude en étoit si grande, que le résident de l'Empereur à la cour d'Angleterre prétendit savoir que les ministres du roi d'Angleterre avoient apposé vingt-quatre fois leurs signatures et leurs cachets aux articles de ce traité, secrets et séparés. Monteleon, sans témoigner d'inquiétude de cette alliance, demanda qu'elle lui fût communiquée, et s'adressa pour cela à Craggs, alors secrétaire d'État : il répondit à l'ambassadeur d'Espagne que s'il en vouloit voir tous les articles, il ne lui en seroit fait aucun mystère; que s'il vouloit en informer le roi d'Espagne, le comte de Stanhope, encore à Madrid, le communiqueroit à Sa Majesté Catholique sans la moindre réserve. Monteleon répondit que, n'ayant jamais eu de curiosité de ce qui s'étoit traité et conclu, il rendroit simplement compte au cardinal Alberoni de la réponse du secrétaire d'État d'Angleterre.

Le traité de la quadruple alliance n'étoit pas le seul sujet d'aigreur qu'il y eût alors entre l'Espagne et l'Angleterre. Les esprits s'aliénèrent de part et d'autre à l'occasion des prérogatives que l'Espagne avoit accordées à l'Angleterre pour son commerce aux Indes. Les Espagnols se plaignoient de l'abus que les Anglois faisoient des conditions avantageuses que l'Angleterre avoit exigées et obtenues par le traité d'Utrecht; et réciproquement, on prétendoit en Angleterre que ces conditions n'étoient pas exécutées de la part de l'Espagne, principalement en ce qui regardoit le privilége de la traite des nègres, en sorte que le préjudice que le commerce des sujets de la Grande-Bretagne en souffroit aigrissoit une nation également superbe et avare, plus facile à blesser qu'il n'est facile de l'adoucir. Les Hollandois eurent en même temps sujet de craindre un trait de la vengeance du Czar, aussi facile au moins que les Anglois à s'irriter, et plus difficile à calmer. Le résident d'Hollande auprès de lui avoit dit imprudemment, et même écrit, que le czarowitz étoit mort de mort violente, et que le penchant à la révolte étoit général en Moscovie. Le Czar, offensé d'un pareil discours, avoit fait arrêter ce résident sans égard au droit des gens, et s'étoit emparé de tous ses papiers. Non content d'une expédition si violente et si contraire à la sûreté dont un ministre étranger doit jouir, ce prince demanda satisfaction à la république d'Hollande, déclarant qu'il feroit arrêter tous les vaisseaux hollandois allants dans les ports de Suède, et qu'il retiendroit en prison le résident de la République, jusqu'à ce qu'il eût nommé ceux dont il tenoit de tels avis.

Quoique l'esprit de paix dût régner dans les principaux États de l'Europe, après avoir essuyé de longues guerres, dont le temps et le repos étoient les seuls moyens de réparer les dommages, la défiance réciproque entre les princes étoit telle, qu'aucun d'eux ne s'assuroit sur la bonne foi de ceux mêmes que l'intérêt commun et le desir de la paix engageoient à se secourir. Ainsi le roi de Sicile se défioit et de la France et de l'Angleterre, et différoit d'accepter les assistances qui lui étoient offertes de part et d'autre, s'il souscrivoit au projet que ces deux puissances lui proposoient. Il ne vouloit s'expliquer que lorsqu'il seroit rétabli dans la possession tranquille du royaume de Sicile, et que l'Espagne auroit restitué la Sardaigne à l'Empereur. En vain l'Angleterre le menaçoit de lui refuser tout secours s'il ne s'expliquoit. Il se plaignoit également de la France et de l'Angleterre. Ses ministres prétendoient que le Régent manquoit aux promesses qu'il avoit faites à leur maître, et Provane attribuoit cette variation aux vues secrètes que le Régent conservoit encore de marier une des princesses ses filles au prince de Piémont. Toutefois, dans la suite de la négociation, le roi d'Angleterre voulut que son ministre à Vienne appuyât celle du marquis de Saint-Thomas auprès de l'Empereur, à condition que, si le roi d'Espagne rejetoit le projet de paix, et qu'il fût accepté par le duc de Savoie, ce prince auroit, en considération de son acceptation, la Sardaigne, qui lui seroit cédée absolument sans la condition de retour en faveur de l'Espagne, et de plus encore quelques autres avantages que ses alliés lui procureroient. La république d'Hollande, soumise aux décisions de l'Angleterre, et desirant néanmoins pour son intérêt particulier de conserver les bonnes grâces du roi d'Espagne, amusoit l'ambassadeur de ce prince, en l'assurant que toutes les provinces étoient persuadées qu'il étoit de l'intérêt du public et des particuliers de se conserver les bonnes grâces de Sa Majesté Catholique, et que certainement ce seroit suivant cette maxime que les états généraux se conduiroient. Celle de Beretti étoit de faire sa cour au premier ministre, et par conséquent de lui donner les nouvelles et les assurances qui étoient le plus à son goût. Craignant cependant que l'événement ne démentît ce qu'il avoit écrit, il faisoit observer que la conduite de la République étoit amphibie, et que sa politique tendoit à ne pas déplaire au roi d'Espagne, en même temps qu'elle vouloit éviter avec beaucoup de soin de se rendre suspecté aux autres puissances.

Le roi d'Espagne comptoit alors sur les projets de Charles XII, roi de Suède, et sur les grands armements que ce héros du Nord faisoit pour les exécuter. L'envoyé de Suède en Hollande assura Beretti que son maître avoit sur pied soixante-quinze mille hommes effectifs et vingt-deux navires armés; mais l'argent lui manquoit, et c'étoit le seul secours qu'il eût à demander à ses alliés pour l'aider à faire la guerre au roi d'Angleterre. Le roi d'Espagne, ayant les mêmes vues, promettoit au roi de Suède trente mille hommes et trente vaisseaux de guerre; et c'étoit par une diversion si puissante que Sa Majesté Catholique pouvoit avec raison se flatter de renverser et d'anéantir les projets de la quadruple alliance, surtout s'il étoit possible d'engager le Czar et le roi de Prusse à s'unir avec le roi de Suède pour exécuter de concert de si grands projets. Ils causoient peu d'inquiétude en Angleterre. Le roi de Sicile continuoit ses instances à cette cour pour en obtenir des secours. Elle pressoit, de son côté, le Régent, de faire cause commune avec elle pour sauver la Sicile et la garantir de l'invasion totale de la part des Espagnols. Stairs, ministre d'Angleterre, appuyé par les lettres de l'abbé du Bois, prêt à partir de Londres pour retourner en France, agissoit fortement, et ne désespéroit pas d'obtenir, au moins comme préliminaire, que Son Altesse Royale fît mettre au moins pour quelque temps à la Bastille le duc d'Ormond, qui pour lors étoit à Paris.

Les deux ambassadeurs d'Espagne, l'un à Londres, l'autre à la Haye, pensoient bien différemment sur l'état où les affaires se trouvoient alors. Le premier déplaisoit et s'étoit rendu suspect au premier ministre du roi son maître en représentant ce qu'il voyoit des forces de l'Angleterre et des intentions de son roi et de ses ministres. Beretti ne déplaisoit pas moins par l'exagération continuelle de son crédit en Hollande et des services importants selon lui qu'il y rendoit au roi son maître. Monteleon pressoit Alberoni de terminer le plus tôt qu'il seroit possible l'affaire de Sicile. Il ne cessoit de représenter combien les moments étoient chers et les conséquences fâcheuses de laisser traîner cette expédition. Le duc de Savoie sollicitoit vivement des secours de la part de l'Empereur, et demandoit au roi d'Angleterre d'ordonner à l'amiral Bing de passer incessamment à Naples avec l'escadre angloise qu'il commandoit. Il n'y avoit pas lieu de douter que ce prince n'obtînt des demandes si conformes aux sentiments comme à l'inclination de la cour de Vienne et de celle d'Angleterre. L'unique moyen d'en empêcher l'effet étoit que le roi d'Espagne souscrivît au traité de la quadruple alliance. Monteleon l'avoit toujours conseillé et desiré, et ses instances réitérées le rendoient odieux à Alberoni, dont il étoit obligé de combattre les vues et les raisonnements, principalement pendant le séjour que le comte de Stanhope faisoit encore à Madrid, et l'événement de la négociation étant regardé comme une décision certaine ou de l'affermissement de la paix, ou d'une rupture ouverte entre l'Espagne et l'Angleterre. L'envoyé de Savoie à Londres, pressant vivement les ministres d'Angleterre de garantir les États possédés par le roi son maître, obtint enfin l'assurance du secours que l'amiral Bing lui donneroit. Il étoit parti du Port-Mahon le 22 juillet pour se rendre à Naples, déclarant que, s'il rencontroit la flotte d'Espagne, il ne pourroit pas se résoudre à demeurer simple spectateur des entreprises des Espagnols, par conséquent faire une mauvaise figure à la tête d'une flotte angloise.

L'abbé du Bois, partant de Londres pour retourner en France, n'oublia rien pour persuader le ministre de Savoie de ce qu'il avoit fait et voulu faire pour le service de ce prince, et les protestations de son zèle allèrent au point de contredire à Londres ce que M. le duc d'Orléans avoit dit à Paris, en sorte que l'envoyé de Savoie en conclut qu'il falloit qu'il y eût nécessairement un mensonge, soit de la part de Son Altesse Royale, qu'on ne devoit pas en soupçonner, soit de la part de son agent en Angleterre. Le même accident arrivoit souvent dans un temps où les traités fréquents qu'on étoit curieux de négocier se contredisoient assez ordinairement, et que [des] gens peu instruits des affaires politiques desiroient pour leur intérêt personnel d'être employés à les administrer.

L'incertitude des événements de Sicile et du succès qu'auroit l'entreprise des Espagnols suspendoit toute décision de la négociation du comte de Stanhope à Madrid. L'intention d'Albéroni étoit de la prolonger et de la régler suivant les nouvelles qu'il recevroit d'Italie, persuadé d'ailleurs qu'on ne pouvoit être trop en garde contre les artifices de la cour de Vienne, dont toute la conduite, disoit-il, étoit un tissu de momeries, et dans l'opinion qu'il n'y avoit à la cour d'Espagne que des stupides et des insensés. Peut-être ne pensoit-il pas mieux de ceux qui se mêloient en France des affaires les plus importantes; car en parlant du maréchal d'Huxelles, il disoit

« que ce pauvre vieux maréchal avançoit comme un trait
de politique profonde que, la supériorité de l'Empereur
étant bien connue, il falloit travailler à l'augmenter. »
Raisonnement et conséquence qu'il étoit assez difficile de
comprendre. Un ministre éclairé et pénétrant, tel que
l'étoit Stanhope, comprit aisément, et dès les premières
conférences qu'il eut avec Alberoni, que, malgré les protestations de ce cardinal de son aversion pour la guerre
et du desir d'établir une paix solide, on ne devoit cependant attendre de sa part aucune facilité pour un accommodement. Alberoni, rejetant sur son maître tout ce qu'il
y avoit d'odieux dans le desir de la guerre, protestoit
qu'il n'en étoit pas l'auteur, et que, s'il en étoit le maître,
la paix régneroit bientôt dans toute l'Europe, qu'il ne
desiroit pour le roi d'Espagne aucune augmentation
d'États en Italie, parce que, gouvernant bien son royaume
renfermé dans son continent, et possédant les Indes, il
seroit beaucoup plus puissant qu'en dispersant ses forces.
Oran, suivant la pensée d'Alberoni, valoit mieux que
l'Italie. Leurs Majestés Catholiques avoient cependant
pris à cœur les affaires d'Italie, et ne souffriroient pas
que l'Empereur se rendît maître d'une si belle partie de
l'Europe. A ces vues politiques, le cardinal ajoutoit que
la paix et l'amitié des puissances voisines étoit ce qui
convenoit le mieux à ses intérêts particuliers et personnels. Sans cette union, il étoit impossible de soutenir
la forme de gouvernement qu'il avoit établie en Espagne.
et qui ne subsisteroit pas toujours quand il auroit abandonné la pénible administration des affaires; mais la
paix, l'amitié des voisins convenoit à l'Espagne, et il
n'importoit pas moins aux autres puissances d'empêcher
que l'Empereur s'agrandît en Italie; et c'étoit pour elles
une fausse politique que celle de s'opposer à un monarque
qui, loin d'agir par un motif d'ambition, employoit
contre ses propres intérêts les forces de son royaume
pour établir et maintenir un juste équilibre en Europe.
Stanhope et Nancré vécurent dans une grande intelligence

pendant que tous deux demeurèrent à Madrid, et se communiquèrent réciproquement le peu de succès de leur négociation.

Quelque temps auparavant le roi d'Angleterre avoit fait remettre au baron de Riperda, ambassadeur d'Hollande, une somme de quatorze mille pistoles pour les donner au cardinal Alberoni de la part de Sa Majesté Britannique, et jamais Alberoni n'en avoit entendu parler. Il envoya chercher Riperda pour approfondir cette affaire, dont on ignore quel a été l'éclaircissement. Si le cardinal reçut cette somme, elle fut mal employée ; car il témoigna toujours la même opposition à la quadruple alliance, aussi peu goûtée dans les cours qui n'y furent pas invitées qu'elle l'avoit été à la cour d'Espagne. Celle de Rome crut avoir lieu de craindre l'association des deux premiers princes de l'Europe avec les principales puissances protestantes, et voyant la guerre à ses portes, elle ne savoit à qui recourir, ni de quel côté elle attendroit du secours selon les événements, qui intéresseroient infailliblement les États de l'Église.

Le roi d'Espagne, mécontent du Pape, et qu'Alberoni ne cessoit d'animer contre Sa Sainteté, avoit ordonné aux réguliers ses sujets étants à Rome d'en sortir, et de retourner en leur pays. Sa Sainteté leur avoit, au contraire, défendu de se retirer, et fait la même défense à tout Espagnol, sous peine d'excommunication et autres peines spirituelles. On devoit s'attendre que le roi d'Espagne défendroit réciproquement à ses sujets d'obéir aux ordres du Pape ; et par conséquent les deux cours, loin de se concilier, s'aigriroient chaque jour de plus en plus. Sa Sainteté n'espéroit guère de meilleures dispositions de la part de la France, malgré le grand nombre de partisans que Rome avoit dans le clergé du royaume, et leur empressement à rechercher et à pratiquer tous les moyens de lui plaire, aux dépens même de la paix et de l'union de l'Église. Ils croyoient s'avancer, obtenir des grâces particulières, parvenir à ces dignités supérieures si capables d'éblouir et d'aveugler les ecclésiastiques, dignités qui ne dépendent que du Pape, et que les rois, contre leur propre intérêt, ont admises et honorées en leurs cours. Ces vues éloignées et différentes, suivant le rang de ceux dont elles faisoient l'objet, les animoient également à chercher et employer les moyens de plaire à Rome, les uns comme zélés défenseurs des maximes et de l'autorité du saint-siége, d'autres, d'un plus bas étage, comme espions, et capables de donner, soit au nonce, soit aux autres agents, des avis importants de ce qu'il se passoit en France, et des résolutions que le Pape devoit prendre pour maintenir ses droits et son autorité. Il y avoit longtemps qu'ils pressoient le Pape de, etc.

Dans ces circonstances, le Roi tint son lit de justice. Il n'y fut pas question des affaires de Rome, mais des prétentions des princes légitimés, et de leurs contestations avec les princes du sang. L'opposition du Parlement à la création d'un garde des sceaux ne fut pas écoutée : il fallut obéir et enregistrer les lettres. L'autorité du Régent, attaquée par le Parlement, parut par le succès qu'il avoit eu au lit de justice, et les étrangers le considérèrent comme un premier fruit des traités que ce prince avoit signés dernièrement.

La résistance du roi d'Espagne à souscrire à ces mêmes traités fit échouer son entreprise en Sicile, et de plus, elle lui coûta la perte de sa flotte. Elle étoit partie du Phare de Messine le 9 août, à quatre heures du matin, pendant que l'armée espagnole continuoit de bombarder la citadelle de Messine. Cette flotte, fuyant celle d'Angleterre, commandée par l'amiral Bing, faisoit voile vers Catane. Le lendemain 10 août, les vaisseaux anglois arrivèrent à deux heures après midi dans le Phare, et le vent manquant à la flotte d'Espagne, ils l'atteignirent à douze lieues de Syracuse, vers le cap Passaro. Les meilleurs vaisseaux espagnols, très-maltraités, étoient encore poursuivis par Bing le 11 août à midi, et six ou sept navires anglois, demeurés en arrière pour attaquer l'arrière-garde espagnole, avoient déjà coulé bas quatre navires, cinq autres étoient sautés en l'air à la vue de Syracuse, et l'amiral Bing avoit envoyé dire à Maffeï, vice-roi de l'île, que le reste de la flotte étoit réduit à ne pouvoir ni fuir ni se défendre. La nouvelle de la défaite de la flotte d'Espagne ne causa nulle peine au Régent; au contraire, l'union étoit si bien cimentée entre Son Altesse Royale et le roi d'Angleterre, que l'un et l'autre réciproquement se regardoient comme intéressés dans la même cause.

Stairs se réjouissoit de la foiblesse du parti opposé au Régent, de l'union du gouvernement, et de penser que Son Altesse Royale ne seroit plus exposée à l'infinité d'inconvénients et de dangers intestins dont elle étoit sans cesse environnée; enfin que ses amis, au dehors pourroient se reposer sur lui et compter sur sa conservation. Peut-être Stairs écrivoit et disoit ce qu'il ne pensoit pas, et souhaitoit, au contraire, de voir le feu de la division embraser tout le royaume; mais il étoit loin d'avoir cette satisfaction. L'esprit de paix régnoit en France, celui de sédition en étoit banni, et ceux qui connoissoient le bonheur d'y voir la tranquillité maintenue desiroient seulement que Dieu voulût donner à la régence l'esprit de conseil, et de profiter des avantages que la France et l'Espagne trouveroient à bien vivre ensemble dans une parfaite intelligence. C'étoit ainsi que s'expliquoit l'ambassadeur d'Espagne à Paris; mais secrètement il agissoit différemment. Appliqué à l'exécution ponctuelle des commissions secrètes qu'il recevoit, il assuroit Alberoni de ses soins à bien instruire ceux qu'il nommoit les artisans, comment et quand ils devoient faire leurs travaux. Il tâchoit, disoit-il, de les tenir contents et disposés à servir de bon cœur. Il gardoit entre ses mains les matériaux qu'il recevoit du cardinal, et s'en serviroit seulement dans les temps convenables. Lorsqu'il seroit nécessaire d'envoyer de nouveaux modèles, il ne le feroit pas par la voie ordinaire, parce qu'elle étoit évidemment pernicieuse.

Les Mémoires secrets et nécessaires pour achever le récit de ce qui s'est passé de particulier dans le reste de l'année 1718 manquent depuis la fin du mois d'août; on sait seulement par les écrits publics que le comte de Stanhope, après avoir espéré un heureux succès de sa commission, cessa de se flatter lorsque les nouvelles arrivèrent en même temps à Madrid, où il étoit, de la destruction de la flotte espagnole par les Anglois dans les mers de Sicile, et de l'arrivée des galions à Cadix. Alberoni avoit demandé pour conditions de l'accession du roi d'Espagne au traité de la quadruple alliance, que la propriété des îles de Sardaigne et de Sicile fût laissée et cédée au roi catholique, moyennant un équivalent pour la Sicile que l'Empereur donneroit au duc de Savoie dans le Milanois; que de plus Sa Majesté Catholique eût à satisfaire les princes d'Italie sur toutes leurs prétentions,

A rappeler les troupes qu'elle faisoit alors marcher en Italie,

Fixer le nombre de celles qu'elle y maintiendroit à l'avenir,

S'engager à ne se pas mêler de la succession de la Toscane,

Renoncer à toute prétention sur les fiefs de l'Empire.

La flotte d'Angleterre venoit de causer trop de dommages à l'Espagne pour la laisser tranquillement séjourner dans la Méditerranée. Alberoni exigeoit donc que le roi d'Angleterre eût à la rappeler incessamment.

Ces demandes soutenues avec opiniâtreté et si contraires aux instructions données au comte de Stanhope, aussi bien qu'aux pouvoirs qu'il avoit reçus du roi son maître, l'obligèrent à partir d'une cour où désormais il ne pouvoit que perdre son temps. Il prit donc congé du roi et de la reine d'Espagne, et retournant en France le 26 août, il trouva que le traité de la quadruple alliance entre la France, l'Empereur, l'Angleterre et la Hollande avoit été signé le 22 du même mois et de la même année 1718.

CHAPITRE XVI.

J'ai pris tout ce qui est d'affaires étrangères de ce que M. de Torcy m'a communiqué. — Matériaux indiqués sur la suite de l'affaire de la constitution, très-curieux par eux-mêmes et par leur exacte vérité. — Religion sur la vérité des choses que je rapporte. — Réflexions sur ce qui vient d'être rapporté des affaires étrangères. — Alberoni et du Bois. — État de la France et de l'Espagne avant et après les traités d'Utrecht. — Fortune d'Alberoni. — Caractère du roi et de la reine d'Espagne. — Gouvernement d'Alberoni. — Court pinceau de M. le duc d'Orléans et de l'abbé du Bois, des degrés de sa fortune. — Perspective de l'extinction de la maison d'Autriche, nouveau motif à la France de conserver la paix et d'en profiter. — Considération sur l'Angleterre; son intérêt et ses objets à l'égard de la France, et de la France au sien. — Folle ambition de l'abbé du Bois de se faire cardinal, dès ses premiers commencements. — Artifices de du Bois pour se rendre seul maître du secret et de la négociation d'Angleterre, et son perfide manége à ne la traiter que pour son intérêt personnel, aux dépens de tout autre. — Du Bois vendu à l'Angleterre et à l'Empereur pour une pension secrète de quarante mille livres sterling et un chapeau, aux dépens comme éternels de la France et de l'Espagne; avantages que l'Angleterre en tire pour sa marine et son commerce, et le roi d'Angleterre pour s'assurer de ses parlements.

On a vu en plusieurs endroits de ces *Mémoires* que j'y ai toujours parlé sur les affaires étrangères d'après Torcy. Il les avoit administrées avec son père et son beau-père, puis seul après eux jusqu'à la mort du Roi; ensuite il en avoit conservé le fil par le secret de la poste dont il étoit demeuré directeur, puis devenu surintendant. Quelque part qu'il plût au Régent de m'y donner dans son cabinet depuis que le conseil de régence n'étoit plus devenu qu'une forme à qui tout étoit dérobé en ce genre jusqu'à conclusion résolue, ma mémoire n'auroit pu m'en fournir la suite et les dates parmi tant de faits croisés, avec l'exactitude et la précision nécessaire si je n'avois eu d'autres secours. Torcy s'étoit fait à mesure un extrait de toutes les lettres qu'il continua jusqu'à la fin d'août 1718, et c'est un dommage irréparable, et que je lui ai bien reproché depuis, de ne l'avoir pas continué tant qu'il a eu les postes, que nous verrons que le cardinal du Bois lui arracha en 1721. On y verroit jusque-là dans ces trois années bien des choses curieuses qui demeureront ensevelies, et tout le manége et l'intrigue de la chute d'Alberoni et du double mariage d'Espagne. Torcy m'a prêté ses extraits; c'est d'où j'ai puisé le détail du récit que j'ai donné depuis la mort du Roi, de la suite et du détail des affaires étrangères. Je les ai abrégées et n'ai rapporté que le nécessaire. Mais ce qui s'est passé en 1718 m'a paru si curieux et si important que j'ai cru devoir non pas abréger ni extraire, mais m'astreindre à copier fidèlement tout et n'en pas omettre un mot; j'ai seulement laissé tout ce qui regarde la constitution, comme j'avois fait dans les extraits que j'ai abrégés sur les années précédentes, parce que je me suis fait une règle ainsi que je l'ai dit plusieurs fois, de ne point traiter cette matière; mais j'ai conservé la copie exacte et entière de tous les extraits des lettres que M. de Torcy m'a prêtés et qu'il a faits, dans lesquels on pourra justifier tout ce que je rapporte des affaires étrangères, et voir de plus ce qui y regarde la suite de l'affaire de la constitution, de laquelle je n'ai rien dit, et où on verra des horreurs à faire dresser les cheveux à la tête de la part du nonce Bentivoglio, des cardinaux de Rohan et de Bissy, et des principaux athlètes de cette déplorable bulle, de tout ordre et de toute espèce, avec une suite, une exactitude, une précision qui ôte tout moyen de s'inscrire en faux contre la moindre circonstance de tant de faits secrets, profonds, et presque tous plus scélérats et plus abominables les uns que les autres, et le parfait contradictoire en plein en droiture, candeur, douceur, vérité, et trop de patience et de mesure dans le cardinal de Noailles et les principaux qui ont figuré de ce côté avec lui, et sans lui.

Quoique la netteté, le coulant, la noblesse et la correction du style que j'ai copié, fasse par son agrément et sa douceur sauter aux yeux sa différence d'avec le mien, je n'ai pas voulu toutefois, laisser ignorer au lecteur si jamais ces *Mémoires* en trouvent, ce qui n'est pas de moi, par le mépris que j'ai pour les plagiaires, et lui donner en même temps la confiance la plus entière dans ce que je rapporte des affaires étrangères, en lui expliquant d'où je l'ai pris pour suivre fidèlement la règle que je me suis imposée, de ne rien exposer dans ces *Mémoires* qui n'ait passé par mes mains ou sous mes yeux, ou qui ne soit tiré des sources les plus certaines, que je nomme en exprimant de quelle manière je les y ai puisées. Reste maintenant, avant que de reprendre le fil des événements de cette année 1718, à faire quelques courtes réflexions sur ce qu'on vient de voir des affaires étrangères. Ce n'est pas que j'ignore le peu de place et la rareté dont les réflexions doivent occuper qui fait et qui lit des Histoires, et plus encore des Mémoires parce qu'on veut suivre les événements, et que la curiosité ne soit pas interrompue pour ne voir que les raisonnements souvent communs, insipides et pédants, et ce que celui qui écrit veut donner à penser de son esprit et de son jugement. Ce n'est point aussi ce qui me conduit à donner ici quelques réflexions, mais l'importance de la matière et les suites funestes de l'enchaînement qu'elles ont formé, sous lesquelles la France gémira peut-être des siècles.

J'ai souvent ouï dire au P. de la Tour, général de l'Oratoire qui étoit un homme de beaucoup de sens, d'esprit et de savoir, et d'une grande conduite et piété, qu'il falloit que les hommes fussent bien peu de chose devant Dieu, à considérer, dans la plupart des empereurs romains, quels maîtres il avoit donnés à l'univers alors connu, et en comparaison desquels les plus puissants monarques de ces derniers siècles n'égalent pas en puissance et en étendue de gouvernement les premiers officiers que ces empereurs employoient sous eux au gouvernement de l'Empire. Si, de ces monarques universels, on descend à ceux qui leur ont succédé dans la suite des siècles et dans les diverses divisions qu'a successivement formées la chute de l'empire romain, on y retrouvera en petit la même réflexion à faire, et on s'étonnera de qui les divers royaumes sont devenus la proie et le jouet sous les rois particuliers. Je ne sais si c'est que le spectacle frappe plus que la lecture, mais rien ne m'a fait tant d'impression que ce qui vient d'être exposé sur les affaires étrangères. On y voit les deux plus puissantes monarchies gouvernées par deux princes entièrement différents, dont le très-différent caractère s'aperçoit pleinement en tout avec une supériorité d'esprit transcendante et très-pénétrante dans l'un des deux, également conduits comme deux enfants par deux hommes de la lie du peuple, qui font tranquillement et sans obstacle chacun leur maître et la monarchie qu'il domine, l'esclave et le jouet de leur ambition particulière contre les intérêts les plus évidents des deux princes et des deux monarchies. Deux hommes sans la moindre expérience, sans quoi que ce soit de recommandable, sans le plus léger agrément personnel, sans autre appui chacun que de soi, qui ne daignent ou ne peuvent cacher leur intérêt et leur ambition à leur maître, ni leur fougue et leurs fureurs, et qui presque dès le premier degré ne ménagent personne, et ne montrent que de la terreur. Un court détail trouvera son application importante.

Il faut premièrement se rappeler ce qui s'est passé dans la guerre qui a suivi l'avénement de Philippe V à la couronne d'Espagne, les funestes revers qui ont ébranlé les trônes du grand-père et du petit-fils, les circonstances affreuses et déplorables où ils se sont trouvés de ne pouvoir ni soutenir la guerre davantage ni obtenir la paix ; l'un prêt à passer la Loire pour se retirer vers la Guyenne et le Languedoc, l'autre à s'embarquer avec sa famille pour les Indes; l'énormité et la mauvaise foi des propositions faites à Torcy dans la Haye, et à nos plénipotentiaires à Gertruydemberg; enfin les miracles de Londres, qui tirèrent ces deux monarques des abîmes par la paix d'Utrecht, et finalement par celles de Rastadt et de Baden. C'est ce qui se voit dans ces *Mémoires* pour les événements et pour les pourparlers de paix et les traités, par les copies des Pièces originales que Torcy, par qui tout a passé, m'a prêtées, et dont j'ai parlé plus d'une fois : on les trouvera dans les pièces[1]. D'une situation si forcée et si cruelle, des conditions affreuses ardemment désirées pour en sortir, du temps du voyage de Torcy à la Haye et de la négociation de Gertruydemberg, à l'état où la paix d'Utrecht et sa suite de Rastadt et de Baden ont laissé la France et l'Espagne, la disproportion est telle que de la mort à la vie. Tout conspiroit donc à persuader la jouissance d'un si grand bien, et si peu espérable; d'en profiter pour la longue réparation des deux royaumes, que de si grands et si longs revers avoient mis aux abois, et se garantir cependant avec sagesse de tout ce qui pouvoit troubler cette heureuse tranquillité, et exposer l'épuisement où on étoit encore à de nouveaux hasards. La droite raison, le simple sens commun, démontrent que ce but étoit ce qui devoit faire l'entière et continuelle application du gouvernement de la France et de l'Espagne. Celle-ci à la vérité n'étoit pas comme la France en paix avec toute l'Europe.

L'Empereur seul, séparé à son égard de toutes les autres puissances, n'avoit consenti qu'à une longue trêve, mais aussi bien cimentée qu'une paix, et pour les conditions et pour les garanties. L'Espagne en jouissoit paisiblement, en attendant que les temps et les conjonctures devinssent assez favorables pour convertir cette trêve en une paix. Le roi d'Espagne ne pensoit qu'à en jouir cependant, et à réparer son royaume et ses forces.

1. Voyez tome I, p. 420, note 1.

Il y étoit également convié par le dedans, qui en avoit grand besoin, et par le dehors, où il n'auroit pu compter que sur la France, qui sentoit ses besoins et qui vouloit conserver la paix; qui de plus avoit perdu Louis XIV; qui étoit ainsi tombée dans une minorité; enfin qui, au lieu d'un grand roi, aïeul paternel de Philippe V, étoit gouvernée par un régent, que Mme des Ursins avoit, comme on l'a vu, brouillé avec lui jusqu'à un degré peu commun entre princes, et sur lequel il n'étoit rien moins qu'apparent qu'il pût compter. C'est dans cette situation qu'Alberoni parvint à être le maître absolu de l'Espagne, par les prompts degrés qu'on a vu que la fortune lui dressa. Le néant de son extraction, ses premiers commencements auprès du duc de Vendôme, ses mœurs, sa vie, son caractère, la disgrâce de ce prétendu héros qui le conduisit à sa suite en Espagne, le fatal hasard du second mariage de Philippe V à la fille de son maître, la chute de la princesse des Ursins, l'usage qu'il sut faire d'être sujet et après ministre de Parme en Espagne, et de l'exacte clôture où la politique de Mme des Ursins avoit su enfermer et accoutumer Philippe V, en sorte qu'il n'eut qu'à continuer ce qu'il trouvoit en usage, et qui ne lui étoit pas moins nécessaire qu'il avoit été utile à celle qui l'avoit établi; Gibraltar, demeuré aux Anglois pour n'avoir jamais voulu laisser approcher Louville, arrivé à Madrid de la part du Régent, comme on l'a vu ici en son temps, est un fatal monument de cette exacte et jalouse clôture : tout cela a été raconté en son temps avec exactitude, en sorte qu'il n'y a qu'à s'en souvenir ou le repasser dans ces *Mémoires* sans en rien retoucher ici.

Alberoni trouve un roi solitaire, enfermé, livré par son tempérament au besoin d'une épouse, dévot et dévoré de scrupules, peu mémoratif des grands principes de la religion et abandonné à son écorce, timide, opiniâtre, quoique doux et facile à conduire, sans imagination, paresseux d'esprit, accoutumé à s'abandonner à la conduite d'un autre, commode au dernier point pour la certitude de ne parler à personne ni de se laisser approcher, ni encore moins parler par personne, et pour la sécurité de ne songer jamais à autre femme qu'à la sienne, glorieux pourtant, haut et touché de conquérir et d'être compté en Europe, et, ce qui est incompréhensible, sans penser, avec de la valeur, à sortir de Madrid, et content de la vie du monde la plus triste, la plus unie, la plus la même tous les jours, sans penser jamais à la varier ni à donner le moindre amusement à son humeur mélancolique que des battues, et tête à tête avec la reine en chemin, et dans la feuillée destinée à tirer sur les bêtes qu'on y faisoit passer; une reine pleine d'esprit, de grâces, de hauteur, d'ambition, de volonté de gouverner et de dominer sans partage, à qui rien ne coûta pour s'y porter et s'y maintenir; hardie, entreprenante, jalouse, inquiète, ayant toujours en perspective le triste état des reines veuves d'Espagne, pour l'éviter à quelque prix que ce pût être, et voulant pour cela à quelque prix que ce fût aussi, former à un de ses fils un État souverain, et à plus d'un dans la suite; haïssant les Espagnols à visage découvert, abhorrée d'eux de même, et n'ayant de ressource que dans les Italiens, qu'elle avança tant qu'elle put; de conseil et de confiance qu'au sujet et au ministre de Parme, qui l'étoit allé chercher, et étoit venu avec elle; d'ailleurs ignorant toutes choses, élevée dans un grenier du palais de Parme par une mère austère, qui ne lui donna connoissance de rien, et ne la laissa voir ni approcher de personne, et passée de là sans milieu dans la spélonque[1] du roi d'Espagne, où elle demeura tant qu'il vécut, sans communication avec qui que ce pût être; réduite ainsi à ne voir que par les yeux d'Alberoni, le seul à qui elle fût accoutumée par le temps du voyage, le seul à qui elle crût pouvoir se confier par sa qualité de sujet et de ministre de Parme en Espagne, le seul dont elle voulût se servir pour gouverner le roi et la monarchie, parce que,

---

1. Dans la caverne.

n'ayant point d'état, il ne pourroit se passer d'elle, ni jamais à son avis lui manquer ni lui porter ombrage. Tel fut le champ offert et présenté à Alberoni pour travailler à sa fortune sans émule et sans contradicteur. Telle fut la source de sa sécurité à tout entreprendre au dedans et au dehors, à s'enrichir dans les ténèbres d'une administration difficile à découvrir, impossible à révéler, à se rendre redoutable, sans nulle sorte d'égard, pour ne trouver aucun obstacle à commettre sans ménagement le roi et la reine d'Espagne pour son cardinalat avec les plus grands et les plus scandaleux éclats, et depuis pour l'archevêché de Séville, qui fut le commencement de son déclin, enfin à engager une guerre folle contre l'Empereur, malgré toute l'Europe et abandonné de toute l'Europe; et l'Empereur, au contraire, puissamment secouru et aidé vigoureusement par la France, l'Angleterre et la Hollande. De là les efforts prodigieux pour soutenir une guerre si follement entreprise pour se rendre nécessaire, et se maintenir dans le souverain pouvoir et dans les moyens de s'enrichir, et de pêcher en eau trouble dans les marchés, les fournitures, les entreprises de toutes les sortes dont il disposoit seul; de là cette opiniâtreté funeste à rejeter tout accommodement que l'Espagne n'eût osé espérer, et qui établissoit un fils de la reine dès lors en Italie avec promesse et toute apparence de le voir bientôt en possession des États de Parme et de Toscane par les offices de l'Angleterre sur l'Empereur, laquelle vouloit éviter une guerre qui la privoit du commerce de l'Espagne et des Indes.

Ces efforts, qui achevèrent d'épuiser inutilement l'Espagne, anéantirent sa marine, qui venoit de se relever, d'où cette couronne souffrit après, par un enchaînement de circonstances, un préjudice accablant dans les Indes, dont il est bien à craindre qu'elle ne puisse jamais se relever. C'est ce qu'opéra le tout-puissant règne de ce premier ministre en Espagne, quoique fort court, qui après avoir insulté toute l'Espagne, traité Rome indignement, offensé toutes les puissances de l'Europe et très-dangereusement le régent de France en particulier, contre lequel il voulut soulever tout le royaume, chassé enfin honteusement d'Espagne, s'en trouva quitte après quelques mois d'embarras, et à l'abri de sa pourpre et de ses immenses richesses, qu'il s'étoit bien gardé de placer en Espagne, figura bientôt à Rome dans les premiers emplois, et s'y moqua pleinement de la colère de toute l'Europe, qu'il avoit excitée contre lui, et méprisa impudemment celle de ses maîtres, qui de la plus vile poussière l'avoient élevé jusqu'au point de ne pouvoir lui nuire ni se venger de lui. Cette leçon toutefois, quelque forte qu'elle fût, ni la connoissance qu'eut le roi d'Espagne de tous les criminels et fous déportements d'Alberoni, après qu'il l'eut chassé, et que les langues furent déliées, ne fut pas capable de le dégoûter de l'abandon à un seul. La paresse et l'habitude furent plus fortes; on vit encore en Espagne quelque chose, sinon de plus violent, au moins de plus ridicule dans le règne du Hollandois qui succéda à la toute-puissance d'Alberoni, et qui chassé à son tour, en fut combler la mesure chez les corsaires de Barbarie, où, faute d'autre retraite, il alla finir ses jours; mais rien ne put déprendre Philippe V du faux et ruineux repos d'un premier ministre, dont il n'a pu se passer jusqu'à sa mort, au grand malheur de sa réputation et de sa monarchie.

La France ne fut pas plus heureuse, et ce qui est incompréhensible, sous un prince à qui rien ne manqua pour le plus excellent gouvernement, connoissances de toutes les sortes, connoissance des hommes, expérience personnelle et longue tandis qu'il ne fut que particulier; traverses les moins communes, réflexions sur le gouvernement des différents pays, et sur tous sur le nôtre; mémoire qui n'oublioit et qui ne confondoit jamais; lumières infinies; nulle passion incorporelle, et les autres sans aucune prise sur son secret ni sur son administration; discernement exquis, défiance extrême, facilité surprenante de travail, compréhension vive, une éloquence naturelle et noble, avec une justesse et une facilité incomparable de parler en tout genre; infiniment d'esprit, et je l'ai dit ailleurs, un sens si droit et si juste, qu'il ne [se] seroit jamais trompé si en chaque affaire et en chaque chose il avoit suivi la première lumière et la première appréhension de son esprit. Personne n'a jamais eu tant ni une si longue expérience que lui de l'abbé du Bois; personne aussi ne l'a-t-il jamais si bien connu; et quand je me rappelle ce qu'il m'en a dit dans tous les temps de sa vie, et dans le moment même qu'il le déclara premier ministre, et encore depuis, il m'est impossible de comprendre ce qu'il en a fait, et l'abandon total où il s'est mis de lui. On en verra encore d'étranges traits dans la suite. Il est inutile de reprendre ici ce qu'on a vu dans ces *Mémoires* de l'infime bassesse, des serviles et abjects commencements, de l'esprit, des mœurs, du caractère de l'abbé du Bois, des divers degrés qui le tirèrent de la boue, et de sa vie jusqu'à la régence de M. le duc d'Orléans. On l'a même conduit plus loin : on a exposé son profond projet d'arriver à tout par Stanhope et par l'Angleterre; le commencement de son exécution par son adresse et ses manéges à infatuer le Régent du besoin réciproque que le roi d'Angleterre et lui avoient l'un de l'autre; enfin ces *Mémoires* l'ont conduit à Hanovre et à Londres, et c'est ce fil qu'il ne faut pas perdre de vue depuis son commencement. Voilà donc M. le duc d'Orléans totalement livré à un homme de néant, qu'il connoissoit pleinement pour un cerveau brûlé, étroit, fougueux outre mesure, pour un fripon livré à tout mensonge et à tout intérêt, à qui homme vivant ne s'étoit jamais fié, perdu de débauches, d'honneur, de réputation sur tous chapitres, dont les discours et les manières n'avoient rien que de rebutant, et qui sentoit le faux en tout et partout à pleine bouche, un homme enfin qui n'eut jamais rien de sacré; à qui a connu l'un et l'autre, cette fascination ne peut paroître qu'un prodige du premier degré, augmenté encore par les avertissements de toutes parts.

La France n'avoit besoin que d'un gouvernement sage, au dedans pour en réparer les vastes ruines, et au dehors pour conserver la paix; son épuisement et la minorité, qui est toujours un état de foiblesse, le demandoient. Il n'étoit pas temps de songer à revenir sur les cessions que les traités de Londres et d'Utrecht avoient exigées, et nulle puissance n'avoit à former de prétentions contre elle. Outre la nécessité de profiter de la paix pour la réparation des finances et de la dépopulation du royaume, une perspective éloignée y engageoit d'autant plus qu'on devoit être instruit par la faute de la guerre terminée par la paix de Ryswick, uniquement due à l'ambition personnelle de Louvois, qui l'avoit allumée, comme il a été remarqué dans ces *Mémoires*. On auroit dû prévoir alors l'importance de se tenir en force, de profiter de l'ouverture de la succession d'Espagne, que la santé menaçante de Charles II faisoit regarder comme peu éloignée, et en attendant ne pas alarmer l'Europe par l'ambition de faire les armes à la main un électeur de Cologne et rétablir un roi d'Angleterre, et s'affoiblir par une longue guerre, dont deux ans de paix entre le traité de Ryswick et la mort de Charles II n'avoient pas eu le temps de remettre la France, ni de refroidir cette formidable alliance de toute l'Europe contre elle, qui se rejoignit comme d'elle-même après la mort de Charles II. L'Empereur se trouvoit le dernier mâle de la maison d'Autriche avec peu ou point d'espérance de postérité; son âge et sa santé pouvoient faire espérer une longue vie. Mais il n'en est pas des États comme des hommes; quelque longue que pût être la vie de l'Empereur il est toujours certain que la France le survivroit. Comme elle n'avoit point de prétentions à former à sa mort sur l'Empire, ni sur pas un de ses États, elle n'avoit pas à craindre la même jalousie qui lui avoit attiré toute l'Europe sur les bras à l'ouverture de la succession d'Espagne. Il étoit néanmoins de son plus pressant intérêt d'empêcher que des cendres de la maison d'Autriche il n'en naquît une autre aussi puissante, aussi ennemie, aussi dangereuse qu'elle avoit éprouvé celle-là depuis Maximilien et les rois catholiques[1], et, pour l'empêcher, profiter des occasions d'alliances d'une part, et de se mettre intérieurement en état de l'autre de soutenir utilement des alliés pour diviser cette puissance, en morcelant les nombreux États de la maison d'Autriche.

Il n'est pas besoin d'un grand fond de politique pour comprendre l'intérêt en ce cas-là tout opposé de l'Angleterre. Sa position la rend inaccessible à l'invasion étrangère quand elle-même n'y donne pas les mains. Elle est riche et puissante par son étendue, et beaucoup plus par son commerce; mais elle ne peut figurer par elle-même que sur mer et par la mer. Sa jalousie contre la France est connue depuis qu'elle en a possédé plus de la moitié, et qu'elle n'y a plus rien. Par terre elle ne peut donc rien, et sa ressource ne peut être que dans l'alliance d'une grande puissance jalouse aussi de la France, et terrienne, qui ait en hommes et en pays de quoi lui faire la guerre, et qui manquant d'argent, et n'en pouvant tirer que de l'Angleterre, ait tout le reste. C'est ce que l'Angleterre a trouvé dans la maison d'Autriche, dont toutes deux ont si bien su profiter; et c'est pour cela même qu'il n'étoit pas difficile de prévoir l'intérêt pressant de l'Angleterre, de voir renaître des cendres de la maison d'Autriche, le cas arrivant, une autre puissance non moins grande ni moins redoutable, dont elle pût faire le même usage contre la France qu'elle avoit fait de la maison d'Autriche. Ce n'est pas qu'en attendant il ne fût à propos de bien vivre avec l'Angleterre comme avec tout le reste de l'Europe, mais toutefois sans y compter jamais, et beaucoup moins se livrer à elle et se mettre dans sa dépendance; mais se conduire avec elle honnêtement, sans bassesse, et inté-

---

1. Ferdinand et Isabelle

rieurement la considérer toujours comme une ennemie naturelle qui ne se cachoit pas depuis longues années de vouloir détruire notre commerce, et de s'opposer avec audace et acharnement à tout ce que la France a de temps en temps essayé de faire sur ses propres côtes en faveur de sa marine, dont tout ce qui s'est sans cesse passé à l'égard de Dunkerque est un bel exemple et une grande leçon, tandis qu'à nos portes ils font à Jersey et à Guernesey[1], tous les ports, les fortifications et les magasins qu'il leur plaît, et cela de l'aveu du cardinal Fleury, qui leur permit d'en prendre tous les matériaux en France, plus proche de ces dangereuses îles que l'Angleterre; complaisance qui ne se peut imaginer. Il falloit donc dans un royaume flanqué des deux mers, et qui borde la Manche si près, et vis-à-vis de l'Angleterre, et un royaume si propre au plus florissant commerce par sa position et par l'abondance de ses productions de toutes espèces nécessaires à la vie, porter toute son application à relever la marine et à se mettre peu à peu en état de se faire considérer à la mer, et non de l'abandonner à l'Angleterre, et la mettre ainsi en état de porter l'alarme à son gré tout le long de nos côtes, et le joug anglois, à menacer et envahir nos colonies. Il falloit exciter l'Espagne au même soin et au même empressement d'avoir une bonne marine, et se mettre conjointement en état de ne plus recevoir la loi de l'Angleterre sur la mer dans le commerce, ni à l'égard des colonies françoises et des États espagnols delà les mers, et pour cela favoriser sous main toute invasion, tous troubles domestiques en Angleterre le plus qu'il seroit possible, et il n'y avoit lors qu'à le vouloir, ce que le ministre d'Angleterre sentoit parfaitement. C'étoit là le vrai, le grand, le solide intérêt de la France : malheureusement ce n'étoit pas celui de l'abbé du Bois. Le sien étoit tout contraire, et c'est celui-là qui a prévalu.

---

1. Saint-Simon a écrit *Grenesay*.

On a vu en son temps dans ces *Mémoires* qu'après que le chevalier de Lorraine et le marquis d'Effiat se furent servis de lui pour faire consentir son maître à son mariage avec la dernière fille du Roi et de Mme de Montespan, l'ambition lui fit tourner la tête au point de se flatter qu'il méritoit les plus grandes récompenses, et que, peu content d'une bonne abbaye qu'il eut sur-le-champ, il demanda et il obtint une audience du Roi, dans laquelle il eut l'audace de lui demander sa nomination au cardinalat, dont le Roi fut si surpris et si indigné qu'il lui tourna le dos sans lui répondre, et ne l'a jamais pu souffrir depuis. Si dès lors il osa penser au chapeau, il n'est pas surprenant qu'il y ait visé du moment qu'il a vu jour à s'introduire dans les affaires par l'Angleterre, et qu'il n'y ait tout sacrifié pour y parvenir, comme il est aussi très-apparent qu'il n'a imaginé les moyens de s'introduire dans les affaires par l'Angleterre que pour y trouver ceux qu'il espéroit le pouvoir conduire à ce but si anciennement, quoique si follement, desiré.

Possesseur de l'esprit de son maître, il le fut jusqu'à ne lui en laisser pas la liberté et à l'entraîner par un ascendant incompréhensible à son avis, à son sentiment, et pour tout dire à sa volonté, souvent tous contraires par le bon esprit et le grand sens, la justesse et la perspicacité de ce prince. Il devint ainsi seul maître de toute la machine des affaires étrangères, dont le maréchal d'Huxelles n'eut plus dès lors qu'une vaine écorce, le conseil des affaires étrangères encore moins, et les serviteurs les plus confidents du Régent quelques légères participations rares, par morceaux, et par simples récits, courts, destitués de tout raisonnement, encore plus de consultation la plus légère. Du Bois donc n'eut plus d'entraves, et sut profiter de sa liberté. Pour en user dans son entier, et se délivrer de tout instrument qui l'eût pu contraindre, il voulut aller à Hanovre, puis à Londres, et n'avoir avec son maître qu'une correspondance immédiate, pour sevrer Huxelles, son conseil, et tout autre de toute connoissance de sa négociation, dont il ne leur laissa voir que les dehors, et il choisit pour la remise de ses lettres au Régent et du Régent à lui un homme dont il étoit sûr, qui espéroit tout par lui, qu'il trompa quand il n'en eut plus que faire, selon sa coutume, et qu'il fit enfin chasser, parce que cet homme s'avisa de se plaindre de lui. C'étoit Nocé, dont j'ai parlé quelquefois, et dont j'ai fait connoître le caractère, pour qui M. le duc d'Orléans avoit de tout temps de l'amitié et de la familiarité, mais qu'il connoissoit assez pour se contenter de lui faire du bien, et de l'amusement de sa conversation et de ses fougues souvent justes et plaisantes, car il avoit beaucoup d'esprit et de singularité, mais pour se garder de l'employer dans aucune sorte d'affaire. C'est ce que l'abbé du Bois cherchoit; il y trouvoit de plus un homme fort accoutumé au prince, et en état de lui rendre fidèlement compte de la mine, de l'air et du visage du Régent, quand il lui rendoit ses lettres, et qu'il recevoit de sa main celles qu'il devoit envoyer en réponse. Ces réponses, excepté pour l'écorce ou pour les choses que l'un et l'autre ne se soucioient pas de cacher, comme il s'en trouve toujours dans le cours d'une négociation longue, c'étoit toujours de la main de M. le duc d'Orléans. Il avoit la vue fort basse; elle peinoit surtout en écrivant, et il regardoit son papier de si près que le bout de sa plume s'engageoit toujours dans sa perruque : aussi n'écrivoit[-il] jamais de sa main que dans la nécessité, et le plus courtement qu'il lui étoit possible. C'étoit encore un artifice de l'abbé du Bois, et pour n'admettre personne entre lui et son maître dans le secret de sa négociation, et pour profiter de cette difficulté d'écrire, qui, jointe de la paresse en ce genre, et à cet ascendant que le prince avoit laissé prendre à l'abbé du Bois sur lui, opéroit une contradiction légère et un raisonnement étranglé quand il arrivoit que le Régent n'étoit pas de son avis[1], qui par l'opiniâtreté, la fougue

---

1. On lit ici le mot *ce* au manuscrit.

et l'ascendant de du Bois, finissoit toujours par se rendre à ce qu'il vouloit.

Dans cette position, l'infidèle ministre ne pensa plus qu'à profiter de la conjoncture, faire en effet tout ce qui conviendroit à l'Angleterre, le faire de manière qu'à lui seul elle en eût toute l'obligation, lui bien faire sentir ses forces auprès de son maître, et faire marché aux dépens du Régent et du royaume. Il n'ignoroit pas que le commerce étoit la partie la plus sensible à l'Angleterre ; il ne pouvoit ignorer sa jalousie du nôtre. Il l'avoit déjà bien servie en persuadant au Régent de laisser tomber la marine pour ôter toute jalousie au roi Georges, dans ce beau système tant répété du besoin réciproque qu'ils avoient de l'union la plus intime, de concert avec Canillac séduit par les hommages de Stairs, et par le duc de Noailles, que cela soulageoit dans sa finance, et qui fit toujours bassement sa cour à du Bois. Je ne fais que remettre ces choses qui se trouvent expliquées en leur temps. Il falloit continuer cet important service, mais ce n'étoit pas tout : il falloit l'étendre jusque sur l'Espagne, si la folie de son premier ministre se roidissoit jusqu'au bout à ne vouloir point de paix, ou à prétendre de l'Empereur des conditions qu'il ne voudroit jamais passer, ce qui étoit la même chose. Rien de si essentiel à l'Angleterre pour se saisir de tout commerce et pour se fonder solidement dans les Indes ; et c'étoit de l'abbé du Bois uniquement que l'Angleterre dépendoit pour arriver à un si grand but, tel qu'elle n'auroit jamais osé l'espérer. Du Bois n'oublia rien aussi pour en bien persuader Georges et ses ministres, qui en sentirent enfin la vérité. Du Bois ainsi les amena à son point, et ce point étoit double, de l'argent et le chapeau. Le premier n'étoit pas difficile, on donne volontiers un écu pour avoir un million ; mais l'autre n'étoit pas en la puissance immédiate des ministres d'Angleterre ; aussi les laissa-t-il longtemps dans la détresse de deviner par où le prendre, quoiqu'il se montrât en prise. Il vouloit échauffer la volonté par le besoin, afin de ne trouver plus de difficulté dès qu'il jugeroit que [il] pourroit s'expliquer. Le roi d'Angleterre étoit bien plus occupé de ses établissements d'Allemagne que des intérêts de la couronne à laquelle il étoit parvenu. Brême et Verden à attacher à ses États personnels par les lois et les formes de l'Empire, étoit son objet principal. L'Empereur, fort occupé de la paix du Nord, dont il vouloit être le dictateur, se sentoit des entraves qui l'empêchoient de donner cette investiture à Georges qui soupiroit après et qui faisoit tout pour l'Empereur dans la négociation de sa paix avec l'Espagne, avec peu de retenue de montrer toute sa partialité. Moins l'Empereur étoit prêt à satisfaire Georges sur un point si desiré, plus il le caressoit d'ailleurs dans le besoin qu'il en avoit contre l'Espagne, pour se maintenir dans toutes ses possessions d'Italie. Il avoit entièrement gagné les ministres hanovriens de Georges, par des bienfaits et par des espérances dont il pouvoit disposer à leur égard dans l'Empire. Il s'étoit acquis aussi les ministres anglois, qui sentoient le goût et l'intérêt de leur maître. Dans cette situation réciproque, le roi d'Angleterre et ses ministres pouvoient compter d'obtenir de l'Empereur tout ce qui ne lui coûtoit rien, et l'Empereur lui-même desiroit ces occasions faciles de s'attacher l'Angleterre de plus en plus ; il pouvoit tout à Rome, et on a vu dans l'extrait des lettres sur les affaires étrangères de cette année jusqu'à quel point Rome et le Pape trembloient devant lui, et jusqu'à quel point encore il savoit profiter et abuser de cette frayeur démesurée. Demander et obtenir étoit pour lui même chose ; il avoit réduit le Pape à craindre qu'il ne dédaignât et qu'il ne renvoyât même les chapeaux qu'il lui avoit accordés.

L'abbé du Bois, parfaitement au fait de l'intérieur de toutes ces cours, vouloit obliger Georges et ses ministres d'employer l'autorité de l'Empereur à lui obtenir un chapeau. Dans la passion ardente de l'avoir, il ne lui parut pas suffisant d'y disposer efficacement les Anglois par ses complaisances qui ne tendoient qu'à ce but, s'il ne se rendoit encore assez agréable à l'Empereur dans le cours de la négociation, non-seulement pour éviter un obstacle personnel à la demande des Anglois en sa faveur, mais encore pour se rendre ce prince assez favorable, pour être bien aise de faire ce plaisir à Georges et à ses ministres, et s'acquérir à si bon marché celui qui disposoit de la France et qui d'avance lui auroit montré de la bonne volonté dans la négociation. C'est ce qui y fit toute l'application de l'abbé du Bois, ce qui la tourna toute au gré des Anglois et à celui de l'Empereur, aux dépens de la France et de l'Espagne, et ce qui lui valut une pension secrète de l'Angleterre, de quarante mille livres sterling, qui est une somme prodigieuse, mais légère pour disposer de la France, et, comme on verra bientôt, ce chapeau si passionnément desiré, que, pressé par Georges et par ses ministres, et par les bons offices de Penterrieder, témoin des facilités de du Bois pour l'Empereur dans la négociation, ce prince lui fit donner peu après par son autorité sur le Pape. Le sceau de cette grande affaire fut l'engagement de faire déclarer la France contre l'Espagne, non-seulement par des subsides et par souffrir que la flotte angloise, non contente de secourir la Sicile, poursuivît et détruisît l'espagnole qui avoit tant coûté, mais encore de faire porter les armes françoises dans le Guipuscoa, moins pour y faire les faciles conquêtes qu'elles y firent et qu'on ne pouvoit se proposer de conserver, que pour anéantir à forfait la marine d'Espagne en brûlant ses vaisseaux dans ses ports et ses chantiers, ses amas et ses magasins au port du Passage, comme nous le verrons, pour donner champ libre à la marine d'Angleterre, la délivrer de la jalousie de celle d'Espagne, lui assurer l'empire de toutes les mers, et lui faciliter celui des Indes en y détruisant celui de l'Espagne.

Qui ne croiroit que l'Angleterre ne dût être satisfaite d'un marché avantageux pour elle jusqu'au prodige, et si promptement exécuté, comme on le verra bientôt en son lieu? Mais le ministère anglois l'ayant si belle, étoit trop habile pour en demeurer là ; il n'avoit pas donné une pension si immense au maître des démarches de la France, pour n'en pas tirer un parti proportionné, tant que dureroit la toute-puissance du ministre de France qui la recevoit. Nous verrons bientôt qu'ils en tirèrent la complaisance non-seulement de souffrir tranquillement que les escadres angloises assiégeassent celles d'Espagne dans les ports espagnols des Indes, un an durant et plus, les y fissent périr, y empêchassent tout secours et fissent cependant tout le commerce des Indes par contrebande; mais encore de tirer de la France tous les subsides suffisants à l'armement et à l'entretien des escadres angloises, tant qu'il leur plut de maintenir ce blocus qui se fit tout entier à nos dépens en toutes les sortes : je dis en toutes les sortes pour la réputation, parce que de la France à l'Espagne rien ne pouvoit avoir moins de prétexte ni être plus odieux, et à la fin de plus difficile à cacher, puisque l'intérêt des Anglois à tenir toujours brouillées les deux branches royales de la maison de France n'avoit garde d'être de moitié du secret, que le Régent du moins auroit voulu garder et qu'il crut vainement exiger d'eux, et parce que rien n'étoit plus ruineux à l'Espagne et à la France que de livrer les mers, tout le commerce et le nouveau monde aux Anglois. Cette ruine ne sera pas sitôt réparée; les Espagnols sont encore aujourd'hui aux prises avec les Anglois pour le commerce des Indes, et par l'affoiblissement que leur a causé l'abbé du Bois, ils ont vainement acheté quelques intervalles de paix par les plus avantageuses concessions de commerce et d'établissements aux Anglois, qui ne s'en sont fait que des degrés et des titres pour en obtenir davantage, et qui enfin, les armes à la main, se servent de tout ce qu'ils ont acquis sur le commerce et sur les établissements, pour s'y accroître de plus en plus, et devenir enfin les seuls maîtres de toutes les mers et de tout le commerce, et dominer l'Espagne dans les Indes, tandis que sa foible marine n'a pu se relever de tant de pertes et que la nôtre est enfin anéantie ; l'un et l'autre par l'intérêt et le fait de du Bois.

C'étoient sans doute de grands coups, incomparables pour la grandeur solide de l'Angleterre aux dépens de toutes les nations de l'Europe, de celles surtout dont elle avoit le plus à craindre et le plus de jalousie, la françoise et l'espagnole, avec l'avantage encore de les brouiller et de les diviser. Mais le grappin une fois attaché sur celui qui peut tout, qui attend un chapeau pour lequel il brûle de désir depuis tant d'années, et qui a tous les ans quarante mille livres sterling à recevoir, dont il n'ose rien montrer, et dont il redoute au contraire jusqu'au soupçon, qui craint, par conséquent, des retardements, et plus encore une soustraction dont il n'oseroit ouvrir la bouche, il n'est rien qu'on ne puisse obtenir. Georges et ses ministres, peu satisfaits de tout ce qu'ils tiroient de la France, et incapables de se dire : *C'est assez*, voulurent se donner les moyens de se rendre pour longues années les maîtres de leurs parlements. La liste civile et ce qu'ils savoient prendre d'ailleurs leur servoit à gagner des élections dans les provinces et des voix dans le Parlement ; mais elle ne suffisoit pas pour s'en rendre maîtres par le très-grand nombre, et leurs manéges dans le Parlement y trouvoient souvent des résistances importunes et même quelquefois de fâcheuses oppositions, dont l'expérience les rendoit retenus à entreprendre. Ils se servirent donc du bénéfice du temps, et se firent donner par la France de monstrueux subsides, et en outre des sommes prodigieuses, où tout notre argent alla ; et c'est de cette source que la cour d'Angleterre a tiré les trésors qui lui ont servi, et lui servent peut-être encore, tant l'amas en a été grand, à faire élire qui elle a voulu dans les provinces, et faire voter à son gré dans les divers parlements avec cette supériorité presque totale de voix qui anéantit enfin la liberté de la nation, et rend le roi despotique sous le masque de quelques mesures et de quelques formes, et la politique de ne tenir pas ferme sur tout ce qui ne l'intéresse pas précisément.

CHAPITRE XVII.

Gouvernement de Monsieur le Duc, mené par Mme de Prie, à qui l'Angleterre donne la pension de quarante mille [livres] sterling du feu cardinal du Bois. — Époque et cause de la résolution de renvoyer l'infante et de marier brusquement le Roi. — Gouvernement du cardinal Fleury. — Chaînes dont Fleury se laisse lier par l'Angleterre. — Fleury sans la moindre teinture des affaires lorsqu'il en saisit le timon. — Aventure dite d'Issy. — Fleury parfaitement désintéressé sur l'argent et les biens. — Lui et moi nous nous parlons librement de toutes les affaires. — Avarice sordide de Fleury, non pour soi, mais pour le Roi, l'État et les particuliers. — Fleury met sa personne en la place de l'importance de celle qu'il occupe, et en devient cruellement la dupe. — Walpole, ambassadeur d'Angleterre, l'ensorcelle; trois objets des Anglois. — Avarice du cardinal ne veut point de marine, et, à d'autres égards encore, pernicieuse à l'État; il est personnellement éloigné de l'Espagne, et la reine d'Espagne et lui brouillés sans retour jusqu'au scandale. — Premiers ministres funestes aux États qu'ils gouvernent. — L'Angleterre ennemie de la France à force; titres anciens et nouveaux; intérêt de la France à l'égard de l'Angleterre. — Perte radicale de la marine, etc., de France et d'Espagne; l'empire de la mer et tout le commerce passé à l'Angleterre, fruits du gouvernement des premiers ministres de France et d'Espagne, avec bien d'autres maux. — Comparaison du gouvernement des premiers ministres de France et d'Espagne, et de leur conseil, avec celui des conseils de Vienne, Londres, Turin, et de leurs fruits. — Sarcasme qui fit enfin dédommager le chapitre de Denain de ceux[1] qu'il a soufferts du combat de Denain.

Du Bois mort ne laissa de regrets qu'à l'Angleterre. Les subsides établis continuèrent les quatre mois que M. le duc d'Orléans survécut. Monsieur le Duc, bombardé[2] en sa place par Fleury, ancien évêque de Fréjus, et précepteur du roi, qui compta faire de ce prince plus que borné un fantôme de premier ministre, et devenir lui-même le

---

1. Des dommages.
2. Voyez tome I, p. 19, tome X, p. 5, etc.

maître de l'État; Monsieur le Duc, dis-je, fut un homme fait exprès pour la fortune de l'Angleterre, possédé aveuglément qu'il étoit par la marquise de Prie. Avec de la beauté, l'air et la taille de nymphe, beaucoup d'esprit, et pour son âge et son état de la lecture et des connoissances, c'étoit un prodige de l'excès des plus funestes passions : ambition, avarice, haine, vengeance, domination, sans ménagement, sans mesure, et depuis que Monsieur le Duc fut le maître, sans vouloir souffrir la moindre contradiction, ce qui rendit son règne un règne de sang et de confusion. Les Anglois, bien au fait de notre intérieur, se hâtèrent de la gagner, et moyennant la même pension qu'avoit d'eux le cardinal du Bois, tout fut bientôt conclu. Ils ne perdirent donc rien en perdant le cardinal du Bois, tant que dura le ministère de Monsieur le Duc, qui, mené par cette Médée, marcha totalement sur les traces de du Bois, par rapport à l'Angleterre. Le bonheur de cette couronne fut tel que bientôt après Monsieur le Duc crut avoir grand besoin d'elle. Le Roi tomba malade, et quoique le mal ne fût pas menaçant et qu'il finît en peu de jours, Monsieur le Duc en fut tellement effrayé qu'il se releva une nuit tout nu, en robe de chambre, et monta dans la dernière antichambre du Roi de l'appartement bas de feu Monseigneur, où M. le duc d'Orléans étoit mort, et que Monsieur le Duc avoit eu ensuite. Il étoit seul une bougie à la main. Il trouva Maréchal qui passoit cette nuit-là dans cette antichambre, qui me le conta peu de jours après, et qui, étonné de cette apparition, alla à lui et lui demanda ce qu'il venoit faire. Il trouva un homme égaré, hors de soi, qui ne put se rassurer sur ce que Maréchal lui dit de la maladie, et à qui enfin d'effroi et de plénitude, il échappa : *Que deviendrois-je?* répondant entre haut et bas à son bonnet de nuit; *je n'y serai pas repris s'il en réchappe : il faut le marier.* Maréchal, avec qui il étoit seul à l'écart, ne fit pas semblant de l'entendre; il tâcha de lui remettre l'esprit, et le renvoya se coucher. Ce fut l'époque du renvoi de l'infante. Monsieur le Duc en avoit indignement usé avec le fils de feu M. le duc d'Orléans, qui l'avoit comblé de considération et de grâces, et y avoit eu beau jeu et à bon marché avec [ce] prince. Il redoutoit comme la mort de se voir soumis à lui; et pour l'éviter, il voulut mettre le Roi en état d'avoir promptement des enfants. Ainsi, faisant à l'Espagne une aussi cruelle injure, que la tromperie jusqu'au moment et la manière de l'exécution rendirent encore plus sensible, il compta bien sur une haine irréconciliable, et se jeta de plus en plus à l'Angleterre.

Son règne, trop violent pour durer, se termina, comme on sait, par n'avoir pu se résoudre à se séparer de Mme de Prie, ni elle à laisser gouverner Fleury, qui se lassa d'avoir compté vainement d'en avoir la réalité, et d'en laisser à Monsieur le Duc la figure et l'apparence. Ce prince succéda à M. le duc d'Orléans à l'instant de sa mort, le 23 décembre 1723, et finit le lundi de la Pentecôte 1726, par l'ordre que lui porta le duc de Charost, capitaine des gardes du corps, un moment après que le Roi fut parti de Versailles pour aller à Rambouillet, de se retirer sur-le-champ à Chantilly, où il alla à l'heure même accompagné par un lieutenant des gardes du corps.

Le cardinal Fleury, qui ne l'étoit pas encore, mais qui le devint six semaines ou deux mois après, prit donc le jour même les rênes du gouvernement, et ne les a quittées[1], avec la vie, que tout à la fin de janvier 1743. Jamais roi de France, non pas même Louis XIV, n'a régné d'une manière si absolue, si sûre, si éloignée de toute contradiction, et n'a embrassé si pleinement et si despotiquement toutes les différentes parties du gouvernement de l'État et de la cour, jusqu'aux plus grandes bagatelles. Le feu Roi éprouva souvent des embarras par la guerre domestique de ses ministres, et quelquefois par les représentations de ses généraux d'armée et de quelques grands

---

1. Il y a au manuscrit *quittés*, au masculin.

distingués de sa cour. Fleury les tint tous à la même mesure, sans consultation, sans voix de représentation, sans oser hasarder nul débat entre eux. Il ne les faisoit que pour recevoir et exécuter ses ordres sans la plus légère réplique, pour les exécuter très-ponctuellement et lui en rendre simplement compte sans s'échapper une ligne au delà, et sans que pas un d'eux ni des princes, ni des seigneurs de la cour, des dames ni des valets qui approchoient le plus du Roi, osassent proférer une seule parole à ce prince de quoi que ce soit, qui ne fût bagatelle entièrement indifférente. Comment il gouverna, c'est ce qui dépasse de loin le temps que ces *Mémoires* doivent embrasser. Je dirai seulement ici ce qui fait la suite nécessaire de cette disgression.

Il trouva le gouvernement entièrement monté au ton de l'Angleterre, et un ambassadeur de cette couronne bien plus mesuré, mais aussi bien plus habile que n'avoit été Stairs, auquel il avoit succédé. C'étoit Horace Walpole, frère de Robert, qui gouvernoit alors principalement en Angleterre. La partie n'étoit pas égale entre eux. Horace, nourri dans les affaires comme le sont tous les Anglois, mais de plus, frère et ami de celui qui les conduisoit toutes, qui les consultoit avec lui de longue main, et qui le dirigeoit de Londres, étoient l'un et l'autre deux génies très-distingués. Je ne parlerai point ici de celui du cardinal; je dirai seulement qu'il avoit passé sa vie d'abord dans l'infimité, après à se pousser et à faire sa cour à tout le monde, puis dans les ruelles, les parties, les bonnes compagnies, loin de toute étude, de toute affaire, de toute espèce d'application; enfin évêque de la manière qu'on l'a vu dans ces *Mémoires*, et depuis qu'il le fut, confiné quelquefois dans un trou solitaire, tel qu'est Fréjus, mais la plupart du temps dans les bonnes villes et les meilleures maisons de la Provence et du Languedoc, avec la bonne compagnie, dont il se fit toujours desirer. Il n'avoit donc pas la plus légère notion d'affaires, lorsqu'il prit tout à coup le timon de toutes. Il avoit alors soixante-douze ou treize ans [1], et de ce moment, il en fut toujours moins occupé, quoique il en disposât seul et uniquement de toutes, que de se maintenir dans cette autorité, et de la porter au comble où, dix-huit ans durant, on l'a vue sans le plus petit nuage. Le léger travail de Monsieur le Duc avec le Roi lorsqu'il étoit premier ministre, où Fleury s'étoit introduit en tiers tout d'abord, n'avoit pu lui donner la moindre teinture d'affaires. Il ne s'y agissoit que des grâces à distribuer, en présenter la liste toute faite, en dire deux mots fort courts, car Monsieur le Duc n'avoit pas le don de la parole, et faire mettre le bon du Roi au bas de la feuille. Cela donnoit lieu seulement à Fleury de dire quelquefois quelque chose sur les sujets, et de l'emporter quelquefois aussi quand il s'agissoit de bénéfices.

Monsieur le Duc, peut-être mieux Mme de Prie, qui le gouvernoit, et qui étoit elle-même conduite par les Pâris, s'ennuya de ce témoin unique de ce travail, et pour s'en défaire pratiqua un jour, qu'au moment que Monsieur le Duc alloit arriver pour le travail, et que le cardinal étoit déjà entré, le Roi prit son chapeau, et sans rien dire au cardinal s'en alla chez la Reine qu'il trouva dans son cabinet, qui l'attendoit avec Monsieur le Duc. Le cardinal demeura seul plus d'une heure dans le cabinet du Roi à se morfondre. Voyant le temps du travail bien dépassé il s'en alla chez lui, envoya chercher son carrosse, et s'en alla coucher à Issy au séminaire de Saint-Sulpice, où il s'étoit fait une retraite pour s'y reposer quelquefois. En attendant son carrosse, il écrivit au Roi en homme piqué, et très-résolu de partir sans le voir pour s'en aller pour toujours dans ses abbayes. Il l'envoya à Nyert, premier valet de chambre en quartier. Quelque temps après le Roi revint chez lui, et Nyert lui donna la lettre. Les larmes, car il étoit bien jeune, le gagnèrent en la lisant, il se crut

---

1. Saint-Simon a écrit : 72 ou 3 ans.

perdu n'ayant plus son précepteur, et s'alla cacher sur sa chaise percée. Le duc de Mortemart, premier gentilhomme de la chambre en année, arriva là-dessus. Nyert lui conta ce qui étoit arrivé du travail, de la lettre, des larmes, et de la fuite sur la chaise percée. Le duc de Mortemart y entra, et le trouva dans la plus grande désolation. Il eut peine à tirer de lui ce qui l'affligeoit de la sorte. Dès qu'il le sut, il représenta au Roi qu'il étoit bien bon de pleurer pour cela, puisqu'il étoit le maître d'ordonner à Monsieur le Duc d'envoyer de la part de Sa Majesté chercher Fleury, qui sûrement ne demanderoit pas mieux, et dans l'extrême embarras où il vit le Roi là-dessus, il s'offrit d'en aller porter sur-le-champ l'ordre à Monsieur le Duc. Le Roi, délivré sur l'exécution, l'accepta, et le duc de Mortemart alla tout aussitôt chez Monsieur le Duc, qui se trouva fort étourdi, et qui, après une courte dispute, obéit à l'ordre du Roi. Comme la chose étoit arrivée avant le soir sur la fin de l'après-dînée, elle fit grand bruit et force dupes, car on ne douta pas que Fleury ne fût perdu et chassé sans retour, qui n'eût été cardinal ni premier ministre de sa vie, si Monsieur le Duc l'eût fait paqueter sur le chemin d'Issy et fait gagner pays toute la nuit. Le Roi auroit bien pleuré, mais la chose seroit demeurée faite ; M. de Mortemart n'auroit pas porté l'ordre à temps. Après cet éclat il falloit que l'un chassât l'autre. L'un étoit prince du sang, premier ministre, et sur les lieux, tandis que l'autre, sans nul appui, couroit la poste, ou pour le moins les champs vers un exil. Qui que ce soit n'eût osé faire tête à Monsieur le Duc, ni peut-être voulu quand on l'auroit pu, et l'un demeuroit perdu et l'autre pour toujours le maître. Voici pourquoi je raconte ici cette anecdote, qui outrepasse le temps que ces *Mémoires* doivent embrasser. Walpole, averti de tout à temps, le fut de cette aventure ; il ménageoit Fleury comme un homme qui pointoit, et que l'amitié de mie pouvoit conduire loin. Il alla sur-le-champ à Issy, et par cette démarche se dévoua personnellement le cardinal à un point qui est inexprimable, et dont je ne puis douter, comme on va le voir.

Fleury étoit incapable non-seulement d'accepter des présents et des pensions étrangères, mais hors de toute mesure qu'on osât lui en présenter. Ce ne fut donc pas cette voie qui le gagna, c'est peu dire, qui le livra à l'Angleterre, et encore sans penser à elle ni à l'intérêt de cette couronne, et c'est ce qu'il faut maintenant expliquer. Pour le bien faire, il faut dire ici que je fus toujours en usage que lui et moi nous nous parlions de tout. Il trouva toujours très-bon que je lui demandasse à quoi il en étoit avec telle ou telle puissance; il m'y répondoit toujours franchement et avec détail. Très-ordinairement aussi il m'en parloit le premier, si bien même qu'allant chez lui pour lui parler de choses qui me regardoient, et craignant d'y être interrompu, faute de temps, par l'heure pour lui d'aller chez le Roi, ou par quelque autre nécessité semblable, je lui fermois souvent la bouche sur les affaires, en lui disant que j'étois là pour les miennes, que je craignois de manquer de temps, et qu'après que je lui aurois expliqué ce qui m'amenoit, je serois ravi d'apprendre ensuite ce qu'il voudroit bien me dire; et en effet, quand j'avois achevé, il revenoit à me parler d'affaires d'État, quelquefois de cour, mais jamais qu'en récit, en raisonnement de sa part et de la mienne, sans rien qui approchât de la consultation. Cela suffit ici; on pourra voir dans la suite ce qui m'avoit mis et établi dans cette stérile confiance. J'ajouterai seulement que jamais en aucun temps ni moment son cabinet ne me fut fermé, et qu'à moins de cause majeure et rare c'étoit toujours moi qui le quittois; qu'il ne me montra jamais qu'il trouvât que c'étoit assez demeurer avec lui, et que souvent il me retenoit ou me demandoit pourquoi je m'en allois, causoit en me suivant à la porte, et assez souvent encore quelque peu debout devant la porte avant de l'ouvrir.

Ce ministre tourna une vertu en défaut que je lui ai

souvent reproché. La vie pauvre qu'il avoit menée jusqu'à son épiscopat, car il avoit d'ailleurs très-peu de bénéfices, celle surtout qu'il avoit menée dans sa jeunesse dans les colléges et les séminaires, l'avoit accoutumé à une vie dure, à se passer de tout, et à une grande épargne ; mais cette habitude n'avoit point dégénéré en lui comme en presque tous ceux qui [sortent] d'une longue pauvreté, surtout destituée de naissance, en soif d'argent, de biens, de bénéfices, d'entasser et d'accumuler des revenus, ou en avarice crasse et sordide. C'étoit l'homme du monde qui se soucioit le moins d'avoir, et qui, maître de se procurer tout ce qu'il auroit voulu, s'est le moins donné, comme il y a paru dans tout le cours de son long et toujours tout-puissant ministère. Mais avec ce désintéressement personnel et cette simplicité même portée trop loin, de table, de maison, de meubles et d'équipages, et libéral du sien aux pauvres, à sa famille, même à quelques amis, sans faire pour soi le moindre cas de l'argent, il l'estima trop en lui-même, et non content d'une sage et discrète économie, choqué à l'excès des profusions des ministères qui avoient précédé le sien, il tomba dans une avarice pour l'État et pour les particuliers, dont les suites ont été très-funestes. Quelque curieux et important que cela soit, ce n'est pas ici le lieu de traiter cette matière, qui peut-être se pourra retrouver ailleurs. Il suffit de dire ici qu'il excelloit aux ménages de collége et de séminaire, et qu'on pardonne ce mot bas, au ménage des bouts de chandelle, parce qu'à la lettre il a fait pratiquer ce dernier, dont le Roi pourtant se lassa, dans ses cabinets, et dont un malheureux valet se rompit le col sur un degré du grand commun. Un autre défaut encore trop commun à ceux qui occupent de grandes places, et qui a mené le cardinal Fleury bien loin, sans s'en être pu corriger par les fatales expériences, c'est qu'il prenoit aisément les hommages, les avances, les louanges, les fausses protestations des étrangers et des souverains, pour réels et pour estime de sa personne, pour confiance en lui, même pour amitié véritable, sans songer qu'il ne les devoit qu'à l'importance de sa place et au besoin qu'ils avoient de lui ou desir de le gagner et de le tromper, comme il l'a été de presque toutes les puissances de l'Europe l'une après l'autre.

Pensant et agissant de la sorte, Walpole, qui en savoit bien plus que lui, se le dévoua et au gouvernement d'Angleterre. Il joignit à ses adorations, à ses hommages, à son air de respect, d'attachement et d'admiration personnelle, ceux de son frère, qui gouvernoit l'Angleterre, et tous deux parvinrent à le persuader qu'ils ne se gouvernoient que par ses conseils. Leur grand objet étoit triple, et ils le remplirent triplement et complétement : empêcher que la France ne relevât sa marine et leur donnât d'inquiétude sur Dunkerque, etc., et se conserver par là l'empire de la mer et du commerce, en sapant doucement ce qui nous en restoit; tenir la France et l'Espagne en jalousie et mal ensemble, tant par celle de toute l'Europe de l'union des deux branches royales, et de ses suites, que pour saper aussi le commerce d'Espagne de plus en plus, et à continuer à s'établir à ses dépens et à sa ruine dans les Indes; enfin par rapport à Hanovre et autres États du roi Georges en Allemagne, se rendre considérables à l'Empereur par disposer à son égard de la France : tous ces trois points furent aisés à Walpole. Indépendamment de ses manéges auprès du cardinal, l'avarice de celui-ci l'empêcha non-seulement de vouloir rien écouter sur le rétablissement de la marine; mais elle le poussa à tous les ménages qui en achevèrent la destruction. Pour le commerce, la crainte de blesser les Anglois, qu'il croyoit gouverner, faisoit avorter les mesures et les propositions les plus sages, et lui fermoit [1] les oreilles aux plaintes les plus criantes, dont j'ai vu sans cesse Fagon désolé, qui étoit un conseiller d'État

---

1. *Fermoient*, au manuscrit.

très-distingué, mon ami, qui avoit deux fois refusé la place de contrôleur général, qui avoit grande autorité dans les finances et qui étoit à la tête du commerce, par qui j'en ai su des détails infinis.

L'article de l'Espagne ne fut pas plus difficile. Comme je ne dis que ce que je sais, et que j'avoue sans honte, et pour l'amour de la vérité, ce que j'ignore, je suivrai ici la même route. Dès l'entrée du cardinal dans les affaires, il s'éleva des nuages entre l'Espagne et lui personnellement, dont j'ai toujours ignoré la cause, quoique j'aie tâché de la découvrir. Ces nuages allèrent toujours croissant, et mirent enfin un mur de séparation personnelle entre la reine d'Espagne et lui, qui monta jusqu'à l'aversion des deux côtés, et réciproquement peu ménagés jusqu'à l'indécence. J'ai toujours cru que le renvoi de l'infante en étoit la source, qui en effet n'eût pu se faire sans lui, quoique Monsieur le Duc eût enfin fait sa paix apparente par l'abbé de Montgon, qu'il envoya en Espagne, exprès sous une autre couleur. Mais ces choses, qui ne sont pas de l'espace de ces *Mémoires*, nous mèneroient ici trop loin. On peut juger que Walpole, trouvant de telles dispositions à l'égard de l'Espagne, n'eut pas de plus grand soin que de jeter de l'huile sur ce feu; et il eut la joie sous tout ce ministère de voir la France et l'Espagne intérieurement dans le plus funeste éloignement, quoi que l'Espagne pût quelquefois faire, et qu'osassent doucement hasarder le peu de gens qui, pouvant quelquefois dire quelque mot au cardinal, pensoient que le plus essentiel intérêt de la France, comme le plus véritable, étoit l'union intime avec l'Espagne, comme il m'est souvent et toujours inutilement arrivé. Ces deux points gagnés, le dernier n'étoit pas difficile, et les Anglois parvinrent aisément à lui persuader que ce n'étoit que par eux qu'il pouvoit amener l'Empereur aux choses qui conviendroient à la France, tellement, qu'enivré de leur encens et de leur discours, il se conduisit entièrement à leur gré sur toutes choses, jusqu'à ce qu'après plusieurs années ils le méprisèrent, parce qu'ils n'en avoient plus besoin, et qu'ils avoient formé aux dépens de la France des alliances qui leur convenoient davantage. Ils passèrent donc pour flatter les Anglois et leurs nouveaux confédérés jusqu'à montrer en plein Parlement les lettres qu'ils avoient gardées de lui, et en faire des dérisions publiques. Souvent j'avois hasardé de lui parler de marine, de commerce et de cet abandon aux Anglois, nos plus ardents et invétérés ennemis; car les torys qui nous avoient sauvés sous la reine Anne, étoient en butte aux whigs depuis sa mort, et anéantis, et l'abbé du Bois, secondé de Canillac et du duc de Noailles, les avoit fait abandonner publiquement et sacrifier par M. le duc d'Orléans. C'étoient donc ceux qui avoient appelé le roi Guillaume et la ligne protestante, c'est-à-dire les plus envenimés ennemis de la France, qui régnoient en Angleterre, et qui depuis la mort du feu Roi gouvernoient la France à leur plaisir. Quand je pressois le cardinal Fleury là-dessus : « Vous n'y êtes pas, me répondoit-il avec un sourire de complaisance. Horace Walpole est mon ami personnel. Il est le seul qui ait osé me venir voir à Issy, lorsque j'y étois prêt à partir pour me retirer dans mes abbayes. Il a toute confiance en moi. Croiriez-vous qu'il me montre les lettres qu'il reçoit d'Angleterre, et toutes celles qu'il y écrit, que je les corrige, et que souvent je les dicte? Je sais bien ce que je fais. Son frère a la même confiance. Il faut laisser dire que je m'abandonne à eux, et moi je vous dis que je les gouverne, et que je fais de l'Angleterre tout ce que je veux. » Jamais il n'a pu se mettre dans l'esprit qu'un ministre d'Angleterre ne risquoit rien de l'aller voir à Issy. S'il étoit chassé, c'étoit un coup d'épée dans l'eau, qui ne mettoit Walpole en nulle prise de Monsieur le Duc, sous la coupe duquel il ne pouvoit être en aucune sorte, et si le cardinal étoit rappelé, comme il arriva, c'étoit s'être fait un mérite auprès de lui sans le moindre risque et à très-grand marché. Il put aussi peu se déprendre de l'opinion qu'il gouvernoit les Walpoles, qu'après l'éclat dont je viens de parler, qui le mit au désespoir d'une telle duperie, mais dont il se garda bien de se plaindre à moi ni à personne, et moi aussi de lui en parler depuis.

De tout ce récit abrégé de la fortune de l'Angleterre par l'abbé du Bois, puis par Mme de Prie sous Monsieur le Duc, enfin du temps du cardinal Fleury en France, et de ce qui s'est passé en Espagne sous Alberoni et ses successeurs, tous gens, et en France et en Espagne, qui, par le néant de leur naissance et par leur isolement personnel, n'étoient pas pour prendre grand intérêt à l'État qu'ils ont gouverné, ni pour être touchés d'aucun autre que du leur propre sans le plus léger balancement ni remords, on voit de quel funeste poison est un premier ministre à un royaume, soit par intérêt, soit par aveuglement. Quel qu'il soit, il tend avant tout, et aux dépens de tout, à conserver, affermir, augmenter sa puissance ; par conséquent son intérêt ne peut être celui de l'État qu'autant qu'il peut concourir ou compatir avec le sien particulier. Il ne peut donc chercher qu'à circonvenir son maître, à fermer tout accès à lui, pour être le seul qui lui parle et qui soit uniquement le maître de donner aux choses et aux personnes le ton et la couleur qui lui convient, et pour cela se rendre terrible et funeste à quiconque oseroit dire au Roi le moindre mot qui ne fût pas de la plus indifférente bagatelle. Cet intérêt de parler seul et d'être écouté seul lui est si cher et si principal, qu'il n'est rien qu'il n'entreprenne et qu'il n'exécute pour s'affranchir là-dessus de toute inquiétude. L'artifice et la violence ne lui coûtent rien pour perdre quiconque lui peut causer la moindre jalousie sur un point si délicat, et pour donner une si terrible leçon là-dessus, que nul sans exception ni distinction n'ose s'y commettre. Par même raison, moins il est supérieur en capacité et en expérience, moins veut-il s'exposer à consulter, à se laisser représenter, à choisir sous lui de bons ministres, soit pour le dedans, soit pour le dehors. Il sent qu'ayant un intérêt autre que celui de l'État, il réfuteroit mal les objections qu'ils pourroient lui faire, parce que son opposition à s'y rendre viendroit de cet intérêt personnel qu'il veut cacher ; c'est par cette raison, et par celle de craindre d'être jamais pénétré, qu'il ne veut choisir que des gens bornés et sans expérience ; qu'il écarte tout mérite avec le plus grand soin ; qu'il redoute les personnes d'esprit, les gens capables et d'expérience ; d'où il résulte qu'un gouvernement de premier ministre ne peut être que pernicieux. Je ne fais ici qu'écorcher la matière que j'aurai lieu ailleurs d'étendre davantage ; venons au point qui m'a engagé à cette disgression ; il est bien court, bien fatal, et le voici :

L'expérience de plusieurs siècles doit avoir appris ce qu'est l'Angleterre à la France ; ennemie de prétentions à nos ports et à nos provinces, ennemie d'empire de la mer, ennemie de voisinage, ennemie de commerce, ennemie de colonies, ennemie de forme de gouvernement ; et cette mesure comblée par l'inimitié de la religion, par les tentatives d'avoir voulu rétablir la maison Stuart sur le trône malgré la nation ; et ce qu'elle a de commun avec le reste de l'Europe, ce qui l'a unie avec les autres puissances contre la nôtre, et qui en maintient l'union, la jalousie extrême de voir l'Espagne dans la maison de France, et la terreur que toute l'Europe conçoit de ce que pourroit l'union des deux branches royales pour leur commune grandeur, si elles savoient être guidées par la sagesse de l'esprit, qui a sans cesse présidé aux conseils des deux branches couronnées de la maison d'Autriche en Allemagne et en Espagne, et qui les a portées à un tel degré de grandeur et de puissance malgré la vaste séparation de leurs États, inconvénient qui l'a sans cesse embarrassée, et qui ne se trouve point entre la France et l'Espagne dont les terres et les mers sont contiguës. La même expérience apprend aussi que la France a toujours eu tout à craindre de l'Angleterre tant qu'elle a été paisible au dedans ; que la France, même sans s'en mêler, a tiré les plus grands avantages des longues et cruelles divisions de la Rose blanche et de la Rose rouge, et depuis, des secousses par intervalles que l'autorité et les passions d'Henri VIII y ont causées ; enfin des longs troubles qui y ont porté Cromwell à la suprême puissance. Marie a peu régné, et dans l'embarras de rétablir la religion catholique après le court règne de son frère mineur. Élisabeth, cette reine si fameuse, étoit personnellement amie d'Henri IV, et d'ailleurs, elle ne laissoit pas de se trouver embarrassée de l'Écosse, de l'Irlande même, et de son sexe encore avec des sujets qui la pressoient sans cesse de se marier, n'osant les refuser, et ne voulant pourtant pas partager son trône avec personne. La foiblesse de Jacques Ier, sa maladie d'être auteur et d'exceller en savoir, sa passion pour la chasse, son dégoût pour les affaires, empêchèrent de son temps l'Angleterre d'être redoutable. Son petit-fils, rétabli après de si étranges révolutions, étoit ami personnel du feu Roi, et eut pourtant la main forcée par son parlement pour lui déclarer la guerre, et eut beaucoup de mouvements domestiques à essuyer. Du court règne de Jacques II, ce n'est pas la peine d'en parler. La France a cruellement senti tout le règne de Guillaume ; et si les fins de celui de la reine Anne l'en ont consolée, ce n'a pas été sans le payer chèrement par Dunkerque, et toutes les entraves de cette côte mise à découvert. On voit de plus quel fut l'esprit des Anglois à son égard après la paix, et en haine de la paix. Il n'y a qu'à lire ce que Torcy en rapporte, et qu'on trouvera ici dans les pièces[1].

Il est donc clair que l'intérêt sensible de la France est, autant qu'elle le peut sagement, d'exciter et d'entretenir les troubles domestiques parmi une nation qui y est d'elle-même si portée. C'est ce que le feu Roi projetoit, et que la mort l'empêcha d'exécuter. Tout étoit prêt. Il

---

1. Voyez tome I, p. 420, note 1.

n'y avoit qu'à suivre, lorsque l'intérêt de l'abbé du Bois l'empêcha par Canillac et par le duc de Noailles. Il n'y a qu'à lire ce qui est rapporté dans ces *Mémoires*, d'après Torcy, sur les affaires étrangères pour voir que l'Angleterre fut continuellement agitée dans l'intérieur, qu'elle avoit tout à craindre de l'entreprise d'une révolution, à laquelle la position de la France à son égard pouvoit donner le plus grand branle; que l'Angleterre avoit infiniment plus besoin de la France que la France de l'Angleterre; que cette dernière le sentoit parfaitement, et payoit de l'audace de Stairs et de l'artifice de ceux qu'il avoit gagnés auprès du Régent, et que, depuis que l'abbé du Bois eut pris le grand vol dès son premier passage en Angleterre, cette dernière couronne n'eut plus, non-seulement rien à craindre de la France, mais lui commanda despotiquement par l'intérêt de l'abbé du Bois, par celui de Mme de Prie ensuite, enfin par l'avarice si mal entendue du cardinal de Fleury pour la marine, et sur le reste par l'ensorcellement qu'Horace Walpole eut l'art de lui jeter. Dans tous ces temps, on a pu troubler l'Angleterre par le Prétendant, comme on peut en tirer les preuves des extraits des lettres faits par Torcy et depuis la régence encore. En aucun temps on n'en a jamais fait que de misérables et très-rares semblants. L'affaire infâme de Nonancourt déshonorera toujours le temps où elle arriva; et l'entreprise échouée du prince de Galles, en 1746, est une chose qui ne peut avoir de nom.

Ce qui résulte de tout ce qu'on vient de voir, c'est que la marine de France se trouve radicalement détruite, son commerce par conséquent, tous les magasins épuisés, les constructions impossibles; qu'elle ne peut hasarder de vaisseaux à la mer qu'ils ne soient pourchassés en quelque endroit que ce soit, de toute la vaste étendue des mers de l'un et de l'autre monde; que ses ports et ses côtes sont exactement bloquées, ses meilleures colonies enlevées, ce qui lui en reste très-menacé et à la discrétion des Anglois, quand il leur plaira d'en prendre sérieusement la peine. Nul contre-poids à la puissance maritime de l'Angleterre, qui couvre toutes les mers de ses navires. La Hollande, qui en gémit intérieurement, n'ose pas même le montrer. L'Espagne ne pourra de longtemps se relever de la fatale assistance que nous avons prêtée à l'Angleterre de ruiner sa marine et d'estropier son commerce et ses établissements des Indes ; et il faudroit à la France trente ans de paix et du plus sage gouvernement pour remonter sa marine au point que Colbert et Seignelay l'ont laissée. C'est, avec bien d'autres maux, ce que la France doit aux premiers ministres qui l'ont gouvernée depuis la mort du feu Roi. Ainsi l'Angleterre triomphe de notre ineptie. Tandis qu'elle étourdit le monde de ce grand mot de contre-poids et d'équilibre de puissance en Europe, elle a usurpé le plein empire de toutes les mers et de tout commerce. L'abondance des richesses qu'elle en retire la met en état d'exécuter tout ce qui lui convient, et de payer la reine d'Hongrie, la Hollande, le roi de Sardaigne contre la France, de faire renaître une seconde maison d'Autriche des cendres de la première, et de faire à la France la plus cruelle guerre, en laquelle le cardinal Fleury s'est imbécilement laissé engager par l'intérêt d'un très-simple particulier (Belle-Isle[1]), qu'il haïssoit et dont il se défioit, sans que contre tant de puissances ennemies on puisse encore apercevoir une fin possible, ni à quel prix la France pourra obtenir la paix, après des victoires et des conquêtes qui ne l'en éloignent guère moins que n'ont fait les tristes et profondes pertes qu'elles a faites en Allemagne et en Italie.

Comparons maintenant le gouvernement de nos ennemis avec le nôtre, et tâchons de voir enfin la source déplorable de nos malheurs. La France et l'Espagne, gouvernées par des gens de robe et de peu, ensuite par des premiers ministres encore moindres ; les uns et les

---

1. Ce nom entre parenthèses est au manuscrit.

autres en garde continuelle contre la naissance, l'esprit, le mérite, l'expérience, uniquement occupés à les écarter, et de leur cabinet à gouverner ceux qu'ils employoient au dehors, et à commander les armées. Je n'en dis pas davantage, et je renvoie sur cette importante matière à ce qui s'en trouve ici sur le règne du feu Roi, et à ce qui vient d'être courtement dit des premiers ministres, qui depuis sa mort ont gouverné la France et l'Espagne. Les cours de Turin, de Londres et de Vienne ont le bonheur de détester de tout temps cette sorte de gouvernement; les premiers ministres y sont inconnus depuis des siècles, et la robe y est avec l'honneur qu'elle mérite dans les fonctions qui lui sont propres; mais la nécessité de porter un rabat pour être capable de toutes les parties civiles, politiques, militaires du gouvernement, privativement à toute autre condition et profession, est une gangrène dont ces cours n'ont jamais été susceptibles, et dont notre fatal exemple les saura de plus en plus préserver.

Ces puissances n'emploient dans leurs conseils que des gens de qualité, et le plus qu'il se peut distinguée, persuadées qu'elles sont que la noblesse des sentiments et l'attachement à la prospérité de l'État auquel ils tiennent par leurs naissances, leurs terres, leurs alliances, leur état en tout genre, est un gage certain de leur conduite qui les éloigne de l'indifférence pour le général, et de l'ardeur pour la fortune prompte et particulière, des nuisibles efforts de rapide élévation dont l'honneur et la position des personnes de qualité les préserve. On s'y garde bien des choix au hasard, surtout de confier les plus importants ministères à qui n'en a aucune notion. Ces cours qui n'ont jamais été tachées de la pernicieuse persuasion que leur pouvoir et leur prospérité consiste à faire que tout soit peuple, et peuple ignorant et sans émulation, sont au contraire appliquées à essayer des sujets pour les divers ministères de toutes les parties du gouvernement, à les employer par degrés dans le civil et le politique, comme dans le militaire, à laisser promptement tomber les ineptes, à pousser les autres suivant leurs talents, à ne laisser pas languir ceux qui montrent valoir dans la lenteur des degrés et des grades; et par cette conduite elles ont toujours à choisir pour le grand en tout genre. Avant les malheurs de Lintz, de Prague, etc., que seroit devenue la reine d'Hongrie, réduite à quitter Vienne, si son conseil ou plutôt ses conseils avoient été uniquement composés de quatre ou cinq ministres de l'espèce du nôtre? Les siens, attachés de père en fils à sa maison par leurs alliances, par leurs terres, par leur état, qui se perdoit avec le sien, tous généraux d'armées ou expérimentés en maniement d'affaires, tous en dignité, et en considération par leur naissance, se sont surpassés en efforts pour la soutenir, et de la situation la plus désespérée l'ont ramenée à celle où on la voit aujourd'hui par leur science politique et militaire, et par l'autorité de leur naissance, de leurs alliances, de leur crédit dans les provinces héréditaires et dans le reste de l'Allemagne. Je n'irai pas plus loin dans une matière également importante et inutile. Théorie, comparaison, expérience, tout en montre l'importance; et le pli fatal que la France a pris là-dessus, l'inutilité d'espérer un changement si salutaire. Le fil des choses m'a naturellement emporté à cette disgression, et la douleur de la situation présente de la France à n'en pas taire les causes. A mon âge et dans l'état où est ma famille, on peut juger que les vérités que j'explique ne sont mêlées d'aucun intérêt. Je serois bien à plaindre, si c'étoit par regret d'être demeuré oisif depuis la mort de M. le duc d'Orléans. J'ai appris dans les affaires que s'en mêler n'est beau et agréable qu'au dehors, et de plus, si j'y étois resté, à quelles conditions? et il seroit temps de m'en retirer à présent où je n'aurois plus qu'à envisager le compte que j'aurois à en rendre à Celui qui domine le temps et l'éternité, et qui le demandera bien plus rigoureusement aux grands effectifs et aux puissants de ce monde, qu'à ceux qui se sont mêlés de peu, ou de rien.

Avant de reprendre sérieusement la suite de ces *Mémoires* où cette disgression l'a interrompue, je ne veux pas oublier une bagatelle, parce qu'elle caractérise M. le duc d'Orléans, et qu'elle m'a échappé et m'échapperoit encore si je ne la saisissois dans cet intervalle de choses, au moment qu'elle me revient dans l'esprit. La dernière année de la vie du feu Roi, le chapitre de Denain députa deux de ses chanoinesses pour venir représenter ici les dommages et la ruine que leurs biens et leur maison avoit soufferts du combat qui s'étoit donné chez elles, et dont la victoire fut le commencement de la résurrection de la France. Je les avois souvent vues dans les tribunes à la messe du Roi, et su qui elles étoient, et pourquoi venues. Mᵐᵉ de Dangeau les protégea, mais le Roi mourut sans qu'on eût songé à elles. La régence formée, elles s'adressèrent aux maréchaux de Villeroy et de Villars, et au duc de Noailles, parce que leur demande alloit aux finances à cause de la guerre. Elles frappèrent encore à d'autres portes inutilement plus d'un an, et souvent, à ce qu'elles m'ont dit depuis, très-mal reçues et éconduites. Lassées d'un séjour si long, si infructueux et si coûteux pour l'état où elles étoient, et voulant apparemment ne laisser rien qu'elles n'eussent tenté, elles vinrent me parler. L'une s'appeloit Mᵐᵉ de Vignacourt, l'autre Mᵐᵉ d'Haudion. Je les reçus avec l'ouverture qu'on doit à des personnes pressées et malheureuses, et avec la politesse et les égards que leur naissance et leur état demandoit. Elles en furent assez surprises pour que je le pusse remarquer ; c'est qu'elles n'y avoient pas été accoutumées, à ce qu'elles me dirent depuis, par ceux à qui elles s'étoient auparavant adressées, et j'en fus d'autant plus étonné, du duc de Noailles particulièrement, qu'encore que sa naissance n'ait pas besoin d'appuis, il montre le cas qu'il fait de la bricole un peu fâcheuse de l'alliance de Vignacourt par le portrait en pied qu'il a chez lui, en grand honneur et montre, d'un des deux grands maîtres de Malte du nom de Vignacourt, qui étoient oncles de

Fr. de Vignacourt qui, faute de bien apparemment, épousa Ant. Boyer, dont elle eut Louise Boyer, mère du cardinal, du bailli, et du maréchal de Noailles, et de la marquise de Lavardin, femme d'une rare vertu et d'un singulier mérite, qui a été l'unique mais forte mésalliance des aînés Noailles de père en fils. Elle étoit sœur de la vieille Tambonneau, dont j'ai parlé ici en son temps, et de Mme de Ligny dont le mari étoit aussi fort peu de chose, et qui fut mère de la princesse de Furstemberg, dont j'ai parlé aussi. Pour revenir aux chanoinesses, je m'instruisis de leur affaire, j'en rendis compte à M. le duc d'Orléans, et lui représentai la justice de leur demande, le mérite de son origine, qui avoit commencé le salut de l'État chancelant, l'indécence d'une si longue poursuite et la réputation bonne ou mauvaise qui en résultoit dans le pays étranger. J'ajoutai ce qu'il y avoit à dire sur la considération du chapitre et du besoin pressant de ces filles de qualité, surtout des deux députées qui se consommoient en frais à Paris. Tout cela fut bien reçu, bien écouté; mais je fus six mois à poursuivre cette affaire.

Ces chanoinesses, qui n'espéroient plus rien que de mon côté, et que je consolois de mon mieux, que j'avois accoutumées à venir dîner assez souvent chez moi, me témoignèrent de plus en plus de l'ouverture, et finalement m'avouèrent qu'on les alloit mettre hors de leur logis, sans savoir que devenir. J'allai le lendemain exprès de bonne heure chez Mme la duchesse d'Orléans, que je voyois de règle une fois ou deux la semaine, seule, ou tout au plus Mme Sforze, et quelquefois M. le comte de Toulouse, en tiers. Je trouvai M. le duc d'Orléans seul avec elle, à l'entrée de son petit jardin en dehors, où ils étoient assis auprès du fond de l'appartement; je m'y assis avec eux, et la conversation dura assez longtemps. Comme je voulus m'en aller, je priai M. le duc d'Orléans de me donner deux écus, avec un sérieux qui augmenta la surprise de la demande. Après m'être bien laissé faire des questions sur cette plaisanterie, moi toujours insistant que ce n'en étoit point une, que très-véritablement je lui demandois deux écus et que je ne croyois pas qu'il voulût me les refuser, à la fin je lui dis l'état où ces deux chanoinesses étoient réduites par la longueur de leur séjour à Paris et la lenteur sans fin de leur rendre justice ; que de moi elles ne prendroient pas de l'argent, que de lui elles n'en feroient pas difficulté ; que les deux écus que je lui demandois étoient pour les leur donner de sa part, afin qu'elles eussent au moins pour quelques jours à dîner de quelque gargotte. Tous deux se mirent à rire, et moi de moraliser sur une situation si extrême pour ne vouloir pas décider et finir. Je m'en allai avec promesse plus satisfaisante que je n'en avois encore pu tirer ; j'eus soin d'en presser l'effet. Au bout d'un mois j'eus l'expédition de ce que le chapitre demandoit, une gratification honnête aux deux chanoinesses pour les sortir de Paris et les reconduire chez elles, et leur fis faire leur payement. Je n'ai jamais vu deux filles si aises ni plus reconnoissantes ; je leur contai ce sarcasme des deux écus qui avoit enfin terminé leur affaire, dont elles rirent de bon cœur. J'eus de grands remerciements de l'abbesse et du chapitre, et tous les ans une lettre de souvenir des deux chanoinesses tant qu'elles ont vécu.

Revenons maintenant à des choses plus sérieuses.

CHAPITRE XVIII.

Mouvements audacieux du Parlement contre l'édit des monnoies. — Le Parlement rend un arrêt contre l'édit des monnoies, lequel est cassé le même jour par le conseil de régence ; prétextes du Parlement, qui fait au Roi de fortes remontrances ; conseils de régence là-dessus. — Ferme et majestueuse réponse au Parlement en public, qui fait de nouvelles remontrances. — Le don gratuit accordé à l'ordinaire, par acclamation, aux états de Bretagne ; leurs exilés renvoyés. — Question d'apanages jugée en leur faveur au conseil de régence ; absences singulières. — Cinq mille francs de menus plaisirs par mois, faisant en tout dix mille francs, rendus au Roi. — Manéges du Parlement pour brouiller, imités en Bretagne. — Saint-Nectaire, maréchal de camp, fait seul lieutenant général longtemps après avoir quitté le service; son caractère. — Mlle d'Orléans fait profession à Chelles fort simplement. — Arrêt étrange du Parlement en tous ses chefs. — Le parlement de Paris et la Bretagne en cadence; le syndic des états est exilé. — Audacieuse visite de la duchesse du Maine au Régent; fureur et menées du duc et de la duchesse du Maine et du maréchal de Villeroy. — Commission étrange sur les finances donnée aux gens du Roi par le Parlement. — Bruits de lit de justice; sur quoi fondé. — Mémoires de la dernière régence fort à la mode, tournent les têtes. — Misère et léthargie du Régent. — L'abbé du Bois, Argenson, Law et Monsieur le Duc, de concert, chacun pour leur intérêt, ouvrent les yeux au Régent et le tirent de sa léthargie. — M. le duc d'Orléans me force à lui parler sur le Parlement. — Duc de la Force presse contre le Parlement par Law, espère par là d'entrer au conseil de régence. — Mesures du Parlement pour faire prendre et pendre Law secrètement en trois heures de temps. — Le Régent envoie le duc de la Force et Fagon conférer avec moi et Law. — Frayeur extrême et raisonnable de Law; je lui conseille de se retirer au Palais-Royal, et pourquoi; il s'y retire le jour même. — Je propose un lit de justice au Tuileries, et pourquoi là; plan pris dans cette conférence. — Abbé du Bois vacillant et tout changé.

Il y avoit déjà du temps qu'on se plaignoit dans les fermes générales de beaucoup de faux sauniers; les précautions y furent peu utiles; on vit de ces gens-là paroître en troupes et armés. Ce désordre ne fit que s'augmenter. Il y eut un vrai combat dans la forêt de Chantilly entre eux, des archers et des Suisses postés des garnisons voisines sur leur marche qu'on avoit éventée, et les faux sauniers furent battus, leur sel pris, leurs prisonniers branchés, mais beaucoup de Suisses et d'archers tués. Les exécutions ne firent qu'en accroître le nombre, les aguerrir, les discipliner; en sorte que, ne faisant d'ailleurs de mal à personne, ils étoient favorisés et avertis partout. La chose alla si loin que des personnes principales furent plus que soupçonnées de les soutenir et de les encourager, pour s'en faire des troupes dans le besoin. Le comté d'Eu en fourmilloit et en répandoit un grand nombre.

Le Parlement, avec les secours qu'il se promettoit de

M. et Mme du Maine, de ce qui s'appeloit la noblesse, des maréchaux de Villeroy, de Tessé, d'Huxelles, du dépit et des respects du duc de Noailles, et de ce qui se brassoit en Bretagne, n'étoit occupé qu'à faire contre au Régent, à établir son autorité sur les ruines de la sienne, à l'ombre de sa foiblesse et de la trahison d'Effiat, de Besons et de ceux qui avoient sa confiance sur les choses qui regardoient le Parlement. Dans cette vue, et de faire les pères du peuple, comme l'affectent tous ceux qui pour leurs intérêts particuliers veulent brouiller et troubler l'État, [ils] mandèrent Trudaine, prévôt des marchands et conseiller d'État, à leur venir rendre compte de l'état des rentes de l'hôtel de ville, lequel prétendit qu'elles n'avoient jamais été si bien payées, et qu'il n'y avoit aucun lieu de s'en plaindre. De là, ils s'en prirent à un édit rendu depuis peu sur la monnoie. Il fut proposé d'envoyer des gens du Roi représenter au Régent qu'il étoit très-préjudiciable au royaume; mais, pour avoir l'air plus mesuré, ils députèrent des commissaires à l'examen de l'édit. La cour prétendoit, qu'ayant été enregistré à la cour des monnoies, le Parlement n'avoit pas droit de s'en mêler. Dans une nouvelle assemblée du Parlement, il suivit les errements qu'il avoit pris dans la dernière régence, et qui eut[1] de si grandes suites. Il résolut de demander à la chambre des comptes, à la cour des aides et à celle des monnoies, leur adjonction au Parlement sur cette affaire pour des remontrances communes, et mandèrent les six corps des marchands, et six banquiers principaux, pour leur faire représenter le préjudice que ce nouvel édit apportoit à leurs intérêts et en général au commerce. J'abrége et abrégerai tous ces manéges, parce que si je voulois entrer dans tous ceux qui furent pratiqués au Parlement et dans les intérêts et les intrigues de tant de conducteurs de toutes ces pratiques, il faudroit en écrire un volume à part et qui seroit fort gros.

1. Il y a bien ici *eut*, et non *eurent*, et quatre lignes plus loin, *mandèrent*, et non *manda*.

Les six banquiers et les députés des six corps des marchands comparurent à la grand'chambre, qui leur demanda des mémoires. Ils répondirent que l'affaire étoit assez importante pour en communiquer encore entre eux, et qu'ils les apporteroient le lendemain. Les six banquiers particuliers et affidés avoient les leurs tous prêts, qu'ils présentèrent; mais il leur fut répondu d'attendre au lendemain à les fournir avec les marchands. Ce lendemain qui fut le mercredi 15 juin, les uns et les autres apportèrent leurs mémoires, mais la lecture en fut remise au vendredi suivant, pour en conférer avec les autres cours, si elles se joignoient au Parlement. La chambre des comptes avoit répondu qu'elle ne pouvoit rien sans avoir assemblé les deux semestres, et avoir su si ces démarches seroient agréables au Régent; la cour des aides, qu'elle avoit été assemblée tout le matin sans avoir pu prendre de résolution; que ce seroit pour le vendredi, et qu'elle enverroit en attendant à M. le duc d'Orléans; celle des monnoies, qu'elle avoit reçu une lettre de cachet pour ne se point trouver au Parlement. Le vendredi 17, le Parlement s'assembla le matin et l'après-dînée, puis députa au Régent pour lui demander la suspension de l'édit du changement des monnoies, qu'on y fasse les changements dont le Parlement sera d'avis, et qu'il lui soit envoyé ensuite pour y être enregistré. La cour des aides s'excusa de la jonction, et n'y voulut pas entendre; la chambre des comptes l'imita incontinent après, dont le Parlement fut fort fâché. Il le fut aussi de ce que les six corps des marchands ne se plaignirent point de l'édit. Il n'eut donc que les six banquiers pratiqués, qui se plaignirent du ton qui leur fut inspiré. Le lendemain samedi, le Parlement s'assembla encore le matin et l'après-dînée. Il envoya les gens du Roi dire au Régent qu'il ne se sépareroit point qu'il n'eût eu sa réponse. Elle fut que Son Altesse Royale étoit fort lasse des tracasseries du Parlement (il pouvoit employer un autre terme plus juste), qu'il avoit ordonné à toutes les troupes de la maison du Roi qui sont à Paris et autour de se tenir prêtes à marcher, et qu'il falloit que le Roi fût obéi. L'ordre en effet en fut donné, et de se pourvoir de poudre et de balles. Le lendemain dimanche, le premier président, accompagné de tous les présidents à mortier et de plusieurs conseillers, fut au Palais-Royal. Il étoit l'homme de M. et de Mme du Maine, et le moteur des troubles ; mais il y vouloit aussi pêcher, se tenir bien avec le Régent, pour en tirer et se rendre nécessaire, conserver en même temps crédit sur sa Compagnie, pour la faire agir à son gré. Son discours commença donc par force louanges et flatteries pour préparer à trois belles demandes qu'il fit : première, que l'édit des monnoies fût envoyé au Parlement pour l'examiner, y faire les changements qu'il croiroit y devoir apporter, et après l'enregistrer ; seconde, que le Roi ait égard à leurs remontrances dans une affaire de cette conséquence, et que le Parlement croit fort préjudiciable à l'État ; troisième, qu'on suspendît à la monnoie le travail qu'on y faisoit pour la conversion des espèces. Le Régent répondit à la première, que l'édit avoit été enregistré à la cour des monnoies, qui est cour supérieure, conséquemment suffisante pour cet enregistrement ; qu'il n'y avoit qu'un seul exemple de règlement pour les monnoies porté au Parlement ; qu'il n'y avoit envoyé celui-ci que par pure (il pouvoit ajouter très-sotte et dangereuse) complaisance pour ses faux et traîtres confidents, valets du Parlement, tels que les maréchaux de Villeroy, d'Huxelles, et de Besons, Canillac, Effiat et Noailles ; à la seconde, que l'affaire avoit été bien examinée et les inconvénients pesés ; qu'il étoit du bien du service du Roi que l'édit eût son entier effet ; à la troisième, qu'on continueroit de travailler à la conversion des espèces à la monnoie, et qu'il falloit que le Roi fût obéi.

Le lendemain lundi, le Parlement s'assembla, et rendit un arrêt contre l'édit des monnoies. Le conseil de régence, qui se tint l'après-dînée du même jour, cassa l'arrêt du Parlement. Il fut défendu d'imprimer et d'afficher ce bel arrêt du Parlement, et on répandit des soldats du régiment des gardes dans les marchés pour empêcher que la nouvelle monnoie y fût refusée. Le Parlement saisit une occasion spécieuse, en ce [que] les louis valant trente livres étoient pris à trente-six livres, et les écus de cent sous à six livres par cet édit qui faisoit de plus passer des billets d'État, avec une certaine proportion d'argent nouvellement refondu et fabriqué, quand la refonte auroit de quoi en fournir à mesure. Cela soulageoit le Roi d'autant de papier, et il gagnoit gros à la refonte. Mais le particulier perdoit à cette rehausse qui excédoit de beaucoup la valeur intrinsèque, et qui donnoit lieu à tout renchérir. Ainsi le Parlement, pour se faire valoir, et ses moteurs pour troubler, avoient beau jeu à prendre le masque de l'intérêt public, et à tâcher d'ôter cette ressource aux finances, qui n'en trouvoient point d'autre. Aussi n'en manquèrent-ils pas l'occasion. On surprit la nuit un conseiller au Parlement, nommé la Ville-aux-Clercs, qui, à cheval par les rues, arrachoit et déchiroit les affiches de l'arrêt du conseil de régence qui cassoit l'arrêt du Parlement rendu contre l'édit des monnoies. Il fut conduit en prison. Le dimanche 26 juin, les six corps des marchands vinrent déclarer au Régent qu'ils ne se plaignoient point de l'édit des monnoies, mais qu'ils le supplioient seulement, lorsqu'il jugeroit à propos de diminuer les monnoies, que cela se fît peu à peu. Le lundi 27 juin, le premier président, à la tête de tous les présidents à mortier et d'une quarantaine de conseillers, alla aux Tuileries, où il lut au Roi, en présence du Régent, les remontrances fort ampoulées du Parlement. Le garde des sceaux lui dit que dans quelques jours le Roi leur feroit répondre. Cela se passa le matin à l'issue du conseil de régence, qui se rassembla encore l'après-dînée là-dessus. Il y en eut un autre extraordinaire le jeudi 30 au matin ; le garde des sceaux y lut un résumé plus de lui que des précédents conseils sur cette affaire. Je m'y tins en tout fort réservé et fort concis. J'étois en garde contre l'opinion que M. le duc d'Orléans avoit prise, que je haïssois le Parlement depuis le bonnet. J'étois piqué de la façon dont il s'étoit conduit dans cette affaire. Je l'étois de sa mollesse à son propre égard, et de l'autorité du Roi dans les diverses échappées du Parlement à ces égards, et je lui avois bien déclaré que jamais je ne lui ouvrirois la bouche sur cette matière. Je tins parole avec la plus ferme exactitude, et je ne voulus dire au conseil que ce que je ne pouvois m'empêcher d'opiner, mais dans le plus simple et court laconique, et peu fâché, car il faut l'avouer, de l'embarras du Régent avec le Parlement. Au sortir de ce conseil, la chambre des comptes, et après elle la cour des aides, vinrent faire leurs remontrances au Roi, mais fort mesurées, sur le même édit.

Le samedi 2 juillet, la même députation du Parlement vint aux Tuileries recevoir la réponse du Roi; le garde des sceaux la fit en sa présence, et de tout ce qui voulut s'y trouver. Le Régent et tous les princes du sang y étoient, les bâtards aussi. Argenson, si souvent malmené, et même fortement attaqué par cette Compagnie étant lieutenant de police, lui fit bien sentir sa supériorité sur elle, et les bornes de l'autorité que le Roi lui donnoit de juger les procès des particuliers sans qu'elle pût s'ingérer de se mêler d'affaires d'État. Il finit par leur dire qu'il ne seroit rien changé à l'édit des monnoies, et qu'il auroit son effet tout entier sans aucun changement. Ces Messieurs du Parlement ne s'attendoient pas à une réponse si ferme, et se retirèrent fort mortifiés.

Pendant cette contestation les états de Bretagne, dès le premier ou le second jour qu'ils furent assemblés, accordèrent le don gratuit par acclamation à l'ordinaire[1]. Cela se fit plus par le clergé et le tiers état, que par la

---

1. On lit ici, à la marge du manuscrit, la note suivante : « Il n'y eut point d'acclamation ; on prit un *mezzo-termine*, qui subsiste encore aujourd'hui. » Cette note est de la même main que celles que nous avons reproduites tome XIII, p. 419, note 1, et tome XIV, p. 347, note 1.

noblesse, laquelle insista fort à demander le rappel de ses commissaires exilés, et qui envoya un courrier pour le demander au Régent. Outre le point d'honneur, l'attachement à se servir d'eux pour l'examen des comptes de Montaran, leur receveur général, frère du capitaine aux gardes, étoit leur principal objet. Les gens du Roi vinrent, le mardi matin 11 juillet, demander au Régent la permission que le Parlement fît au Roi des remontrances sur sa réponse aux premières. Cette demande forma une nouvelle agitation. Le Régent, mené par ses perfides confidents, l'accorda à la fin, mais avec différentes remises. Le premier président, assez peu accompagné de députés du Parlement, les fit par un écrit qu'il présenta au Roi le mardi matin 26 juillet, en présence du Régent, du garde des sceaux et de beaucoup de monde en public, et quelques jours après les sieurs du Guesclair, de Bonamour et de Noyan, demeurés à Paris par ordre du Roi, eurent liberté de retourner chez eux en Bretagne, mais avec défense d'aller aux états. Rochefort et Lambilly, l'un président à mortier, l'autre conseiller au parlement de Rennes, eurent aussi permission de retourner chez eux.

Il s'étoit présenté une question à juger sur les apanages, qui intéressoit Madame et M. le duc d'Orléans, et qui fut jugée en leur faveur, le samedi 30 juillet, au conseil de régence. Il n'y vint pas, parce qu'il s'agissoit de son intérêt, ni M. du Maine non plus, ce qui parut très-singulier de celui-ci. Monsieur le Duc y présida ; l'affaire fut fort balancée. Monsieur de Troyes et le marquis d'Effiat s'en abstinrent, parce que les conseillers d'État qui avoient examiné l'affaire dans un bureau exprès vinrent à ce conseil pour y opiner, lesquels, suivant leur moderne prétention, et la foiblesse du Régent, n'y cédoient qu'aux ducs et aux officiers de la couronne.

Parmi tous ces mouvements du Parlement et ceux de Bretagne, M. le duc d'Orléans rétablit au Roi, devenu plus grand, les cinq mille francs par mois qui lui avoient été retranchés depuis quelque temps, en sorte qu'il eut comme auparavant dix mille francs par mois pour ses menus plaisirs et aumônes, à quoi le bas étage de son service, qui en tiroit par-ci par-là, fut fort sensible.

Trudaine, conseiller d'État et prévôt des marchands, alla mandé chez le premier président le jeudi 4 août, pour y rendre compte de l'état de l'hôtel de ville aux commissaires du Parlement, qui y étoient assemblés. Échoués sur l'affaire des monnoies, ils cherchèrent à ressasser les rentes pour s'attacher les rentiers, et s'en servir s'ils pouvoient, comme ils firent dans la dernière minorité, à commencer des troubles, et à usurper l'autorité. La Bretagne de concert marchoit du même pied, et préparoit de nouvelles brouilleries.

Ce fut dans ces circonstances que l'abbé du Bois revint de Londres, après y avoir achevé ce qu'on a ci-devant vu sur les affaires étrangères. En même temps, Saint-Nectaire, maréchal de camp, qui avoit quitté le service quelques campagnes avant la fin de la dernière guerre, fut fait seul lieutenant général. C'étoit un très-bon officier général et de beaucoup d'esprit et d'intrigue, qui faisoit fort sa cour à qui pouvoit l'avancer, et qui avec tous les autres avoit un air de philosophe et de censeur. Il avoit toujours été fort du grand monde et de la meilleure compagnie. Ceux qu'il fréquentoit le plus étoient la Feuillade, M. de Liancourt, les ducs de la Rochefoucauld et de Villeroy. Mais à la fin ils l'avoient démêlé et écarté. C'étoit un homme à qui personne, avec raison, ne vouloit se fier. Cette promotion, d'abord secrète, ne réussit pas dans le monde lorsqu'elle y fut[1] sue. Mais Saint-Nectaire n'en étoit plus à son approbation, et comme que ce pût être vouloit cheminer.

M. le duc d'Orléans n'alla point à la procession de l'Assomption, comme il avoit fait l'année précédente. Il consentit enfin à la profession de Mademoiselle sa fille.

---

1. Saint-Simon a écrit *fust*, au subjonctif.

Le cardinal reçut ses vœux en l'abbaye de Chelles dans la fin d'août. Madame, ni M. ni Mme la duchesse d'Orléans n'y furent, ni aucun prince ni princesse du sang. Il n'y eut même que très-peu de personnes du Palais-Royal qui s'y trouvèrent, et quelques autres dames. Mme la duchesse d'Orléans alla passer quelque temps à Saint-Cloud, où Madame demeuroit six mois tous les étés.

Le Parlement s'assembla l'11 et le 12 août, et rendit enfin tout son venin par l'arrêt célèbre dont voici le prononcé : « La cour ordonne que les ordonnances et édits, portant création d'offices de finance, et lettres patentes concernant la banque registrées en la cour, seront exécutées[1] ; ce faisant, que la Banque demeurera réduite aux termes et aux opérations portées par les lettres patentes des 2 et 20 mai 1716 ; et en conséquence, fait défenses de garder ni de retenir directement ni indirectement aucuns deniers royaux de la caisse de la Banque, ni d'en faire aucun usage ni emploi pour le compte de la Banque et au profit de ceux qui la tiennent, sous les peines portées par les ordonnances ; ordonne que les deniers royaux seront remis et portés directement à tous les officiers comptables, pour être par eux employés au fait de leurs charges, et que tous les officiers et autres maniant les finances demeureront garants et responsables en leurs propres et privés noms, chacun à leur égard, de tous les deniers qui leur seront remis et portés par la voie de la Banque ; fait défenses en outre à tous étrangers, même naturalisés, de s'immiscer directement ni indirectement, et de participer sous des noms interposés au maniement ou dans l'administration des deniers royaux, sous les peines portées par les ordonnances et les déclarations enregistrées en la cour ; enjoint au procureur général du Roi, etc. »

On peut juger du bruit que fit cet arrêt : ce n'étoit rien moins qu'ôter de pleine et seule autorité du Parlement

---

1. Ce participe est bien au féminin.

toute administration des finances, les mettre sous la coupe de cette Compagnie, rendre comptables à son gré tous ceux que le Régent y employoit, et lui-même, interdire personnellement Law, et le mettre à la discrétion du Parlement, qui auroit été sûrement plus qu'indiscrète. Après ce coup d'essai, il n'y avoit plus qu'un pas à faire pour que le Parlement devînt en effet, comme de prétention folle, le tuteur du Roi et le maître du royaume, et le Régent plus en sa tutelle que le Roi, et peut-être aussi exposé que le roi Charles Ier d'Angleterre. Messieurs du Parlement ne s'y prenoient pas plus foiblement que le parlement d'Angleterre fit au commencement; et quoique simple cour de justisce, bornée dans un ressort comme les autres cours du royaume à juger les procès entre particuliers, à force de vent et de jouer sur le mot de parlement, ils ne se croyoient pas moins que le parlement d'Angleterre, qui est l'assemblée législative et représentante de toute la nation.

Le prévôt des marchands fut mandé le 17 au Parlement, où il fut traité doucement : la Compagnie, contente de sa vigueur, vouloit régner, mais capter les corps. Elle s'assembla presque continuellement pour délibérer des moyens de se faire obéir et d'aller toujours en avant; les états de Bretagne marchèrent en cadence, et devinrent très-audacieux; Coetlogon Mejusseaume fut exilé par une lettre de cachet : il étoit syndic des états.

Dans tout ce bruit, Mme la duchesse du Maine eut l'audace de s'aller plaindre fort hautement à M. le duc d'Orléans, de ce qu'elle apprenoit qu'il lui imputoit beaucoup de choses. Par ce qui éclata incontinent après, on peut juger de sa justification, que son timide et dangereux époux n'osa hasarder lui-même. Le jugement du conseil de régence qui ôta aux bâtards la succession à la couronne, que M. du Maine avoit arrachée au feu Roi, que toutes leurs menées n'avoient pu empêcher, avoit[1] outré,

---

1. Saint-Simon a écrit *avoient*, au pluriel.

à n'en jamais revenir, le mari et la femme, qui ne songea plus qu'à exécuter ce qu'on a vu, p. 	¹, qu'elle avoit dit à Sceaux aux ducs de la Force et d'Aumont, qu'*elle mettroit tout le royaume en feu et en combustion pour ne pas perdre cette prérogative.* Les adoucissements énormes que M. le duc d'Orléans y mit après l'arrêt, de son autorité absolue et pleine puissance, comme s'il eût été roi, et dans le moment même, ne leur avoit² paru qu'une marque de sa foiblesse et une preuve de sa crainte, conséquemment une raison de plus d'en profiter. Ils s'estimoient en trop beau chemin pour ne pas pousser leur pointe. Tout rioit à leurs projets : cette partie de noblesse séduite, la Bretagne, le parlement de Paris, au point où ils le vouloient contre le Régent; l'Espagne, où ils disposoient d'Albéroni; la révolte de tous les esprits contre la quadruple alliance et contre l'administration des finances; le crédit que donnoit au renouvellement des infâmes bruits, l'affectation fastueuse et maligne des plus folles précautions du maréchal de Villeroy sur le manger et le linge du Roi; il ne s'agissoit que d'endormir, en attendant les moyens très-prochains d'une exécution si flatteuse à la vengeance et à l'ambition. Ce fut aussi à répandre ces mortifères pavots, très-nécessaires pour gagner un temps si cher et non encore tout à fait imminent, que le rang, le sexe, l'esprit, l'éloquence, l'adresse, l'audace de la duchesse du Maine lui parurent devoir être employés. Elle sortit du cabinet du Régent, contente de leur effet, et le laissa plus content encore de lui avoir persuadé de l'être.

Le Parlement, assemblé le matin du 22 août, ordonna aux gens du Roi de savoir : ce que sont devenus les billets d'État qui ont passé à la chambre de justice; ceux qui ont été donnés pour les loteries qui se font tous les mois; ceux qui ont été donnés pour le Mississipi ou la compagnie d'Occident; enfin ceux qui ont été portés à la

---

1. Voyez tome XI, p. 41, et tome XIII, p. 374 et 375.
2. *Avoit*, au singulier, est bien le texte du manuscrit.

monnoie depuis le changement des espèces. Les gens du
Roi allèrent au sortir du Palais dire au Régent de quoi
ils étoient chargés. Il leur répondit froidement qu'ils
n'avoient qu'à exécuter leur commission ; ils voulurent
lui demander quelque instruction là-dessus. Le Régent,
pour toute réponse, leur tourna le dos et s'en alla dans
ses cabinets, dont ils demeurèrent assez étourdis.
Racontons maintenant comment le Régent remit le frein
à ces chevaux qui avoient si bien pris le mors aux dents,
et qui se préparoient hautement à exciter les plus grands
désordres; le détail en est curieux.

Aussitôt après la commission donnée par le Parlement
aux gens du Roi, dont on vient de parler, le bruit commença à se répandre d'un prochain lit de justice. Ce
n'étoit pas que le Régent y eût encore pensé : il n'étoit
fondé que sur les monstrueuses entreprises du Parlement,
dont l'une n'attendoit pas l'autre, sur l'autorité royale;
sur la nécessité que les uns voyoient du seul moyen de
les réprimer, sur la crainte qu'en avoient les autres;
mais ce qui étoit le grand ressort de tant d'audace étoit
l'opinion juste et générale qui avoit prévalu de la foiblesse du Régent, fondée sur toute sa conduite, surtout
à l'égard de ce qui se passoit depuis longtemps à Paris
et en Bretagne. Cela donnoit aux factieux la confiance
de regarder un lit de justice comme une entreprise à
laquelle le Régent n'oseroit jamais se commettre, au
point où il avoit laissé monter les liaisons et les entreprises. La lecture des *Mémoires* du cardinal de Retz, de
Joly, de Mme de Motteville, avoient tourné toutes les têtes.
Ces livres étoient devenus si à la mode, qu'il n'y avoit
homme ni femme de tous états qui ne les eût continuellement entre les mains. L'ambition, le desir de la nouveauté, l'adresse des entrepreneurs qui leur donnoit cette
vogue, faisoit espérer à la plupart le plaisir et l'honneur
de figurer et d'arriver, et persuadoit qu'on ne manquoit
non plus de personnages que dans la dernière minorité.
On croyoit trouver le cardinal Mazarin dans Law,

étranger comme lui, et la Fronde dans le parti du duc et de la duchesse du Maine ; la foiblesse de M. le duc d'Orléans étoit comparée à celle de la Reine mère, avec la différence de plus de la qualité de mère d'avec celle de cousin germain du grand-père du Roi.

Les intérêts divers et la division des ministres et de leurs conseils paroissoient les mêmes que sous Louis XIV enfant. Le maréchal de Villeroy se donnoit pour un duc de Beaufort, avec l'avantage de plus de sa place auprès du Roi, et de son crédit dans le Parlement, sur qui on ne comptoit guère moins que sur celui de la dernière minorité. On imaginoit plusieurs Broussels, et on étoit assuré d'un premier président tout à la dévotion de la Fronde moderne. La paix au dehors, dont l'autre minorité ne jouissoit pas, donnoit un autre avantage à des gens qui comptoient d'opposer au Régent le roi d'Espagne, irrité contre lui en bien des façons, avec les droits de sa naissance. Les manéges de la Ligue contre Henri III n'étoient pas oubliés. M. du Maine, à la valeur près, étoit un duc de Guise, et Madame sa femme une duchesse de Montpensier. Pour en dire la vérité, tout tendoit à l'extrême, et il étoit plus que temps que le Régent se réveillât d'un assoupissement qui le rendoit méprisable, et qui enhardissoit ses ennemis et ceux de l'État à tout oser et à tout entreprendre. Cette léthargie du Régent jetoit ses serviteurs dans l'abattement et dans l'impossibilité de tout bien. Elle l'avoit conduit enfin sur le bord du précipice, et le royaume qu'il gouvernoit, à la veille de la plus grande confusion.

Le Régent, sans avoir eu l'horrible vice ni les mignons d'Henri III, avoit encore plus que lui affiché la débauche journalière, l'indécence et l'impiété ; et, comme Henri III, étoit trahi dans le plus intérieur de son conseil et de son domestique, comme à Henri III, cette trahison lui plaisoit, parce qu'elle alloit à le porter à ne rien faire, tantôt par crainte, tantôt par intérêt, tantôt par mépris, tantôt par politique. Cet engourdissement lui étoit agréable, parce qu'il se trouvoit conforme à son humeur et à son goût, et qu'il en regardoit les conseillers comme des gens sages, modérés, éclairés, que l'intérêt particulier n'offusquoit point, et qui voyoient[1] nettement les choses telles qu'elles étoient, tandis qu'il se trouvoit importuné des avis qui alloient à lui découvrir la véritable situation des choses, et qui lui en proposoient les remèdes. Il regardoit ceux-ci comme des gens vifs, qui précipitoient tout, qui grossissoient tout, qui vouloient tirer sur le temps pour satisfaire leur ambition, leurs aversions, leurs passions différentes. Il se tenoit en garde contre eux, il s'applaudissoit de n'être pas leur dupe. Tantôt il se moquoit d'eux, souvent il leur laissoit croire qu'il goûtoit leurs raisons, qu'il alloit agir et sortir de sa léthargie. Il les amusoit ainsi, tiroit de long[2], et s'en divertissoit après avec les autres. Quelquefois il leur répondoit sèchement, et quand ils le pressoient trop, il leur laissoit voir des soupçons.

Il y avoit longtemps que je m'étois aperçu de la façon d'être là-dessus de M. le duc d'Orléans. Je l'avois averti, comme on l'a vu, des premiers mouvements du Parlement et des bâtards, et de ce qui avoit usurpé le nom de la noblesse. J'avois redoublé sitôt que j'en avois vu la cadence et l'harmonie. Je lui en avois fait sentir tous les desseins, les suites, combien il étoit aisé d'y remédier dans ces commencements, et difficile après, surtout pour un homme de son humeur et de son caractère. Mais je n'étois pas l'homme qu'il lui falloit là-dessus. J'étois bien le plus ancien, le plus attaché, le plus libre avec lui de tous ses serviteurs ; je lui en avois donné les preuves les plus fortes, dans tous les divers temps les plus critiques de sa vie et de son abandon universel ; il s'étoit toujours bien trouvé des conseils que je lui avois donnés dans ces fâcheux temps ; il étoit accoutumé d'avoir en moi une confiance entière ; mais quelque opinion qu'il eût de

1. *Voyent*, au présent, évidemment par erreur.
2. Voyez tome II, p. 332, tome XII, p. 293, etc.

moi et de ma vérité et probité, dont il a souvent rendu de grands témoignages, il étoit en garde contre ce qu'il appeloit ma vivacité, contre l'amour que j'avois pour ma dignité si attaquée par les usurpations des bâtards, les entreprises du Parlement, et les modernes imaginations de cette prétendue noblesse. Dès que je m'aperçus de ses soupçons, je les lui dis; et j'ajoutai que, content d'avoir fait mon devoir comme citoyen et comme son serviteur, je ne lui en parlerois pas davantage. Je lui tins parole; il y avoit plus d'un an que je ne lui en avois ouvert la bouche de moi-même. Si quelquefois on lui en parloit devant moi, sans que je pusse garder un total silence, qui eût été pris en pique et en bouderie, je disois non-chalamment et foiblement quelque mot qui signifioit le moins qu'il m'étoit possible, et qui alloit à faire tomber le propos.

Le retour d'Angleterre de l'abbé du Bois, dont la fortune ne s'accommodoit pas de la diminution de son maître, la frayeur que Law eut raison de prendre que le Parlement ne lui mît la main sur le collet, et de se voir abandonné, la crainte pour sa place que conçut le garde des sceaux, si haï du Parlement pendant qu'il eut la police, firent une réunion, à laquelle Law attira Monsieur le Duc, si grandement intéressé dans le système, lequel se proposa de saisir la conjoncture de culbuter le duc du Maine, satisfaire sa haine, et[1] occuper sa place auprès du Roi. Ce concert de différents intérêts, qui aboutissoient au même point, forma un effort qui entraîna le Régent, et qui lui fit voir tout d'un coup son danger et son unique remède, et le persuada qu'il n'y avoit plus un moment à perdre. Du Bois et Law l'investirent contre ceux dont il n'avoit que trop goûté et suivi les dangereux avis, et tout fut si promptement résolu, que personne n'en eut aucun soupçon. C'est ce qu'il s'agit maintenant d'exposer.

Dans ces circonstances, que j'ignorois, travaillant à

---

1. On lit ici *a* au manuscrit.

mon ordinaire une après-dînée avec M. le duc d'Orléans, je fus surpris qu'interrompant ce sur quoi nous en étions, il me parla avec amertume des entreprises du Parlement. J'en usai dans ma réponse avec ma froideur et mon air de négligence accoutumé sur cette matière, et continuai tout de suite où j'en étois. Il m'arrêta, me dit qu'il voyoit bien que je ne voulois pas lui répondre sur le Parlement. Je lui avouai qu'il étoit vrai, et qu'il y avoit longtemps qu'il pouvoit s'en être aperçu. Pressé enfin, et pressé outre mesure, je lui dis froidement qu'il pouvoit se souvenir de ce que je lui avois dit et conseillé avant et depuis sa régence sur le Parlement; que d'autres conseils, ou traîtres, ou pour le moins intéressés à se faire valoir et à s'agrandir, en balançant le Parlement et lui l'un par l'autre, avoient prévalu sur les miens; que, de plus, il s'étoit laissé persuader que l'affaire du bonnet et ses suites ne me laissoient pas la liberté de penser de sens froid[1] sur le premier président ni sur les bâtards, tellement que cela m'avoit fermé la bouche comme je l'en avois averti, et au point que j'aurois beaucoup de peine à la rouvrir sur cette matière; que néanmoins je voyois s'avancer à grand pas l'accomplissement de la prophétie que je lui avois faite; que de maître qu'il avoit été longtemps de réprimer et de contenir le Parlement d'un seul froncement de sourcil, sa molle débonnaireté lui en avoit tant laissé faire, et de plus en plus entreprendre, qu'elle l'avoit conduit par degrés à ce détroit auquel il se trouvoit maintenant, de se laisser ôter toute l'autorité de sa régence, et peut-être encore de courir le risque d'être obligé de rendre compte de l'usage qu'il en avoit fait, ou de la revendiquer par des coups forcés, mais si violents qu'ils ne seroient pas trop sûrs, et en même temps fort difficiles; que plus il tarderoit et pis ce seroit; que c'étoit donc à lui premièrement à se bien sonder lui-même, y bien penser, ne se point flatter ni sur la chose ni sur ce

---

1. Voyez tome I, p. 221 et note 1, tome II, p. 255 et note 1, etc.

que lui-même se pouvoit promettre de lui-même, et se déterminer d'un côté ou d'un autre, et si tant étoit qu'il prît le parti de vouloir ravoir son autorité, ne se pas livrer légèrement à le prendre, pour, une fois pris, ne pas tomber dans la foiblesse infiniment plus grande et plus dangereuse qui seroit de commencer et ne pas achever, et se livrer par là au dernier mépris, et conséquemment dans l'abîme. Un discours si fort et si rare depuis longtemps dans ma bouche, arraché par lui malgré moi, et prononcé avec une ferme et lente froideur, et comme indifférente au parti qu'il voudroit prendre, lui fit sentir combien peu je le croyois capable du bon, et de le soutenir jusqu'au bout, et combien aussi je me mettois peu en peine de l'y induire. Il en fut intérieurement piqué, et comme il étoit tenu à la suite de l'impression que du Bois, Law et Argenson lui avoient faite et que j'ignorois parfaitement, il opéra un effet merveilleux.

Le duc de la Force, lié à Law, poussoit contre le Parlement. Outre les raisons générales, il espéroit entrer par cette porte dans le conseil de régence. Il me vint trouver pour l'y aider, et me dit que le Régent lui avoit promis de l'y faire entrer quand il y seroit question du Parlement, mais non à demeure, et il vouloit m'employer à l'y faire entrer tout à fait. On a vu ailleurs que je n'avois pas approuvé qu'il fût entré dans le conseil des finances, encore moins le personnage qu'il y avoit fait, de sorte que je m'étois fort refroidi avec lui. Il avoit excité Law et d'Argenson, à qui il avoit fait peur, que son peu d'union avec Law, si vivement attaqué par le Parlement, ne donnât des soupçons au Régent contre lui, s'il le trouvoit mou là-dessus. Il parloit à des gens qui avoient pour le moins autant d'envie que lui pour leurs intérêts personnels de pousser le Régent, mais qui ne le lui disoient pas, et encore moins leurs démarches là-dessus, que je sus par Law presque aussitôt que le Régent m'eût[1] parlé,

---

1. Le manuscrit porte bien *m'eust*, au subjonctif.

comme je viens de le raconter. L'arrêt du Parlement
que j'ai transcrit n'avoit point été publié. Il transpira,
il fut suivi de cette commission de recherche par les
gens du Roi, et ce fut le coup qui précipita les choses, et
qui acheva de déterminer le Régent. On sut que le Parlement, en défiance du procureur général, avoit nommé
d'autres commissaires en son lieu, pour informer d'office;
qu'on y instrumentoit très-secrètement; qu'il y avoit déjà
beaucoup de témoins ouïs de la sorte; que tout s'y mettoit
très-sourdement en état d'envoyer un matin quérir Law
par des huissiers, ayant en main décret de prise de corps,
après ajournement personnel soufflé, et de le faire pendre
en trois heures de temps, dans l'enclos du Palais.

Sur ces avis qui suivirent de près la publication de
l'arrêt susdit, le duc de la Force et Fagon, conseiller
d'État, dont j'ai parlé plus d'une fois, allèrent le vendredi
matin 19 août trouver le Régent, et le pressèrent tant
qu'il leur ordonna de se trouver tous deux, dans la
journée, chez moi avec Law, pour aviser ensemble à ce
qu'il falloit faire. Ils y vinrent en effet, et ce fut le premier avertissement, que j'eus que M. le duc d'Orléans
commençoit à sentir son mal et à consentir à faire
quelque chose. En cette conférence chez moi, je vis la
fermeté jusqu'alors grande de Law ébranlée jusqu'aux
larmes qui lui échappèrent. Nos raisonnements ne nous
satisfirent point d'abord, parce qu'il étoit question de
force, et que nous ne comptions pas sur celle du Régent.
Le sauf-conduit dont Law s'étoit muni n'eût pas arrêté
le Parlement un moment. De casser ses arrêts, point
d'enregistrement à en espérer; de lui signifier ces cassations, foiblesse que le Parlement mépriseroit et qui l'encourageroit à aller plus avant. Embarras donc de tous
côtés. Law, plus mort que vif, ne savoit que dire, beaucoup moins que devenir. Son état pressant nous parut le
plus pressé à assurer. S'il eût été pris, son affaire auroit
été faite avant que les voies de négociation, qui auroient
été les premières suggérées et suivies par le goût et la

foiblesse du Régent, eussent fait place aux autres, sûrement avant qu'on eût eu loisir de se résoudre à mieux et d'enfoncer le Palais avec le régiment des gardes, moyen critique en telle cause, et toujours fâcheux au dernier point, même en réussissant; épouvantable si, au lieu de Law, on n'eût trouvé que le cadavre avec sa corde. Je conseillai donc à Law de se retirer dès lors même dans la chambre de Nancré au Palais-Royal, qui étoit fort son ami et actuellement en Espagne, et je lui rendis la vie par ce conseil, que le duc de la Force et Fagon approuvèrent, et que Law exécuta au sortir de chez moi. Il y avoit bien moyen de le mettre en sûreté en le faisant loger à la Banque; mais je crus que la retraite au Palais-Royal, ayant plus d'éclat, frapperoit et engageroit le Régent davantage et nous fourniroit un véhicule assuré et nécessaire par la facilité que Law auroit de lui parler à toute heure et de le pousser.

Cela conclu, le lit de justice fut par moi proposé et embrassé par les trois autres comme le seul moyen qui restoit de faire enregistrer la cassation des arrêts du Parlement. Mais, tandis que les raisonnements se poussoient, je les arrêtai tout court par une réflexion qui me vint dans l'esprit; je leur représentai que le duc du Maine, moteur si principal des entreprises du Parlement, et le maréchal de Villeroy, d'autant plus lié avec lui là-dessus qu'il s'en cachoit plus soigneusement, ne voudroient jamais d'un lit de justice si contraire à leurs vues, à leurs menées, à leurs projets; que pour le rompre ils allégueroient la chaleur qui en effet étoit extrême, la crainte de la foule, de la fatigue, du mauvais air; qu'ils prendroient le ton pathétique sur la santé du Roi, très-propre à embarrasser le Régent; que s'il persistoit à le vouloir, ils protesteroient contre ce qui en pouvoit arriver au Roi, déclareroient peut-être que, pour n'y point participer, ils ne l'y accompagneroient pas; que le Roi, préparé par eux, s'effaroucheroit peut-être, et ne voudroit pas aller au Parlement sans eux; alors tout tomberoit, et l'impuissance du Régent si nettement manifestée pouvoit conduire bien loin et bien rapidement ; que si le lit de justice n'étoit que disputé, ces deux hommes auroient encore à faire débiter et répandre à la suite de toutes les artificieuses précautions nouvellement prises pour la conservation du Roi avec une affectation si marquée, qu'entre le Roi et Law le Régent balançoit d'autant moins qu'un lit de justice dans une saison si dangereuse étoit un moyen simple et doux à tenter, qui avoit flatté le Régent et qui lui en pouvoit épargner de plus difficiles. Ces réflexions arrêtèrent tout court, mais j'en montrai aussitôt après le remède, par la proposition que je fis de tenir le lit de justice aux Tuileries. Par cet expédient, nulle nécessité d'avertir personne que le matin même qu'il se tiendroit, et par ce secret chacun hors de mesure et de garde ; nul prétexte par rapport au Roi, et toute liberté, soit par rapport au peuple, soit par rapport à la force dont on pourroit avoir besoin, laquelle seroit plus crainte et plus sûre, sans sortir de chez le Roi qu'au Palais. Ce fut à quoi nous nous arrêtâmes, et Law parti, je dictai un mémoire à Fagon de tout ce que j'estimois nécessaire tant pour conduire ce dessein avec secret, que pour en assurer l'exécution, et en prévenir tous les obstacles. Sur les neuf heures du soir nous eûmes fait ; je lui conseillai de le porter à l'abbé du Bois, revenu d'Angleterre avec un crédit nouveau sur l'esprit de son maître. J'avois su par Law, avant cette conférence, ce que j'ai expliqué ci-dessus des sentiments de cet abbé et du garde des sceaux, et de leur résolution de presser le Régent de se tirer de page. Dans la visite que du Bois me rendit le surlendemain de son arrivée, où il me rendit poliment compte de sa négociation en homme qui ne demande pas mieux pour s'attirer des applaudissements, nous traitâmes après la matière du Parlement. Il m'y avoit paru dans de bons sentiments. C'étoit un personnage duquel on ne pouvoit espérer de se passer dans sa situation présente auprès du Régent, et nous comptions de nous en servir pour achever

de déterminer son maître. Tel fut le plan du vendredi
19 août, qui fut le premier jour que j'entendis pour la
première fois parler sérieusement que le Régent, enfin
alarmé, vouloit faire quelque chose pour se tirer des
pattes de la cabale et de celles du Parlement. Il faut
remarquer que depuis le 12 août, jour de son arrêt célèbre,
nous étions bien avertis de ce qui se brassoit pour aller
vigoureusement en avant, et de sa résolution de commettre pour l'information susdite de ce qu'étoient devenus
les différents billets d'État, quoique elle ne fut[1] consommée et annoncée au Régent par les gens du Roi que
le 22 août trois jours après la conférence dont je viens de
parler, tenue chez moi le vendredi 19 août, qui dura toute
l'après-dînée, jusqu'à neuf heures du soir.

Le lendemain, samedi 20 août, sur la fin de la matinée, M. le duc d'Orléans me manda de me trouver chez
lui sur les quatre heures de l'après-dînée du même jour.
Un peu après, Fagon me vint dire qu'il avoit trouvé
l'abbé du Bois tout vacillant, et à propos de rien tout
Daguesseau, dont il étoit auparavant ennemi; qu'il lui
avoit parlé du Parlement en modérateur, et tenu de
mauvais propos d'Argenson, qui étoit pourtant son ami
particulier. Cela me donna fort à penser d'un cerveau
étroit, qui tremble sur le point d'une exécution nécessaire, d'un homme jaloux de ce que son maître avoit, sans
lui en parler, envoyé le duc de la Force, Fagon et Law
conférer chez moi; enfin qu'ambitieux sans mesure, fier
de la conclusion de son traité de Londres, il voulût en
tirer le fruit, imaginoit peut-être de faire tomber les cris
universellement émus contre ce traité et contre lui, en
se mettant entre le Régent et le Parlement, comme un
homme tout neuf; se faire honneur d'une sorte de misérable conciliation, dont le Régent seroit la dupe, flatter le
Parlement et le parti janséniste (car pour se faire entendre
il faut adopter les termes), en ramenant de Fresnes le

---

1. Il y a bien *fut*, à l'indicatif.

chancelier. Ce n'étoit pas pour avancer notre dessein, ni pour tirer le Régent de page. Fagon et le duc de la Force, qui survint, en parurent inquiets, quoique contents de la situation d'esprit en laquelle ils venoient de laisser le Régent, à qui ils avoient rendu compte de ce qui s'étoit passé chez moi la veille. Ils le furent beaucoup davantage de ce que je leur appris que j'étois mandé au Palais-Royal pour l'après-dînée, dont le Régent, avec ses demi-confidences accoutumées, leur avoit fait le secret. Fagon, en habile homme, s'étoit bien gardé de confier notre mémoire à l'abbé du Bois ; sur la lecture qu'il lui en fit, il le laissa dans le goût d'en faire un autre. L'abbé le lui avoit apporté le matin. Il étoit plus détaillé, mais il contenoit des parties beaucoup moins fermes. Je ne m'arrête point à ces mémoires ; le récit de l'événement fera voir à quoi ils aboutirent.

CHAPITRE XIX.

Le Régent m'envoye chercher ; conférence avec lui tête à tête, où j'insiste à n'attaquer que le Parlement, et point à la fois le duc du Maine, ni le premier président, comme Monsieur le Duc le veut. — Marché de Monsieur le Duc, moyennant une nouvelle pension de cent cinquante mille livres. — Conférence entre M. le duc d'Orléans, le garde des sceaux, la Vrillière, l'abbé du Bois et moi, à l'issue de la mienne tête à tête. — Monsieur le Duc survient ; M. le duc d'Orléans le va entretenir, et nous nous promenons dans la galerie. — Propos entre M. le duc d'Orléans, Monsieur le Duc et moi, seuls, devant et après la conférence recommencée avec lui. — Je vais chez Fontanieu, garde-meuble de la couronne, pour la construction très-secrète du matériel du lit de justice ; contre-temps que j'y essuie ; effroi de Fontanieu, qui fait après merveilles. — Monsieur le Duc m'écrit, me demande un entretien dans la matinée, chez lui ou chez moi, à mon choix ; je vais sur-le-champ à l'hôtel de Condé. — Long entretien entre Monsieur le Duc et moi ; ses raisons d'ôter à M. du Maine l'éducation du Roi ; les miennes pour ne le pas faire alors. — Monsieur le Duc me propose le dépouillement de M. du Maine ; je m'y oppose de toutes mes forces, mais je voulois pis à la mort du Roi ; mes raisons. — Dissertation entre Monsieur le Duc et moi sur le comte de Toulouse. — Monsieur le Duc propose la réduction des bâtards, si l'on veut, à leur rang de pairs parmi les pairs. — Monsieur le Duc veut avoir l'éducation du Roi, sans faire semblant de s'en soucier; raisons que je lui objecte. — Discussion entre Monsieur le Duc et moi, sur l'absence de M. le comte de Charolois. — Monsieur le Duc me sonde sur la régence, en cas que M. le duc d'Orléans vînt à manquer, et sur les idées de Mme la duchesse d'Orléans là-dessus pour faire Monsieur son fils régent, et le comte de Toulouse lieutenant général du royaume; je rassure Monsieur le Duc sur ce qu'en ce cas la régence lui appartient. — Conclusion de la conversation; Monsieur le Duc me déclare que son attachement au Régent dépend de l'éducation. — Je donne chez moi à Fontanieu un nouvel éclaircissement sur la mécanique dont il étoit chargé.

Je me rendis sur les quatre heures au Palais-Royal; un moment après, la Vrillière y vint, qui me soulagea de la compagnie de Grancey et de Broglio, deux des roués, que j'avois trouvés dans le grand cabinet au frais, familièrement, sans perruque. Nous ne fûmes pas longtemps sans être avertis d'entrer dans la galerie neuve, peinte par Coypel, où nous trouvâmes quantité de cartes et de plans des Pyrénées, qu'Hasfeld montroit au Régent et au maréchal de Villeroy. M. le duc d'Orléans me reçut avec une ouverture et des caresses qui sentoient le besoin. Un moment après, il me dit bas qu'il avoit fort à m'entretenir avant que nous fussions assemblés, mais qu'il falloit laisser sortir le maréchal : c'étoit le premier mot que j'entendois d'assemblée; je ne savoit donc avec qui; la Vrillière me demanda si j'avois affaire au Régent. Je lui dis qu'oui. Il me répondit qu'il étoit mandé à quatre heures. « Et moi aussi, » repartis-je. Le maréchal me prit après en particulier, avec ses bavarderies et ses protestations accoutumées sur les précautions qu'il venoit de prendre sur la personne du Roi, avec une sorte d'éclat plat et malin, et sur les avis anonymes qui lui pleuvoient, et dont M. du Maine et lui étoient peut-être les auteurs. Enfin il s'en alla avec la compagnie. Alors M. le duc d'Orléans se mit à respirer, et me mena dans les cabinets derrière le grand salon sur la rue de Richelieu.

En y entrant, il me prit par le bras, et me dit qu'il étoit

à la crise de sa régence, et qu'il s'agissoit de tout pour lui en cette occasion. Je répondis que je ne le voyois que trop ; que le tout ne dépendoit que de lui dans une conjoncture si critique. Nous étions à peine assis que l'abbé du Bois entra, qui lui parla par énigmes sur le Parlement. Il me parut qu'il y étoit question de menées, de découvertes, du duc de Noailles, et du premier président. Le Régent reçut assez mal l'abbé du Bois, en homme pressé de s'en défaire, le renvoya, défendit qu'on l'interrompît, excepté pour l'avertir de l'arrivée du garde des sceaux, et encore à travers la porte, qu'il alla fermer au verrou. Alors je lui dis qu'avant d'entrer en matière, j'avois à l'avertir de ce que Fagon avoit remarqué le matin en l'abbé du Bois, sur le chancelier et sur le garde des sceaux ; et que du Bois avoit marché comme sur des œufs à l'égard du Parlement. J'y ajoutai mes réflexions. Le Régent me répondit que cela se rapportoit à ce que lui-même avoit aperçu de l'abbé, qui ne lui avoit loué que le chancelier, qu'il avoit tant haï auparavant, fort mal parlé du garde des sceaux, et du Parlement, en effet, comme en marchant sur des œufs. Mes réflexions lui parurent fondées : c'étoient les mêmes que je viens d'expliquer. Je l'exhortai à la défiance sur cet article d'un homme si promptement changé, et sans cause apparente. Il m'assura que du Bois ne le trahiroit pas, mais il convint aussi que la sonde à la main sur les matières présentes étoit le meilleur parti. Après ce court préambule, nous entrâmes en matière. Il me dit qu'il étoit résolu à frapper un grand coup sur le Parlement ; qu'il approuvoit beaucoup le lit de justice aux Tuileries, par les raisons qui me l'avoient fait proposer là plutôt qu'au Palais ; qu'il étoit assuré de Monsieur le Duc, moyennant une nouvelle pension de cent cinquante mille livres, comme chef du conseil de régence, et qu'il avoit aussi de ce matin la parole du prince de Conti ; que Monsieur le Duc vouloit que l'éducation du Roi fût ôtée au duc du Maine, chose qui étoit aussi de son intérêt à lui, parce que le

Roi avançoit en âge et en connoissance; qu'il lui étoit important d'ôter de là son ennemi; qu'ainsi il avoit envie de tenir le lit de justice, s'il le pouvoit, dès le mardi suivant, et là d'ôter l'éducation au duc du Maine.

Je l'interrompis, et lui dis nettement que ce n'étoit point là mon avis. « Eh ! pourquoi n'est-ce pas votre avis ? m'interrompant à son tour. — Parce, lui dis-je, que c'est trop entreprendre à la fois. Quelle est maintenant votre affaire urgente avant toute autre, et qui ne souffre point de délai ? C'est celle du Parlement : voilà le grand point; contentez-vous-en. Frappant dessus un grand coup, et le sachant soutenir après, vous regagnez en un instant toute votre autorité, après quoi vous aurez tout le temps de penser au duc du Maine. Ne le confondez point avec le Parlement; ne l'identifiez[1] point avec lui : par leur disgrâce commune, vous les joignez d'intérêt. Il sera et se professera le martyr du Parlement, conséquemment du public, dans l'esprit qu'ils ont su y répandre. Voyez donc auparavant ce que le public fera et pensera de l'éclat que vous allez faire contre le Parlement. Vous n'avez pas voulu abattre M. du Maine, lorsque vous le pouviez et le deviez, lorsque le public et le Parlement s'y attendoient et le desiroient ouvertement; vous avez laissé pratiquer l'un et l'autre au duc du Maine à son aise, et vous le voulez ôter à contre temps. D'ailleurs, espérez-vous que cet affront ne vous conduise pas plus loin ? Mais de plus, Monsieur le Duc veut-il l'éducation ou se contente-t-il de l'ôter à M. du Maine ? — Il ne s'en soucie pas, me répondit le Régent. — A la bonne heure, lui dis-je ; mais tâchez donc de lui faire entendre raison sur le moment présent, qui vous engage à un trop fort mouvement. Pensez encore, Monsieur, ajoutai-je, que quand je m'oppose à l'abaissement de M. du Maine, je combats mon intérêt le plus cher : de l'éducation au rang il n'y a pas loin; vous connoissez sur ce point l'ardeur de mes

---

1. On lit le mot *le*, non biffé, entre *l'identifiez* et *point*.

desirs, et que d'ailleurs je hais parfaitement M. du Maine, qui nous a, par noirceur profonde et pourpensée [1] induits forcément au bonnet, et, de dessein prémédité, nous a coûté tout ce qui s'en est suivi ; mais le bien de l'État et le vôtre m'est plus cher que mon rang et ma vengeance, et je vous conjure d'y bien faire toutes vos réflexions. »

Le Régent fut surpris autant peut-être de ma force sur moi-même que de celle de mes raisons. Il m'embrassa, me céda tout court, me dit que je lui parlois en ami, non en duc et pair. J'en pris occasion de quelques légers reproches de ses soupçons à cet égard. Nous convînmes donc de laisser le duc du Maine pour une autre fois non compliquée. M. le duc d'Orléans revint au Parlement, et me proposa de chasser le premier président. Je m'y opposai de même, et lui dis que cet homme tenoit trop au duc du Maine pour frapper sur lui en laissant l'autre entier ; que rien n'étoit plus dangereux que d'offenser à demi un homme aussi puissamment établi et aussi méchant que le duc du Maine ; qu'il falloit attendre pour l'un comme pour l'autre ; qu'en cela encore je lui parlois en ami, contre moi-même, puisque mon plaisir le plus sensible seroit de perdre un scélérat, auteur et instrument de toutes les horreurs qui nous étoient arrivées, qu'il falloit, au contraire, le caresser en apparence, et faire accroire, malgré lui, au Parlement qu'il avoit été dans la bouteille, pour achever de le perdre dans sa Compagnie, et achever après de le déshonorer par faire publier tout l'argent qu'il a eu depuis la régence et ses infamies avec Bourvalais ; qu'éreinté de la sorte, on s'en déferoit après bien aisément, quand il seroit temps de tomber sur le duc du Maine. Le Régent me loua et me remercia encore, et convint que j'avois raison. Il me dit qu'il étoit résolu de suivre le mémoire que j'avois dicté à Fagon et point celui de l'abbé du Bois. Celui-ci vouloit différer le lit de

---

1. Voyez tome XI, p. 229 et note 1.

justice jusqu'après la Saint-Martin, se contenter maintenant de casser les arrêts du Parlement, et attendre aux vacances à exiler plusieurs membres mutins de cette Compagnie; et moi, au contraire, je voulois précipiter les coups, tant sur le général que sur les particuliers. Après avoir bien discuté tous les inconvénients et leurs remèdes, nous vînmes à la mécanique. Je la lui expliquai telle que je l'imaginois, et je me chargeai, à la prière du Régent, de la machine matérielle du lit de justice, par Fontanieu, garde-meuble de la couronne, à l'insu de tout le monde, et particulièrement du duc d'Aumont, son supérieur comme premier gentilhomme de la chambre en année, et valet à gage de M. du Maine et du premier président.

Il y avoit déjà longtemps que le garde des sceaux étoit annoncé. Tout ceci concerté, le Régent passa dans le salon qui joignoit les cabinets où nous étions, et de la porte appela le garde des sceaux, la Vrillière et l'abbé du Bois, qui attendoient dans le salon à l'autre bout, où ils étoient seuls. C'étoit le lieu où M. le duc d'Orléans travailloit l'été. Il étoit le dos à la muraille du cabinet de devant, assis au milieu de la longueur d'un grand bureau en travers devant lui. Il prit sa place ordinaire, moi à côté de lui, le garde des sceaux et l'abbé du Bois vis-à-vis, la largeur du bureau entre eux et nous, la Vrillière au bout le plus proche de moi. Après une assez courte conversation sur la matière, le garde des sceaux lut le projet d'un arrêt du conseil de régence et de lettres patentes, tel que ces pièces furent imprimées après, en cassation des arrêts du Parlement, etc., où nous ne fîmes que quelques légers changements. L'abbé du Bois contredit tout, au point que, pour l'adresse, je le crus animé de l'esprit double et parlementaire du chancelier. Nous disputâmes tous et tout d'une voix contre lui. Il en fut enfin embarrassé, mais non pas jusqu'à changer rien de sa surprenante contradiction. Comme la lecture venoit de finir, Monsieur le Duc fut annoncé. M. le duc d'Orléans prit sa perruque et l'alla voir dans le cabinet de devant. Le garde des sceaux nous proposa de nous promener cependant dans la galerie. Nous y fîmes deux ou trois tours pendant lesquels la dispute ne cessa point entre Argenson et du Bois. La Vrillière et moi en haussions les épaules et soutenions le garde des sceaux. La Vrillière cependant me montra un projet de déclaration de suppression de charges nouvelles du Parlement, qui me parut très-bon.

Peu après j'entendis ouvrir la porte du salon qui donne dans ce grand cabinet, où Son Altesse Royale étoit allée trouver Monsieur le Duc; j'avançai devant les autres, et vis le Régent et Monsieur le Duc derrière lui; j'allai à eux, et comme j'étois au fait de leur intelligence, je demandai en riant à M. le duc d'Orléans ce qu'il vouloit faire de Monsieur le Duc, et pourquoi l'amener ainsi dans son intérieur pour nous embarrasser. « Vous l'y voyez, me répondit-il, en prenant Monsieur le Duc par le bras, et vous l'y verrez encore bien davantage. » Alors les regardant tous deux, je leur témoignai ma joie de leur union, et j'ajoutai que c'étoit leur véritable intérêt, et non pas de se joindre à la bâtardise. « Oh! pour celui-ci, dit le Régent à Monsieur le Duc, en me prenant par les épaules, vous pouvez parler en toute confiance, car c'est bien l'homme du monde qui aime le mieux les légitimes et leur union, et qui hait le plus cordialement les bâtards. » Je souris, et répondis une confirmation nette et ferme; Monsieur le Duc, des respects à Son Altesse Royale, et des honnêtetés à moi. Nous nous approchâmes du bureau. Les autres cependant, restés dans le bout le plus proche de la galerie, me parurent fort étonnés de ce qu'ils voyoient lorsque je me retournai vers eux; ils s'approchèrent, et en même temps nous reprîmes nos places au bureau. Monsieur le Duc se mit entre M. le duc d'Orléans et moi. Son Altesse Royale, après un petit mot très-léger sur Monsieur le Duc, pria le garde des sceaux de recommencer sa lecture; elle se fit presque de suite avec très-peu d'interruption. Monsieur le Duc l'approuva fort, et m'en parloit bas de fois à autre. Quand elle fut achevée, M. le duc d'Orléans se leva, appela Monsieur le Duc, le mena à l'autre bout du salon, et m'y appela un moment après. Là, il me dit qu'ils alloient raisonner sur la mécanique, que la plus pressée de toutes ses différentes parties étoit celle du lit de justice, et qu'il me prioit de m'en aller sur-le-champ chez Fontanieu pour cela. En les quittant, j'élevai la voix, et dis à Son Altesse Royale que la Vrillière m'avoit montré dans la galerie un projet de déclaration fort bon à voir.

Comme je fus à la galerie des hommes illustres, je m'entendis appeler; c'étoit l'abbé du Bois. Il ne me fit point de question, ni moi à lui; mais nous avions envie de savoir tous deux pourquoi chacun de nous sortoit, et nous ne nous le dîmes point. Comme j'allois monter en carrosse, un laquais de Law, en embuscade me dit que son maître me prioit instamment d'entrer dans sa chambre qui étoit tout contre : c'étoit le logement de Nancré. Je l'y trouvai seul avec sa femme, qui sortit aussitôt; je lui dis que tout alloit bien, et que Monsieur le Duc avoit été avec nous et étoit demeuré chez Son Altesse Royale; je savois par elle que c'étoit Law qui avoit été l'instrument de leur union. J'ajoutai que j'étois pressé pour une commission nécessaire à ce dont il s'agissoit; qu'il en sauroit davantage par Son Altesse Royale ou par moi dès que je le pourrois. Il me parut respirer; je m'en allai de là chez Fontanieu à la place de Vendôme.

On a vu au temps de la chambre de justice, dont les taxes furent portées au conseil de régence, que Fontanieu en fut quitte à bon marché par le service que je lui fis. Il avoit marié sa fille à Castelmoron, fils d'une sœur de M. de Lauzun qui m'en avoit instamment prié. M. et Mme de Lauzun avoient lors une affaire pour l'acquisition, par une sorte de retrait lignager, de la terre de Randan, du feu duc de Foix, laquelle devoit demeurer à Mme de Lauzun après son mari. Cela se décidoit devant des avocats commis, et Fontanieu conduisoit toute cette affaire. On me dit chez lui qu'il y étoit allé, et c'étoit au fond du Marais que ces avocats s'assembloient. Le portier me vit si fâché de l'aller chercher là, qu'il me dit que, si je voulois voir Mme de Fontanieu, il iroit voir si son maître n'étoit point encore dans le voisinage où il étoit allé d'abord, pour de là aller au Marais. J'allai donc voir Mme de Fontanieu, qui étoit souvent à l'hôtel de Lauzun, et que je trouvai seule. J'eus donc le passe-temps de l'entretenir, avec tout ce que j'avois dans la tête, de cette affaire de Mme de Lauzun : ce fut mon prétexte d'avoir à parler à Fontanieu d'un incident pressé qui y étoit survenu. Fontanieu, qu'on trouva encore au voisinage, arriva bientôt ; ce fut un autre embarras que de me dépêtrer de leurs instances à tous les deux de traiter là cette affaire sans me donner la peine de descendre chez Fontanieu, et comme la femme en étoit informée autant que le mari, je vis le moment que je ne m'en tirerois pas. J'emmenai pourtant à la fin Fontanieu chez lui, à force de compliments à la femme de ne la vouloir pas importuner de la discussion de cette affaire de Randan.

Quand nous fûmes, Fontanieu et moi, en bas dans son cabinet, je demeurai quelques moments à lui parler de cela pour laisser retirer les valets qui nous avoient ouvert les portes. Puis, à son grand étonnement, j'allai dehors voir s'ils étoient sortis, et je fermai bien les portes. Je dis après à Fontanieu qu'il n'étoit pas question de l'affaire de Mme de Lauzun, mais d'une autre toute différente, qui demandoit toute son industrie et un secret à toute épreuve, que M. le duc d'Orléans me chargeoit de lui communiquer ; mais qu'avant de m'expliquer, il falloit savoir si Son Altesse Royale pouvoit compter entièrement sur lui. C'est une chose étrange que l'impression des plus hautes sottises, dont la noirceur est répandue avec art. Le premier mouvement de Fontanieu fut de trembler réellement de tout son corps et de devenir plus blanc que son linge. Il balbutia à peine quelques mots, qu'il étoit à

Son Altesse Royale tant que son devoir le lui permettroit. Je souris en le regardant fixement, et ce souris l'avertit apparemment qu'il me devoit excuses de n'être pas en pleine assurance quand une affaire passoit par moi, car il m'en fit tout de suite, et avec l'embarras d'un homme qui sent bien que la première vue lui a offusqué la seconde, et qui, plein de cette première vue, n'ose rien montrer et laisse tout voir. Je le rassurai de mon mieux, lui dis que j'avois répondu de lui à M. le duc d'Orléans, et après, qu'il s'agissoit d'un lit de justice pour la construction duquel et sa position nous avions besoin de lui. A peine m'en fus-je expliqué, que le pauvre homme se prit à respirer tout haut, comme qui sort d'une oppression étouffante, et qu'on lui eût ôté une pierre de taille de dessus l'estomac, et cela à quatre ou cinq reprises tout de suite, en me demandant autant de fois si ce n'étoit que cela qu'on lui vouloit. Il promit tout, dans la joie d'en être quitte à si bon marché, et dans la vérité, il tint bien tout ce qu'il promit, et pour le secret et pour l'ouvrage. Il n'avoit jamais vu de lit de justice et n'en avoit pas la première notion. Je me mis à son bureau et lui en dessinai[1] la séance. Je lui en dictai les explications à côté parce que je ne voulus pas qu'elles fussent de ma main. Je raisonnai plus d'une heure avec lui; je lui dérangeai ses meubles pour lui mieux inculquer l'ordre de la séance et ce qu'il avoit à faire faire en conséquence avec assez de justesse pour n'avoir qu'à être transporté et dressé tout prêt aux Tuileries en fort peu de moments. Quand je crus m'être suffisamment expliqué, et lui, avoir bien tout compris, je m'en retournai au Palais-Royal comme par un souvenir, étant déjà dans les rues, pour tromper mes gens. Un garçon rouge m'attendoit au haut du degré, et d'Ibagnet, concierge du Palais-Royal, à l'entrée de l'appartement de M. le duc d'Orléans, avec ordre de me prier de lui écrire. C'étoit l'heure sacrée des

---

1. L'orthographe de Saint-Simon est *dessignay*.

roués et du souper, contre laquelle point d'affaire qui ne se brisât. Je lui écrivis donc dans son cabinet d'hiver ce que je venois de faire, non sans indignation qu'il n'eût pu différer ses plaisirs pour une chose de cette importance. Je fus réduit encore à prier d'Ibagnet de prendre garde à ne lui donner mon billet que quand il seroit en état de le lire et de le brûler après. Je m'en fus de là chez Fagon, que je ne trouvai pas, et après chez moi, où il étoit venu. Bientôt après M. de la Force y arriva aux nouvelles, dont il fut fort satisfait.

Le lendemain dimanche 21, sortant de mon lit à sept heures et demie, on m'annonça un valet de chambre de Monsieur le Duc, qui avoit une lettre de lui à me rendre en main propre, qui étoit déjà venu plus matin, et qui étoit allé ouïr la messe aux Jacobins en attendant mon réveil. Je n'étois lors ni n'avois jamais été en aucun commerce direct ni indirect avec lui. J'en avois eu très-peu lors de son affaire contre les bâtards, mais comme nous n'en avions pu tirer aucun parti pour la nôtre, j'avois perdu de vue tous ces princes jusqu'à la messéance. Je passai dans mon cabinet avec ce valet de chambre, et j'y lus la lettre que Monsieur le Duc m'écrivoit de sa main, que voici : « Je crois, Monsieur, qu'il est absolument nécessaire que j'aie une conversation avec vous sur l'affaire que vous savez ; je crois aussi que le plus tôt sera le mieux. Ainsi je voudrois bien, si cela se peut, que ce fût demain dimanche, dans la matinée ; voyez à quelle heure vous voulez venir chez moi ou que j'aille chez vous ; choisissez celui que vous croirez qui marquera le moins, parce qu'il est inutile de donner à penser au public. J'attendrai demain matin votre réponse, et vous prie en attendant de compter sur mon amitié en me continuant la vôtre. *Signé* : H. DE BOURBON. »

Je rêvai quelques moments après l'avoir lue, et je me déterminai à voir Monsieur le Duc, que je ne pouvois éconduire, après quelques questions au valet de chambre sur l'heure et le monde de son lever, à en tenter le hasard plutôt que celui de le faire remarquer à ma porte par le président Portail, qui en logeoit vis-à-vis, et qui pouvoit être chez lui un dimanche matin. Je ne voulus point écrire, et je me contentai de charger le valet de chambre de lui dire que je serois chez lui à l'issue de son lever. Je n'étois pas achevé d'habiller que Fagon vint savoir des nouvelles de la veille. Il en fut ravi, et encore plus du message de Monsieur le Duc, par l'espérance que lui donnoit cette suite pour un homme de plus, et de ce poids par sa naissance, à soutenir M. le duc d'Orléans. Je renvoyai Fagon promptement, et me rendis à l'hôtel de Condé, où je trouvai Monsieur le Duc qui achevoit de s'habiller, et qui n'avoit heureusement que ses gens autour de lui, comme son valet de chambre me l'avoit fait espérer sur ce qu'il se devoit lever ce jour-là plus tôt que son ordinaire. Il me reçut en homme sage pour son âge, poliment, mais sans empressement. Il me dit même que c'étoit une nouveauté que de me voir. Je répondis que les conseils ayant presque toujours été le matin, et lui peu à Paris les autres jours, je profitois avec plaisir du changement de leur heure pour avoir l'honneur de le voir. Il fut achevé d'habiller aussitôt, me pria de passer dans son cabinet, en ferma la porte, me présenta un fauteuil, en prit un autre pareil, et nous nous assîmes de la sorte vis-à-vis l'un de l'autre ; il commença par des excuses d'en avoir usé avec moi avec liberté, et après quelques compliments il entra en matière.

Il me dit qu'il avoit cru nécessaire de ne perdre point de temps à m'entretenir sur l'affaire de la veille aussi nécessaire que pressante, et que d'abord il me vouloit demander avec confiance si je ne pensois pas, comme lui le croyoit, que ce n'étoit rien faire de frapper sur le Parlement, si du même coup on ne frappoit pas sur son principal moteur, et si M. le duc d'Orléans n'en jugeoit pas de même. A ce que le Régent m'avoit dit la veille, je m'étois bien douté du dessein de Monsieur le Duc sur moi ; mais sans lui paroître stupide, je ne fus

pas fâché de lui faire nommer le premier le duc du
Maine. J'en vins à bout par quelques souris en balbutiant, et puis je lui demandai comment il l'entendoit de
frapper sur M. du Maine. « En lui ôtant l'éducation, »
me dit-il. Je répondis que l'éducation se pouvoit ôter indépendamment d'un lit de justice, et les deux choses se
faire à deux fois. Il repartit que M. le duc d'Orléans étoit
persuadé que cet emploi ayant été conféré ou confirmé
au duc du Maine dans un lit de justice, il ne se pouvoit
ôter que dans un autre lit de justice. Je contestai un peu,
mais il trancha court en me disant que telle étoit l'opinion du Régent, et l'opinion arrêtée, qu'il le lui avoit dit
ainsi, sur quoi il étoit question de se servir de l'occasion
naturelle de celui qu'on alloit tenir, d'autant qu'elle ne
reviendroit pas sitôt, et qu'il vouloit savoir ce que je
pensois là-dessus.

Je battis un peu la campagne; mais je fus incontinent
ramené par des politesses de Monsieur le Duc sur la confiance, et par une prière précise d'examiner présentement avec lui, s'il n'étoit pas bon d'ôter le Roi d'entre les
mains de M. du Maine par rapport à l'État et à l'intérêt
même de M. le duc d'Orléans, et supposé que cela fût,
s'il ne valoit pas mieux le faire plus tôt que plus tard, et
ne se pas commettre aux irrésolutions du Régent, au
prétexte de la nécessité d'un autre lit de justice, aux
longueurs de le déterminer. Il fallut donc entrer tout de
bon en lice. J'avoue que plus j'avois réfléchi à ce qui
regardoit le duc du Maine, et moins je croyois de sagesse
à l'entreprendre. J'étois en garde infiniment contre mon
inclination là-dessus, et peut-être que la rigueur que je
m'y tenois m'en grossissoit les inconvénients. J'avois
horreur de tremper dans des suites funestes à l'État d'une
chose quoique juste en elle-même par des intérêts particuliers, et plus cet intérêt m'étoit cher et sensible, plus
aussi je m'en détournois avec force pour ne rien faire
qu'en homme de bien. Je ne m'amusai donc plus au verbiage, pressé comme je l'étois. Je répondis nettement à

Monsieur le Duc que les deux points qu'il me proposoit à
discuter étoient infiniment différents; qu'aucun esprit
impartial et raisonnable ne pouvoit nier qu'il ne fût expédient à l'État, au Roi, au Régent, d'ôter l'éducation à
M. du Maine, mais que j'estimois qu'il n'y en avoit aucun
aussi qui n'en considérât la démarche comme infiniment dangereuse. De là je lui détaillai[1] avec beaucoup
d'étendue ce que je n'en avois dit qu'en raccourci à M. le
duc d'Orléans, parce qu'il s'étoit rendu d'abord, et que je
voyois bien que celui-ci n'étoit pas pour en faire de
même. Je lui fis sentir de quel prix l'éducation du Roi
étoit à M. du Maine, conséquemment quel coup pour lui
que de vouloir y toucher; quelle puissance il avoit en
gouvernements et en charges pour la disputer, du moins
pour brouiller l'État; quelle force lui pouvoit être ajoutée
par le Parlement frappé du même coup pour leurs
intrigues communes et leurs menées; quelle autorité la
réputation encore plus que les établissements du comte
de Toulouse apporteroit à ce parti; que rien n'étoit plus
à craindre, conséquemment plus à éviter qu'une guerre
civile, dont le chemin le plus prompt seroit d'attaquer
M. du Maine.

Monsieur le Duc m'écouta fort attentivement, et me
répondit que pour lui il croyoit que l'attaquer étoit le
seul remède contre la guerre civile. Je le priai de m'expliquer cette proposition si contradictoire à la mienne, et
de me dire auparavant avec franchise ce qu'il pensoit de
la guerre civile dans la situation où le royaume se trouvoit; il m'avoua que ce seroit sa perte. Mais plein de son
idée, il revint à ce que je lui avois avoué, qu'il étoit utile
d'ôter le Roi des mains de M. du Maine; que cela posé, il
falloit voir s'il y avoit espérance certaine de le faire dans
un autre temps, et de le faire alors avec moins de danger;
que plus on laisseroit le duc du Maine auprès du Roi,
plus le Roi s'accoutumeroit à lui, et qu'on trouveroit dans

1. Saint-Simon avait d'abord écrit *estallay*, puis il a intercalé un *i* entre
l'*a* et les deux *l*, sans néanmoins mettre un *d* au commencement du mot.

le Roi un obstacle, qui par son âge n'existoit pas encore; que plus M. du Maine avoit gagné de terrain depuis la régence par la seule considération de l'éducation qui le faisoit regarder comme le maître de l'État à la majorité, plus il en gagneroit de nouveau à mesure que le Roi avanceroit en âge, plus il seroit difficile et dangereux de l'attaquer; que son frère sûrement ne remueroit point par probité et par nature; qu'à la vérité la complication du Parlement étoit une chose fâcheuse, mais que c'étoit un mauvais pas à sauter; qu'il me parleroit sur M. le duc d'Orléans, non comme à son ami intime, mais comme à un fort honnête homme et à un homme sûr, en qui il savoit qu'on pouvoit se fier de tout; que, s'il étoit persuadé d'obtenir une autre fois de lui l'éloignement de M. du Maine d'auprès du Roi, il n'insisteroit pas à le vouloir à cette heure, mais que je savois moi-même ce qui en étoit, et me prioit de lui dire si, cette occasion passée, il y devoit compter; qu'il avoit sa parole de le faire à la mort du Roi, puis le lendemain de la première séance au Parlement, enfin lors du procès des princes du sang; que tant de manquements de parole et à une parole si précise et si souvent réitérée, non vaguement, mais pour des temps préfix, lui ôtoient l'espérance, s'il laissoit échapper l'occasion qui se présentoit, et que de là venoit ce que je pouvois prendre pour opiniâtreté; et qui pourtant n'étoit que nécessité véritable; que le Régent étoit perdu si M. du Maine demeuroit auprès du Roi jusqu'à la majorité; que les princes du sang, et lui nommément, ne l'étoient pas moins; que cette vérité ne pouvoit pas être révoquée en doute; qu'il y avoit donc de la folie à s'y commettre, et à ne pas profiter de l'expérience et de l'occasion; qu'on ne se sentoit de l'affermissement de M. du Maine, pour ne le laisser pas affermir davantage.

Cela dit plus diffusément que je ne le rapporte, Monsieur le Duc me pria de lui répondre précisément. Je ne pus disconvenir des vérités qu'il avoit avancées. « Mais, lui dis-je, Monsieur, cela empêche-t-il une guerre civile? Tout cela montre bien l'énormité de la faute d'avoir laissé subsister les bâtards à la mort du Roi, et encore un peu depuis. Chacun comptoit sur leur chute et la souhaitoit; mais à présent que les choses ont changé de face par l'habitude et encore plus par le titre qui leur semble donné par le jugement intervenu entre les princes du sang et eux, on est où on en étoit, et ce qui étoit sage à faire à la mort du Roi, et tôt après encore ou dans le jugement des princes du sang et d'eux, ne nous précipitera-t-il pas dans des troubles en le faisant présentement? Vous dites que la nature et la probité de M. le comte de Toulouse l'empêchera de remuer : c'est une prophétie. Est-il apparent qu'il ne s'intéresse pas en la chute de son frère; qu'il ne la regarde pas comme sienne, par nature, par intérêt, par honneur, par réputation, qui à son égard mettra sa probité à couvert? Mais il y a plus, Monsieur; espérez-vous en demeurer là, et concevez-vous comme possible de laisser l'artillerie et tout ce qui en dépend, les Suisses et les autres troupes que M. du Maine commande avec la Guyenne et le Languedoc, ces grandes et remuantes provinces dans la position où elles sont par rapport à l'Espagne, entre les mains d'un homme aussi cruellement offensé, à qui vous ravissez par la soustraction de l'éducation sa sûreté et sa considération présente, et ses vastes vues pour l'avenir? — Hé bien! Monsieur, interrompit Monsieur le Duc, il n'y a qu'à le dépouiller. — Mais y pensez-vous, Monsieur? lui dis-je. Voilà comme de l'un on s'engage à l'autre. Il faut au moins un crime pour dépouiller; et ce crime, où le prendre? Ce seroit pour l'unir encore plus avec le Parlement, en alléguant pour crime ses menées, ses manéges et ses intelligences avec cette Compagnie. Et dans le temps présent oserez-vous lui en faire un capital de ses liaisons avec l'Espagne, supposé qu'on eût de quoi les prouver? L'un passera pour une protection généreuse du bien public, l'autre pour un péché personnel contre le Régent, qui n'a rien de commun avec le Roi et l'État. Que deviendrez-vous donc si, après l'éducation ôtée, vous êtes réduit à en demeurer là? Voilà pourquoi je les voulois culbuter dès la mort du Roi; et pour les dépouiller, leur faire justement alors un crime de lèse-majesté d'avoir attenté à la couronne par s'en être fait déclarer capables, leur faire grâce de la vie, de la liberté, des biens, de leur dignité de duc et pair au rang de leur ancienneté du temps qu'ils l'ont obtenue, et les priver de tout le reste ; à cela personne qui n'eût applaudi alors, personne qui n'eût trouvé le traitement doux, personne qui n'eût vu avec joie la sagesse d'un frein qui empêcheroit à jamais qui que ce soit de lever les yeux jusqu'au trône. Le comte de Toulouse lui-même, après avoir rendu ses sentiments publics là-dessus dans le temps, eût été bien embarrassé d'agir contre, et voilà le cas où sa probité et sa nature auroit pu suivre librement son penchant; mais d'avoir, trois ans durant, accoutumé le monde à les confondre avec les princes du sang, après avoir reculé au delà de l'injustice et de l'indécence à juger entre les princes du sang et eux, après avoir par ce jugement même confirmé, canonisé leur état, leurs rangs, tout ce qu'ils sont et ont, excepté l'habileté[1] à succéder à la couronne, et qui pis est, laissé entrevoir que cette habilité de succéder à la couronne n'est que foiblement retranchée et pour un temps très-indifférent, puisque par le même arrêt on leur laisse les rangs et les honneurs qui n'ont jamais eu et ne peuvent jamais avoir que cette habilité pour base et pour principe, et qui sont inouïs pour tout ce qui n'est pas né prince du sang; puisqu'on leur laisse encore par l'éducation un moyen clair et certain de revenir à cette habilité dans quatre ans, puisqu'on fortifie ainsi l'habitude publique de les identifier avec les princes du sang par un extérieur entièrement semblable, quel moyen de pouvoir revenir à leur faire un crime de cet attentat à la couronne

---

1. Il y a ici *habileté*, et plus loin, à plusieurs reprises, *habilité*. Voyez tome X, p. 260 et note 1.]

et un crime digne du dépouillement? Or le dépouillement sans crime est une tyrannie qui attaque chacun, parce que tout homme revêtu craint le même sort quand il en voit l'exemple, et s'irrite d'un si dangereux déployement de l'autorité. Ne les dépouillez pas, ils auront lieu de craindre de l'être, ils auront raison de remuer pour leur propre sûreté; sans compter la vengeance, la rage, les fureurs de Mme du Maine, qui n'a pas craint ni feint[1] de dire, du vivant du Roi, que quand on avoit le rang, les honneurs, l'habilité à la couronne qu'avoit obtenus M. du Maine, il falloit renverser l'État plutôt que s'en laisser dépouiller. Après cela, Monsieur, continuai-je avec moins de chaleur mais avec autant de force, vous devez croire que je suis vivement pénétré de ces raisons et du bien de l'État pour persévérer dans l'avis dont je suis, qu'il ne faut pas toucher à M. du Maine. Vous me faites l'honneur de me parler avec confiance, je vous en dois au moins une pareille; comptez que je sens très-bien que le rang des bâtards est inaltérable tant que l'éducation demeure à M. du Maine, et qu'en la lui ôtant ce rang ne peut subsister. Pour cela il ne faut point de crime, il ne faut que juger un procès intenté par notre requête, présentée en corps au Roi et au Régent lors de votre procès. Il ne seroit donc pas sage de ne le pas faire en ôtant l'éducation, et ce seroit les laisser trop grands et trop respectables par leur extérieur; or, je veux bien vous avouer que ma passion la plus vive et la plus chère est celle de ma dignité et de mon rang, ma fortune ne va que bien loin après, et je la sacrifierois et présente et future avec transport de joie pour quelque rétablissement de ma dignité. Rien ne l'a tant et si profondément avilie que les bâtards, rien ne me toucheroit tant que de les précéder. Je le leur ai dit en face, et à Mme d'Orléans et à ses frères, non pas une fois, mais plusieurs fois, et du vivant du feu Roi, et depuis; personne ne nous a tant procuré d'horreurs que

---

1. Voyez tome V, p. 111 et note 1.

M. du Maine par l'affaire du bonnet; il n'y a donc personne dont j'aie un plus vif desir de me venger que de lui; quand donc j'étouffe tous ces sentiments pour le soutenir, il faut que le bien de l'État me paroisse bien évident et bien fort, et je ne sais point pour moi d'argument plus démonstratif à vous faire. »

Monsieur le Duc, qui m'avoit écouté avec une extrême attention, en fut effectivement frappé et demeura quelques moments en silence; puis d'un ton doux et ferme, que je crains infiniment en affaires, parce qu'il marque que le parti est pris, et qu'il ne dépend d'aucun obstacle, lorsqu'il suit tous ceux qu'on a montrés, me dit : « Monsieur, je conçois très-bien toutes les difficultés que vous faites, et je conviens qu'elles sont grandes; mais il y en a deux autres qui me semblent à moi incomparablement plus grandes de l'autre côté : l'une, que M. le duc d'Orléans et moi sommes perdus à la majorité, si l'éducation demeure à M. du Maine jusqu'alors; l'autre, qu'elle lui demeurera certainement, si à l'occasion présente elle ne lui est ôtée. Ajustez cela tout comme il vous plaira, mais voilà le fait : car de me fier à ce que M. le duc d'Orléans me promettra, c'est un panneau où je ne donnerai plus, et de me jouer à être perdu dans quatre ans, c'est ce que je ne ferai jamais. — Mais la guerre civile, lui repartis-je. — La guerre civile, me répliqua-t-il, voici ce que j'en crois : M. du Maine sera sage ou ne le sera pas. De cela on s'en apercevra bientôt en le suivant de près. S'il est sage, comme je le crois, point de troubles. S'il ne l'est pas, plus de difficulté à le dépouiller. — Mais son frère, interrompis-je, dont le gouvernement est demi-soulevé, s'il s'y jette? — Non, me dit-il, il est trop honnête homme, il n'en fera rien. Mais il le faudra observer et l'empêcher d'y aller. — En l'arrêtant donc? ajoutai-je. — Bien entendu, me dit-il, et alors il n'y a pas d'autre moyen, et il le méritera, car il faut commencer par le lui défendre. — Mais, Monsieur, lui dis-je, sentez-vous où cela vous conduit? A pousser dans la révolte forcée et dans le précipice d'autrui un homme adoré et adorable pour son équité, sa vertu, son amour pour l'État, son éloignement des folles vues de son frère, dans le soutien duquel il se perdra par honneur, comme vous avez vu qu'il s'est donné tout entier à leur procès contre vous, bien qu'il en sentît tout le foible, et qu'il en eût toujours désapprouvé l'engagement. Je vous avoue que l'estime que j'ai conçue pour lui depuis la mort du Roi est telle qu'elle a gagné mon affection, et ce dont je m'émerveille, qu'elle a eu la force d'émousser l'ardeur de mon rang à son égard. Vous, qui êtes son neveu, et dont il a pris soin à votre première entrée dans le monde, n'êtes-vous point touché de sa considération? — Moi, me dit-il, j'aime M. le comte de Toulouse de tout mon cœur, je donnerois toutes choses pour le sauver de là. Mais quand c'est nécessité, et qu'il y va de ma perte et de troubler l'État.... car enfin, Monsieur, me laisserai-je écraser dans quatre ans; et en verrai-je quatre ans durant la perspective tranquillement? Mettez-vous en ma place : troubles pour troubles, il y en aura moins à présent qu'en différant, parce qu'ils croîtront toujours en considération et en cabales, et peut-être, comme je le crois, n'y en aura-t-il point du tout à cette heure. Hé bien! que pensez-vous donc de tout ceci, et à quoi vous arrêtez-vous? » Je voulus lui donner le temps de la réflexion par une parenthèse, et à moi, qui le voyois hors d'espérance de démordre; je voulus aussi le sonder sur ce qui nous regardoit. Je lui dis que je pensois qu'il avoit fait une grande faute lors de son affaire avec les bâtards, de n'avoir point voulu nous mettre à la suite des princes du sang; que quelque différence qu'il y eût d'eux à nous, un tel accompagnement eût bien embarrassé le Régent, et l'eût forcé à remettre les bâtards en leur rang de pairie; que par cela seul ils étoient perdus, et qu'alors la disposition publique du monde, et celle du Parlement en particulier, étoit d'y applaudir; mais qu'il avoit pris une fausse idée que nous savions bien, et que nous n'ignorions pas qui nous avoit perdus, qui est de mettre un rang intermédiaire entre les princes du sang et nous ; que cette faute étoit grossière, en ce que jamais nous ne pouvions nous égaler aux princes du sang, au lieu que tout rang intermédiaire se parangonnoit[1] à eux, comme ils l'avoient vu arriver par degrés, presque en tout, de MM. de Vendôme, et en tout sans exception, des bâtards et bâtardeaux du feu Roi, même depuis leur habilité à la couronne retranchée. Il en convint très-franchement, et il ajouta qu'il étoit prêt de réparer cette faute ; que son amitié pour le comte de Toulouse duquel je lui parlois tout à l'heure, en avoit été un peu cause, mais qu'il consentiroit à présent à leur réduction entière à leur rang de pairie. Il me dit de plus qu'il ne me feroit point de finesse, qu'il en avoit parlé au Régent sans s'en soucier, mais comme d'une facilité, et que pour la lui donner toute entière, il avoit proposé trois partis différents : 1° ôter l'éducation ; 2° le rang intermédiaire ; 3° réduction à celui de l'ancienneté de la pairie, et tout autre retranché ; que M. le duc d'Orléans lui avoit demandé des projets d'édits et de déclarations, qu'il les avoit fait dresser et les lui avoit remis. Il faut ici dire la vérité : l'humanité se fit sentir à moi toute entière, et sentir assez pour me faire peur. Je repris néanmoins mes forces, et après quelques courts propos là-dessus, je lui demandai comment il l'entendoit pour l'éducation.

« La demander, me répondit-il avec vivacité. — J'entends bien, lui repartis-je, mais vous souciez-vous de l'avoir ? — Moi, non, me dit-il ; vous jugez bien qu'à mon âge, je n'ai pas envie de me faire prisonnier ; mais je ne vois point d'autre moyen de l'ôter à M. du Maine que de me la donner. — Pardonnez-moi, lui répondis-je, n'y mettre personne, car cela ne sert à rien ; y laisser le maréchal de Villeroy, sans supérieur, qu'il faut bien y laisser quoi qu'il fasse, avec tous les bruits anciens et

---

1. Voyez tome X, p. 206 et note 1, et p. 460.

nouveaux. — Fort bien, me dit-il, mais ôterez-vous l'éducation à M. du Maine si personne ne la demande? et il n'y a que moi à la demander. — Mais, lui dis-je, la demander et la vouloir ce sont deux choses. Ne la pouvez-vous pas demander pour faire qu'on l'ôte à M. du Maine, et convenir avec M. le duc d'Orléans que personne ne l'aura? Il me semble même que Son Altesse Royale me dit hier que vous ne vous en souciiez pas, et à mon avis ce seroit bien le mieux. — Il est vrai, me répondit-il, que je ne m'en soucie point du tout, et que je l'aimerois autant ainsi; mais il ne me convient pas de la demander et de ne la pas avoir. Il faut que je la demande, et par conséquent que je l'aie. » J'avois senti tout l'inconvénient d'agrandir un prince du sang, et le second homme de l'État, de l'éducation du Roi, c'est ce qui m'avoit porté à cette tentative. Comme je vis mon homme si indifférent, et pourtant si résolu à l'avoir, j'essayai un autre tour pour l'en déprendre. « Monsieur, lui dis-je, cette conversation demande toute confiance. Vous m'avez parlé librement sur M. le duc d'Orléans, la nécessité me force à en user de même. Vous ne le connoissez pas, quand vous voulez l'éducation du Roi. Rien de meilleur pour M. du Maine et pour sa poltronnerie naturelle; car par là il loge chez le Roi, ne le quitte point, et se trouve à couvert de tout; en second lieu, pour soutenir son état monstrueux, qui ne peut subsister que par faveur insigne et manéges continuels. Mais vous, qu'en avez-vous besoin? vous êtes le second homme de l'État. Cet emploi ne peut donc vous agrandir ni vous servir de bouclier, dont vous n'avez que faire. Il peut seulement vous brouiller avec M. le duc d'Orléans, qui, puisqu'il faut vous le dire, est de tous les hommes le plus défiant et le plus aisé à prendre des impressions fâcheuses, qu'on sera toute la journée attentif à lui présenter sur vous; et vous, Monsieur, vous vous piquerez du défaut de confiance, d'attention, de considération. Vous ne manquerez non plus de gens pour vous mettre ces idées-là dans la tête et pour vous y confirmer que Son Altesse Royale en manquera de sa part, et vous voilà brouillés. Vous vous raccommoderez peut-être ; mais ces brouilleries et ces raccommodements ne laisseront que de l'extérieur : votre solide et vraie grandeur consiste dans une vraie et solide union avec le Régent. L'union ou le défaut d'union avec lui sera votre salut ou votre perte, autant que gens comme vous peuvent se perdre. Il faut entre vous deux une union sans taches, sans rides, sans fautes, et qui ne s'alarme pas aisément. Sans l'éducation, nulle occasion à l'entamer, avec l'éducation cent mille. Il en naîtra partout, et vous le connoîtrez trop tard. » J'eus beau dire, Monsieur le Duc s'en tint à son peu de goût pour l'avoir, à son point d'honneur de l'obtenir dès qu'il la demandoit, et à la nécessité de la demander, sans qu'il fût possible de le déranger de pas un de ces trois points qu'il s'étoit bien mis dans la tête. Comme je l'y vis inflexible, je voulus du moins ranger une très-fâcheuse épine ou m'en servir pour revenir à mon but de sauver M. du Maine, par tous les inconvénients que je craignois de l'attaquer ; je dis à Monsieur le Duc qu'il falloit donc pousser la confiance à bout, et qu'il me pardonnât un détail de sa famille où j'allois nécessairement entrer. Après cette préface, qui fut reçue avec toute la politesse d'un homme qui veut plaire et gagner, je lui dis : « Monsieur, puisque vous me le permettez, expliquons-nous donc en deux mots sur Monsieur votre frère.

« A la conduite qu'il tient par ses voyages, sa marche incertaine, et par les bruits qui se répandent, où en sommes-nous à cet égard ? — Monsieur, me répondit Monsieur le Duc, je n'en sais rien moi-même. Mon frère est un étourdi et un enfant qui prend son parti, l'exécute, puis le mande : voilà ce que c'est. — Et moi, Monsieur, lui répondis-je, je trouve que ne savoir où vous en êtes, c'est en savoir beaucoup, car je n'aurai jamais assez mauvaise opinion de M. le comte de Charolois pour le croire capable de prendre un si grand parti sans vous et sans Madame la Duchesse; elle est la mère commune. Vous, quoique fort jeune, vous avez plusieurs années plus que lui, et par toutes sortes de règles, vous lui devez tenir lieu de père : éclaircissez-moi ce point, car il est capital. » A cela, pour réponse, Monsieur le Duc prend sur sa table une lettre de ce prince qui lui marquoit, en quatre lignes, sa route pour Gênes, et c'étoit tout. Il me la lut, puis me pressa de la lire moi-même, protestant qu'il n'en savoit pas davantage. Néanmoins, pressé par moi, il lui échappa que son frère n'avoit aucun établissement, et que, s'il en trouvoit un en Espagne, comme on le débitoit, il ne trouveroit point qu'un cadet, sans bien et sans établissement, fît mal de le prendre. « Fort bien, Monsieur, lui repartis-je vivement; ce cadet a soixante mille livres de pension, n'est-ce rien à son âge pour vivre dans l'hôtel de Condé et à Chantilly avec vous, où il est décemment et avec tous les plaisirs, sans dépense? Mais quand il sera vice-roi de Catalogne, le voilà au roi d'Espagne. Comment vous plaît-il après cela que M. le duc d'Orléans se fie à vous? Vous aurez alors jambe deçà, jambe delà; vous serez, ou tout au moins vous passerez, à très-juste titre, pour le bureau d'adresse de tout homme considérable qui, sans se montrer, voudra traiter avec l'Espagne; non-seulement vous, mais vos domestiques principaux, et à votre insu, si l'on veut; et avec une telle épine, et si prégnante [1] pour M. le duc d'Orléans, vous voulez qu'il vous sacrifie les bâtards pour se lier intimement avec vous? Monsieur, pensez-y bien, ajoutai-je, je vous prends à mon tour par vos propres paroles sur M. du Maine. Le feriez-vous à la place de M. le duc d'Orléans, et vous rendriez-vous, de gaieté de cœur, les bâtards irréconciliables pour ne pouvoir jamais compter sur les princes du sang? Monsieur, encore une fois, pensez-y bien, ajoutai-je d'un ton ferme : à tout le

---

1. Voyez tome XI, p. 271 et note 1.

moins si[1] faut-il l'un ou l'autre, et non pas se mettre follement, comme l'on dit, le cul entre deux selles, à terre. »

Monsieur le Duc le sentit bien, et revint à me jeter tous les doutes qu'il put sur ces établissements : moi, toujours à lui demander s'il en vouloit répondre ; enfin je lui déclarai qu'il falloit de la netteté en de telles affaires, et savoir qui on auroit pour ami ou pour ennemi. Là-dessus, il me dit qu'avec un établissement son frère reviendroit. « Hé bien ! repris-je, voilà donc l'enclouure, et je n'avois pas tort de vous presser ; mais au moins ne faut-il pas demander l'impossible. Où sont les établissements présents pour M. de Charolois ? » Monsieur le Duc se mit à déplorer les survivances et les brevets de retenue qui, véritablement, ne le pouvoient être assez ; mais ce n'en étoit pas là le temps. Je proposai l'engagement du premier gouvernement, et enfin de donner une récompense de l'Ile-de-France au duc d'Estrées, lequel ne valoit ni l'un ni l'autre, et de donner ce gouvernement à M. de Charolois. Monsieur le Duc n'y eut pas de goût. Alors je lui citai le Poitou, donné à M. le prince de Conti, et que M. de Charolois et lui étoient deux cadets tous pareils. Cela arrêta un moment Monsieur le Duc ; il me proposa le mariage de Mlle de Valois, que son frère avoit toujours désirée.

Comme je traitois alors très-secrètement celui du prince de Piémont avec elle, qui dépendoit de convenances d'échanges d'États sur l'échange de la Sicile, et qui pouvoit traîner en longueur, je m'étois bien gardé de rien dire qui fît naître cette ouverture ; mais il fallut répondre. Je dis donc assez crûment qu'ils étoient tous deux de bonne maison et bien sortables, mais que ce seroit la faim qui épouseroit la soif. Monsieur le Duc l'avoua, et ajouta qu'en ce cas c'étoit au Régent à pourvoir sa fille convenablement à un mari qui n'auroit rien de lui-même. Je

---

1. Voyez tome X, p. 252 et note 1.

repartis que l'état du royaume ne permettoit pas de faire un mariage à ses dépens. Monsieur le Duc en voulut disconvenir en faveur des princes du sang. « Tant d'égards pour eux qu'il vous plaira, Monsieur, lui répondis-je ; mais approfondissez et voyez qui s'accommodera en France, en l'état où on est, de contribuer au mariage de princes du sang qui n'ont rien, et qui, à l'essor qu'ils ont pris, ne vivront pas avec quatre millions pour eux deux. » Il contesta sur la nécessité de quatre millions au moins, mais il n'insista plus tant sur savoir où les prendre. Je me crus bien alors, mais ce bien ne dura que pendant quelques verbiages sur les dépenses des princes du sang d'autrefois, et de ceux d'aujourd'hui ou que nous avons vus.

Après cela Monsieur le Duc tourna court, et me dit que M. du Maine fournissoit à tout, si M. le duc d'Orléans le vouloit, même à M. de Chartres, qui n'étoit revêtu de quoi que ce soit; qu'il lui pouvoit donner les Suisses et l'un des deux gouvernements, et l'autre à son frère. « J'entends bien, repartis-je, mais un gouvernement, est-ce de quoi se marier ? — Mais au moins, répondit-il, c'est de quoi vivre et revenir ici. Après cela on a du temps pour voir au mariage. — Monsieur, lui dis-je, vous voyez quel train nous allons de l'éducation au dépouillement, et il est vrai qu'il n'est pas sage de faire l'un sans l'autre. Mais faites-vous attention que l'artillerie est office de la couronne, et ne se peut ôter que par voie juridique et criminelle? — Qu'est[-ce] que cela? répliqua-t-il vivement; l'artillerie n'est rien, il n'y a qu'à la lui laisser jusqu'à ce qu'il donne lieu à en user autrement, avoir attention qu'il ne s'y passe rien, à en disperser les troupes avec d'autres dont on soit sûr. Et les carabiniers? ajouta-t-il. — Voici, repartis-je, une belle distribution. Mais si elle avoit lieu, je tiendrois dangereux de renvoyer les carabiniers dans leurs régiments; non que cette invention de les avoir mis en corps ne soit pernicieuse aux corps, et très-mauvaise au service, mais il ne faut pas jeter des créatures de M. du Maine dans tous les régiments de cavalerie; ainsi j'aimerois mieux par cette seule raison, les laisser comme ils sont, et les donner à M. le prince de Conti pour qu'il eût aussi quelque chose, et qu'il ne criât pas si fort de n'avoir rien. » Monsieur le Duc l'approuva en souriant, comme comptant peu son beau-frère, et me demanda si je ne parlerois pas à M. le duc d'Orléans ce jour-là même, parce qu'il s'agissoit du surlendemain mardi; je lui répondis que je ferois ce qu'il m'ordonneroit, mais qu'il falloit auparavant savoir que lui dire et comment lui dire, et pour cela résumer notre conversation pour convenir de nos faits; que je le suppliois de se souvenir de toutes les grandes et fortes raisons que je lui avois alléguées pour ne rien faire présentement contre M. du Maine; que quelque intérêt que je trouvasse à le voir attaquer, je ne pouvois promettre ni de changer d'avis sur ce que je venois d'entendre, ni porter Son Altesse Royale à l'attaquer tant que je ne serois pas persuadé; que, du reste, il n'avoit qu'à voir quel usage il vouloit que je fisse de cette conversation, et qu'il seroit fidèlement obéi. Il prit cette occasion de me dire que j'en usois si franchement avec lui, qu'il me vouloit parler d'une chose sur laquelle il espéroit que je voudrois bien lui répondre de même.

Il me dit donc qu'il voudroit bien savoir ce que je pensois sur la régence, non qu'il y eût aucune apparence de mauvaise santé dans M. le duc d'Orléans, mais qu'enfin on promenoit son imagination sur des choses plus éloignées, à la vie que ce prince menoit, trop capable de le tuer, ce qu'il regarderoit comme le plus grand malheur qui pût arriver à l'État et à lui-même. Je lui répondis que je n'userois d'aucun détour, pourvu qu'il me promît un secret inviolable; et après qu'il m'en eut donné sa parole, je lui dis qu'il y avoit une loi pour l'âge de la majorité très-singulière, mais qui avoit été reconnue si sage, par les inconvénients plus grands auxquels elle remédioit que ceux dont elle est susceptible, que la solennité avec laquelle un des plus sages de nos rois l'avoit faite et l'heureuse expérience l'avoit tournée en loi fondamentale de l'État, dont il n'étoit plus permis d'appeler, et qui depuis Charles IX avoit encore été interprétée d'une année de moins. Mais que pour les régences n'y en ayant aucune, il falloit suivre la loi commune du plus proche du sang, dont l'âge n'eût plus besoin de tuteur pour lui-même; conséquemment qu'il n'y avoit que lui par qui, en cas de malheur, la régence pût être exercée. « Vous me soulagez infiniment, me répondit Monsieur le Duc, d'un air ouvert et de joie, car je ne vous dissimulerai pas que je sais qu'on pense à M. le duc de Chartres; que Mme la duchesse d'Orléans a cela dans la tête, qu'elle y travaille, qu'il y a cabale toute formée pour cela, et qu'on m'avoit assuré que vous étiez à la tête. » Je souris et voulus parler; mais il continua avec précipitation : « J'en étois fort fâché, dit-il, non que je sois en peine de mon droit, mais il y a de certaines gens qu'on est toujours fâché de trouver en son chemin, et je n'étois pas surpris de vous, parce que je sais combien vous êtes des amis de Mme la duchesse d'Orléans. Je vous voyois outre cela en grande liaison avec M. le comte de Toulouse, vous parler toujours tous deux au conseil, quelquefois en particulier, devant ou après; et on parle aussi en ce cas de faire le comte de Toulouse lieutenant général du royaume, et Mme la duchesse d'Orléans tutrice de son fils. J'ai cru que vous étiez par elle réuni aux bâtards, et fort avant dans toutes ces vues. Toute notre conversation m'a montré avec un grand plaisir que vous ne tenez point aux bâtards; et cela m'a encouragé à vous parler du reste, dont j'ai une extrême joie de m'être expliqué librement avec vous. »

Je souris encore : « Monsieur, interrompis-je enfin, expliquez-vous davantage, on m'aura donné à vous comme une manière d'ennemi; vous voyez ce qui en est, et de quelle façon j'ai l'honneur de vous parler. Mais il faut en deux mots que vous sachiez que j'ai eu un procès contre feu Mme de Lussan qui étoit une grande friponne, et qu'il fallut démasquer. Je le fis après toutes les mesures possibles de respect, que Monsieur le Prince reçut à merveilles, et ne s'en mêla point. Madame la Princesse, Monsieur votre père et Madame la Duchesse ne voulurent point m'entendre, ni me voir, ni écouter personne ; rien ne conduit plus loin que le respect méprisé, et il est vrai que je ne me contraignis guère. Je n'ai jamais vu feu Monsieur le Duc depuis chez lui, et point ou fort peu depuis sa mort Madame la Duchesse. Voilà le fait, Monsieur, qui m'a brouillé avec l'hôtel de Condé, et qui y aura fait trouver tout le monde enclin à vous mal persuader de moi ; mais défiez-vous de ce qui vous sera dit, et croyez les faits. » Là-dessus, politesses infinies de Monsieur le Duc, desirs de mériter mon amitié, excuses de la liberté qu'il avoit prise, joie pourtant de tout ce qui en résultoit, en un mot rien de plus liant et de moins prince. J'y répondis avec tout le respect que je devois, et puis lui dis : « Voyez-vous, Monsieur, il y a déjà quelque temps que je suis dans le monde, je sais aimer avec attachement, mais nul attachement ne m'a encore fait faire d'injustice ni de folie à mon su. Je tâcherai de m'en garder encore, et pour vous tout dire en un mot, je tiens que ce seroit l'un et l'autre que de donner ma voix à M. le duc de Chartres pour la régence, qui dans le malheur possible que nous espérons qui n'arrivera pas, n'est due qu'à vous seul : voilà pour le fond. Pour le goût, j'aime M. le comte de Toulouse, vous l'avez bien vu en cette conversation. Je l'aime par une estime singulière. Ma séance au conseil auprès de lui a formé ces liens ; nous nous y parlons des choses du conseil, et rarement d'autres. Je ne le vois point chez lui que par nécessité qui n'arrive pas souvent, et cette nécessité me déplaît à cause du cérémonial, auquel je ne puis me ployer. Je lui souhaite toutes sortes d'avantages ; mais quelque mérite que je lui sente avec goût, il est bâtard, Monsieur, il est injurieusement au-dessus de moi, jamais je ne consentirois à faire un bâtard lieutenant général du royaume, beaucoup moins au préjudice des princes du sang. Voilà mes sentiments, comptez-y. N'en parlez jamais, je vous en conjure encore, parce que je ne veux pas me brouiller avec Mme la duchesse d'Orléans, pour un futur contingent qui n'arrivera, j'espère, jamais. Je ne puis douter de son entêtement là-dessus. J'y ai répondu obliquement, et me suis ainsi tiré d'affaires; vous ne voudriez pas m'en faire avec elle. » Là-dessus nouvelles protestations du secret, nouvelles honnêtetés, et je coupai la parenthèse, de laquelle néanmoins je ne fus point du tout fâché, par supplier Monsieur le Duc que nous convinssions enfin de quelque chose pour ne pas demeurer inutilement ensemble, et donner lieu à la curiosité de ceux qui peut-être l'attendoient déjà.

Il me dit que toute la résomption[1] de sa part n'alloit qu'à ôter M. du Maine d'auprès du Roi, à me prier de voir M. le duc d'Orléans ce matin même pour lui en parler de mon mieux, et que, pour ce faire, il consentoit à celui des trois édits dont il avoit porté les projets au Régent qu'il voudroit préférer. Ce peu de paroles ne fut pas si court que dans ce narré il n'y eût beaucoup de choses rebattues, après lesquelles Monsieur le Duc me déclara nettement que de cela dépendoit son attachement à M. le duc d'Orléans, ou de ne faire pas un pas ni pour ni contre lui: contre, parce qu'il en étoit incapable; pour, parce qu'il le deviendroit par ce dernier manquement à tant de paroles données, à l'accomplissement desquelles l'intérêt personnel du Régent n'étoit pas moins formel que le sien. J'avois bien ouï, par-ci par-là, divers propos dans la conversation qui sembloient dire la même chose, mais celui-ci fut si clair, qu'il n'y eut pas moyen de ne le pas entendre. C'est ce qui me fit proposer à Monsieur le Duc d'aller ce même matin au Palais-Royal, afin que le Régent ne pût douter de toute la force de sa volonté déter-

1. *Résomption* ou *résumption*, action de résumer.

minée ; mais d'y aller après moi parce que je voulois me donner le temps de préparer M. le duc d'Orléans, et d'essayer s'il n'auroit pas plus d'autorité sur Monsieur le Duc que mes raisons ne m'en avoient donné. Je promis donc d'être à onze heures et demie au Palais-Royal, et lui me dit qu'il s'y trouveroit à midi et demi. En le quittant je lui dis que je n'oublierois rien de toutes les raisons qu'il m'avoit alléguées, que je n'en diminuerois la force en quoi que ce fût, que j'appuierois sur la détermination en laquelle il me paroissoit ; mais que je ne m'engageois à rien de plus, que je demeurois dans la liberté des sentiments où il m'avoit vu du danger de toucher alors à M. du Maine, que j'exposerois fidèlement les deux avis, qu'après ce seroit entre eux deux à se déterminer. Monsieur le Duc fut content de cette franchise, et nous nous séparâmes avec toute la politesse qu'il y put mettre, jusqu'à me demander mon amitié à plusieurs reprises avec toutes les manières d'un particulier qui la desire, et du ton et du style des princes du sang d'autrefois. Je payai de respects et de toute l'ouverture que ce procédé demandoit. Il voulut me conduire, même après que j'eus passé exprès devant lui la porte de son cabinet pour l'en empêcher, et j'eus peine à l'arrêter dans sa chambre, où heureusement il n'y avoit presque personne.

Je vins chez moi, et allai à la messe aux Jacobins, où j'entrois de mon jardin. Ce ne fut pas sans distraction. Mais Dieu me fit la grâce de l'y prier de bon cœur, et d'un cœur droit, de me conduire pour sa gloire et pour le bien de l'État sans intérêt particulier. Je dirai même que je reçus celle d'intéresser des gens de bien dans cette affaire sans la leur désigner ni qu'ils pussent former aucune idée, pour m'obtenir droiture et lumière et force dans l'une et dans l'autre contre mon penchant ; et, pour le dire une fois pour toutes, je fus exaucé dans ce bon desir, et je n'eus rien à me reprocher dans toute la suite de cette affaire, où je suivis toujours les vues du bien de l'État, sans me détourner ni à droite ni à gauche.

Fontanieu m'attendoit chez moi au retour de la messe. Il fallut essuyer ses questions sur sa mécanique, et y répondre comme si je n'eusse eu que cela dans l'esprit. J'arrangeai ma chambre en lit de justice avec des nappes, je lui fis entendre plusieurs choses locales du cérémonial qu'il n'avoit pas comprises, et qu'il étoit essentiel de ne pas omettre. Je lui avois dit de voir le Régent ce matin-là; mais il le falloit éclaircir auparavant, et il reçut ses ordres l'après-dînée.

CHAPITRE XX.

Contre-temps au Palais-Royal. — Je rends compte au Régent de ma longue conversation avec Monsieur le Duc; reproches de ma part, aveux de la sienne. — Lit de justice différé de trois jours. — Le Régent tourne la conversation sur le Parlement; convient de ses fautes, que je lui reproche fortement; avoue qu'il a été assiégé, et sa foiblesse. — Soupçons sur la tenue du lit de justice. — Contre-temps qui me fait manquer un rendez-vous aux Tuileries avec Monsieur le Duc. — Ducs de la Force et de Guiche singulièrement dans la régence. — M. le duc d'Orléans me rend sa conversation avec Monsieur le Duc, qui veut l'éducation du Roi et un établissement pour M. le comte de Charolois. — Découverte d'assemblées secrètes chez le maréchal de Villeroy. — Je renoue, pour le soir, le rendez-vous des Tuileries. — Dissertation entre Monsieur le Duc et moi sur M. le comte de Charolois, sur l'éducation du Roi, qu'il veut ôter sur-le-champ au duc du Maine, et l'avoir. — Point d'Espagne sur M. de Charolois. — Monsieur le Duc me charge obstinément de la plus forte déclaration de sa part au Régent sur l'éducation. — Monsieur le Duc convient avec moi de la réduction des bâtards en leur rang de pairie au prochain lit de justice; nous nous donnons le même rendez-vous pour le lendemain.

J'arrivai au Palais-Royal à onze heures et demie, et comme les contre-temps sont toujours de toutes les grandes affaires, je trouvai M. le duc d'Orléans enfermé avec le maréchal d'Huxelles et les cardinaux de Rohan et de Bissy, qui lui lisoient chacun une grande paperasse de sa façon, ou soi-disant, sous le spécieux nom de ramener le cardinal de Noailles à leur volonté. J'attendis, en bonne compagnie, dans le grand cabinet devant le salon où se faisoit cette lecture et où nous étions la veille, et j'étois sur les épines ; mais j'y fus bien davantage lorsque je vis Monsieur le Duc y entrer à midi et demi à la montre. Il ne voulut pas faire avertir M. le duc d'Orléans, néanmoins au bout d'un quart d'heure il y consentit. J'enrageois de le voir parler devant moi : il ne resta qu'un demi-quart d'heure, et dit en sortant que M. le duc d'Orléans lui avoit dit qu'il en avoit encore pour plus d'une heure avec les cardinaux ; sur quoi il avoit pris son parti de s'en aller pour revenir avant le conseil. J'oublie que j'étois convenu de le voir le soir aux Tuileries, dans l'allée d'en bas de la grande terrasse, si je le jugeois à propos par ma conversation avec M. le duc d'Orléans, et que je le lui dirois au conseil en tournant autour de lui. Nous ne nous donnâmes presque aucun signe de vie lui et moi au Palais-Royal, et je fus soulagé de le voir parti sans qu'il eût eu loisir d'enfoncer la matière.

Cependant, je jugeai que je retomberois dans le même inconvénient que je venois de craindre, si je ne forçois le cabinet. Je m'y résolus donc après avoir dit que je m'en allois aussi, et que ce n'étoit que pour prendre l'ordre d'une autre heure, parce que la fin de la matinée des dimanches étoit une des miennes, depuis que l'après-dînée, qui l'étoit, étoit remplie par le conseil, qui se tenoit auparavant le matin. J'usai donc de la liberté d'interrompre Son Altesse Royale, mais au lieu d'entrer j'aimai mieux l'envoyer supplier, par le premier valet de chambre, de me venir dire un mot pressé. Il parut aussitôt ; je le pris dans la fenêtre, et lui dis que, tandis qu'il s'amusoit entre ces deux cardinaux qui lui faisoient perdre un temps infiniment pressé et précieux pour un accommodement qu'ils ne vouloient point faire, j'avois à lui rendre un compte fort long, et avant qu'il vît Monsieur le Duc, qui alloit revenir, d'une grande et très-importante conversation que j'avois eue avec lui ce matin même sur un billet que j'en avois reçu. Il me

répondit qu'il s'en doutoit bien, parce que Monsieur le
Duc lui venoit de dire qu'il m'avoit écrit et vu, que
c'étoit pour gagner le temps de me voir qu'il s'en étoit
défait sur le compte de l'affaire des cardinaux qui en
effet devoit durer encore plus d'une heure, mais qu'il
me prioit de rester et qu'il alloit les renvoyer. Il rentra,
leur dit qu'il étoit las, que cette affaire s'entendroit mieux
en deux fois qu'en une, et en moins d'un demi-quart
d'heure ils sortirent avec leur portefeuille sous le bras.
J'entrai en leur place, et portes fermées nous demeu-
râmes à nous promener dans la galerie, M. le duc d'Orléans et moi, jusqu'à trois heures après midi, c'est-à-dire
plus de deux bonnes heures.

Quelque longue qu'eût été ma conversation avec Monsieur le Duc, je la rendis toute entière à M. le duc d'Orléans sans en oublier rien, et chemin faisant j'y ajoutai
mes réflexions. Il fut surpris de la force de mes raisons
pour ne pas tomber sur M. du Maine, et fort effarouché
de la ténacité de Monsieur le Duc sur ce point. Il me dit
qu'il étoit vrai qu'il lui avoit demandé les trois projets
d'édits différents, et qu'il les lui avoit donnés, sans se
soucier duquel ni l'un ni l'autre [1], mais pour voir simplement lequel conviendroit mieux pour assurer seulement l'éloignement du duc du Maine. Alors je sentis qu'il
s'y étoit engagé tout de nouveau. Il n'osa me l'avouer,
mais il n'échappa pas à mon reproche. « Hé bien ! Monsieur, lui dis-je trop brusquement, vous voilà pas dans
le bourbier que je vous ai prédit tant de fois ? Vous
n'avez pas voulu culbuter les bâtards quand les princes
du sang, le Parlement, le public entier n'avoient qu'un
cri pour le faire, et que tout le monde s'y attendoit. Que
vous dis-je alors, et que ne vous ai-je pas souvent répété
depuis, qu'il vous arriveroit tôt ou tard d'y être forcé par
les princes du sang dans des temps où cela ne conviendroit plus, et que ce seroit un faire-le-faut à toutes

---

1. Sans se soucier de l'un plus que de l'autre.

risques[1]? Par quel bout sortirez-vous donc d'ici? Croyez-moi, continuai-je, mal pour mal, celui-ci est si dangereux, et vous avez si souvent et si gratuitement manqué de parole sur ce chapitre, que, si vous pouvez encore échapper, n'oubliez rien pour le faire. Monsieur le Duc vous dit tout à la fois qu'il ne se soucie pas de l'éducation du Roi, mais qu'il la veut dès qu'il la demande, et qu'on ne la peut ôter à M. du Maine que parce qu'il la demandera. Sentez-vous bien, Monsieur, toute la force de cette phrase si simple en apparence? C'est le second homme de l'État qui ne veut faire semblant que de sa haine en apparence, et veut se fortifier de l'éducation sans vous montrer rien qui vous donne de l'ombrage. Après, quand il l'aura, ce sera à vous à compter avec lui, parce que vous ne lui ôterez pas l'éducation comme à M. du Maine, et comprenez ce que c'est pour un régent qu'avoir à compter avec quelqu'un, et encore d'avoir à y compter par son propre fait. Encore un coup, voilà ce que c'est que n'avoir pas renversé les bâtards à la mort du Roi. Alors plus de surintendant de l'éducation du Roi, et Monsieur le Duc hors de portée par son âge de la demander, trop content d'ailleurs d'une telle déconfiture; le maréchal de Villeroy, gouverneur en seul, et vous maître d'un tel particulier si grand qu'il soit, et de l'éducation par conséquent; quelle différence! »

Le Régent gémit, convint et me demanda ce que je pensois qu'il y eût à faire. Je répondis que je venois de le lui dire; que je ne servois point Monsieur le Duc à plats couverts[2], qu'en le quittant je lui avois promis de rendre à Son Altesse Royale toute notre conversation et toutes ses raisons dans toute leur force, mais que je m'étois expressément réservé la liberté de faire valoir aussi les miennes dans toute la leur. Je dis ensuite au Régent que, pour éviter d'ôter M. du Maine si à contre-

---

1. Voyez tome I, p. 356 et note 1.
2. Cette locution figurée est expliquée par la suite de la phrase.

temps, je ne voyois de fourchette à la descente[1] que M. de Charolois; qu'il falloit insister sur son retour, que ce retour étoit très-peu praticable, à la manière de penser de l'hôtel de Condé, par le défaut d'établissements présents, puisque le gouvernement de l'île-de-France ne leur convenoit pas, et par la difficulté de doter suffisamment Mlle de Valois; qu'il n'y avoit qu'à tenir ferme sur ce point; qu'il ne pouvoit pas n'être pas trouvé essentiel par eux-mêmes, puisqu'il s'agissoit de savoir si on pouvoit compter sur les princes du sang en sacrifiant le duc du Maine, et qu'il étoit évident qu'on ne pouvoit y compter tant que M. de Charolois seroit hors de France, et en état de prendre en Espagne l'établissement de Catalogne dont on parloit.

M. le duc d'Orléans goûta avec avidité cet expédient, si fort né de la matière même que je ne croyois pas qu'il fallût le lui suggérer. Il donnoit à croire que le lit de justice étoit pour le surlendemain, au pis aller dans quatre jours, terme trop étranglé pour qu'ils pussent prendre un parti sur ce retour, ou que, le prenant, M. de Charolois pût être arrivé, et l'occasion passée, on avoit du temps devant soi, car l'affaire du Parlement étoit si instante que Monsieur le Duc lui-même ne pouvoit pas proposer de différer le lit de justice. Le Régent m'assura qu'il tiendroit ferme là-dessus avec Monsieur le Duc; ajouta qu'il seroit très à propos que je le visse le soir aux Tuileries pour voir quel effet Son Altesse Royale auroit fait sur lui, à qui j'en rendrois compte le lendemain.

Ensuite il me dit qu'il doutoit que le lit de justice pût être pour le surlendemain mardi, parce que le garde des sceaux doutoit lui-même d'être prêt pour tout ce qu'il y auroit à faire. Ce délai me déplut; je craignis qu'il ne fût un prélude de délai plus long et puis de changement. Je lui demandai à quand donc il le prétendoit remettre, que

---

1. De moyen préservateur.

ces coups résolus, puis manqués se savoient toujours, et faisoient des effets épouvantables. « A vendredi, me dit-il, car mercredi et jeudi sont fêtes, et on ne le peut plus tôt. — A la bonne heure, repartis-je, pourvu qu'à tout rompre ce soit vendredi; » et je l'y vis bien déterminé. Je lui rendis compte après plus en détail que par mon billet de la veille de ce que j'avois fait avec Fontanieu, et puis il me parla du Parlement avec amertume.

« Vous n'avez, Monsieur, lui répondis-je, que ce que vous avez bien voulu avoir. Si dès l'abord, indépendamment même des autres fautes à cet égard, vous aviez jugé notre bonnet, et si vous ne nous aviez pas sacrifiés au Parlement pour l'honneur de ses bonnes grâces, et avec nous votre parole, votre honneur et votre autorité, l'arrêt de la régence, vous lui eussiez montré que vous êtes régent, au lieu que vous lui avez appris à le vouloir être, et votre foiblesse le lui a fait espérer. — Cela est vrai, me repartit-il vivement, mais en ce temps-là j'étois environné de gens qui se relayoient les uns les autres pour le Parlement contre vous autres et qui ne me laissoient pas respirer. — Oui, lui dis-je, et qui, pour leur intérêt particulier, vous éloignoient de vos vrais serviteurs, de moi, par exemple, pour qui tout cela se faisoit, et qui vous disoient sans cesse que je n'étois que duc et pair; vous le voyez, et si je n'avois pas raison pour lors, et si maintenant je vous parle en duc et pair quand le bien de l'État et le vôtre me semblent opposés à mon intérêt de dignité; je vous somme de me dire si jamais je vous ai parlé qu'en serviteur, indépendamment d'être duc et pair. — Ho! quelquefois, » me dit-il en homme moins persuadé que peiné d'être acculé. Je ne voulus pas le battre à terre : « Monsieur, lui dis-je, allez, vous me rendez plus de justice, mais au moins pour cette fois vous voyez si je songe au bonnet, tandis que vous êtes piqué contre le Parlement, et si je ne soutiens pas les bâtards de toutes mes forces. Pesez cette conduite avec mon goût, que je n'ai jamais caché, mais aussi n'oubliez pas jusqu'à quel point vous vous êtes aliéné les ducs, et de quelle conséquence et en même temps de quelle facilité il est de les regagner si le pied vous glisse avec Monsieur le Duc sur M. du Maine ; car si vous faites la faute de lui ôter l'éducation, tablez que de lui ôter son rang avec ne vous l'éloignera pas plus que le seul dépouillement de l'éducation, son rempart présent et ses vastes espérances, et que cela nous est si capital que vous vous en raccommoderez avec nous. — Pour cela, me dit-il, il n'y aura pas grand inconvénient ; mais c'est qu'il faut éviter d'ôter l'éducation à cette heure. Il est de mon intérêt de le faire une autre fois, et alors comme alors, mais aujourd'hui il n'est pas de saison et vous avez la plus grande raison du monde. Ce Monsieur le Duc me fait peur, il en veut trop et trop fermement. — Mais comment l'entendez-vous ? lui repartis-je ; ne me dites-vous pas hier que Monsieur le Duc vous avoit assuré qu'il ne se soucioit point de l'éducation et qu'il ne l'auroit pas ? — Je l'entends, me répondit-il, qu'il me le dit, mais vous voyez comme il a son dit et son dédit. Il ne s'en soucie pas, mais c'est à condition qu'il l'aura et ce n'est pas mon compte. — Monsieur, lui dis-je d'un ton ferme, ce ne l'est point du tout, mais mettez-le-vous donc si bien dans la tête qu'il ne l'ait pas, car je vous déclare que s'il l'a, fait comme vous êtes, vous vous en défierez, lui s'en apercevra, d'honnêtes gens se fourreront entre vous deux pour vous éloigner l'un de l'autre, et puis ce sera le diable entre vous deux, qui influera sur l'État, sur le présent, sur l'avenir ; vous ne sauriez trop y penser, et par rapport à sa qualité de premier des princes du sang en âge et par rapport à l'opiniâtreté de ses volontés. Avec ces réflexions je vous quitte pour m'en aller dîner. — Voici mon gourmand, me dit-il, de belles réflexions, et le dîner au bout. — Oui, dis-je, en riant aussi, le dîner et non pas tant le souper ; mais puisqu'il vous plaît de ne point dîner, ruminez bien tout ceci en attendant Monsieur le Duc, qui ne tardera guère, et préparez-vous bien à l'assaut. »

En effet je m'en allai dîner, et non sans cause, car je n'en pouvois plus. Comme il étoit fort tard, il fallut, au sortir de table, aller au conseil. Il ne commença qu'à près de cinq heures; l'entretien de Monsieur le Duc avec M. le duc d'Orléans en fut cause. Je tournai autour de Monsieur le Duc, et lui dis bas que j'irois. C'étoit le mot convenu pour les Tuileries. Rentrant chez moi, je trouvai Fagon; nous dissertâmes notre lit de justice. Il me jeta des soupçons sur le garde des sceaux dont les propos lui faisoient autant de peine que le délai. Il me conta de plus qu'il avoit passé presque toute la matinée avec lui et d'autres du conseil des finances à des futilités, au lieu de la donner à la préparation de ce qu'il avoit à faire pour le lit de justice. M. de la Force survint, qui fortifia ces soupçons. Cependant le jour tomboit et mon rendez-vous pressoit. Je priai Fagon de me mener dans son carrosse à la porte des Tuileries, au bout du pont Royal, et donnai au mien et à mes gens rendez-vous à l'autre bout du pont. J'eus toutes les peines du monde à finir la conversation. Enfin nous nous embarquâmes Fagon et moi.

Comme nous étions encore sous ma porte, « arrête, arrête ! » C'étoit l'abbé du Bois. Force fut de reculer et de descendre. Je lui dis que nous avions bien affaire pour quelque chose qui regardoit Mme de Lauzun, dont Fagon se vouloit bien mêler. Cela devint ma défaite ordinaire, parce que je me souvenois de m'en être servi chez Fontanieu. Fagon croyoit que j'allois simplement raisonner avec Monsieur le Duc pour fortifier le Régent contre le Parlement et sur le lit de justice. Mais ce commerce de Monsieur le Duc eût davantage surpris et aiguisé la curiosité de l'abbé du Bois, grand fureteur. Je n'eus donc garde de lui en rien dire. Mal m'en prit en un sens, qui fut que je ne pus jamais me défaire de lui à temps. Enfin pourtant je le renvoyai, et montai devant lui dans le carrosse de Fagon, comme j'avois fait la première fois devant M. de la Force.

Je descendis aux Tuileries, et Fagon les traversa pour ne rien montrer à ses gens. Je courus toute l'allée du rendez-vous marqué. Je regardois les gens sous le nez. Je parcourus trois fois l'allée et même le bout du jardin. Ne trouvant rien, je sortis pour chercher parmi les carrosses si celui de Monsieur le Duc y étoit. Je trouve mes laquais qui crient et me font faire place. Je les aurois battus de bon cœur. Je leur demandai doucement pourtant ce qu'ils faisoient là, et leur dis de m'aller attendre où je leur avois marqué. Je rentrai honteux dans le jardin, et de tout ce manége je ne gagnai que de la sueur.

Remontons maintenant pour un moment à la première origine de cette affaire, c'est-à-dire à la cause principale qui la mit en mouvement. J'ai dit que ce fut l'intérêt particulier de Law, d'Argenson, de l'abbé du Bois. Mais ce fut celui du duc de la Force pour être du conseil de régence qui excita Law, qui s'endormoit, et par lui Monsieur le Duc et l'abbé du Bois, ami de Law, et enfin Argenson, par M. de la Force d'une part, et par l'abbé du Bois de l'autre. Tant il est vrai que les affaires qui semblent parler et presser d'elles-mêmes, et en général toutes les grandes affaires, si on les recherche bien, il se trouvera que rien n'est plus léger que leur première cause, et toujours un intérêt très-incapable, ce semble, de causer de tels effets.

Le Régent, avec sa facilité et sa timidité ordinaire, se défioit du conseil de régence sur le Parlement, et ne pouvoit s'en passer dans cette lutte avec cette Compagnie, où il s'agissoit de casser en forme ses arrêts, comme il étoit parvenu à s'en passer en presque toutes les affaires. M. de la Force, pour se rendre nécessaire, lui avoit grossi les objets de cette timidité à cet égard, et tiré en conséquence fort facilement promesse de lui d'être appelé au conseil de régence lorsqu'il s'y agiroit des matières du Parlement, et après lui avoit laissé espérer qu'entré une fois en ce conseil il y demeureroit toujours. Telle étoit la cause de la chaleur du duc de la Force contre le Parlement, et de celle que, par lui et par les bricoles [1] que je viens d'expliquer, il avoit tâché d'inspirer au Régent.

Ce prince, souvent trop lent, quelquefois aussi trop peu, voulut que dès le dimanche où nous sommes encore, et dont je n'ai pas voulu interrompre les récits importants pour cette épisode [2], voulut, dis-je, qu'on parlât au conseil de régence de casser les arrêts du Parlement. Il m'en parla le matin après que je lui eus rendu compte de ma visite à l'hôtel de Condé. Je lui représentai l'inconvénient d'annoncer sitôt la cassation de ces arrêts, puisqu'il me disoit que le lit de justice étoit remis au vendredi suivant. Il l'avoit dans la tête, de manière à y souffrir aussi peu de réplique qu'il en étoit capable, s'appuyant là-dessus de l'avis du garde des sceaux. Ce fut aussi l'une des choses qui jointe au délai du lit de justice, me fit plus craindre quelque dessous de cartes, car je ne voyois pas à quoi cette précipitation étoit bonne, sinon à divulguer un parti pris, à en laisser entrevoir le moment, conséquemment à le faire échouer, avec quatre jours devant soi à donner lieu d'y travailler.

Il n'y eut pas moyen de l'empêcher. M. de la Force, qui n'étoit pas moins sur les épaules du Régent que sur les miennes, le sut de lui, et me pria de faire en sorte qu'il fût mandé. C'étoit là mon moindre soin, mais il y remédia par les siens, et il arracha du Régent l'ordre de venir au conseil de régence, avec quelques paperasses de finances pour couvrir la chose, bien qu'il eût été éconduit d'y rapporter dès l'entrée du garde des sceaux dans les finances. Chacun, avant de prendre séance, se regarda quand on l'y vit arriver; et le maréchal de Villeroy, grand formaliste, ne fut pas content de ce rapport à son insu, comme chef du conseil des finances. Ce rapport de balle

1. Voyez tome XI, p. 304 et note 2.
2. Voyez tome XII, p. 28 et note 1.

achevé en peu de mots, le duc de la Force resta en place, et le Régent proposa de délibérer sur les arrêts du Parlement. Le garde des sceaux les lut et les paraphrasa légèrement, puis conclut à les casser. Il n'y eut qu'une voix là-dessus. Ainsi les mémoires de M. de la Force demeurèrent dans sa poche. Ensuite M. le duc d'Orléans dit qu'il falloit dresser l'arrêt pour cette cassation, mais que, cette affaire n'étant pas encore prête, il la croyoit assez importante pour voir cet arrêt de cassation dans un autre conseil avant de le publier, et qu'on s'assembleroit pour cela dans deux ou trois jours, quand le garde des sceaux l'auroit dressé. Dès le soir même il fut public que les arrêts du Parlement seroient cassés. On s'y attendoit tellement qu'on étoit surpris de ce qu'ils ne l'étoient pas encore, et Dieu voulut qu'on ne pénétra pas plus avant.

Question fut après pour M. de la Force de demeurer dans le conseil de régence, et d'y assister le lendemain lundi. M. le duc d'Orléans ne s'en soucioit guère, et la cassation des arrêts du Parlement avoit si légèrement passé qu'il n'étoit point tenu d'en récompenser M. de la Force. Celui-ci le sentit bien et vint me crier à l'aide avec une importunité étrange. J'avois bien d'autres choses dans la tête. Je ne me souciois du tout point de faire entrer M. de la Force dans la régence. Je sentois bien que, s'il y entroit, on ne manqueroit pas de me l'attribuer. Il s'étoit mis dans une situation à rendre ce service pis que ridicule. Il l'étoit de plus d'augmenter le conseil, déjà absurdement nombreux. M. le duc d'Orléans le voyoit bien; je ne voulois pourtant pas tromper le duc de la Force.

Dans cet embarras insupportable avec de plus grands, j'allai le lundi matin 22 août à onze heures et demie au Palais-Royal, sous prétexte que je n'avois pas achevé ma besogne ordinaire de la veille. Je commençai par dire au Régent qu'il n'avoit pas eu grand'peine à faire passer la cassation des arrêts du Parlement, et que les munitions de

M. de la Force s'étoient trouvées heureusement inutiles. Le Régent sentit ce mot et me dit que, pour qu'il ne parût pas qu'il l'eût fait venir exprès, il lui avoit fait rapporter une bagatelle de finance. « Oui, dis-je, mais si bagatelle que personne n'a compris pourquoi il étoit venu la rapporter, ni pourquoi, après l'avoir rapportée, il étoit demeuré au conseil. Mais qu'en faites-vous aujourd'hui ? — Il a bien envie d'entrer en la régence, me répondit-il en souriant et comme cherchant mon suffrage. — Je le sais bien, repartis-je; mais nous sommes beaucoup. — Vraiment oui, me dit-il, et beaucoup trop. » Je me tus pour ne faire ni bien ni mal, content d'avoir mis le doigt sur la lettre, pour le pouvoir dire au duc de la Force. Un moment après M. le duc d'Orléans ajouta comme par réflexion : « Mais ce n'est qu'un de plus. — Oui, dis-je, mais le duc de Guiche, vice-président de la guerre, comme l'autre l'est des finances, et colonel des gardes de plus, comment le laisser en arrière ? — Ma foi, vous avez raison, dit le Régent; allons, je n'y mettrai pas M. de la Force. »

Je l'avois dit exprès, et puis le remords de conscience me prit d'avoir ainsi exclu un homme qui s'étoit fié à moi. Après quelque débat en moi-même, je dis au Régent, comme fruit de mon silence : « Mais si vous le lui aviez promis ? — Il en est bien quelque chose, me répondit-il. — Voyez donc, repartis-je; car pour moi, je me contente de vous représenter et de vous faire souvenir d'un homme qu'oublier en ce cas-là, ce seroit une injure. — Vous me faites plaisir, me dit-il, cela ne se peut pas l'un sans l'autre. » Et après un peu de silence : « Mais au bout du compte, continua-t-il, pour ce qu'on y fait, et au nombre qu'il y a, deux de plus ou de moins n'y font pas grand'chose. — Hé bien! le voulez-vous? lui dis-je. — Ma foi, j'en ai envie, me dit-il. — Si cela est, répondis-je, n'en faites donc pas à deux fois, pour le faire au moins de bonne grâce. Le duc de Guiche est là dedans : voulez-vous que je l'appelle ? — Je le veux bien, » dit-il aussitôt.

J'ouvris la porte, et j'appelai le duc de Guiche assez haut, parce qu'il étoit assis assez loin avec M. le Blanc. Pendant qu'il venoit, M. le duc d'Orléans s'avança assez près de moi, et puis au duc de Guiche. Je fermai la porte, et me tins à quelque distance d'eux. La chose étoit simple, et devint pourtant une scène dont je fus seul témoin.

M. le duc d'Orléans, je l'entendis, pria le duc de Guiche de vouloir bien être de la régence, lui demanda si cela ne l'incommoderoit point, lui dit que l'assiduité n'étoit que de deux fois la semaine, et encore que ce ne seroit pour lui qu'autant qu'il voudroit, et que cela ne le contraindroit point pour sa maison de Puteaux; qu'il vît franchement si cela lui convenoit, qu'il ne lui demandoit cela qu'autant que la chose ne l'embarrasseroit pas et ne le détourneroit point du conseil de la guerre. A toutes ces supplications si étrangement placées, le duc de Guiche éperdu, non de la grâce, mais de la manière, se submergeoit en bredouillages et en plongeons jusqu'à terre. Je ne vis jamais tant de compliments d'une part ni de révérences de l'autre. A la fin M. le duc d'Orléans révérencia aussi, et tous deux, à bout de dire, se complimentoient de gestes à fournir une scène au théâtre; enfin, las de rire en par[1] moi, et impatienté à l'excès, je les séparai par complimenter le duc de Guiche.

En sortant, il me serra la main, et pour le dire tout de suite, il m'attendit jusqu'à ce que je sortisse, et cela ne fut pas court. Il me dit qu'il voyoit bien à qui il avoit l'obligation d'entrer au conseil de régence. Il le dit à sa famille et à ses amis, et il étoit vrai que, sans moi, M. le duc d'Orléans n'y songeoit pas, mais ce que le duc de Guiche ne fit pas si bien, c'est qu'il fit presque des excuses d'avoir accepté. Au moins ses propos furent ainsi traduits dans le monde, et n'y firent pas un bon effet. Il étoit vrai qu'il n'y pensoit point, et qu'il en fut prié comme

---

1. Telle est l'orthographe de Saint-Simon.

d'une grâce, mais il n'en falloit pas rendre compte au public.

On goûta peu cette nouvelle multiplication. Le duc de la Force s'étoit décrié ; le duc de Guiche ne passoit pas pour augmenter beaucoup les lumières du conseil. Ceux qui [en] étoient étoient fâchés de devenir presque un bataillon, et ceux qui n'en étoient pas étoient à chercher l'occasion, qui étoit nulle, et en trouvoient encore plus ridicule cette augmentation à propos de rien. J'eus l'endosse de tous les deux. Mais il m'en plut incontinent une autre qui fit disparoître celle-là.

Le duc de Guiche sorti, je demandai à M. le duc d'Orléans à quoi il en étoit avec Monsieur le Duc, et lui dis comme je l'avois manqué aux Tuileries. Il me répondit en s'arrêtant et se tournant vers moi, car nous marchions vers la grande galerie, qu'il n'avoit jamais vu un homme si têtu, et que cet homme lui faisoit peur. « Mais enfin? lui dis-je. — Mais enfin, me répondit-il, il veut l'éducation du Roi, et n'en veut point démordre. — Et son frère ? interrompis-je. — Et son frère, répondit-il, c'est toujours la même chanson. Mais il s'est coupé à force de dire, et je vois bien qu'ils s'entendent tous comme larrons en foire, car tantôt il dit, comme à vous, que c'est un enfant et un étourdi, qui fait tout à sa tête sans consulter, et dont il ne peut répondre, et quand je l'ai pressé sur l'établissement, et si en ce cas-là il reviendroit et si on y pourroit compter, il lui est échappé qu'il en répondroit alors, et s'en faisoit fort et son affaire. Je lui ai serré le bouton et fait remarquer la différence de ce qu'il me disoit. Cela l'a embarrassé ; mais il n'en a pas tenu moins ferme, et je n'en suis pas plus avancé. — C'est-à-dire, repris-je, que vous ne savez par là que ce dont vous ne pouviez douter, qu'ils sont de concert, et que Monsieur le Duc est maître de son frère ; mais, c'est-à-dire aussi que c'est le fer chaud du pont Neuf, à ce que je vois, et que pour avoir Monsieur le Duc il faut deux choses : lui donner l'éducation du Roi, et un établissement à son frère. Comment ferez-vous pour tout cela, Monsieur, et par où en sortirez-vous? L'éducation est encore pis que l'établissement, et si [1] l'établissement je ne le vois pas. — Tout cela ne m'embarrasse pas, me dit le Régent : d'établissement, je n'en sais point faire quand il n'en vaque pas, et la réponse est sans réplique. Je ne crains point l'établissement d'Espagne; Alberoni y regardera à deux fois à se mettre un prince du sang sur le corps, lequel n'a rien, et qui voudra autorité et biens, et au bout du compte, ils prendront garde aussi qu'un peu vaut mieux ici que plus et beaucoup là-bas, et l'espérance ici avec les difficultés de l'autre côté les retiendra, et nous donnera du temps. Pour l'éducation, je n'en ferai rien, et j'ai un homme bien à moi à cette heure, qui ôtera à Monsieur le Duc cette fantaisie de la tête, car il le gouverne, et je le dois voir tantôt. — Mais, Monsieur, lui dis-je, qui est cet homme ? — C'est la Faye, me répondit-il, qui est son secrétaire, qu'il consulte et croit sur tout, et, entre nous, je lui graisse la patte. — A la bonne heure, lui dis-je, faites tout comme il vous plaira, pourvu que vous sauviez l'éducation. »

Là-dessus, nous nous mîmes à rebattre cette matière, puis celle du Parlement; et revenant à Monsieur le Duc, je lui fis sentir la différence d'un mariage où il auroit tout à faire, et encore à essuyer les aventures domestiques, d'avec celui du prince de Piémont, oncle du Roi. Il le comprit très-bien, et conclut par se très-bien affermir dans le parti de ne céder point à Monsieur le Duc. Il me dit là-dessus qu'il lui avoit très-bien expliqué que la pension de cent cinquante mille livres qu'il venoit de lui accorder, comme chef du conseil, n'avoit jamais été donnée en cette qualité à son bisaïeul dans la dernière minorité, mais bien comme premier prince du sang, qui étoit la même pension qu'en la même qualité avoit encore M. le duc de Chartres; que Monsieur le Duc lui avoit encore demandé l'effet rétroactif depuis la régence ; et

---

1. Voyez ci-dessus, p. 382, ligne 1.

qu'il l'avoit accordé à condition qu'on le payeroit comme on pourroit de ces arrérages supposés. Il ajouta qu'avec tout cet argent il falloit bien que Monsieur le Duc se contentât et entendît raison ; que je ferois bien de tâcher à renouer le rendez-vous des Tuileries, pour voir l'effet de leur conversation ; et nous convînmes que je lui en rendrois compte le lendemain matin par la porte de derrière, pour ne point donner de soupçon, parce que je n'avois pas accoutumé de le voir ainsi tous les jours. Il faut se souvenir que ceci se passa le lundi matin 22 août.

En rentrant chez moi, je mandai à M. de la Force de se trouver au conseil de régence de l'après-dînée, dont il étoit désormais. Il vint aussitôt chez moi. Je n'ai point vu d'homme plus aise. Je m'en défis aussitôt que je pus. Cette entrée au conseil produisit une découverte. M. de la Force le voulut aller dire au maréchal de Villeroy, et alla l'après-dînée chez lui avant l'heure du conseil. Il y voulut entrer par le grand cabinet, où on alloit le tenir. Le maréchal de Tallart, qui lui en vit prendre le chemin, lui demanda où il alloit, et lui dit que, s'étant trouvé tête à tête avec le maréchal de Villeroy, il s'étoit endormi, sur quoi, il étoit venu dans ce cabinet attendre. M. de la Force, qui craignoit les secouades du maréchal, s'y achemina toujours pour s'y faire écrire ; en entrant il trouva Falconnet, médecin de Lyon, qui étoit toujours chez lui, qui lui demanda où il alloit. Il le lui dit, et ce que lui avoit dit aussi le maréchal de Tallart. Le bonhomme, qui n'y entendoit pas finesse, lui répondit : « Ses gens le disent, qu'il dort, mais, comme j'étois avec lui, M. le duc du Maine est entré, un instant après M. le maréchal de Villars, et aussitôt on a fermé la porte, et il y a déjà du temps. »

Dès que je fus arrivé, ce fut la première chose que me dit le duc de la Force. Un peu après nous vîmes venir le maréchal de Villars, par la porte ordinaire, qui avoit fait le tour ; puis, à distance raisonnable, M. du Maine par la porte de chez le Roi ; enfin le maréchal de Villeroy après lui. Cette manière d'entrer me frappa, et me fit presser M. de la Force de le dire à M. le duc d'Orléans dès qu'il arriveroit ; il le fit. Moi, cependant je fus pris par Monsieur le Duc, qui me dit qu'il m'avoit cherché aux Tuileries. Je le priai de s'y trouver le soir, et que je n'y manquerois pas ; que j'y avois été la veille trop tard, et que je lui dirois pourquoi. Je coupai court ainsi, et me séparai de lui en hâte de peur d'être remarqué, ce qu'on craint toujours quand on sent qu'il y a de quoi. Après le conseil, M. le duc d'Orléans pria fort à propos les princes, qui toutes les semaines alloient chasser chez eux, de ne s'absenter point à cause de l'examen de l'arrêt du conseil en cassation de ceux du Parlement, et indiqua un conseil extraordinaire de régence pour le jeudi suivant après dîner, qu'il colora même de l'expédition de quelques affaires du conseil qui finissoit, et qu'il laissa exprès en arrière. On ne peut croire combien ce conseil indiqué au jeudi après dîner servit à couvrir le projet.

Rentré chez moi, je ne songeai qu'à compasser mon heure des Tuileries pour ne pas manquer Monsieur le Duc une seconde fois. Je priai Louville de m'y conduire pour dépayser mes gens qui ne m'avoient jamais vu aller aux promenades publiques. Louville traversa le jardin, et je trouvai Monsieur le Duc au second tour de l'allée du rendez-vous. Je lui fis d'abord mes excuses de la veille, et lui dis ce qui me l'avoit fait manquer. Après je lui demandai à quoi il en étoit avec Son Altesse Royale. Il me dit qu'il avoit peine à se résoudre. Je lui répondis que je ne m'en étonnois pas, que l'article de Monsieur son frère étoit une grande enclouure, et que c'étoit à lui à l'ôter. Il se récria comme il avoit accoutumé de faire là-dessus, me fit le récit, tel qu'il lui plut, de sa sortie de France, et en conclut ce qu'il voulut. Je repris son narré, et lui fis remarquer que ce qu'il me faisoit l'honneur de me dire étoit vrai sans doute, puisqu'il me le donnoit pour tel ; mais qu'il falloit pourtant qu'il m'avouât que c'étoit une de ces vérités qui ne sont pas vraisemblables, qu'un prince de cet âge fit une première sortie, et pour pays étranger si éloigné, sans en rien dire à Madame sa mère ni à lui, et que, faisant cette équipée, il trouvât d'anciens domestiques de la maison pour le suivre sans en avertir, un gentilhomme entre autres, dont il me faisoit l'éloge ; que de plus cette sortie étoit arrivée lors du plus opiniâtre déni de justice et de jugement de leur procès avec les bâtards ; que je le supplois de bien remarquer combien cette circonstance étoit aggravante.

Je vis sourire Monsieur le Duc, autant que l'obscurité me le put permettre, et non-seulement il se démêla mal de la réponse, mais je sentis qu'il ne cherchoit pas trop à bien sortir de l'embarras de mon argument. Il sauta à me dire que le tout dépendoit de M. le duc d'Orléans ; qu'un établissement trancheroit tout, et s'échauffant de raisonnement là-dessus, il passa jusqu'à me répondre du retour de son frère, pourvu qu'il fût seulement bien assuré d'un grand gouvernement : il me l'avoit déjà dit à l'hôtel de Condé. J'insistai sur sa caution, et quand je l'eus bien prise, je souris à mon tour, et lui prouvai par son dire qu'il sentoit donc bien qu'il étoit maître du retour de son frère, de quelque manière qu'il se fût éloigné de lui. Cette conséquence l'embarrassa davantage ; il allégua des distinctions comme il put, mais toujours buté à un établissement sûr, et donnant pour expédient le dépouillement de M. du Maine.

Là-dessus longs propos, la plupart tenus de part et d'autre dès l'hôtel de Condé. J'insistai principalement sur deux points, le danger des mouvements dans l'État et la considération du comte de Toulouse ; mais rien n'y fit. Je trouvai un homme fermé à ne pas manquer une occasion, peut-être unique, d'aller à son but et à ne se plus fier aux paroles du Régent. Il me le répéta vingt fois, convenant que ce qui regardoit le duc du Maine eût été mieux à remettre, mais protestant qu'il ne seroit plus

assez sot pour s'y exposer. Il ajouta que de cette affaire
M. le duc d'Orléans sauroit à quoi s'en tenir avec lui;
qu'il étoit vrai que Son Altesse Royale n'avoit guère
affaire de lui; mais, comme que ce fût, de l'éducation dans
le vendredi suivant dépendoit son attachement sans réserve
ou son éloignement pareil. Je répondis que le Régent
et le second homme de l'État avoient besoin l'un de
l'autre, l'un à la vérité bien plus et l'autre beaucoup
moins, mais toujours un besoin réciproque d'union, de
satisfaction, qui influoit sur l'État; que l'intérêt de tous
les deux étoit d'ôter au duc du Maine l'éducation du Roi
par toutes les raisons déjà tant répétées; conséquemment
que je croyois aussi qu'il devoit s'en reposer sur Son Altesse
Royale, et ne la pas réduire à l'impossible sur M. de
Charolois, au danger de la guerre civile pour le temps
mal choisi. « Voyez-vous, Monsieur, reprit Monsieur le
Duc avec vivacité, tout ceci n'est qu'un cercle. La guerre
civile, je vous l'ai déjà dit, elle n'est pas à craindre; et
danger pour danger, elle la seroit moins à cette heure
qu'en différant, parce que plus les bâtards iront en avant,
plus ils fortifieront leur parti. Il faudra bien finir par ôter
l'éducation à M. du Maine de votre aveu et de celui de
M. le duc d'Orléans, qui sans cela est le premier perdu;
or, s'il se veut bien perdre en différant toujours, tantôt
pour une raison, tantôt pour une autre, comme il fait
malgré tant de paroles données depuis la mort du Roi,
je ne veux pas me perdre, moi; et la guerre civile, soit
pour me conserver contre les bâtards, soit contre eux,
en les ayant laissés trop croître, sera cent fois pis qu'à
présent; de plus, c'est que je n'en crois point. Le comte
de Toulouse est trop sage, et son frère trop timide : cette
raison, ne la rebattons donc plus; mon frère, que M. le
duc d'Orléans s'engage, et qu'il s'en fie à moi. Le lit de
justice tenu, il aura le temps d'arranger ce qu'il faut à
mon frère, qui reviendra du moment que l'arrangement
sera prêt. — Mais, Monsieur, lui dis-je, faut-il trahir un
secret? Vous êtes assez honnête homme pour pouvoir

vous tout confier; mais gardez-vous d'en laisser rien voir
à M. le duc d'Orléans; car c'est de lui que je le tiens, et
je crois nécessaire de vous en informer pour vous montrer que nous en savons plus que vous ne pensez sur
Monsieur votre frère. — Qu'y a-t-il donc? » me répondit-il avec émotion, et avec toute assurance de garder le secret.

Je ne m'en souciois guère; mais il étoit à propos de le
lui beaucoup demander, pour lui faire une impression
plus forte. Je lui dis donc que nous ne pouvions pas douter, par des lettres interceptées, et, ce que je ne lui dis
pas, par des lettres d'Alberoni au duc de Parme, que,
parmi les remises qui se faisoient d'Espagne en Italie
pour le projet qui est sur le tapis, il y en eût dix mille
pistoles pour un seul particulier. Je dis particulier, et lui
spécifiai bien, comme il étoit vrai, que ce n'étoit ni potentat, ni fournisseur, ni banquier, d'où la conclusion
étoit aisée à tirer que cette gratification si forte ne pouvoit regarder un particulier moindre que M. le comte de
Charolois.

Là-dessus Monsieur le Duc me témoigna le plaisir que je
lui faisois de cette confiance, et me fit le détail de la suite
légère de Monsieur son frère, telle qu'il ne se pourroit
passer pour quoi que ce fût de tant soit peu important et
encore pour des choses pécuniaires du sieur de Billy, cet
ancien gentilhomme de leur maison, qu'il m'avoit tant
vanté. Il ajouta que Billy étoit entièrement incapable
d'entrer en rien ni de savoir quoi que ce fût, sans lui en
rendre compte, et puis me protesta non-seulement avec
serment, mais avec un air de vérité et de sincérité qui me
convainquit, qu'il n'en avoit pas la moindre notion, ni
même aucune que son frère fût en commerce avec le cardinal Alberoni ni avec personne en Espagne. Cela me soulagea fort à savoir, et je ne le lui dissimulai pas. Il me parla
encore de Mlle de Valois, et sur cela je battis la campagne
tant que je pus à cause du prince de Piémont. Monsieur
le Duc ne m'en pressa pas tant qu'il avoit fait à l'hôtel

de Condé, soit qu'il eût réfléchi sur la difficulté d'une dot pour deux, ou que, tout occupé de son affaire, il se passât volontiers à un gouvernement pour Monsieur son frère.

Il me pressa ensuite de voir M. le duc d'Orléans le lendemain matin, chez lequel il devoit aller ce même lendemain l'après-dînée, de me mettre en sa place sur le peu de réalité de ses paroles, et sur le danger qu'il y auroit en attendant; puis me répéta avec feu que [de] ce qui se passeroit le vendredi prochain, et non un jour plus tard, dépendroit[1] aussi son dévouement ardent et entier pour M. le duc d'Orléans, ou de ne vouloir pas aller pour son service d'où nous étions au grand rond des Tuileries, au bord presque duquel nous nous entretenions pour pouvoir voir dans l'obscurité autour de nous. Il ne se contenta pas de me répéter la même déclaration; mais il me pria de la faire de sa part au Régent, et d'y ajouter que, s'il n'avoit l'éducation le vendredi suivant, il lui en resteroit un ressentiment dans le cœur, dont il sentoit bien qu'il ne seroit pas maître, et qui lui dureroit toute sa vie.

Je me débattis encore là-dessus tant que je pus; mais enfin il me força par me dire que, puisqu'il trouvoit fort bon que j'appuyasse mes raisons, il avoit droit aussi d'exiger de moi que je ne cachasse rien à M. le duc d'Orléans de ce qu'il desiroit qui passât à lui par moi de sa part. A bout donc sur ce beau message je crus, à voir une détermination si forte, qu'à tout hasard je devois l'entretenir dans la bonne humeur où je l'avois laissé sur notre rang à l'égard des bâtards. Je finis la conversation par là, et il me promit de lui-même, sans que je l'en priasse, de dire le lendemain à M. le duc d'Orléans que, toute réflexion faite, leur réduction à leur rang de pairie parmi les pairs étoit ce qui lui paroissoit le meilleur à suivre des trois projets de déclarations ou d'édits qu'il lui avoit pré-

---

1. *Dépenderoit*, au manuscrit.

sentés. Je sentis bien qu'en effet je l'en avois persuadé dès l'hôtel de Condé; mais je ne sentis pas moins qu'il vouloit me plaire et me toucher par un endroit aussi sensible pour émousser mes raisons de ne pas toucher au duc du Maine.

Nous nous séparâmes avec un rendez-vous à la même heure et au même lieu pour le lendemain, afin de nous dire l'un à l'autre ce qui se seroit passé avec M. le duc d'Orléans; et Monsieur le Duc, en me quittant, me fit excuses de toutes les peines qu'il me donnoit, et les compliments de la plus grande politesse, à quoi je répondis par tous les respects dus. Je lui fis excuse de ne l'accompagner pas dans le jardin; il prit par une allée, moi par une autre; et, pour cette fois, je trouvai mes gens où je leur avois dis, et je m'en retournai chez moi.

CHAPITRE XXI.

Je rends compte au Régent de ma conversation avec Monsieur le Duc. — Hoquet du Régent sur l'élévation des siéges hauts comme à la grand'chambre, qui me[1] inquiète sur sa volonté d'un lit de justice. — Récit d'une conversation du Régent avec le comte de Toulouse, bien considérable; probité du comte, scélératesse de son frère. — Misère et frayeur du maréchal de Villeroy; nécessité de n'y pas toucher. — Je tâche de fortifier le Régent à ne pas toucher à M. du Maine. — Propos sur le rang avec Son Altesse Royale. — Mes réflexions sur le rang. — Conférence chez le duc de la Force; sage prévoyance de Fagon et de l'abbé du Bois. — Inquiétude de Fontanieu pour le secret; il remédie aux siéges hauts. — Entretien entre Monsieur le Duc et moi dans le jardin des Tuileries, qui veut l'éducation plus fermement que jamais; je lui fais une proposition pour la différer, qu'il refuse, sur quoi je le presse avec la dernière force; outre l'honneur, suites funestes des manquements de parole. — Disposition de Madame la Duchesse sur ses frères toute différente de Mme la duchesse d'Orléans. — Prince de Conti à compter pour rien. — J'essaye à déranger l'opiniâtreté de Monsieur le Duc sur avoir actuellement l'éducation, par les réflexions sur l'embarras de la mécanique. — Je presse vivement Monsieur le Duc; il demeure

---

1. Il y a bien *me*, sans élision.

inébranlable; ses raisons. — Je fais expliquer Monsieur le Duc sur la réduction des bâtards au rang de leur pairie; il y consent; je ne m'en contente pas; je veux qu'il en fasse son affaire, comme de l'éducation même, et je le pousse fortement. — Trahison des Lassay. — Monsieur le Duc desire que je voie les trois divers projets d'édits qu'il avoit donnés au Régent; Millain; quel. — Je déclare à Monsieur le Duc que je sais du Régent que la réduction du rang des bâtards est en ses mains, et que le Régent la trouve juste; je presse fortement Monsieur le Duc. — Monsieur le Duc me donne sa parole de la réduction des bâtards au rang de leur pairie. — Je propose à Monsieur le Duc de conserver le rang sans changement au comte de Toulouse, par un rétablissement uniquement personnel; mes raisons. — Monsieur le Duc consent à ma proposition en faveur du comte de Toulouse, et d'en faire dresser la déclaration; je la veux faire aussi, et pourquoi. — Raisonnement encore sur la mécanique. — Renouvellement de la parole de Monsieur le Duc de la réduction susdite des bâtards; dernier effort de ma part pour le détourner de l'éducation et de toucher au duc du Maine.

Le lendemain mardi 23 août, je fus entre neuf et dix du matin chez M. le duc d'Orléans, par la porte de derrière, introduit par d'Ibagnet, qui m'attendoit. Il le fut avertir dans son grand cabinet, et le trouva déjà à la messe, au retour de laquelle Son Altesse Royale fit fermer ses portes et me vint trouver. Nous nous promenâmes dans sa grande galerie, où je lui rendis compte de ce qui s'étoit passé entre Monsieur le Duc et moi la veille dans le jardin des Tuileries. Il approuva fort la confidence que je lui avois faite des dix mille pistoles, et je remarquai que M. le duc d'Orléans fut très-soulagé de ce qu'il y avoit lieu de croire que cette somme n'étoit pas pour M. le comte de Charolois, et que ce prince n'avoit point encore de commerce en Espagne.

Nous rebattîmes la plupart des choses principales en question, et il me parut qu'il regardoit son mariage avec sa fille comme assez praticable. Je lui remontrai là-dessus toute la différence de celui du prince de Piémont pour la réputation de sa régence, pour se faire une nouvelle et plus prochaine alliance avec un prince tel que le roi de Sicile, et si bienséante par rapport à leurs qualités de grand-père et d'oncle du Roi, de père et de frère d'une princesse qui lui avoit rendu un si grand service par le mariage de Mme la duchesse de Berry. J'ajoutai la considération qu'il devoit à Mme la duchesse d'Orléans pour qui le coup de poignard seroit doublement affreux de sceller la perte de ses frères par le mariage de sa fille avec le fils d'une sœur qu'elle haïssoit à mort, et le frère de celui qui culbutoit le sien et qui profitoit de sa plus chère dépouille. Enfin je n'omis rien de tout ce que je crus de plus propre à donner des forces à M. le duc d'Orléans pour combattre les raisons de Monsieur le Duc. Mais je sentis que deux choses lui faisoient une impression forte. Ce que je viens de rapporter sur M. le comte de Charolois et l'Espagne, et la dure protestation de Monsieur le Duc, qu'il fallut bien lui rapporter dans toute sa force. Je ne lui dissimulai pas non plus que le nombre accumulé de ses manquements de parole à Monsieur le Duc sur l'éducation faisoit toute sa roideur à la vouloir à cette heure. Le Régent les contesta, dit qu'il ne disoit pas vrai, puis laissa voir, ce dont je me doutois bien, qu'il n'y avoit rien à rabattre des justes plaintes de Monsieur le Duc à cet égard.

Ensuite, passant au mécanique, car cette conversation fut très-sautillante, je lui dis, et je ne sais pas trop comment je m'en avisai, que les siéges hauts du lit de justice n'auroient qu'une marche, par la difficulté de les élever davantage; mais que je croyois que cela suffisoit pour marquer seulement des hauts et des bas siéges. Là-dessus il s'éleva, me dit que cela ne pouvoit passer de la sorte, que les hauts siéges de la grand'chambre avoient cinq degrés. J'eus beau lui représenter la difficulté mécanique, et lui dire enfin que puisque moi, à son avis si pair, j'en étois convenu, il pouvoit bien le trouver bon. Point du tout. Le voilà à entrer dans tous les expédients de cet ouvrage sans en trouver pas un, et pour fin à me charger de voir Fontanieu pour remédier en toutes sortes à cet inconvénient. Cela pensa me désespérer, car jamais, pour le trancher court, M. le duc d'Orléans n'eut de dignité, et ne s'en soucia pour soi-même ni pour les autres. Pour lui, un peu plus ou moins d'élévation aux hauts siéges ne faisoit rien à un régent du royaume, qui au lit de justice n'a que la première place sur le banc des pairs laïques, sans distance ni différence quelconque d'avec eux et pour les pairs, il les avoit trop maltraités pour croire que cette seule fois il fût devenu tout à coup épris de leur dignité et de l'honneur de leur séance. Je soupçonnai donc fortement que M. le duc d'Orléans, battu de Monsieur le Duc, au pied du mur pour un lit de justice de grande exécution, cherchoit quelque voie de le rompre. Le délai de trois jours m'en avoit donné l'inquiétude, et ceci, si fort contraire à son génie, me l'augmenta beaucoup. Je craignis que, n'osant rompre à découvert un projet de cette sorte, n'ayant plus par où le différer au delà du vendredi, ni moins encore rien à alléguer pour changer une résolution si concertée, il se jetoit où il pouvoit pour former un délai, dans l'espérance de faire ébruiter, puis échouer la chose. Cela me mit dans un grand malaise; je cherchai dans le reste de la conversation à m'éclaircir de ce grand point; mais je compris bien que mes soins seroient inutiles, et que si le Régent en avoit la pensée, il me la cacheroit avec plus de précaution qu'à nul autre.

De là, il passa à un récit bien considérable. « Vous ai-je dit, me demanda-t-il, la conversation que j'ai eue mardi dernier avec le comte de Toulouse? » Et sur ce que je lui répondis que non, il me conta qu'après avoir travaillé avec le maréchal d'Estrées et lui, il resta seul, et lui demanda s'il pouvoit lui faire une question, et que cette question fut s'il étoit content de lui et de sa conduite; que sur les assurances de toute satisfaction suivies de réponses du comte de Toulouse les plus convenables, même les plus nettes, il lui dit que, puisqu'il en étoit ainsi, il en avoit encore une autre à lui faire sur son frère, qui étoit dans l'inquiétude d'un bruit répandu qu'il le vouloit faire arrêter et le maréchal de Villeroy.

Son Altesse Royale s'étoit mise à rire comme d'une chose qui ne méritoit que cela; il fut pressé; il répondit qu'il n'y avoit pas songé. Le comte lui demanda s'il en pouvoit assurer son frère, et sur le oui, lui demanda s'il en étoit mécontent, et d'où pouvoit venir ce bruit. Le Régent répondit que, pour le bruit, il en ignoroit la cause, mais que, pour content, il ne pouvoit l'être. Le comte voulut approfondir; sur quoi M. le duc d'Orléans lui demanda ce qu'il penseroit de remuer le Parlement. Le comte lui répondit avec franchise que cela lui paroîtroit très-criminel, et s'informa s'il y en avoit quelque chose sur le compte de son frère. M. le duc d'Orléans répondit qu'il n'en pouvoit douter par des preuves très-sûres, et tout de suite lui demanda que lui sembleroit d'un commerce en Espagne, et avec le cardinal Alberoni. « Encore pis, répondit nettement le comte, je ne regarderois pas cela différemment d'un crime d'État; » et sur ce que M. le duc d'Orléans lui laissa entendre qu'il en savoit le duc du Maine coupable, le comte lui dit qu'il ne pouvoit soupçonner son frère jusqu'à ce point; qu'il le supplioit de bien prendre garde à la vérité de ce qui en pouvoit être, que pour lui, il lui avoit donné sa parole, parce qu'il considéroit l'État et Son Altesse Royale comme une seule et même chose; qu'ainsi il lui répondoit de soi, mais qu'il ne lui répondoit pas de son frère.

Cette conversation me parut infiniment importante, et les réflexions que j'y fis allongèrent fort la nôtre. Je dis à M. le duc d'Orléans que je ne voyois rien de si net ni de plus estimable que le procédé du comte de Toulouse, en même temps rien de si fort contre le duc du Maine que ce que son frère, si engagé à le soutenir, lui déclaroit pourtant qu'il n'en pouvoit répondre. Le Régent me parut y faire beaucoup d'attention. Je lui dis qu'un tel propos la méritoit toute entière, et lui faisoit sentir la grandeur de sa faute d'avoir laissé le duc du Maine entier; que néanmoins il ne devoit pas s'en frapper jusqu'à perdre de vue l'espèce présente, je veux dire l'union du duc du Maine avec le Parlement, et le danger de les châtier ensemble ; que ces conjonctures demandoient toutes ses plus mûres réflexions. Après quelque séjour là-dessus, moi ne voulant plus trop m'expliquer, et flottant entre le danger nouveau, démontré par l'aveu du comte de Toulouse, et la crainte extrême de moi-même sur ma vengeance et la restitution de notre rang, le Régent me conta que le maréchal de Villeroy lui avoit parlé lui-même de ce bruit de le faire arrêter avec M. du Maine, d'un ton fort humble et fort alarmé, qu'il en avoit été dire autant à l'abbé du Bois, et qu'il étoit dans la dernière peine, quoi qu'on pût faire pour le rassurer. Je dis à M. le duc d'Orléans que pour celui-là, quoi qu'il pût faire, il falloit le laisser ; qu'après les bruits anciens et nouveaux, il n'y avoit ni grâce ni sûreté à l'ôter d'auprès du Roi, auquel s'il arrivoit malheur dans la suite, chacun renouvelleroit d'horreurs contre Son Altesse Royale.

Il en convint, et me témoigna d'ailleurs que l'âge et le peu de mérite du maréchal de Villeroy rendoient sa place très-indifférente. J'ajoutai que je regarderois sa mort, si elle arrivoit devant la majorité, comme un malheur pour Son Altesse Royale, parce qu'alors ce seroit bien forcé d'en nommer un autre ; que je ne savois pas trop bien qui de mérite propre à cette place en voudroit, et que ce seroit en revenir presque au même danger s'il arrivoit malheur au Roi.

Il en convint encore ; puis nous revînmes à Monsieur le Duc, moi bien aise de prendre ma mission pour sentir où il en étoit sur le duc du Maine, et en même temps sur notre rang. Il me parla foiblement sur l'un et sur l'autre. Je le conjurai de nouveau de bien penser aux suites d'attaquer le duc du Maine dans une partie aussi sensible que l'éducation, et de la confier à un prince du sang de l'humeur arrêtée de Monsieur le Duc, et après quelques raisonnements faits et abrégés là-dessus, je le suppliai de sentir que s'il faisoit tant que d'ôter au duc du Maine l'éducation du Roi, il ne seroit ni moins enragé ni moins réconciliable, d'y ajouter sa réduction[1] à son rang de pairie. Il me répondit qu'il l'avoit déjà voulu une fois; que Monsieur le Duc s'y étoit opposé par l'idée de se séparer de nous par mettre entre deux un rang intermédiaire; qu'il étoit bien aise de me le dire nettement pour que je ne m'amusasse pas aux propos de Monsieur le Duc, avec lequel il faudroit bien voir, s'il se portoit à lui donner l'éducation du Roi, mais sans lequel cela étoit impossible. Avec cela je m'en allai avec un commencement d'espérance, dont voici le raisonnement, supposé l'éducation changée de main:

Je comprenois de reste que ni M. le duc d'Orléans, ni Monsieur le Duc ne se soucioient de la restitution de notre rang. Je comptois bien même qu'ils tâcheroient de l'éluder l'un par l'autre, le Régent surtout, grand maître en ces sortes de tours d'apparente souplesse qui se démêlent avec exécration bientôt après; mais je sentis aussi qu'il ne résisteroit non plus à Monsieur le Duc en ce point, si celui-ci se le mettoit dans la tête, que dans l'affaire de l'éducation, *a fortiori*, et qu'il n'étoit rien moins qu'impossible d'y déterminer Monsieur le Duc, qui croyoit avoir un besoin capital de moi, se conduisoit avec moi de même, étoit convaincu, de son aveu fait à moi-même, de la fausseté de son ancienne idée de rang intermédiaire, et tacitement encore par ne le vouloir pas dire par gloire, de la sottise qu'il avoit faite de ne nous avoir pas mis à leur suite contre les bâtards. Or il étoit à même de réparer l'une et l'autre faute; lui-même y avoit pensé, puisqu'il l'avoit proposé par l'un des trois projets d'édits. Il n'étoit donc plus question que de lui parler ferme, et de me servir de sa passion démesurée de l'éducation pour servir la mienne de la restitution de notre rang. C'est une des choses que je roulai le plus dans ma tête le reste de la journée; mais qui n'y roula qu'en second, tant j'eus peur de moi-même, et de ne pas éloigner avec

---

[1]. C'est-à-dire, qu'il ne serait ni plus enragé ni moins réconciliable, qu'on y ajoutât ou non sa réduction.... Voyez ci-après, p. 445.

le désintéressement d'un cœur pur tout ce qui pouvoit nuire à l'État et y causer des troubles.

Plein de ces pensées, le duc de Chaulnes força ma porte au sortir de dîner, que je tenois fermée en ces jours si occupés à tout ce qui n'étoit point du secret. Fils et neveu des ducs de Chevreuse et de Beauvillier, notre union étoit intime. Je l'avois, comme on l'a vu, fait duc et pair; il ne l'oublia jamais, et il étoit aussi sensible que moi à ce qui étoit de cette dignité. Il venoit, sur les bruits qui couroient de la colère du Régent contre le Parlement, raisonner avec moi si nous ne pourrions pas en tirer quelque parti. J'eus regret de ne pouvoir lui rien dire; je battis la campagne sur les difficultés générales, et je m'en défis le plus tôt que je pus.

J'étois attendu chez M. de la Force, où Fagon et l'abbé du Bois devoient se trouver. En les attendant, car je logeois fort près de lui et les autres fort loin, je dissertai avec lui mes soupçons renouvelés le matin par ce hoquet bizarre que M. le duc d'Orléans m'avoit fait des hauts siéges aux Tuileries. Il en fut effrayé comme moi. Fagon vint, qui ne le fut pas moins. Nous relûmes avec lui le mémoire que je lui avois dicté chez moi, qui fut le fondement de toute cette affaire. Il y avoit ajouté diverses choses de pratique, mais importantes, sur l'interdiction du Parlement s'il refusoit de venir aux Tuileries, les scellés à mettre en différents lieux du Palais, et autres choses de cette nature. L'abbé du Bois arriva, après s'être fait attendre assez longtemps, avec d'excellentes notes d'ordres à donner pour l'exécution mécanique de tous les ordres possibles, les signaux des ordres pour les pouvoir donner en séance sans qu'il y parût, comme en cas que le Parlement voulût sortir du lit de justice, l'arrêter tout entier ou quelques membres seulement, et quels; et mille choses de cette nature qu'on ne peut trop soigneusement prévoir, et qui mettent en désarroi quand elles arrivent sans qu'on y ait prévu d'avance.

Je n'eus pas le temps d'achever avec eux. Les siéges

hauts me tenoient en cervelle; je voulois ôter à M. le duc
d'Orléans ce prétexte que je redoutois. J'avois mandé à
Fontanieu de m'attendre chez lui, et je m'étois arrangé
pour avoir fait avec lui à temps de ne manquer pas mon
rendez-vous des Tuileries. Je trouvai moyen avec Fontanieu que les siéges hauts eussent trois bonnes marches.
Il se désoloit du délai du lit de justice, parce que dans
l'intervalle, il craignoit ses ouvriers, qui ne comprenoient
point ce qu'il leur faisoit faire, et qui mouroient d'envie
de le savoir et de s'en informer. Sortant de chez lui, je
dis à mes gens : « Au logis; » mais en passant devant ce
pont tournant du bout du jardin des Tuileries, je tirai
mon cordon, m'y fis descendre comme séduit par le beau
temps, et j'envoyai mon carrosse m'attendre au bout du
pont Royal.

Je ne tardai pas à trouver Monsieur le Duc dans notre
allée ordinaire, le long du bas de la terrasse de la rivière.
Comme c'étoit la seconde fois au même lieu, je craignis
les aventures imprévues et les remarques. Je lui fis ôter
son cordon bleu, qu'il mit dans sa poche. Il avoit vu M. le
duc d'Orléans le matin depuis moi, et je reconnus bientôt
qu'il l'avoit trouvé beaucoup plus facile. Cela me fâcha,
parce que j'en sentis la conséquence et que je ne viendrois pas à bout d'un homme si arrêté dès qu'il espéreroit obtenir ce qu'il prétendoit. Il me conta d'abord que
le Régent lui avoit fait la confidence des dix mille pistoles
et la lui avoit faite entière en lui nommant le duc de
Parme, dont je fus surpris, parce que cela n'y ajoutoit
rien et découvroit ce qu'il ne falloit pas, et me dit que
Son Altesse Royale étoit demeuré persuadé sur ce qu'il
lui en avoit dit que cette remise n'étoit pas pour M. le
comte de Charolois; je le pressai sur le retour de ce
prince et sur l'établissement. Lui se tint ferme à le différer jusqu'à un établissement prêt, à en répondre dès
qu'il le seroit et à trouver qu'il n'y en pouvoit avoir que
par le dépouillement du duc du Maine. Je le suppliai de
nouveau d'en sentir toutes les conséquences, que je lui

remis devant les yeux. Nous les discutâmes encore, et ce ne fut de part et d'autre que des redites de nos précédentes conversations, parmi lesquelles il me répéta à diverses reprises les manquements de parole qu'il avoit essuyés là-dessus et auxquelles il ne pouvoit plus se fier, et sa protestation encore plus durement que la veille d'attachement au Régent ou de ne faire pas un pas pour son service, selon que l'éducation lui seroit ou ne lui seroit pas donnée dans le vendredi prochain.

Voyant que c'étoit perdre temps que d'espérer davantage de le ramener là-dessus, il me vint dans l'esprit de lui faire une proposition qui me parut devoir être goûtée : « Monsieur, lui dis-je, je vois bien ce qui vous tient, vous ne voulez plus tâter des paroles et vous voulez user de l'occasion présente ; vous avez raison ; mais vous convenez aussi que si vous n'aviez pas été si souvent trompé, vous ne vous opiniâtreriez pas à vouloir l'éducation dans la même séance qui doit si fort mortifier le Parlement, parce que vous en sentez toutes les dangereuses conséquences. — Cela est vrai, me répondit-il : je voudrois de bon cœur pouvoir séparer l'un de l'autre ; mais, après ce qui s'est passé tant de fois, quelle sûreté aurois-je et quelle folie à moi de m'y laisser aller ? — Attendez, Monsieur, répliquai-je. Il me vient sur-le-champ une idée dans la tête, que je ne vous réponds pas que M. le duc d'Orléans adopte, mais que je vous réponds de lui proposer, si vous la goûtez, et comme je la crois raisonnable de faire tout ce qui est en moi pour qu'il l'exécute. Je voudrois que M. le duc d'Orléans vous écrivît un billet signé de lui, par lequel il vous donnât sa parole de vous donner l'éducation du Roi à la rentrée du Parlement. Par là elle vous est immanquable ; car, s'il vous tient parole, vous avez votre but, s'il y vouloit manquer, vous avez en main de quoi le rendre tout aussi irréconciliable avec M. du Maine que s'il lui avoit ôté l'éducation, et par là vous le forcez à le faire, pour ne demeurer pas tout à la fois brouillé avec vous et brouillé avec eux, si vous, hors de toute mesure avec lui, montriez le billet de sa main. — Monsieur, me repartit Monsieur le Duc d'un ton ferme, je ne me fie non plus aux écrits et aux signatures de M. le duc d'Orléans qu'à ses paroles. Il m'a trompé trop de fois, et ce seroit être trop dupe. » Je contestai, mais ce fut en vain, et il demeura fermé à vouloir l'éducation et rien autre.

Dépourvu de cette ressource, qui s'étoit présentée à moi tout à coup comme bonne, j'eus recours aux péroraisons. Je lui rebattis ce que je crus de plus touchant sur le comte de Toulouse, et enfin sur les mouvements qui pouvoient agiter l'État. Il me parut toujours le même, c'est-à-dire inébranlable, et me dit qu'il devoit écrire le lendemain matin au Régent pour le voir commodément l'après-dînée, et en venir ensemble à une résolution; qu'il me prioit de l'y préparer dans la matinée, et de compter encore une fois que de l'éducation dépendroit son attachement pour Son Altesse Royale, ou le contraire avec un ressentiment dans le cœur dont il ne seroit pas le maître, et qui dureroit autant que lui : « Monsieur, lui répondis-je avec feu, vous devez me connoître à présent sur les bâtards et sur mon rang. Je ne suis point né prince du sang et habile à la couronne; cependant mon amour pour ma patrie, que je crains de voir troubler bien dangereusement, me fait combattre mon intérêt de rang le plus sensible et le plus précieux, et ma vengeance la plus vive et la plus passionnément desirée. Vous donc qui devez prendre d'autant plus de part que moi en cet État, qui est votre patrie comme la mienne, mais qui est de plus votre patrimoine possible dont la couronne est dans votre maison depuis tant de siècles, et ne peut tomber que sur vous et sur vos descendants à tour chacun d'aînesses, je vous adjure par votre qualité de François, par votre qualité de prince du sang qui doit vous faire regarder la France avec des yeux de tendresse et de propriété, je vous adjure de passer cette nuit et demain toute la matinée à peser votre intérêt contre le duc du

Maine avec l'intérêt de l'État, d'être plus François qu'intéressé dans son abaissement, de vous représenter sans cesse les suites et les conséquences de ce que vous voulez faire; et quel seroit votre juste repentir, si par haine seulement ou par intérêt personnel vous nous allez jeter dans des troubles et dans une guerre civile que vous convenez vous-même qui perdroit l'État dans la situation où il se trouve. Cela vaut bien la peine de prendre sur votre sommeil. Après cela vous ferez ce que vous estimerez devoir faire, mais n'ayez pas à vous reprocher aucune légèreté. »

Il me parut ému de ce discours si fort, et pour en profiter, je lui parlai encore du comte de Toulouse, et lui demandai si cela ne touchoit point Madame la Duchesse, et s'il étoit d'accord avec M. le prince de Conti. Il me répondit que pour Madame la Duchesse, elle étoit là-dessus toute différente de Mme la duchesse d'Orléans; que l'une étoit toute bâtarde, l'autre toute princesse du sang; que pour de ce dont il s'agissoit, Madame la Duchesse n'en savoit rien, parce qu'elle l'avoit prié de faire tout ce qu'il jugeroit à propos contre ses frères, pourvu qu'il ne lui en fît point de part, et qu'elle pût dire que c'étoit à son insu, mais qu'il étoit assuré qu'elle en seroit bien aise, parce qu'elle sentoit bien ce qu'elle étoit, et qu'avec elle ils parloient tout le jour de bâtards et de bâtardise; qu'il étoit vrai qu'elle aimoit le comte de Toulouse, quoique depuis leurs affaires il se fût fort éloigné d'elle, mais que, pour le duc du Maine, elle le connoissoit trop pour l'aimer après ses procédés sur la succession de Monsieur le Prince et sur le rang; qu'à l'égard de M. le prince de Conti, il m'en parleroit avec peine; que je voyois bien ce que c'étoit, qu'il ne lui avoit rien dit; et moins par des paroles que par des manières et des tons il me fit bien comprendre, et qu'on n'y devoit pas compter, et qu'on ne devoit pas aussi s'en embarrasser. Tandis que nous en étions sur ces espèces de parenthèses, il me vint dans l'esprit d'essayer à déranger Monsieur le Duc par la mécanique, à la suite de l'émotion que je lui avois causée, par ce que je lui avois représenté de touchant.

Je lui dis donc que ce n'étoit pas le tout que vouloir et résoudre, qu'il falloit descendre dans le détail, et voir comment arriver à ce qu'il se proposoit; que je sentois mieux que personne le néant du conseil de régence et des personnes qui le composoient; que cependant il ne falloit pas compter qu'on pût faire à l'éducation du Roi un changement de cette importance sans en parler à la régence, qu'il voyoit que les bâtards y prenoient pied comme ailleurs. Je lui contai là-dessus ce que j'avois su de M. de la Force, et j'ajoutai qu'il devoit regarder les maréchaux de Tallart et d'Huxelles comme étant tout à fait à eux, le premier par le maréchal de Villeroy, l'autre par lui-même et par le premier écuyer et le premier président, ses amis les plus intimes; que d'Effiat, tout premier écuyer du Régent [qu'] il étoit, il étoit si lié et de si longue main à M. du Maine qu'il le comptoit beaucoup plus à lui qu'à son maître; que Besons ne voyoit et ne pensoit que par Effiat, et que le garde des sceaux étoit fort uni aux bâtards du temps du feu Roi: que, si quelqu'un d'eux venoit à prendre la parole à la régence, les autres du même parti le soutiendroient; que le maréchal de Villeroy étoit capable de le prendre sur un ton pathétique par rapport au feu Roi, dont il couvriroit sa cabale; que, quel qu'il fût, il étoit considéré, et imposoit en présence à M. le duc d'Orléans qui s'en dédommageoit mal en s'en moquant en absence; que le maréchal de Villars, ennemi d'abord du duc du Maine, par d'anciens faits, s'étoit laissé regagner à lui, moins par ses souplesses que par la façon dont lui, Monsieur le Duc, l'avoit traité.

Il m'interrompit pour m'en parler avec mépris, dire qu'il avoit eu raison, et que le maréchal étoit un misérable d'être demeuré à la tête du conseil de guerre avec tous les dégoûts qu'il y avoit reçus. « Tant de mépris qu'il vous plaira, Monsieur, lui repartis-je, personne ne sait mieux que moi le peu qu'est né le maréchal de Villars, et n'a senti plus vivement que moi la honte que nous avons reçue quand il a été fait duc et pair. J'en ai été malade de honte et de dépit. Mais, après tout, c'est le seul homme en France que vous ayez qui ait gagné des batailles, qui n'en ait point perdu absolument parlant; et c'est encore lui qui, par tant de bonheur qu'il vous plaira, a le nom d'avoir sauvé à Denain la France prête à se voir la proie et le partage de ses ennemis, et qui, par les traités de Rastadt et de Baden, a mis le dernier sceau à celui d'Utrecht. C'est donc l'homme le plus glorieux qui soit en existence et par des faits célèbres, et pardonnez-moi le terme, il est insensé à vous de vous acharner après un tel homme, qui est tout ce que celui-ci est, et vous voyez aussi ce qui vous en arrive. Il se prend à tout, à un fer rouge; de rage il s'unit à M. du Maine, comme on n'en peut plus douter après ce qu'a dit M. de la Force. Il tient des propos hardis en faveur du chancelier et du Parlement, et voilà un homme que votre fantaisie a rendu votre ennemi et a écarté du Régent par les niches que vous lui avez fait faire. Or cet homme n'entend rien en affaires, cela est vrai, mais il n'est pas moins vrai qu'il est éloquent, hardi, piqué, outré; qu'il se déconcerte moins qu'homme du monde; que les paroles lui viennent comme il lui plaît, et qu'un discours fort pour laisser les choses comme elles sont, dans la bouche d'un homme aussi décoré d'actions, d'emplois et des plus grands honneurs, ne feroit pas un médiocre embarras. Le maréchal d'Huxelles parlera peu, mais avec poids. Pensez-vous que ces gens-là n'entraînent personne, et pensez-vous encore qu'entre ceux qu'ils n'ébranleront pas, il y en ait de pressés de prendre la parole pour faire contre? Monsieur, ceci est bien important, et vous ne connoissez pas la foiblesse de M. le duc d'Orléans. — En effet, me répondit Monsieur le Duc, je n'avois pas songé à cet embarras, et j'avoue qu'il est grand; » et après un peu de silence, que je ne voulus pas troubler pour laisser fortifier l'impression qu'il me sembloit que je venois de faire: « Mais, reprit-il, Monsieur, en parlera-t-on à la régence ? car ces bâtards y sont. — Voilà, Monsieur, lui dis-je, où je vous attendois. Comment en parler devant eux et comment l'éviter ? Si c'est en face, se tairont-ils, et M. le duc d'Orléans sera-t-il ferme ? Ils parleront sans doute, et vous avez bien vu M. du Maine parler à moins et en plus grande compagnie, en plein Parlement. Il y contesta au Régent le commandement des troupes de la maison du Roi et celui de tous ses officiers, même de ceux qui sont sous votre charge. Le comte de Toulouse le laissa faire. Mais ici, où il s'agit de la totalité, non comme alors d'une partie seulement et ajoutée, ne soutiendra-t-il point son frère ? Ceux qui leur sont unis de cabale et de parti oseront-ils les abandonner, où plutôt joints à eux comme ils sont, s'abandonneront-ils eux-mêmes ? Sentez-vous le bruit que cela fera dans le conseil ? Comptez-vous sur quelqu'un pour tenir tête ? Vous flattez-vous que M. le duc d'Orléans saura imposer ? — Mais, me dit-il, le plus court est de n'en point parler à la régence ; car il est vrai que cet inconvénient est très-grand, et que je n'y avois pas fait réflexion. Il n'y a qu'à ne parler à la régence que de l'affaire du Parlement ; l'autre n'en sera que plus secrète. Je n'y vois que cela, qu'en pensez-vous ? — Monsieur, lui répondis-je, *angustiæ undique*. Si aucun membre du conseil de régence n'avoit de séance au lit de justice, ce seroit un tour de passe-passe à tenter effrontément. Le Parlement croiroit que le conseil y auroit passé, et le conseil n'en sauroit rien que tout enregistré et quand il n'y auroit plus de remède. Mais songez-vous que la régence entière sied au lit de justice, excepté trois ou quatre, et y opine ? Que diront donc des gens à la pluralité de l'avis desquels le Régent s'est engagé en plein Parlement de déférer pour affaires, lorsqu'en plein Parlement et au sortir du conseil de régence, ils entendront une affaire de la qualité de l'éducation dont ils n'auront su chose quelconque, et dans le temps où le Parlement s'excuse de tout ce qu'il fait sur le peu de part qu'on donne des affaires au conseil de régence, et ne feint[1] pas de dire qu'il est poussé par plusieurs de ce conseil? Qu'arrivera-t-il si un maréchal de Villeroy, de dessus son tabouret de service de gouverneur du Roi, s'écrie que cela lui est tout nouveau, qu'un maréchal de Villars harangue, que les autres maréchaux de France, qui tous tiennent aux bâtards, clabaudent? Que sais-je si des pairs mêmes ne s'en mêleroient pas, de dépit contre vous sur le rang intermédiaire que vous voulûtes lors de votre procès, qui a valu celui de princes du sang aux bâtards, et de dépit encore du bonnet contre M. le duc d'Orléans? N'est-ce pas une voie toute simple aux uns de se venger, aux autres de faire une plainte oblique, mais pourtant solennelle de l'anéantissement du conseil de régence dans une Compagnie aigrie, à ce moment si blessée? Et puisqu'elle a enregistré les conseils et les engagements que le Régent s'est fait à cet égard, n'est-elle pas très-intéressée à soutenir celui de régence? Les amis et la cabale des bâtards n'aura-t-elle pas beau jeu; et comment M. le duc d'Orléans soutiendra-t-il les clameurs du conseil non consulté dans la forme, et de la délibération qu'on en voudra prendre pour le fond? Et si les bâtards y sont, Monsieur, que sera-ce à votre avis et quelle force de plus? — Les bâtards n'y seront point, me dit-il; car, depuis notre arrêt, ils ne vont point au Parlement pour qu'il ne soit pas dit qu'ils l'exécutent. — Mais s'ils en ont le vent, ils y iront pour parer ce coup de partie. De plus, entrant et sortant avec le Roi; rien dans l'exécution de votre arrêt qui les empêche d'y aller, parce qu'alors point d'huissier devant vous tous, et que tout l'accompagnement du Roi traverse, quoique nouvellement et fort mal à propos, le parquet, et ceux qui ont séance en haut y montent et en descendent avec le roi par la même nouveauté : ainsi nul embarras aux bâtards pour monter et sortir de séance. — Ils n'auront le vent de

---

1. Voyez tome V, p. 111 et note 1.

rien, me dit-il, et de plus, s'ils y viennent, je n'ai qu'à sortir et à demander qu'ils sortent. — A la bonne heure, répondis-je, c'est un expédient; mais cela fera un mouvement, et dans ce mouvement on aura le moment de se parler, de se fortifier contre le premier étonnement. Ceux qui seront pour vous n'auront plus votre présence, et, comme il s'agit de nouveauté en votre faveur et de détruire l'effet de la volonté domestique du feu Roi enregistrée en lit de justice, il faut bien plus pour l'emporter que pour l'empêcher. Monsieur, ceci est capital au moins, et cette mécanique est bien à balancer; car entamer une telle affaire et en recevoir l'affront, vous voyez où cela jette. Je n'ai pas besoin de vous le commenter. Et si à tout ce bruit et à quelque sottise que peut fort bien dire le maréchal de Villeroy, le Roi se prend à pleurer et à dire qu'il veut M. du Maine, où tout ceci aboutira-t-il? Monsieur, je vous le répète, je vous adjure comme François, comme successeur possible à la couronne par le droit de votre naissance, comme enfant de la maison, que votre haine pour M. du Maine n'y mette pas le feu. Quand vous l'y aurez porté, votre douleur tardive ne l'éteindra pas, et vous ne vous consolerez jamais d'avoir mis le comble aux maux d'un État qui, à tant de titres, vous doit être si précieux et si cher. » Je me tus pour lui laisser faire ses réflexions.

Après quelques moments de silence, il me dit que ces difficultés lui étoient nouvelles, et que M. le duc d'Orléans ne les lui avoit point faites; que pourtant il y falloit penser et trouver un remède avant de nous séparer; qu'il me le répétoit donc aussi, que ce seroit troubles pour troubles, parce que ces deux choses étoient également et très-exactement vraies; qu'il étoit perdu si l'éducation demeuroit au duc du Maine, et qu'il ne verroit pas quatre ans durant venir sa perte sans mettre le tout pour le tout pour l'empêcher; que tout bien considéré encore, il n'étoit pas moins vrai que plus le temps s'avanceroit plus les bâtards aussi se fortifieroient, et plus l'éducation deviendroit dangereuse à leur ôter, plus les connoissances du Roi, qui croîtroient avec l'âge, deviendroient périlleuses, et pour se porter à vouloir garder le duc du Maine, et pour prendre toutes les impressions qu'il lui voudroit donner; qu'il y avoit plus, qu'il ne risquoit rien à me le dire, quoique M. le duc d'Orléans le lui eût donné sous le secret, et après m'avoir conté la conversation du Régent avec le comte de Toulouse, il ajouta que Son Altesse Royale avoit conçu tout ce qu'il y avoit à juger du duc du Maine par l'aveu de son frère, qui n'en répondoit point.

Comme je le vis se fonder en raisonnements là-dessus, et compter de m'ébranler par la nouveauté d'un fait si considérable, je lui avouai que M. le duc d'Orléans me l'avoit raconté aussi, mais que ce fait, tout considérable qu'il étoit, ne levoit aucune des difficultés que je venois de lui montrer, et prouvoit seulement l'ineptie consommée de n'avoir pas traité les bâtards comme je le voulois à la mort du Roi. « Oui, Monsieur, reprit vivement Monsieur le Duc, et en homme qui a pris son parti, vous aviez grande raison, sans doute; mais plus vous aviez raison alors et moins vous l'avez aujourd'hui. Pardonnez-moi si je vous parle si librement, car votre raisonnement ne va qu'à nous laisser égorger par ces Messieurs les bâtards à leur bon point et aisément, et en attendant qu'ils le puissent par la majorité, à leur en laisser tranquillement tous les moyens et toutes les forces. Or, si M. le duc d'Orléans est de cette humeur-là pour sa vade[1], je ne suis pas si paisible pour la mienne. Il est si grand qu'il espère apparemment leur échapper d'une façon ou d'une autre, par force ou par reconnoissance de ne les avoir pas écrasés, en quoi je crois qu'il se trouveroit pris pour dupe. Moi qui n'ai ni les mêmes ressources ni la même grandeur, encore un coup je n'en crois point de trouble, et je ne crois point leur affaire assez arrangée; mais

---

1. Voyez tome IX, p. 397 et note 1.

troubles pour troubles, ils seront pires en différant; et, en un mot, comme que ce soit, l'éducation vendredi, Monsieur; alors je suis un à jamais avec M. le duc d'Orléans, et nous verrons, tous les princes du sang unis, ce que pourront les bâtards; autrement mon ressentiment sera plus fort que moi; il ne sortira jamais de mon cœur, et je me sens dès à présent en ce cas incapable de marcher d'où je suis jusqu'à vous, et si il n'y a pas loin, pour son service. Je sais toute la différence qu'il y a de lui à moi, mais au bout c'est à lui à savoir s'il me veut ou s'il ne se soucie pas de me perdre. Je n'en sais pas davantage. Il est régent, il doit être le maitre pour des choses qui, tout à la fois, sont justes et raisonnables et de son intérêt personnel. C'est donc à lui à les vouloir et à les savoir faire, sinon ce n'est pas la peine d'être à lui. » C'étoit là trancher toute difficulté, et non pas les lever.

J'allois répondre lorsque après un moment de silence : « Monsieur, reprit-il d'un air doux et modéré et flatteur, je vous demande pardon de vous parler si ferme et je sens très-bien que je pourrois fort bien passer dans votre esprit pour une tête de fer et bien opiniâtre. Je serois bien fâché que vous eussiez si méchante opinion de moi, mais je vous prie de vous mettre en ma place, de peser l'état où je me trouve, tous les manquements de parole que j'ai essuyés là-dessus qui me jettent où nous voici. Je compte sur votre amitié; me conseilleriez-vous de me perdre, et voyez-vous, ceci passé, un bout et une fin à l'établissement de M. du Maine auprès du Roi? Voilà ce qui me rend si ferme; et si vous voulez bien peser ce qui peut vous paroître opiniâtreté vous trouverez que c'est nécessité. »

Ce propos m'embarrassa extrêmement, non par sa politesse, que j'aurois payée de respects, mais par une solidité trop effective et d'autant plus fâcheuse, qu'elle nous mettoit entre deux écueils, son aliénation capable de tout en France et en Espagne d'une part, et d'autre part la difficulté de réussir et les troubles qui en pouvoient naître : détestable fruit de cette débonnaireté insensible qui, contre le souvenir des plus énormes offenses et des plus grands dangers, contre tout intérêt, toute raison, toute justice, contre toute facilité, tout cri public et universel, tout sens commun, avoit à la mort du Roi laissé subsister les bâtards. Je me recueillis autant qu'une conversation si importante et si vive me le put permettre, et je connus bien que cette décision de Monsieur le Duc, venue avec impétuosité au bout de mes difficultés si fortes pour toute réponse à leur embarras avoué, et les raisons apportées ensuite en excuses de cette impétuosité, démontroient qu'il n'y avoit plus rien à espérer de Monsieur le Duc, d'autant plus raffermi par les confidences que M. le duc d'Orléans lui avoit faites, surtout celle de sa conversation avec le comte de Toulouse dont il eût si bien pu se passer, et encore plus de lui laisser sentir toute l'impression qu'elle lui avoit laissée. Dans cette conviction je cessai de tenter l'impossible, et content en moi-même du témoignage de ma conscience, par tous les efforts si sérieux que j'avois faits pour le déprendre ou pour éluder son dessein contre le duc du Maine, je me crus permis de profiter au moins pour nous de ce que je ne pouvois empêcher pour le bien de l'État.

Je dis donc à Monsieur le Duc qu'après lui avoir dit et représenté tout ce que j'estimois du danger en soi, et des difficultés de cette grande affaire, j'abuserois vainement de son temps à lui rebattre les mêmes choses, n'ayant plus rien de nouveau à lui alléguer ; que je voyois avec douleur que, quoique il sentît les embarras infinis et de la chose et de sa mécanique, son parti étoit pris ; que cela étant, j'en souhaitois passionnément le succès, puisqu'il n'y avoit point de remède, mais qu'avant de le quitter, je le suppliois de vouloir bien s'expliquer avec moi sur la réduction des bâtards à leur rang de pairie.

Il me répondit qu'il consentoit volontiers qu'ils n'en eussent point d'autre, et que je savois bien que c'étoit un des trois projets d'édits qu'il avoit proposés et donnés à M. le duc d'Orléans. « J'entends bien, lui répliquai-je ; mais autre chose est de laisser faire, autre chose de vouloir. Je vous supplie de ne pas perdre le souvenir que le rang intermédiaire qu'on vous avoit mis dans la tête lors de votre procès avec les bâtards leur a valu celui de princes du sang qu'ils ont encore comme à la mort du Roi, et de demeurer en outre dans toute la grandeur que vous redoutez aujourd'hui avec tant de sujet, et dans laquelle vous les voulez attaquer par la moelle, qui est l'éducation. Vous fûtes trahi depuis le commencement de cette affaire jusqu'à la fin. Ne retombez pas dans les piéges qui vous furent tendus par des gens payés par M. et Mme du Maine, que vous vous croyiez avec raison très-attachés. — Je vous[1] nommerai bien qui, interrompit Monsieur le Duc ; c'est Lassay, qui nous trompa toujours. — Puisque vous le nommez, Monsieur, lui dis-je, nommez-les tous deux, le père et le fils, et tout le monde s'en aperçut bien hors vous. C'est encore quelque chose que vous n'en soyez plus la dupe. Or, je vous le répète, la faute radicale, et qui sauva les bâtards, ce fut de ne nous avoir voulu ni à votre suite, ni protéger. En ce cas ils étoient réduits en leur rang de pairie. Par là plus de place au conseil de régence, sans les en chasser, plus de moyen d'imposer au monde le respect qu'ils avoient accoutumé, plus d'éducation, car en quel honneur le maréchal de Villeroy eût-il pu demeurer sous M. du Maine ? Lorsque votre procès fut jugé, j'en parlai fortement au maréchal de Villeroy, et lui demandai comment il pouvoit rester sous un homme qui n'étoit plus prince du sang habile à la couronne. Il en fut si embarrassé qu'il me parut ébranlé. Qu'eût-ce donc été s'ils avoient fait le saut, et nous en honneur, et par là en force de faire chanter

---

1. On lit ici le mot *les*, écrit en interligne.

le maréchal de Villeroy, quand bien même il n'eût pas voulu? Alors quelle facilité à M. le duc d'Orléans de satisfaire son intérêt en ôtant M. du Maine d'auprès du Roi! Quelle facilité encore de l'y pousser, et quel embarras même au duc du Maine d'y rester sans les honneurs et le service de prince du sang, et avec tous les affronts de changement et de chute de rang, dont les occasions chez le Roi lui eussent été continuelles! — Tout cela est vrai, me dit Monsieur le Duc, aussi voyez-vous que je consens et que je propose même la réduction que vous voulez. — Mais, Monsieur, repris-je, cela ne suffit pas; me permettez-vous de vous parler librement; comptez que par cette idée de rang intermédiaire lors de votre procès, vous vous êtes aliéné tous les ducs, je dis tous ceux qui ont du sang aux ongles. Je ne vous parle pas de misérables comme un duc d'Estrées, un M. Mazarin, un M. d'Aumont, mais de tout ce qui se sent et se tient, et parmi ceux-là les ducs qui étoient le plus à l'hôtel de Condé par l'ancien chrême[1] de père en fils des guerres civiles. Nous ne paroissons pas, parce que nous sommes cent fois pis que sous la tyrannie passée, mais nous ne nous en sentons pas moins, et nous ne nous en tenons pas moins ensemble, comme vous l'avez pu remarquer en toutes les occasions. Vous êtes bien grand, Monsieur, par votre naissance de prince du sang, et par la situation où vous vous trouvez; mais croyez-moi, et ne pensez pas pour cela que nous voulions vous rapprocher de trop près : quelque élevé que vous soyez, il ne vous doit pas être indifférent que tout ce qu'il y a de ducs et pairs sensés et sensibles soient à vous ou n'y soient pas, et voici une occasion de vous les dévouer. Ne la manquez pas, et réparez par là le passé envers eux, car je ne le vous déguiserai point, que M. le duc d'Orléans, serré de près, ne leur a pas laissé ignorer que, sans votre résistance, leur requête eût été jugée avec la vôtre, et les bâtards réduits

---

1. Voyez tome VI, p. 338, note 1.

à leur rang de pairie unique ; et toute la haine en est tombée sur vous. »

Monsieur le Duc fut un moment sans répondre, puis me dit qu'il avoit bien envie que je visse les trois projets d'édits qu'il avoit donnés à M. le duc d'Orléans ; que celui, par qui il les avoit fait dresser étoit fort connu de moi, et desiroit me les porter, et en raisonner avec moi, et que lui aussi desiroit fort que je lui voulusse donner une heure chez moi le plus tôt que je pourrois ; que c'étoit Millain que j'avois fort connu secrétaire du chancelier de Pontchartrain qui les avoit dressés ; qu'il étoit très-capable et très-honnête homme ; qu'il se fioit fort en lui, et que je pourrois lui parler en toute confiance.

Je saisis cette ouverture avec une avidité intérieure que je couvris de politesse et de complaisance. Millain étoit fort homme d'honneur, de règle et de sens, et par son mérite fort au-dessus de son état. Les distinctions que je lui avois témoignées chez M. le chancelier de Pontchartrain, fondées sur l'estime qu'il en faisoit et après sur ce que j'en connus par moi-même, me l'avoient attaché. A la retraite du chancelier, il avoit voulu continuer à prendre soin de ses affaires et ce n'avoit été qu'à condition de ne pas cesser qu'il avoit cédé à l'empressement du chancelier Voysin de l'avoir auprès de lui, et ensuite à passer chez Monsieur le Duc. Il étoit toujours demeuré dans les mêmes termes avec moi, quoique les occasions de nous voir fussent devenues fort rares depuis la retraite de son premier maître que j'allois voir souvent, mais chez qui je ne le rencontrois plus. Il me parut à souhait à mettre entre Monsieur le Duc et moi et à m'en servir auprès de lui. Nous convînmes donc qu'il viendroit le lendemain matin chez moi avec ces trois projets, et cette promptitude me parut faire plaisir à Monsieur le Duc.

Après quelques propos là-dessus, que je laissai aller pour laisser mâcher à Monsieur le Duc ce que je lui venois de dire de fort, et pour mettre un intervalle à ce que j'avois dessein d'ajouter, je crus lui devoir serrer la mesure. Je lui dis donc que je le suppliois de ne pas regarder comme manque de respect, mais bien comme une confiance que l'affaire exigeoit, et que celle dont il m'honoroit dans tout ceci me donnoit droit de prendre en lui avec un aveu naturel que je lui allois faire dont je le conjurois de ne se point avantager d'une part et de ne le point trouver mauvais de l'autre ; que, voyant sa fermeté à vouloir l'éducation, j'avois déjà soupçonné qu'on ne viendroit pas à bout de l'en déprendre, et que dans cette crainte j'avois voulu à tout hasard ce matin même sonder le Régent à fond sur la réduction des bâtards à leur simple rang de pairie ; que le Régent, pressé, m'avoit laissé voir que cela dépendroit de ce que lui Monsieur le Duc voudroit ; et que, serré de plus près, il m'avoit dit qu'il doutoit de la volonté par l'expérience contraire qu'il en avoit ; que, poussé par degrés, j'en avois tiré l'aveu que, s'il le demandoit formellement, Son Altesse Royale le trouvoit juste et utile et n'y feroit aucune difficulté. Puis, sans donner à Monsieur le Duc le temps de penser, je continuai tout de suite d'un ton de desir et de respect : « Vous voyez donc, Monsieur, que notre sort est entre vos mains ; nous abandonnerez-vous encore une fois, et les grands du royaume qui le demeureront quoi qu'on fasse et dont beaucoup sont grandement établis, ne vous paroîtront-ils pas dignes d'être recueillis par vous ? Je vous dirai plus, Monsieur, leur intérêt est si grand ici que je croirois bien principal, si on leur fait une justice si desirée, qu'ils la sussent en entrant en séance. En ce moment plus de péril pour le secret quand ils seroient capables d'en manquer contre eux-mêmes, puisqu'ils ne peuvent se déplacer, et ce seroit un véhicule certain pour tourner en votre faveur tout ce que vous avez lieu de craindre en haine de ce qui s'est passé et en vengeance du bonnet contre le Régent même. Prêts[1] d'obtenir ce qui leur tient le plus vivement au cœur de l'équité de Son Altesse

---

1. Il y a bien *prêts* (*presls*), et non *près*, au manuscrit.

Royale par votre seul secours, comptez pour vous tout le banc des pairs s'il s'agit de parler, et croyez qu'en un lit de justice cette portion est bien capitale à avoir, et impose grandement au reste de ce qui s'y trouve. »

Cela dit, je pris un autre ton, et je continuai tout de suite avec un air de chaleur et de force : « Après cela, Monsieur, je ne puis vous tromper; tout ceci, vous le voyez, vous le sentez comme moi. Mais mettez-vous en notre place, comment seriez-vous touché pour qui vous tireroit d'opprobre ou qui vous y laisseroit? Je ne vous le dissimule point, je dois trop à mes confrères, je dois trop à moi-même pour ne les pas instruire à fond de ce qui se sera passé, pour qu'ils ne sachent point par moi que c'est de votre main qu'ils tiendront ou leur honneur rendu ou leur ignominie. Et moi, Monsieur, qui ai l'honneur de vous parler, permettez-moi de me servir de vos propres paroles sur M. le duc d'Orléans, quoique il y ait bien plus loin de nous à vous que de vous à lui. Si vous nous abandonnez, je sens en moi un ressentiment contre vous dont je ne serai point maître, qui durera autant que moi et que ma dignité, qui se perpétuera dans tous ceux qui en sont revêtus, qui nous éloignera de vous pour jamais, et qui, se ployant au seul respect extérieur qui ne vous peut être refusé, me détournera le premier, et tous les autres avec moi, des plus petites choses de votre service. Que si, au contraire, vous nous remettez en honneur et les bâtards en règle, moi plus que tous, et tous avec moi, sommes à vous, Monsieur, pour jamais et sans mesure, parce que je vous crois très-incapable de rien vouloir faire contre l'État, le Roi et le Régent, et je vous mène dans l'hôtel de Condé tous les pairs de France vous vouer leur service, et des leurs, et toute leur puissance dans leurs charges et leurs gouvernements. Pesez, Monsieur, pesez l'un avec l'autre, pesez bien ce qu'il vous en coûtera, comptez bien sur la solidité de tout ce que je vous dis en l'un comme dans l'autre cas, et puis choisissez. » Je me tus tout court après cette option si vivement offerte, bien fâché que l'obscurité empêchât Monsieur le Duc de bien distinguer le feu de mes yeux, et moi-même de perdre par la même raison toute la finesse de la connoissance que j'aurois pu tirer de son visage et de son maintien dans sa réponse.

Il me dit tout aussitôt, en voici les propres paroles : « Monsieur, j'ai toujours honoré votre dignité et la plupart de ceux qui en sont revêtus. Je sens très-bien quelle est pour moi la différence de les avoir pour amis ou pour indifférents, encore pis pour ennemis. Je vous l'ai déjà avoué, j'ai fait une faute à votre égard, Messieurs, et j'ai envie de la réparer; je sens encore qu'il est juste qu'il n'y ait rien entre nous et vous. Mais M. le duc d'Orléans vous parle-t-il bien sincèrement quand il vous promet la réduction des bâtards à leur rang de pairie si je la lui demande? Car ne m'allez pas charger d'une iniquité qui ne seroit pas la mienne. — Monsieur, lui répondis-je, c'est mon affaire; la vôtre est d'opter nettement. Voulez-vous de nous à ce prix, ou vous paroît-il trop cher? — Moi, Monsieur, interrompit-il avec vivacité, de tout mon cœur; mais en faisant de mon mieux, vous aurai-je, ou dépendrai-je du succès? » J'interrompis aussi avec véhémence : « Point de cette distinction, si vous plaît. Le succès est en vos mains; il ne s'agit que de demander la réduction du rang, du ton et de la force dont vous demandez l'éducation; ne les séparez point, insistez également; vous en sentez les raisons, en elles-mêmes bonnes et vraies; vous en devez sentir autant les raisons particulières à vous. En vous y prenant de la sorte, c'est moi qui vous en réponds. M. le duc d'Orléans, vous accordant le plus difficile, ne peut vous refuser le plus simple et le plus aisé, le jugement équitable, avoué tel de lui et de vous, d'un procès pendant. — Ho bien! Monsieur, reprit Monsieur le Duc, je vous en donne ma parole; j'y ferai comme pour l'éducation dans demain; mais promettez-moi aussi de faire de votre mieux. — Doucement, Monsieur, repris-je; avec cette parole vous avez la mienne, et j'ose vous dire celle de tous les ducs, d'être à vous sans mesure, le Roi, l'État et le Régent exceptés, qui sont la même chose, et contre qui vous ne voudrez jamais rien. Mais sur M. du Maine je ne puis vous promettre que ce que j'ai déjà fait, de proposer à M. le duc d'Orléans les raisons pour et contre, et s'il se détermine à ce que vous desirez, de m'y mettre jusqu'au cou pour le succès. » Là-dessus, protestations, embrassades et retour aux moyens sur les inconvénients mécaniques.

Je lui dis que je croyois qu'il falloit séparer les deux frères, et pour le bien de l'État qu'il nous en coûtât le rang du comte de Toulouse tel qu'il l'avoit. Monsieur le Duc me demanda avec surprise comment je l'entendois. « Le voici, dis-je : je ne puis m'ôter de l'esprit que celui-ci ne mette le tout pour le tout en cette occasion par toutes les raisons que je vous en ai alléguées, ni que sa jonction et personnelle et par ses charges ne donne un grand poids à leur parti. Écartons donc cet écueil par notre propre sacrifice, qui n'en est pas un pour vous, et au lieu de ce poids donné au duc du Maine, accablons-l'en. Mettons le monde de notre côté, et tâchons de jeter entre les deux frères une division dont ils ne reviennent jamais. — De tout mon cœur, s'écria Monsieur le Duc; vous voyez si j'aime le comte de Toulouse, et dès que vous le voudrez bien, de tout mon cœur je contribuerai à le laisser comme il est. Mais en serons-nous plus avancés? — Oui, Monsieur, lui dis-je; écoutez-moi de suite, et puis vous verrez ce qui vous en semblera. Je voudrois, par un seul et même acte, faire la réduction des bâtards au rang de leurs pairies, et par un autre, tout au même instant, rendre au comte de Toulouse seul, et pour sa seule personne, le rang entier dont il jouit aujourd'hui; ne rien omettre dans le premier de tout ce qui le peut rendre plus fort; insérer dans le second tout ce que l'exception peut avoir de plus flatteur, et en même temps de plus uniquement personnel et de plus confirmatif de la règle du premier. Par là nul retour pour

le rang en soi; les enfants exclus, s'il vient à se marier
et à en avoir; par là un honneur sans exemple fait à la
personne du cadet, qui retombe à plomb en opprobre sur
l'aîné, qui lui devient un outrage à toujours à lui et à ses
enfants à cause de lui, qui met sa femme dans une fureur
à n'en jamais revenir contre son beau-frère, et qui
constitue ce beau-frère dans une situation très-embar-
rassante dont nous n'avons qu'à profiter, quoi qu'il fasse;
car, Monsieur, suivez-moi, je vous prie, ce comte de
Toulouse, si droit, si honnête homme, si sage, si considéré, que deviendra-t-il dans un cas si inouï et auquel
il n'aura pu se préparer? Il n'aura que deux partis à
prendre, et à prendre sur-le-champ : refuser ou accepter.
Refuser, il y pensera plus de quatre fois de sacrifier tout
ce qu'il est et une distinction aussi éclatante à un frère
qu'il n'aima ni n'estima jamais, qui, contre son avis, s'est
exposé à tout ceci par un essor effréné d'ambition, que
celui-ci a blâmé en public et en particulier; de se dévouer
ainsi aux caprices, aux folies, aux fureurs d'une belle-
sœur qu'il abhorre comme une folle, une furieuse, une
enragée, qui a poussé son frère aux entreprises dont
voici l'issue; au danger de passer de la simple ingratitude à la révolte ouverte. Attaché au sort de son frère
conduit et mené par sa femme, à tout le moins mal avec
eux s'il ne suit leur fortune et toutes leurs entreprises,
et plongé, pour le reste d'une vie encore peu avancée,
dans une retraite oisive et volontaire, point différente
d'un exil, dont la solitude lui deviendra tous les jours
plus pesante, qui ne le nourrira que des regrets les plus
cuisants de ce qu'il aura abandonné pour rien, croyez-
vous que cette idée, branchue et affreuse dans l'une et
dans l'autre de ses deux branches, ne l'effrayera point?
et que cette indolence naturelle, cette probité, cet
honneur, se laisseront porter aisément à embrasser ce
parti? S'il s'y précipite, plus rien à craindre du public
en sa faveur pour révoquer la déclaration et le traiter sur
le rang comme son frère. Il l'aura mérité alors, parce

qu'il l'aura voulu, en méprisant une grâce sans exemple, et grâce uniquement fondée sur l'estime que sa conduite alors démentira publiquement ; alors il ne sera pas plus à craindre que son frère, et il ne lui ajoutera personnellement aucun poids. Le gouvernement sera pleinement disculpé à cet égard, et les amis du comte de Toulouse seront les premiers à le blâmer parce qu'il sera blâmable, et par leur chagrin de se voir privés de son appui par la sottise de son choix. Le danger prévenu n'en paroîtra qu'avec plus d'évidence, parce qu'on verra alors la force et le nerf de la cabale se montrer supérieur à l'éclat inouï et aux devoirs les plus grands et les plus nouveaux de la reconnoissance, dont la seule estime avoit été si puissante. Cette estime tombera, et avec elle la distinction offerte éclatera par la modération et la sagesse, et acquerra une pleine liberté de se tourner contre les effets d'une passion si dangereuse dans des bâtards sans mesure agrandis et ménagés sans mesure. Si le comte de Toulouse accepte, rien à craindre de lui, tout au moins en ayant attention sur sa conduite. Il est dès lors, par ce choix, hors de portée d'agir pour son frère contre le gouvernement sans se déshonorer, ce qu'il ne fera jamais ; tout son poids non plus réuni à son frère, mais retombé à plomb sur lui. Ce frère et encore plus Mme du Maine, accablés de la douleur et de la rage de ce poids qui les écrasera, de cette séparation qui leur ôtera tant de force, de cette distinction si injurieuse pour eux et si pesante à leurs enfants, tourneront une partie de leur fureur secrète contre le comte de Toulouse, avec lequel désormais ils ne pourront jamais plus avoir ni liaison ni confiance. Tout ce qui est personnellement uni au comte de Toulouse, ravi[1] de le voir si glorieusement échappé, rira des éclats de la duchesse du Maine et des désolations de son mari. Par cette voie, rien à craindre de la Bretagne demi soulevée, ni de ce peu de marine, ni du public

---

1. *Ravis*, au manuscrit.

amoureux de la vertu du comte de Toulouse, parce que cette vertu devient sans force s'il refuse, et s'il accepte, récompensée outre mesure ; et avec cela plus de reproches à se faire, quelque parti qu'il prenne, de l'avoir forcé à la révolte et précipité dans le malheur. Plus on ira en avant, plus l'aigreur s'augmentera entre les frères et entre leurs maisons ; plus le comte de Toulouse achèvera de se dégoûter de M. et de Mme du Maine, et s'applaudira intérieurement de la différence de son état au leur, plus ses amis et ses principaux domestiques la lui feront sentir et mettront peine à l'empêcher de tomber dans les filets qui lui seront tendus de cette part. Tout le monde, qui aime et estime l'un, et qui méprise et déteste les autres, applaudira, les uns par goût, les autres par équité, à la modération de cette différence, qui, devenue la pomme de discorde entre les deux frères, rassurera contre eux. Voilà, Monsieur, ce que j'imagine aux dépens de mon rang pour le bien de l'État et pour sauver un homme dont le mérite simple m'a captivé : qu'en pensez-vous ? — Rien de mieux, me dit Monsieur le Duc, mon amitié y trouve son compte ; et en effet le comte de Toulouse sera bien embarrassé. S'il refuse, il s'attire tout, et n'aura que ce qu'il mérite, dont le public sera juge et témoin ; s'il accepte, et je le crois à cette heure que j'ai tout entendu, nous avons notre but ; mais j'avoue que d'abord j'ai cru qu'il n'accepteroit pas. — Mais, Monsieur, repris-je, il seroit fou de refuser, et il a des gens auprès de lui qui, de leur part, y perdroient trop et qui n'oublieront rien pour qu'il accepte. Quoi qu'il fasse, son sort sera entre ses mains. Cela nous doit satisfaire pour le cœur ; mais pour l'esprit, l'êtes-vous, et trouvez-vous quelque difficulté ou quelque autre chose à y faire ? — Non, me dit-il, Monsieur, et je suis charmé de cette vue ; je vais dire à Millain de travailler à un projet de déclaration pour cela. — Et moi, Monsieur, j'en raisonnerai demain matin avec lui ; mais j'en veux dresser une aussi, et qu'il soit dit que, pour le bien de l'État, des pairs l'aient faite eux-mêmes contre eux-mêmes. »

Il loua ce désintéressement si peu commun, et les différentes raisons et vues de ce projet de distinction du comte de Toulouse, après quoi il me remit sur les difficultés mécaniques que moi-même j'avois formées. Je lui dis qu'il y falloit bien penser, les proposer à M. le duc d'Orléans, et sonder surtout ce qu'on pouvoit attendre de sa fermeté, qui seroit perpétuellement et principalement en jeu dans toute cette grande exécution ; que maintenant qu'il me donnoit sa parole pour ce qui regardoit notre rang, je ne craignois pas de lui engager celle de tous les pairs d'être pour lui au lit de justice ; que parmi eux le duc de Villeroy, par ordre du maréchal son père, donné à lui de ma connoissance, et le maréchal de Villars, tenants principaux du duc du Maine, avoient signé la requête que nous avions présentée au Roi et au Régent en corps contre les bâtards, qui étoit pour eux en cette occasion une furieuse entrave ; que les pairs pour lui entraîneroient presque tous les autres au lit de justice ; que je doutois que les autres maréchaux de France, destitués de ceux-là, osassent y faire du bruit ; mais que les deux grands embarras consistoient à dire ou à taire à la régence les déclarations ou édits sur les bâtards, et à savoir que faire tant au conseil qu'au lit de justice, si les bâtards s'y trouvoient.

Après avoir bien raisonné, nous crûmes pouvoir espérer assez de la misère de Messieurs de la régence pour préférer de n'y hasarder point ce qui regarderoit les bâtards, s'ils étoient au conseil, et ne le déclarer qu'au lit de justice, et que là, si les bâtards y étoient, c'étoit au Régent à payer de fermeté.

En nous quittant, je pris encore la parole positive de Monsieur le Duc qu'il feroit auprès du Régent sa propre affaire de la réduction des bâtards au rang de leur pairie, comme de l'éducation même, et je l'adjurai encore comme François et comme prince du sang, de passer la nuit et la

matinée prochaines à méditer sur de si grandes choses,
et à préférer le bien de l'État à ce qui lui étoit personnel.
Il me le promit, me dit encore mille choses obligeantes,
et me demanda l'heure pour Millain, que je lui donnai
pour le lendemain matin entre huit et neuf heures. Il me
pria de voir le Régent dans la matinée, et quoique je lui
répétasse que ce seroit sans plaider sa cause, mais en
remontrant les dangers pour et contre, il ne laissa pas
que de me faire encore l'honneur de m'embrasser. Il étoit
fort tard, et sans l'accompagner, de peur de rencontre,
j'enfilai l'allée basse sous la terrasse de la rivière, et
revins chez moi dans une grande espérance pour notre
rang, mais la tête bien pleine du grand coup de dé que
je voyois sur le point de s'hasarder [1].

CHAPITRE XXII.

Millain chez moi, avec ses trois projets d'édits, me confirme la parole de Monsieur le Duc sur le rang; me promet de revenir le lendemain matin; satisfaction réciproque. — Je rends compte au Régent de ma conversation avec Monsieur le Duc; Son Altesse Royale déterminée à lui donner l'éducation; je proteste avec force contre la résolution de toucher au duc du Maine, mais, ce parti pris, je demande alors très-vivement la réduction des bâtards au rang de leur pairie; cavillations [2] du Régent; je le force dans tous ses retranchements. — Je propose au Régent le rétablissement du comte de Toulouse, qu'il approuve; reproches de ma part. — Je propose au Régent les inconvénients mécaniques, et les discute avec lui; je l'exhorte à fermeté. — Avis d'un projet peu apparent de finir la régence, que je mande au Régent. — Monsieur le Duc vient chez moi me dire qu'il a demandé au Régent la réduction des bâtards au rang de leurs pairies, et s'éclaircir de sa part sur l'avis que je lui avois donné. — J'apprends chez moi au duc de la Force à quoi en sont les bâtards à notre égard, et le prie de dresser la déclaration en faveur du comte de Toulouse. — Frayeur du Parlement; ses bassesses auprès de Law; infamie effrontée du duc d'Aumont. — Frayeur et bassesses du maréchal de Villeroy. — Conférence chez moi avec Fagon et l'abbé du

---

1. Voyez tome IV, p. 174, tome V, p. 141, tome VI, p. 17, etc.
2. Voyez tome IX, p. 431 et note 1.

Bois sur tous les inconvénients et leurs remèdes. — Fagon m'avise sagement de remettre au samedi d'arrêter les membres du Parlement, qui le devoient être le vendredi. — Le duc de la Force et Millain chez moi avec la déclaration en faveur du comte de Toulouse; Millain m'avertit de la part de Monsieur le Duc, chargé par le Régent, de me trouver le soir à huit heures chez le Régent, pour achever de tout résumer avec lui et Monsieur le Duc en tiers, et d'y mener Millain. — Je parle à Millain sur la réduction des bâtards à leur rang de pairie avec la dernière force, et je le charge de le dire mot pour mot à Monsieur le Duc. — Contre-temps à la porte secrète de M. le duc d'Orléans; je lui fais approuver le court délai d'arrêter quelques membres du Parlement. — Discussion entre le Régent et moi sur plusieurs inconvénients dans l'exécution du lendemain. — Monsieur le Duc survient en tiers; je les prends tous deux à témoin de mon avis et de ma conduite en toute cette affaire; je les exhorte à l'union et à la confiance réciproque. — Je leur parle de la réduction des bâtards au rang de leur pairie avec force et comme ne pouvant plus en douter, en ayant leur parole à tous les deux; ils m'avertissent de ne pas manquer à revenir le soir au rendez-vous avec eux deux. — Monsieur le Duc m'envoye par Millain la certitude de la réduction des bâtards au rang de leurs pairies, dont j'engage Monsieur le Duc à s'assurer de plus en plus. — Conférence chez moi avec le duc de la Force, Fagon et l'abbé du Bois; tout prévu et remédié autant que le possible. — Conférence, le soir, entre M. le duc d'Orléans, Monsieur le Duc et moi seuls, où Millain fut en partie seul avec nous, où tout se résume pour le lendemain et les derniers partis sont pris; je suis effrayé de trouver le Régent au lit avec la fièvre. — Solutions en cas de refus obstiné du Parlement d'opiner. — Pairs de France, de droit, et officiers de la couronne, de grâce et d'usage, ont seuls voix délibérative au lit de justice et en matière d'État, et les magistrats au plus consultative, le chancelier ou garde des sceaux excepté. — Je confie, avec permission de Son Altesse Royale, les événements si prochains au duc de Chaulnes. — Contade fait très à propos souvenir du régiment des gardes suisses; frayeur du duc du Maine d'être arrêté par lui. — On avertit du lit de justice à six heures du matin ceux qui y doivent assister; le Parlement répond qu'il obéira. — Discrétion de mon habit de Parlement. — Je fais avertir le comte de Toulouse d'être sage, et qu'il ne perdra pas un cheveu; Valincourt; quel.

Le lendemain mercredi 24 août, Millain entra chez moi précisément à l'heure donnée avec les trois projets qu'il avoit dressés. Il me fit mille compliments de la part de Monsieur le Duc, et me dit la joie qu'il sentoit de le savoir maintenant convaincu du panneau du rang intermédiaire, qu'il avoit inutilement tâché de lui démontrer lors du procès des princes du sang avec les bâtards. Après être entrés en matière avec les propos de gens qui se connoissent de longue main, et qui, à différents égards, sont bien aises de se retrouver ensemble en affaires, il me conta que le matin même, Monsieur le Duc l'avoit envoyé chercher, lui avoit rendu le précis de nos conversations, et lui avoit avoué qu'il n'avoit pas fermé l'œil de toute la nuit dans l'angoisse en laquelle il se trouvoit, que néanmoins son parti étoit pris, par les raisons qu'il m'avoit dites, qu'il me tiendroit parole aussi sur notre rang; et qu'il m'apportoit les projets d'édits qu'il avoit toujours désiré pouvoir me communiquer. Nous les lûmes : premièrement, celui pour le seul changement de la surintendance de l'éducation du Roi ; après, celui du rang intermédiaire ; enfin, celui de la réduction des bâtards au rang de leurs pairies, révoquant tout ce qui avoit été fait au contraire en leur faveur. J'entendis le second avec peine ; et ne m'arrêtai qu'au premier et au dernier qui étoient parfaitement bien dressés, le dernier surtout, selon mon sens, et tel qu'il a paru depuis. Je dis à Millain qu'il falloit travailler à celui du rétablissement du comte de Toulouse, sans préjudice de celui que je voulus aussi dresser; et que, s'il vouloit revenir le lendemain à pareille heure, nous nous montrerions notre thème l'un à l'autre, pour convenir de l'un des deux ou d'un troisième pris sur l'un et sur l'autre. Je le chargeai de bien entretenir Monsieur le Duc dans la fermeté nécessaire sur ce qui nous regardoit, en lui en inculquant les conséquences, et, après une assez longue conférence, nous nous séparâmes.

Aussitôt après j'allai au Palais-Royal, par la porte de derrière, où j'étois attendu pour rendre compte au Régent de ma conversation avec Monsieur le Duc. Il ferma la porte de son grand cabinet, et nous nous promenâmes dans la grande galerie. Dès le premier demi-quart d'heure je m'aperçus que son parti étoit pris sur l'éducation en faveur de Monsieur le Duc, et que je n'avois pas eu tort la veille, aux Tuileries, de l'avoir soupçonné de s'être trop ouvert et trop laissé aller à ce prince, comme je m'en étois bien aperçu avec lui dans ce jardin. Mes objections furent vaines. L'éclaircissement sur M. le comte de Charolois et l'aveu du comte de Toulouse sur son frère avoient fait des impressions, que le repentir d'avoir différé et les raisons et les empressements de Monsieur le Duc, dans la conjoncture présente et si critique, avoient approfondies. Je ne laissai pas de représenter à Son Altesse Royale le danger évident d'attaquer le duc du Maine à demi, les embarras qu'il trouveroit chez lui-même à le dépouiller, celui de retirer M. le comte de Charolois des pays étrangers par un grand gouvernement s'il ne le trouvoit chez le duc du Maine. Le Régent convint de tout cela, et dans le desir d'ôter l'éducation à ce dernier, son dépouillement lui parut facile, parce qu'il ne le considéra qu'en éloignement et ne voulut point ouïr parler de tout faire ensemble, encore qu'il n'y eût point de comparaison, et dans ce dépouillement il trouvoit à tenir parole au comte de Charolois.

Je le vis si arrêté dans ces pensées que je crus inutile de disputer davantage. Je me contentai de le supplier de se souvenir que ce qu'il méditoit contre le duc du Maine étoit contre mon sentiment, et de le sommer de n'oublier pas que, contre mon intérêt le plus précieux et ma vengeance la plus chère, j'avois lutté de toutes mes forces contre lui et contre Monsieur le Duc en faveur du duc du Maine, parce que je croyois dangereux au repos de l'État de l'attaquer avec le Parlement.

Ensuite, je lui proposai la réduction des bâtards au rang de leurs pairies, et je me gardai bien de lui laisser entrevoir ce dont j'étois convenu là-dessus avec Monsieur le Duc. J'étois bien fort par les preuves que je donnois sans cesse depuis cinq jours de mon désintéressement à cet égard, et par la raison évidente que le duc du Maine, chassé d'auprès du Roi, et dans l'idée présente près d'être dépouillé de tous ses établissements, n'étoit bon qu'à affoiblir d'autant. J'y ajoutai l'ancienne et palpable raison que cette réduction de rang de plus ou de moins ne rendroit le duc du Maine ni plus outré ni moins réconciliable[1], et la justice et la facilité de cette opération, qui ne consistoit qu'à prononcer sur un procès pendant et instruit.

Le Régent me passa tout, hors ce dernier point; il me voulut soutenir que le procès existoit bien à la vérité par la présentation de notre requête en corps signée au Roi et à lui lors du procès des princes du sang et des bâtards; mais il me contesta les formes. La réponse fut aisée : point de formes devant le Roi, notre requête admise, puisque le Roi et lui l'avoient reçue, et que lui-même l'avoit communiquée aux bâtards; qu'il n'y en avoit point eu d'autres au procès long et célèbre que les pairs eurent et gagnèrent en 1664 devant le Roi contre les présidents à mortier au parlement de Paris et le premier président, sur la préopinion aux lits de justice. Cela ferma la bouche à M. le duc d'Orléans, mais il se rejeta à m'objecter que les bâtards n'avoient pas répondu. Je répliquai qu'ils en avoient eu tout le temps, et que si cette raison étoit admise, il ne tiendroit qu'à celui qui auroit un mauvais procès devant le Roi de ne répondre jamais, puisqu'il n'y avoit point de formalités pour l'y forcer, moyennant quoi il n'en verroit jamais la fin. Après quelque légère dispute, il se rendit et m'ouvrit la carrière à lui représenter, pour ne pas dire reprocher, ses méfaits à notre égard sur le bonnet, et sur tant d'autres choses. Il m'allégua pour dernier retranchement la noblesse qu'il ne vouloit pas soulever. Je lui remontrai, avec une indignation que je ne pus contraindre, que c'étoit lui-même qui l'avoit soulevée, et qui s'en étoit trouvé bien empêché après; que la noblesse n'avoit que voir ni aucun intérêt à ce que le duc du Maine nous précédât ou que

1. Voyez ci-dessus, p. 416 et note 1.

nous le précédassions ; que toutes les lois et les exemples étoient pour nous, et qu'il n'y avoit que son acharnement à lui régent contre nous, jusque contre son intérêt propre, qui nous pût être contraire. Enfin je le réduisis à m'avouer que ce que je lui demandois étoit plutôt bon que mauvais, que la noblesse n'avoit ni intérêt ni droit de s'en mêler, et qu'il étoit vrai encore que notre demande étoit juste ; mais il m'objecta Monsieur le Duc, et c'étoit où je l'attendois. Je le laissai dire là-dessus, et comme prendre haleine de l'acculement où j'avois réduit son incomparable fausseté, et je le contredis foiblement pour l'attirer à la confiance en cet obstacle, à avouer que c'étoit le seul.

Quand je l'y tins de manière à ne pouvoir échapper, je lui dis que Monsieur le Duc sentoit mieux que lui la conséquence de nous avoir tous pour amis, et de réparer par là le mal qu'il nous avoit fait ; qu'il n'ignoroit pas que Son Altesse Royale avoit eu la bonté, lors de son procès avec les bâtards, de se décharger sur lui de toute notre haine ; qu'il desiroit la faire cesser, d'autant plus qu'il sentoit maintenant l'illusion et la faute du rang intermédiaire ; qu'il lui demanderoit expressément la réduction des bâtards au rang d'ancienneté de leurs pairies, et que nous verrions alors jusqu'où Son Altesse Royale pousseroit sa mauvaise volonté à notre égard ; que, pour moi, je lui avouois que j'étois tous les jours étonné de moi-même, de ce que je pouvois le voir, lui parler, lui demeurer attaché, avec la rage que j'aurois dans le cœur contre tout autre qui nous auroit traités comme il avoit fait ; que c'étoit le fruit de trente années d'habitude et d'amitié, dont je m'émerveillois tous les jours de ma vie ; mais qu'il ne falloit pas qu'il jugeât du cœur des autres par le mien à son égard, qui n'étoient pas retenus par les mêmes prestiges, et qu'il avoit grand besoin de se rattacher.

Je me tus alors, et m'attachai moins à écouter sa réponse qu'à examiner à son visage l'effet d'un discours si sincère, et qui, pour en dire la vérité, auroit pu l'être davantage. Je le vis rêveur et triste, la tête basse, et comme un homme flottant entre ses remords et sa foiblesse, et en qui même sa foiblesse combattoit de part et d'autre. Je ne voulus pas le presser pour lui donner lieu de sentir une sorte d'indignation qui auroit usurpé un autre nom avec un autre homme, et que j'estimai qui feroit une plus forte impression sur lui que plus de paroles et de véhémence. Néanmoins, le voyant toujours pensif et taciturne un temps assez long : « Eh bien ! Monsieur, lui dis-je, nous égorgerez-vous encore, et malgré Monsieur le Duc ? » Il se prit à sourire, et me répondit d'un air flatteur qu'il n'en avoit point du tout envie ; qu'il verroit si Monsieur le Duc le vouloit tout de bon, et que, cela étant, il le feroit : « Je n'en suis point en peine, repris-je, si vous tenez parole ; car vous verrez ce que Monsieur le Duc vous dira. Mais le ferez-vous ? — Oui assurément, répartit-il ; je vous dis que j'en ai envie, et que je l'eusse fait dès l'autre fois sans lui, et je le ferai celle-ci s'il le veut. » Je craignis l'échappatoire, mais je ne voulus pas le pousser plus loin. Je répondis que c'étoit ce qu'il pouvoit faire de plus sage et de plus de son intérêt, et je tournai sur le comte de Toulouse.

Je lui déduisis ma pensée, mon projet, mes raisons. Il les approuva toutes, parce qu'elles étoient bonnes, et parce, encore plus, que cela le déchargeoit de la moitié de la besogne. Après je m'avantageai d'une proposition qui nous ôtoit la moitié de notre rétablissement, et lui fis honte qu'il eût besoin de la demande de Monsieur le Duc pour nous faire une justice reconnue telle par lui-même, et de son intérêt, tandis que je m'étois si fortement opposé au mien le plus cher sur le duc du Maine pour l'amour de l'État, que je ne revendiquois que sur ce qu'il n'y pouvoit plus nuire dès que M. du Maine perdoit l'éducation, et tandis encore que je proposois moi-même, de conserver le rang au comte de Toulouse par la même considération du repos du royaume. Il ne put désavouer des vérités si présentes, que je ne crus pas devoir presser davantage, et je passai aux inconvénients mécaniques que j'avois objectés à Monsieur le Duc.

Le Régent n'y avoit pas fait la plus petite réflexion. Je les lui présentai tous. Nous convînmes que, s'il pouvoit compter sur les pairs au lit de justice, il valoit mieux risquer le paquet de ne point parler des bâtards au conseil de régence. Cela me donna lieu de lui faire faire légèrement attention au besoin qu'il avoit des pairs, et sur l'utilité que je leur pusse dire, en entrant en séance, la justice qui leur y étoit préparée. Il en convint. Après, nous traitâmes la grande question, qui fut sa fermeté à y soutenir la présence des bâtards, et ce qui, par eux et par leurs adhérents, pourroit être disputé en leur faveur. Je lui proposai l'expédient de faire sortir Monsieur le Duc, que ce prince m'avoit fourni, pour faire aussi sortir les bâtards. Le Régent l'approuva fort et promit merveilles de lui-même, espérant toujours que les deux frères ne viendroient pas au lit de justice pour n'y pas exécuter le dernier arrêt. Je lui fis sentir le frivole de cette espérance, par les mêmes raisons dont j'en avois désabusé Monsieur le Duc. Mais le Régent, toujours porté à l'espérance, voulut toujours se flatter là-dessus.

Je l'exhortai à se préparer à bien payer de sa personne; je lui inculquai que du succès de ce lit de justice dépendoit toute son autorité au dedans et toute sa considération au dehors. Il le sentit très-bien et promit merveilles; mais ma défiance ne laissoit pas de demeurer extrême. Je le suppliai de se souvenir de toute la foiblesse qu'il montra en la première séance de la déclaration de sa régence où tout lui étoit si favorable, des propos bas et embarrassés qu'il y tint pour le Parlement, qui en tiroit maintenant de si grands avantages, jusqu'à en fonder de nouvelles prétentions et lui alléguer ces faits devant le Roi en pleines remontrances. Je lui rappelai de plus l'état où, dans cette première séance, le réduisit l'insolente contestation du duc du Maine sur le commandement des troupes de la maison du Roi, dans laquelle il eût succombé si je ne lui avois pas fait rompre la séance, et remettre à l'après-dînée, et dans l'entre-deux, si je ne lui avois pas fait concerter tout ce qu'il y avoit à dire et à faire. J'ajoutai que, maintenant qu'il s'agissoit du tout pour le duc du Maine, il devoit ranimer et ramasser toutes ses forces pour résister à un homme qui, ayant su l'embarrasser dans un temps où tout étoit contre lui, mettroit ici le tout pour le tout, appuyé d'un parlement aigri et pratiqué, et sentant lui-même ses propres forces. Le Régent entra bien dans toutes ces réflexions, essaya de s'excuser sur la nouveauté pour lui de cette première séance, et promit de soi plus, je pense, qu'il n'en espéroit.

Nous descendîmes ensuite dans une autre sorte de mécanique à l'égard du Parlement, et nous convînmes qu'il prendroit ses mesures à tous égards là-dessus dans la journée avec le garde des sceaux. Il me dit que l'abbé du Bois etoit allé en conférer avec lui, et avoit fait un mémoire de tout ce qui pourroit arriver de difficultés de la part du Parlement. Il ajouta qu'il desiroit que j'en conférasse avec ceux du secret, et s'efforça de me montrer une résolution entière. Il n'oublia pas de me demander avec grand soin si j'avois remédié à l'élévation des hauts siéges. Il eut bien de la peine à se contenter des trois marches qu'ils devoient avoir; c'est une grippe, pour user de ce mauvais mot, que je n'ai jamais pu démêler en lui. En le quittant, je lui dis encore un mot de la réduction des bâtards au rang de leur pairie. Il me la promit, mais ma défiance me fit élever ma voix, et lui répondre : « Monsieur, vous n'en ferez rien, et vous vous en repentirez toute votre vie, comme vous vous repentez maintenant de n'avoir pas culbuté les bâtards à la mort du Roi. » Il étoit déjà à la porte de son grand cabinet pour l'ouvrir, et je gagnai les petits pour m'en revenir chez moi dîner.

Au sortir de table j'eus avis d'une cabale du duc du Maine et de plusieurs du Parlement, prête à éclater, pour déclarer le Roi majeur, et former immédiatement sous Sa Majesté un conseil de leurs confidents et de quelques membres du Parlement, dont le duc du Maine seroit chef. Cela me parut insensé, parce que toutes les lois y résistoient, ainsi que l'usage et le bon sens. Mais les menées de tous ces gens-là; l'aversion, le mépris de la foiblesse du Régent, dont on n'avoit pris une idée que trop juste; le manteau du bien public par rapport aux choses de finance, les frayeurs du duc du Maine, l'audace effrénée de son épouse et son extrême hardiesse, la terreur du maréchal de Villeroy, leurs intrigues avec le prince de Cellamare, ambassadeur d'Espagne, et le cardinal Alberoni, lié de tout temps avec le duc du Maine par le feu duc de Vendôme son maître, et toujours cultivé depuis; le grand mot du comte de Toulouse à M. le duc d'Orléans sur son frère; tout cela me parut pouvoir donner de la solidité à ce qui n'en pouvoit avoir par nature, et dans le cours ordinaire. Je le mandai par un billet au Régent, et demeurai tout le jour chez moi avec le duc d'Humières et Louville, barricadé pour tout ce qui n'étoit point du secret.

Entre quatre et cinq de l'après-dînée, on m'avertit que Monsieur le Duc sortoit de ma porte, où il avoit fait beaucoup d'instances pour entrer, et qu'il étoit allé chez le duc de la Force, fort près de chez moi. J'avois demandé le matin au Régent la permission de confier au duc de la Force ce qui regardoit les bâtards, dont jusqu'alors il n'avoit pas su un mot, parce que j'en avois besoin pour dresser la déclaration en faveur du comte de Toulouse, et je compris que Monsieur le Duc, ne m'ayant pu voir, étoit allé raisonner avec lui sur le lit de justice. J'envoyai aussitôt à l'hôtel de la Force dire à Monsieur le Duc que je ne m'étois pas attendu à l'honneur de sa visite, et s'il avoit agréable de me faire celui de revenir. Il arriva sur-le-champ. J'avois grande curiosité de ce qui pouvoit l'amener. Je lui fis mes excuses de la clôture de ma porte, où l'affaire présente me tenoit, et où ne devinant point qu'il pourroit venir, je ne l'avois point excepté comme les autres du secret, et deux ou trois autres mes intimes amis, pour qui elle n'étoit jamais fermée, de peur de donner inutilement à penser à mes gens. Après cela je lui demandai des nouvelles.

Il me dit, avec la politesse d'un particulier, qu'il venoit me rendre compte de ce qu'il avoit fait avec Son Altesse Royale, à qui il avoit demandé la réduction des bâtards au rang de leurs pairies, comme l'éducation, et qu'il l'espéroit; mais qu'il venoit aussi envoyé par elle, sur le billet que je lui avois écrit l'après-midi, et savoir de moi ce que j'avois appris. Je lui répondis qu'il ne pouvoit venir plus à propos, parce que [ce que] j'en savois, je le tenois du duc d'Humières, que j'avois fait passer avec Louville dans un autre cabinet. Je l'allai chercher, et il dit à Monsieur le Duc que M. de Boulainvillier l'avoit ouï dire à des gens du Parlement, et l'en avoit averti aussitôt. J'ajoutai que M. le duc d'Orléans pouvoit envoyer chercher Boulainvillier, et remonter à la source. Avec cela Monsieur le Duc retourna au Palais-Royal. Je fus bien aise de la démarche qu'il y avoit faite pour notre rang, mais je restai en doute si ç'avoit été avec suffisance.

M. de la Force vint après, à qui Monsieur le Duc n'avoit pas eu le temps de rien dire, et que je n'avois pas vu depuis le Palais-Royal, où j'avois eu la permission de lui confier ce qui regardoit les bâtards. Je lui appris donc alors. Je ne sais ce qui l'emporta en lui, de l'extrême surprise ou de la vive joie d'un événement si peu attendu et si prochain. Je l'informai de tout ce à quoi j'en étois là-dessus, et je le priai de travailler tout à l'heure à la déclaration en faveur du comte de Toulouse; de prendre garde à y bien restreindre ce rétablissement de rang à lui seul, à l'exclusion bien formelle des enfants qu'il pourroit avoir et de tous autres quelconques, et de ne pas manquer d'y insérer que c'étoit du consentement des princes du sang et à la réquisition des pairs, pour bien mettre notre droit à couvert. Je le renvoyai promptement la dresser, et je passai le reste de la journée chez moi avec Law, Fagon et l'abbé du Bois, ensemble et séparément.

Law étoit depuis quelques jours retourné chez lui, où, au lieu d'attendre les huissiers, pour le mener pendre, le Parlement, étonné du grand silence qui avoit succédé à la résolution prise au conseil de régence de casser tous leurs arrêts, cette Compagnie lui avoit envoyé de ses membres, pour entrer en conférence avec lui, et lui faire l'apologie de Blamont, président d'une des chambres des enquêtes, et des intentions du Parlement; et dans la matinée de ce jour mercredi, le duc d'Aumont avoit été le haranguer, pour s'entremettre avec lui dans cette affaire et raccommoder le Parlement avec le Régent. Law nous en conta des détails tout à fait ridicules, qui nous montrèrent combien promptement la peur avoit succédé à l'insolence, et combien aisément quelque peu de fermeté eût prévenu ces orages, et y pouvoit aussi remédier.

Le duc d'Aumont, valet du duc du Maine et du premier président, chercha à justifier ce dernier auprès de Law et à se fourrer dans l'intrigue. Il lui dit qu'il en avoit parlé au Régent, qu'il lui avoit demandé de l'en entretenir à fond, lequel lui avoit donné samedi ou dimanche pour cela; qu'il espéroit que tous les malentendus se raccommoderoient aisément, et qu'il falloit aussi se servir de gens comme lui sans intérêt, qui n'avoit point voulu prendre de part à toutes ces sottises du bonnet et cent verbiages de la sorte pour vanter sa bassesse, voiler sa turpitude, son infamie, ses trahisons; se faire rechercher, s'il eût pu, surtout tirer de l'argent, comme son premier président et lui s'en étoient déjà fait donner quantité, l'un pour se faire acheter, l'autre par l'importunité la plus effrontée. L'abbé du Bois me dit que le maréchal de Villeroy mouroit de peur d'être arrêté, au point que rien ne le pouvoit rassurer; qu'il avoit été lui conter ses frayeurs, son apologie, vanter son attachement pour feu Monsieur et cent mille vieilles rapsodies. De toutes ces choses je conclus que ces gens-là n'étoient pas encore en ordre de bataille, qu'on les prenoit encore au dépourvu, qu'il falloit frapper, tant sur le Parlement que sur cet exécrable bâtard, avec une fermeté qui assurât l'autorité et la tranquillité du reste de la régence. L'abbé du Bois, Fagon et moi concertâmes tout ce dont nous pûmes nous aviser sur toute espèce d'inconvénient et de remède, à quoi le premier alla achever de méditer chez lui, pour en corriger et augmenter son mémoire. Nous convînmes cependant de plusieurs déclarations et arrêts du conseil signés et scellés, qu'à tout événement le garde des sceaux auroit dans son sac, avec les sceaux hors de leur cassette, pour qu'on ne s'en aperçût pas et être en état de sceller sur-le-champ, s'il en étoit besoin, avec la mécanique nécessaire, toute prête et portée dans une pièce voisine. Demeuré, et repassant toute notre affaire, il me fit faire réflexion que le délai du mardi au vendredi et la résolution prise en la régence de casser les arrêts du Parlement pouvoit rendre dangereuse, tout au moins embarrassante, la capture des membres du Parlement, qu'on avoit résolu de punir par une prison dure et éloignée, si on persistoit à la faire le matin même du lit de justice ; que le Parlement, qui en seroit averti, ou n'oseroit s'assembler, ou refuseroit de venir aux Tuileries, ou y feroit des remontrances sur ce châtiment qui ne conviendroient pas au temps; que tous ces partis étoient embarrassants : tellement qu'après avoir bien raisonné et balancé, nous résolûmes à différer au samedi matin, ce qui donneroit lieu de mieux connoître par la séance du lit de justice à qui on avoit affaire, et je me chargeai de le faire agréer ainsi à M. le duc d'Orléans. Je lui mandai donc que j'avois à lui parler le lendemain matin par la porte de derrière, pour qu'elle me fût ouverte, et je me retirai si las de penser, d'espérer, de craindre par la nature de celui qui devoit donner consistance et mouvement à tout, que je n'en pouvois plus.

Le lendemain, jeudi 25 août, le duc de la Force vint dès le matin chez moi avec sa déclaration dressée en faveur du comte de Toulouse. Elle étoit bien, et tout à fait dans mon sens. Ce fut celle qui fut imprimée, ainsi que l'instrument que Millain m'avoit montré la veille pour la réduction des bâtards au rang de leurs pairies. Il entra peu après M. de la Force, et se retint dès qu'il le vit, mais je lui dis que M. de la Force étoit maintenant de tout le secret : ainsi nous lûmes les deux déclarations que chacun d'eux avoit dressées en faveur du comte de Toulouse. Nous raisonnâmes sur la totalité de la grande affaire du lendemain. Millain me dit de la part de Monsieur le Duc qu'il me prioit de me trouver le soir à huit heures, par la petite porte, chez M. le duc d'Orléans, tandis que lui y entreroit par la porte ordinaire, pour prendre là tous trois ensemble nos dernières mesures sur le point de l'exécution. Il ajouta que M. le duc d'Orléans avoit chargé Monsieur le Duc de m'en avertir, et qu'il me prioit, lui Millain, de trouver bon qu'il m'accompagnât, pour être introduit secrètement par moi en cas qu'on eût besoin de lui pour les formes.

J'acceptai le tout avec joie et bon augure; mais non assez nettement éclairci sur notre rang, j'en voulus avoir le cœur net. Je demandai donc à Millain où en étoit son maître sur cela. Il ne me dit que les mêmes choses que Monsieur le Duc m'avoit dites chez moi la veille. Je me mis à répéter à Millain toutes les raisons dont j'avois battu et convaincu Monsieur le Duc là-dessus, dans lesquelles Millain entra très-bien, en quoi je ne fus que médiocrement aidé de M. de la Force. Ne croyant pas me devoir abandonner à ce que Monsieur le Duc avoit fait la veille avec M. le duc d'Orléans, qui ne me mettoit pas suffisamment à mon aise, je fis sentir à Millain le juste éloignement où nous étions tous de Monsieur le Duc, par l'excuse que M. le duc d'Orléans nous avoit faite de nous avoir laissés dans la nasse lors du procès des princes du sang contre les bâtards; l'ébranlement avoué de Son Altesse Royale pour réparer cette faute, si Monsieur le Duc le desiroit; l'état de rage ou d'attachement où Monsieur le Duc avoit le choix actuel de nous mettre à son égard; son intérêt de nous avoir pour amis; l'engagement formel et net où il étoit entré là-dessus avec moi. Quand je crus avoir suffisamment persuadé mon homme par la tranquille solidité de mes raisons, je crus pouvoir le mener avec plus de véhémence. « Vous m'avez donc bien entendu, lui dis-je, et par moi tous les pairs de France, qui ne sont pas moins sensibles que moi. Rendez-en compte de ma part à Monsieur le Duc; vous ne lui pouvez trop fortement déclarer que je sais précisément de M. le duc d'Orléans, et que tous les pairs de France le sauront par moi, quoi qui arrive, que notre sort est entre ses mains; que du succès de demain dépend notre honneur ou notre ignominie; que l'une ou l'autre nous la devrons à Monsieur le Duc, et avec les plus vifs sentiments et les plus durables, et les partis les plus conformes à ce que nous lui devrons; qu'il n'en regarde pas la déclaration réitérée par vous comme un discours frivole : il sera suivi et comme substitué en maxime et en actions par nous et par les nôtres; ni comme un manque de respect ni un air de menace, mais qu'il le considère comme les mouvements véritables de l'honneur et d'une sincérité qui ne veut point le laisser ni se tromper ni se séduire. Monsieur, dites-le-lui bien. S'il nous abandonne, je me sens capable, et avec moi tous les pairs, de nous jeter à M. du Maine contre lui; car, au moins, dans tous les maux que nous a faits M. du Maine, il lui en est résulté un bien et des avantages qu'il a jugés préférables à tout. Mais Monsieur le Duc, qui ne peut rien craindre de nous en matière de rang, avec lequel non pas la préséance, mais l'égalité est impossible, son abandon dans une telle crise seroit nous vouloir le plus grand mal qui se puisse, et nous le faire encore sans cause, sans intérêt, sans raison, sans excuse, d'une manière purement gratuite, avec tout l'odieux du *malum quia* [1] *malum appetere*, qui est tel que les philosophes prétendent que la méchanceté humaine ne peut aller jusque-là. Or, si nous l'éprouvons, il n'y a fer rouge, désespoir, bâtardise, à quoi nous ne nous prenions contre lui, et moi à la tête de tous ; comme aussi, s'il nous restitue en rang contre son ennemi, je n'ai point de paroles pour vous témoigner notre abandon à lui et jusqu'à quel point il sera maître de nos cœurs. Vous m'entendez. Ceci est clair. N'en oubliez pas une parole, et revenez, s'il vous plaît, nous articuler sur quoi nous devons compter. » J'eus peine à achever cette phrase si décisive et à entendre les protestations de Millain, par[ce] qu'un valet de chambre, que j'avois envoyé au Palais-Royal, me vint dire que M. le duc d'Orléans m'attendoit et que Millain lui-même étoit pressé d'aller retrouver Monsieur le Duc. M. de la Force me servit plutôt de témoin que d'appui en cette forte conversation, dont il me parut effrayé. J'achevai promptement de m'habiller, et m'en allai au Palais-Royal par la petite porte.

Ibagnet, qui m'attendoit, me conduisit à l'ordinaire ; mais comme il m'ouvroit la porte secrète des cabinets, la Serre, écuyer ordinaire de Mme la duchesse d'Orléans, passa sur le degré, et me vit là avec un étonnement que je lus sur son visage. Cette rencontre me fâcha fort d'abord ; mais Mme la duchesse d'Orléans étoit à Saint-Cloud heureusement, et je pris courage par la réflexion qu'il n'y avoit plus que vingt-quatre heures à ramer. Je trouvai le Régent qui travailloit avec la Vrillière, lequel se voulut retirer. Je l'arrêtai et dis à Son Altesse Royale que je serois bien aise de lui faire faire une réflexion devant lui. C'étoit celle de Fagon, qui fut extrêmement goûtée. M. le duc d'Orléans me dit qu'il l'avoit faite dans la nuit

---

1. *Quâ*, au manuscrit.

qu'il avoit passée avec un peu de fièvre, incommodité qui m'alarma infiniment, et qui me présenta tout le déconcertement du projet qu'elle pouvoit opérer. Il fut donc arrêté là que ceux qui devoient être arrêtés le lendemain ne le seroient que le surlendemain matin, et il étoit temps de s'en aviser, car la Vrillière alloit donner les ordres qu'il remit au lendemain au soir. Il s'en alla et je demeurai seul avec M. le duc d'Orléans à nous promener dans sa grande galerie.

Il me parla d'abord du projet dont je lui avois écrit la veille, qu'il m'assura être sans fondement; ensuite il vint à la grande journée du lendemain. Il avoit fait dire qu'il y auroit conseil de régence cette même après-dînée, qui étoit celui qu'il avoit annoncé extraordinaire le lundi précédent, pour voir l'arrêt du conseil qui cassoit ceux du Parlement. Je le fis souvenir qu'il avoit oublié de le contre-mander; il le fit sur-le-champ en le mandant pour le lendemain après dîner. Tout cela n'étoit que pour couvrir le projet en amusant même les parties nécessaires, ce qui fut très-à propos; mais les deux pénibles difficultés restoient toujours, savoir : le silence au conseil de régence sur les bâtards, et leur présence très-possible au lit de justice. Je m'avisai d'une solution qui me vint dans l'esprit sur-le-champ. Je lui proposai que le lit de justice se tînt à portes ouvertes, parce qu'alors les affaires s'y traitent comme aux audiences, et que le garde des sceaux y prend les voix tout bas, allant le long des bancs, merveilleuse commodité pour fermer la bouche à qui n'a pas la hardiesse de faire une chose insolite en voulant parler tout haut et non moins sûre pour rapporter les avis comme il plaît au maître; nous étions sûrs du garde des sceaux; ainsi, nul risque pour les opinions du timide conseil de régence, ni même du Parlement; car il eût fallu y trouver des gueules bien fortes et bien ferrées pour vouloir opiner haut, contre les formes, en face du Roi et de son garde des sceaux, et au milieu des gardes du Roi, dans les Tuileries.

Restoit l'embarras des bâtards présents. Il n'étoit pas levé par la sortie de Monsieur le Duc, qui eût demandé la leur, car ils pouvoient, avant de le suivre, demander qu'il ne fût rien statué à leur égard sans les avoir ouïs; mais cette sortie en levoit la plus embarrassante partie pour la foiblesse du Régent, en ce qu'elle ôtoit le face-à-face. Aller au delà, c'étoit passer le but, et impossibilité entière. Restoit à se vouer à la fermeté du Régent en laquelle ma confiance étoit légère. Il promit pourtant merveilles, et, dans la vérité, il tint même et bien au delà de ce qu'il avoit promis.

Parmi ces discussions Monsieur le Duc arriva : nous les continuâmes tous trois ensemble, et nous conclûmes la cadence des grands coups du lendemain, qu'il est inutile de marquer ici parce que chaque chose sera racontée en son ordre. Après cela je pris la liberté de leur déclarer à tous les deux que je les prenois tous les deux à témoin de mon avis et de ma conduite dans cette affaire, et que je les y prenois l'un devant l'autre; qu'ils savoient tous deux combien j'avois été contraire à rien ôter au duc du Maine dans la crainte de l'unir trop au Parlement, et de frapper un coup dont le trop grand ébranlement remuât et troublât l'État; que je leur répétois de nouveau que tel étoit encore mon sentiment, bien que je n'en espérasse plus rien après tout ce que je leur avois représenté là-dessus; que j'avois aussi été d'avis, et que j'y persistois, que l'éducation ôtée au duc du Maine ne devoit être donnée à personne en sa place; mais que, puisqu'il en étoit résolu autrement, je les suppliois de me permettre de les exhorter à une union intime, qui ne pourroit subsister sans la confiance, et une attention infinie à écarter les soupçons et les fripons, qui seroient appliqués à les brouiller; que leur gloire, leur repos, le salut de l'État dépendoient de leur intelligence, ainsi que la grandeur ou la perte de leurs communs ennemis. Là-dessus, protestations de reconnoissance, d'attachement et de toutes les sortes de Monsieur le Duc, et politesses, avances même de celle de M. le duc d'Orléans. J'étendis ces propos à mesure que les compliments y donnèrent lieu, après quoi je vins à mon fait du rang ; non plus en homme qui doute, mais en homme qui a pour soi le sacrifice qu'il a voulu faire à l'État de son plus cher intérêt, qui le premier a proposé ensuite le sacrifice d'une partie en conservant le comte de Toulouse entier, choses dont je les pris encore tous les deux à témoin ; en homme enfin qui a pour soi justice, raison, politiques paroles de tous les deux ; et avec cet air de confiance entière, je les quittai en souhaitant toute fermeté à l'un, toute fidélité à l'autre, tout succès aux grands coups qui s'alloient ruer.

Comme je m'éloignois déjà d'eux, ils me rappelèrent pour me dire de ne manquer pas au rendez-vous du soir, à huit heures, par la petite porte, et Monsieur le Duc ajouta, si je n'avois pas vu Millain, qui m'y suivroit ? C'étoit pour résumer tout, et prendre tous trois ensemble nos dernières mesures sur tout ce qui pouvoit arriver. Je leur rendis compte alors de la déclaration en faveur du comte de Toulouse, que j'avois fait faire, et que je l'avois laissée à Millain avec celle qu'il avoit faite, duquel je louai aussi l'ouvrage pour la réduction des bâtards à leur rang de pairie ; je l'avois oublié dans la conversation. Le nom de Millain, quand Monsieur le Duc me demanda si je l'avois vu, m'en fit souvenir.

Je m'en revins chez moi plus content et plus tranquille que je n'avois encore été. Je croyois notre besogne aussi arrangée qu'il étoit possible, les inconvénients prévus et prévenus le plus qu'il se trouvoit dans la nature des choses, la nôtre à nous tout à fait assurée, le Régent prenant force et courage, nul de nous ne se démentir, le secret encore tout entier, la mécanique toute prête, et les moments s'approcher. Satisfait de moi-même d'avoir sincèrement fait tout ce qui avoit été en moi, de front, de biais, par adresse et de toutes parts, tant envers le Régent qu'auprès de Monsieur le Duc, pour sauver le duc du Maine, dans la seule vue du bien de l'État, malgré mes intérêts communs et personnels les plus sensibles, je me crus permis de me réjouir enfin de ce qui étoit résolu malgré moi, et plus encore de ce qui en alloit être le fruit. Toutefois, je n'osois encore m'abandonner à des pensées si douces sans avoir une plus grande certitude de cette si désirée réduction des bâtards au rang de leurs pairies, et je demeurai près de deux heures dans ce resserrement de joie, à laquelle je ne pouvois me résoudre de laisser prendre un plein essor. Libre alors des grandes affaires, dont tout l'arrangement étoit pris, j'étois tout occupé de celle de notre rang, et du délicieux honneur de procurer moi seul aux pairs de France un rétablissement auquel nous n'avions pu arriver par nos efforts communs, et que je voyois sur le point d'éclater, à leur insu et en leur présence.

Tandis que tout cela me rouloit dans la tête, Millain arriva chez moi; il me dit que Monsieur le Duc le renvoyoit m'assurer qu'il avoit la parole du Régent pour la réduction des bâtards à leur rang d'ancienneté de leurs pairies; qu'il en avoit envoyé la déclaration avec celle en faveur du comte de Toulouse à la Vrillière, telles que je les avois vues, et au garde des sceaux pour les expédier, et qu'il étoit en état de me répondre qu'elles passeroient le lendemain. Jamais baiser donné à une belle maîtresse ne fut plus doux que celui que j'appuyai sur le gros et vieux visage de ce charmant messager. Une embrassade étroite et redoublée fut ma première réponse, suivie après de l'effusion de mon cœur pour Monsieur le Duc et pour Millain même, qui nous avoit dignement servis dans ce grand coup de partie. Mais au milieu de ce transport je ne perdis pas le jugement; je dis à Millain que la Vrillière, tout mon ami qu'il étoit, et le garde des sceaux, se sentoient du vieux chrême[1] du feu Roi; que le dernier étoit de tout temps lié avec les bâtards; que l'un et

---

1. Voyez tome VI, p. 338, note 1, et ci-dessus, p. 431.

l'autre avoient fait des difficultés sur notre affaire au Régent, qui me l'avoit dit la veille; qu'il falloit que Monsieur le Duc couronnât son œuvre d'une nouvelle obligation sur nous; que j'exigeois de son amitié qu'il prît la peine d'aller de ce pas lui-même chez l'un et chez l'autre leur témoigner qu'il ne regardoit pas la réduction des bâtards au rang de leurs pairies différemment de l'éducation, et que, par la manière dont ils en useroient pour faciliter cette réduction telle qu'il la leur avoit envoyée, il connoîtroit et sentiroit jusqu'où ils le voudroient obliger, et comment il devroit aussi se conduire dans la suite avec eux. Millain n'y fit point de difficulté, et m'assura que Monsieur le Duc n'y en feroit point non plus. Il ajouta même qu'il l'y accompagneroit pour voir avec lui les deux déclarations et si on n'y avoit rien changé. Je redoublai mes remercîments, lui dis qu'il falloit absolument que Monsieur le Duc trouvât ces deux hommes chez eux, et me hâtai de le renvoyer pour n'y pas perdre un instant.

Le reste du jour se passa chez moi avec l'abbé du Bois, Fagon et le duc de la Force, l'un après l'autre, à remâcher encore toute notre besogne. Tout étoit prévu, et les remèdes à chaque inconvénient tout dressés : si le Parlement refusoit de venir aux Tuileries, l'interdiction prête, avec attribution des causes y pendantes et des autres de son ressort au grand conseil, les maîtres des requêtes choisis pour l'aller signifier et mettre le scellé par tous les lieux où il étoit nécessaire; les officiers des gardes du corps choisis, et les détachements du régiment des gardes destinés pour les y accompagner; si une partie du Parlement venoit et une autre refusoit, même punition pour les refusants; si le Parlement venu refusoit d'entendre et vouloit sortir, même punition; si une partie restoit, une autre s'en alloit, de même pour les sortants, c'est-à-dire si c'étoit des chambres entières, sinon interdiction seulement des membres sortis; si refus d'opiner, passer outre, de même pour peu qu'il restât de membres du

Parlement; au cas que tous fussent sortis, tenir également le lit de justice, et huit jours après en tenir un autre au grand conseil pour y enregistrer ce qui auroit été fait; si les bâtards ou quelque autre seigneur branloit, les arrêter dans la séance si l'éclat étoit grand, sinon à la sortie de séance; s'ils sortoient de Paris, les arrêter de même ; tout cela bien arrangé et les destinations et les expéditions faites. L'abbé du Bois fit une petite liste de signaux, comme croiser les jambes, secouer un mouchoir, et autres gestes simples, pour le donner[1] dans le premier matin aux officiers des gardes du corps choisis pour les exécutions, qui, répandus dans la salle du lit de justice, devoient continuellement regarder le Régent, pour obéir au moindre signal et entendre ce qu'ils auroient à faire. Il fit plus, car, pour décharger M. le duc d'Orléans, il lui dressa, pour ainsi dire, une horloge, c'est-à-dire des heures auxquelles il devoit mander ceux à qui il auroit nécessairement des ordres à donner pour ne les pas mander un moment plus tôt que le précisément nécessaire, et de ce qu'il auroit à leur dire pour n'aller pas au delà, n'en oublier aucun, et donner chaque ordre en son temps et en sa cadence, ce qui contribua infiniment à conserver le secret jusqu'au dernier instant.

Vers huit heures du soir, Millain me vint trouver pour le rendez-vous du Palais-Royal. Il me dit que Monsieur le Duc avoit été chez le garde des sceaux et chez la Vrillière; qu'il avoit pris leur parole sur notre affaire, et vu chez eux les deux déclarations telles qu'il les leur avoit envoyées signées et scellées. Après les remerciements, j'envoyai Millain m'attendre à la petite porte à cause de mes gens; et, un moment après, je l'y suivis sans flambeaux. Ibagnet nous attendoit, et nous introduisit à tâtons de peur de rencontre. Je fus effrayé de trouver M. le duc d'Orléans au lit, qui me dit qu'il avoit la fièvre. J'avoue que je ne sus si ce n'étoit point celle du lende-

---

1. Pour donner le signal.

main. Je lui pris le pouls assez brusquement, il l'avoit en effet. Je lui dis que ce n'étoit que fatigue de corps et d'esprit, dont il seroit soulagé dans vingt-quatre heures; lui, de sa part, protesta que, quoi que ce fût, il tiendroit le lit de justice. Monsieur le Duc, qui venoit d'entrer, étoit au chevet de son lit, et une seule bougie dans la chambre où il n'y avoit que nous quatre. Nous nous assîmes, Monsieur le Duc et moi, et repassâmes les ordres donnés et à donner, non sans une grande inquiétude à part moi de cette fièvre venue si étrangement mal à propos à l'homme du monde le plus sain, et qui ne l'avoit jamais.

Là il fut résolu que le lit de justice seroit intimé à six heures du matin au Parlement, pour entre neuf et dix aux Tuileries; le conseil de régence, annoncé la surveille pour l'après-dînée, mandé pour sept heures du matin pour être tenu à huit, et les chefs des conseils avertis d'y porter toutes leurs affaires pressées, afin de le prolonger autant qu'on le jugeroit à propos; que Son Altesse Royale prendroit les avis contre l'ordinaire par la tête, pour montrer son concert avec les princes du sang, et pour intimider quiconque auroit envie de parler mal à propos. Je proposai qu'au cas que le conseil manquât d'affaires avant que la séance du lit de justice fût prête, Son Altesse Royale ordonnât que chacun demeurât en place, et défendît surtout à qui que ce soit de sortir sous quelque prétexte que ce fût.

Ensuite, Monsieur le Duc voulut lire ce qu'il avoit préparé pour demander l'éducation. Il le venoit de faire de sa main à peu près tel qu'il a paru depuis. Son Altesse Royale y changea quelque chose, et moi aussi, et puis je m'avisai qu'il y falloit flatter la vanité du maréchal de Villeroy, et je dictai à Monsieur le Duc ce qui y est là-dessus, sur une niche à chien que j'allai chercher faute de table portative.

Après, grande question sur les bâtards. Décidé qu'à cause de leur présence, on ne diroit rien au conseil de ce qui les regardoit; que, pour les éviter au lit de justice, ils n'en seroient point avertis, sous prétexte que, depuis l'arrêt intervenu entre les princes du sang et eux, ils ne vouloient plus aller au Parlement. M. le duc d'Orléans, toujours enclin à l'espérance, voulut se figurer que cette raison les en empêcheroit; que de plus, pris au dépourvu, ils n'y pourroient venir faute de rabat et de manteau. Je soutins que c'étoit s'abuser; que le duc du Maine logeoit sous l'appartement du Roi; que le duc de Villeroy étoit en quartier de capitaine des gardes, logé aussi aux Tuileries, qu'on ne se pouvoit passer de lui pour la mécanique de la séance que jusqu'[à] un certain temps; qu'averti, il avertiroit son père, couché dans la chambre du Roi, s'il lui étoit possible; qu'au même instant M. du Maine le seroit par le père ou par le fils, et aussitôt après le comte de Toulouse par le duc du Maine; par conséquent qu'ils auroient tout loisir depuis six heures du matin de prendre leur parti, et l'habit convenable à ce qu'ils voudroient faire; que plus leur surprise seroit grande, plus ils devoient être résolus à se trouver au lit de justice pour s'y défendre courageusement, à quoi le remède ne pouvoit se trouver que dans la force de M. le duc d'Orléans en face, sans colère, sans émotion, quoi qu'il pût arriver, mais aussi sans mollir sur quoi que ce fût, en lieu et en état de faire justice, en droit de la rendre et de faire valoir l'autorité royale déposée en ses mains.

Après cela, je me mis à chercher dans la forme de marcher en place les moyens de les exclure par embarras; mais nous eûmes beau faire : la raison que j'avois déjà trouvée et ce bel arrêt de plus rendu entre les princes du sang et eux, qui leur laissoit tous leurs honneurs, les maintenoit aussi dans celui de traverser le parquet, tellement que, de façon ni d'autre, nous n'y pûmes trouver de remède.

Il fut convenu que j'avois eu raison de ne vouloir point de M. le duc de Chartres en ce lit de justice, pour ne s'y point charger d'un enfant en tout ce qu'il pouvoit y arriver, ne point avertir Mme la duchesse d'Orléans, avec laquelle il étoit à Saint-Cloud, de si bonne heure que ses soupçons et ses inquiétudes ne lui fissent avertir ses frères surtout pour ne point séparer dans la séance Monsieur le Duc de M. le duc d'Orléans, qui pourroient avoir à se parler bas et à se concerter sur-le-champ.

Ensuite, je remis sur le tapis l'affaire de la réduction des bâtards au rang de leurs pairies. Le Régent et Monsieur le Duc me dirent nettement qu'elle étoit ordonnée et les instruments signés et scellés tels que je les avois vus; sur quoi, remerciements et louanges de ma part. Je proposai qu'il me fût permis, entrant en séance, d'en dire un mot aux pairs, qui alors ne le pouvoient communiquer à personne. Il fut jugé qu'il étoit bon que je le fisse pour les bien disposer, et j'en répondis hardiment. Mais pour m'assurer davantage de quelques douteux, soit de cabale, soit de silence gardé à cet égard et à celui de l'éducation jusqu'au lit de justice, je demandai à M. le duc d'Orléans et à Monsieur le Duc si, à tout hasard je ne ferois pas bien de mettre dans ma poche notre requête contre les bâtards sur laquelle il seroit fait droit, qui entre autres étoit signée du duc de Villeroy, par ordre de son père, et par le maréchal de Villars, desquels nous avions tous soupçons : cela fut fort approuvé, et dans la vérité je crus voir dans l'exécution que la précaution n'avoit pas été inutile.

Une autre question fut après traitée, savoir, ce qu'on feroit en cas de refus du Parlement d'opiner. J'y donnai deux solutions : au refus silencieux et modeste, le prendre pour avoir opiné, le garde des sceaux continuant également d'aller de banc en banc, et ne faisant aucun semblant qu'on n'opinât point. Ce cas, et bien plus celui de s'opposer aux enregistrements, avoit été l'objet de la résolution prise, et que j'avois pour cela suggérée, de tenir un lit de justice, et à huis ouverts, à la manière des audiences, pour y prendre bas les avis, allant le long des bancs. Au cas de refus d'opiner, déclaré tout haut, soit de quelques-uns du Parlement, soit du premier président, et du banc des présidents, en manière de protestation pour la Compagnie, passer outre, et déclarer que le Roi n'est point tenu de prendre ni de se conformer aux avis du Parlement; qu'il les demandoit par bonté et pour honorer la Compagnie, mais qu'étant le maître, et les sujets n'ayant qu'à obéir à la volonté connue du souverain, il les avoit mandés pour l'entendre déclarer et l'enregistrer avec soumission; et tenir ferme. M. le duc d'Orléans m'objecta qu'encore bien qu'il n'y eût que cela à faire, il m'avoit bien des fois ouï disputer le contraire, et qu'au lit de justice il y avoit voix non simplement consultative, mais délibérative.

Je lui répondis que je le soutenois bien encore, mais qu'il falloit distinguer les personnes et les cas; que, pour les personnes, il n'y avoit que les pairs assesseurs et conseillers nés de la couronne et des rois, *laterales regis*, qui eussent droit de délibérer sur des affaires d'État, à parler étroitement, et pour s'élargir au plus qu'il étoit possible, les officiers de la couronne avec eux, par la dignité, encore plus par l'importance de leurs offices, par grâce toutefois, dont la marque évidente ainsi que du droit des pairs, est que les officiers de la couronne ne peuvent venir au lit de justice que mandés, et n'y entrer qu'à la suite du Roi, non pas même un seul instant devant lui, à la différence des pairs qui ont et ont toujours eu séance par leur dignité, sont mandés par nécessité, et qui, sans être mandés, ont droit égal de s'y trouver, y entrent avant le Roi, et sont en place quand il arrive; mais qu'à l'égard des officiers du Parlement, ils sont et ont toujours été les assesseurs des pairs, de la présence desquels ils tirent uniquement la liberté d'opiner en matière d'État, d'où est venue la nécessité de la clause insérée toujours et jusqu'à aujourd'hui dans ces sortes d'arrêts, *la cour suffisamment garnie de pairs*. De la vient encore l'essentielle différence de leur serment d'avec celui des pairs, d'où résulte que la tolérance à ces officiers du Parlement et autres magistrats ou seigneurs d'opiner en matière d'État, ne leur y donne que voix consultative; la délibérative y demeurant inhérente de droit aux seuls pairs et de grâce avec eux aux officiers de la couronne, desquels il plaît au Roi de se faire accompagner. Pour la matière, qu'il ne s'en agissoit ici que de deux sortes : la première, si le Roi seroit obéi, ou si le Parlement l'emporteroit sur lui. Si c'étoit un procès, le Parlement n'en pouvoit être juge et partie; sinon, il avoit rempli tout devoir et pouvoir par ses remontrances. Il n'avoit pu décider, et sans aucuns pairs de France, d'affaires concernant l'État, tels que sont les arrêts rendus par le Parlement, qu'il s'agit de casser. Il n'avoit donc pas voix délibérative sur les édits qu'il s'agit d'enregistrer, encore moins sur l'édit en forme de règlement pour réprimer leurs désobéissances; que l'éducation étoit encore une autre matière d'État à laquelle ils n'avoient que voir, et qui même, absolument parlant, n'avoit besoin d'aucune forme; que, pour ce qui étoit du droit à faire à notre requête, le Roi pouvoit, à meilleur titre, se passer d'eux pour, de son seul mouvement et de son autorité, remettre les choses en règle; que le feu Roi, par cette seule voie, les en avoit pu tirer; que formes, lois divines et humaines, exemples, tout y étoit tellement en notre faveur, qu'il n'y avoit pas à craindre que le Parlement y pût rien opposer; que, par toutes ces raisons, je persistois à soutenir mon opinion ancienne et continuelle sur le lit de justice, et à être en même temps persuadé que, ne trouvant point de résistance dans les hauts sièges, omettant le garde des sceaux, qui parloit pour le Roi en sa place, il n'y avoit nulle voix délibérative à reconnoître dans les bas sièges, et toute vérité de droit à passer outre, quoi que les bas sièges pusssent dire [et] faire. M. le duc d'Orléans n'eut rien à répliquer, et convint de la force de ces raisons, que j'eusse infiniment fortifiées s'il en eût été besoin et loisir, et se résolut aussi à suivre cet avis.

Je lui demandai si les mesures étoient bien réglées à prendre dans la nuit avec les gens du Roi. Il me dit qu'ils seroient avertis d'être sages en même temps que le Parlement le seroit du lit de justice, et en particulier Blancmesnil, premier avocat général, frère de Lamoignon, président à mortier, et que toute sa fortune répondroit à l'instant de la moindre ambiguïté de ses conclusions sur tout ce qui seroit proposé, sans lui rien expliquer davantage.

De là M. le duc d'Orléans nous expliqua en gros l'horloge de sa nuit jusqu'à huit heures du matin, qu'il se rendroit chez le Roi en manteau. Je l'exhortai à se reposer cependant le plus qu'il pourroit, et à constituer le salut de sa régence dans les exécutions du lendemain, et celui de ces exécutions dans sa résolution, sa fermeté, sa présence d'esprit, son attention aux plus petites choses, surtout à se posséder entièrement. Avec cela je lui souhaitai la bonne nuit, et me retirant vers le pied du lit, je remerciai Monsieur le Duc des visites qu'il avoit faites, avec des protestations qui partirent du cœur, qui furent suivies des siennes et de deux embrassades les plus étroites. Millain avoit assisté debout, et très-judicieusement parlé pendant une partie de cette conférence. Avant de sortir je me rapprochai du lit et je demandai à M. le duc d'Orléans permission de confier tout le mystère au duc de Chaulnes, puisque aussi bien [il] le devoit apprendre pour l'écorce de Son Altesse Royale dans la nuit pour l'ordre aux chevau-légers, dont il étoit le capitaine, et il y consentit. Je lui pris le pouls, non sans inquiétude. Je l'assurai toujours que ce ne seroit rien, sans en être trop sûr moi-même. Je pris congé enfin, et me retirai à dix heures précises avec Millain, par où nous étions entrés, et Monsieur le Duc par la porte ordinaire. Quand je me vis seul avec Millain dans le cabinet par où nous passions, je l'embrassai avec un plaisir extrême. Ces effusions de cœur avec Monsieur le Duc et lui furent suffoquées pour n'être pas entendues, les unes du Régent, au pied du lit duquel nous étions, les autres par d'Ibagnet, qui nous attendoit dans les cabinets voisins pour nous éclairer et ouvrir sur le degré, que nous descendîmes à tatons, comme nous l'avions monté; et après une embrassade en bas, dont je ne pus me refuser le plaisir, nous nous séparâmes pour nous en revenir chacun chez nous.

J'arrêtai tout près de chez moi devant l'hôtel de Luynes, où j'envoyai prier le duc de Chaulnes de me venir parler à mon carrosse. Il y vint sans chapeau, y monta, et aussitôt le cocher, qui avoit l'ordre, marcha et nous mena chez moi, sans que jusque dans mon cabinet je disse un mot au duc de Chaulnes, fort surpris de se voir enlevé de la sorte. Il le fut bien davantage lorsqu'après avoir fermé mes portes, je lui appris le grand spectacle préparé pour le lendemain matin. Nous nous livrâmes, lui et moi, au ravissement d'un rétablissement si imprévu, si subit, si prochain, si secret, dont la seule espérance, fondée comme que ce fût, nous avoit uniquement soutenus sous l'horrible marteau du feu Roi. La dissipation et la fonte de ces montagnes entassées l'une sur l'autre, par degrés infinis, sur notre dignité par ces géants de bâtards, ces Titans de la France, leur état prochain, la commune surprise, mais si différente, si extrême en eux et dans les pairs; notre renaissance, notre réexistence des anéantissements passés, cent vues à la fois, nous dilatèrent le cœur d'une manière à ne le pouvoir rendre, la juste rétribution des profondes noirceurs si pourpensées [1] du duc du Maine sur le bonnet, et l'accomplissement d'une partie de la menace que je lui avois faite chez lui à l'avortement de cette affaire, qu'on a vue ici en son lieu. Monsieur le Duc ne fut pas oublié, ni Millain même, dans ce tête-à-tête. Nous nous séparâmes enfin dans cette grande attente.

1. Voyez tome XI, p. 229 et note 1.

J'avois retenu quelques jours auparavant Contade, major des gardes, homme sûr et fort intelligent, que le hasard m'avoit appris devoir aller passer quelque temps chez lui en Anjou. Je le rencontrai au Palais-Royal, comme je descendois de carrosse. Il me donna la main, je lui dis à l'oreille que je lui conseillois et le priois de différer son départ sans faire semblant de rien. Il me le promit, et le tint sans que je lui en disse davantage, et me dit qu'il n'en parleroit point. Bien nous prit de cette prévoyance. Depuis une heure après minuit, M. le duc d'Orléans manda successivement les ducs de Guiche, de Villeroy et de Chaulnes, colonel des gardes, capitaine des gardes du corps en quartier, capitaine des chevau-légers de la garde; Artagnan et Canillac, capitaines des deux compagnies des mousquetaires, et en l'absence de Dreux, qui étoit à Courcelles, chez Chamillart son beau-père, Desgranges, maître des cérémonies, pour leur donner ses ordres, tandis que la Vrillière les donnoit à tout l'intérieur de la ville et aux expéditions nécessaires.

On avoit pensé à tout, excepté aux Suisses, car il échappe toujours quelque chose, et souvent d'important. Contade, averti par le duc de Guiche, s'en avisa sur ce que le duc de Guiche lui dit que le Régent ne lui en avoit point parlé, et alla trouver Son Altesse Royale pour en prendre ses ordres. Il lui fit entendre que, par l'affection fidèle du régiment des gardes suisses, le commandement et la supériorité en nombre du régiment des gardes françoises sur l'autre, il n'y avoit rien à en craindre, et qu'on l'offenseroit par une marque de défiance. Il reçut donc ordre d'y pourvoir. Sur les quatre heures du matin, Contade alla aux Tuileries, éveiller le duc du Maine, colonel général des Suisses. Il n'y avoit pas une heure qu'il étoit couché, revenant d'une fête que Mme du Maine s'étoit donnée à l'Arsenal, où elle étoit encore. Le duc du Maine fut sans doute étonné, mais il se contint, et dans sa frayeur cachée, il demanda d'un air assez libre si Contade étoit seul, qui l'entendit de la porte. Il se rassura sur ce qu'il apprit qu'il étoit seul, et le fit entrer. Contade lui expliqua son ordre de la part de M. le duc d'Orléans, et aussitôt le duc du Maine envoya avertir les compagnies du régiment des gardes suisses. Je pense qu'il dormit mal depuis, dans l'incertitude de ce qui alloit arriver, mais je n'ai point su ce qu'il fit depuis, non plus que la duchesse du Maine.

Vers cinq heures du matin on commença d'entendre des tambours par la ville, et bientôt après d'y voir des soldats en mouvement. A six heures, Desgranges fut au Parlement rendre sa lettre de cachet. Messieurs, pour parler leur langage, ne faisoient que de s'assembler. Ils mandèrent le premier président, qui fit assembler les chambres. Tout cela dura une demi-heure. Ils répondirent après qu'ils obéiroient; après ils débattirent en quelle forme ils iroient aux Tuileries, en carrosse ou à pied. Le dernier prévalut, comme étant la forme la plus ordinaire, et dans l'espoir d'émouvoir le peuple et d'arriver aux Tuileries avec une foule hurlante. Le reste sera raconté mieux en sa place plus bas. En même temps des gens à cheval allèrent chez tous les pairs et les officiers de la couronne, et chez ceux des chevaliers de l'ordre, et des gouverneurs ou lieutenants généraux des provinces dont on voulut accompagner le Roi, pour les avertir du lit de justice, Desgranges, dans ce subit embarras, n'ayant pas eu le temps d'aller lui-même. Le comte de Toulouse étoit allé souper auprès de Saint-Denis, chez M. de Nevers, et ne revint qu'assez avant dans la nuit. Les gardes françoises et suisses furent sous les armes en divers quartiers, le guet des chevau-légers, et les deux compagnies des mousquetaires tous prêts dans leurs hôtels; rien des gens d'armes, qui n'ont[1] point de guet, et la seule garde ordinaire des régiments des gardes françoises et suisses aux Tuileries.

Si j'avois peu dormi depuis huit jours, je dormis en-

---

1. *N'a*, au manuscrit.

core moins cette dernière nuit, si proche d'événements si considérables. Je me levai avant six heures, et peu après je reçus mon billet d'avertissement pour le lit de justice, au dos duquel il y avoit de ne me point éveiller, politesse de Desgranges, à ce qu'il me dit depuis, dans la persuasion que ce billet ne pouvoit me rien apprendre. On avoit marqué d'éveiller tous les autres, dont la surprise fut telle qu'il se peut penser. Vers sept heures, un huissier de M. le duc d'Orléans vint m'avertir du conseil de régence pour huit heures, et d'y venir en manteau. Je m'habillai de noir, parce que je n'avois que cette sorte d'habit en manteau, et un autre d'étoffe d'or magnifique, que je ne voulus pas prendre, pour ne pas donner lieu à dire, quoique fort mal à propos, que j'insultois au Parlement et au duc du Maine. Je pris avec moi deux gentilshommes dans mon carrosse, et j'allai être témoin de tout ce qui alloit s'exécuter. J'étois en même temps plein de crainte, d'espérance, de joie, de réflexions, de défiance de la foiblesse de M. le duc d'Orléans, et de tout ce qui en pourroit résulter. J'étois aussi dans une ferme résolution de servir de mon mieux sur tout ce qui pourroit se présenter, mais sans paroître instruit de rien, et sans empressement, et je me fondai en présence d'esprit, en attention, en circonspection, en modestie et en grand air de modération.

Sortant de chez moi j'allai à la porte de Valincourt, qui logeoit vis-à-vis la porte de derrière de l'hôtel de Toulouse. C'étoit un fort homme d'honneur, de beaucoup d'esprit, mêlé avec la meilleure compagnie, secrétaire général de la marine, qui étoit au comte de Toulouse depuis sa première jeunesse, et toujours depuis dans sa plus grande confiance. Je ne voulus laisser aucune peur personnelle au comte de Toulouse ni l'exposer à se laisser entraîner par son frère. J'envoyai donc prier Valincourt, que je connoissois fort, de me venir parler. Il vint effrayé, demi-habillé, de la rumeur des rues, et d'abordée me demanda ce que c'étoit que tout cela. Je le pris par la tête, et je lui dis : « Écoutez-moi bien, et ne perdez pas un mot. Allez de ce pas dire de ma part à M. le comte de Toulouse qu'il se fie en ma parole, qu'il soit sage, qu'il va arriver des choses qui pourront lui déplaire par rapport à autrui, mais qu'il compte avec assurance qu'il n'y perdra pas un cheveu ; je ne veux pas qu'il puisse en avoir un instant d'inquiétude : allez, et ne perdez pas un instant. » Valincourt me serra tant qu'il put. « Ah ! Monsieur, me dit-il, nous avions bien prévu qu'à la fin il y auroit un orage. On le mérite bien, mais non pas Monsieur le comte, qui vous doit être éternellement obligé. » Il l'alla avertir sur-le-champ, et le comte de Toulouse, qui sut après que je l'avois sauvé de la chute de son frère, ne l'a jamais oublié.

FIN DU QUINZIÈME VOLUME.

TABLE

DES CHAPITRES DU QUINZIÈME VOLUME.

Chapitre premier. — Alberoni continue à poursuivre Giudice ; lui fait redoubler les ordres d'ôter les armes d'Espagne de dessus la porte de son palais ; malice et toute-puissance de ce premier ministre ; état personnel du roi d'Espagne. — Manéges du Pape et d'Alberoni sur les bulles de Séville et sur le neveu d'Aldovrandi. — Avidité et prodigalité du cardinal Ottobon. — Avidité et déréglement des neveux du Pape ; tracasseries à cette occasion, où Giudice se barbouille. — Propos, mémoires, menaces, protestation, forte lutte par écrit entre Acquaviva et le Pape sur le refus des bulles de Séville. — Querelle d'Acquaviva avec le gouverneur de Rome. — Hauteur et foiblesse du roi d'Espagne à l'égard de Rome ; adresse d'Aldovrandi à servir Alberoni. — Le Pape embarrassé sur deux ordres venus d'Espagne ; Giudice se déchaîne contre Alberoni, et Giudice et Acquaviva l'un contre l'autre ; Alberoni se méfie de tous les deux. — Del Maro seul va droit au but du dessein militaire d'Alberoni. — Manéges d'Alberoni, résolu à la guerre, à Londres et à Paris ; s'ouvre à Cellamare. — Remises et avis d'Alberoni au duc de Parme ; se plaint à l'abbé du Bois, par Monteleon, de l'ignorance où on le tient des conditions du traité, et fait des reproches. — Plaintes amères contre le Régent des agents anglois, entièrement impériaux ; leur audace et leur imposture. — Sage adresse de Monteleon pour oser donner de bons conseils à Alberoni. — Singulières ouvertures de l'abbé du Bois à Monteleon. — L'Empereur veut les successions de Parme et de Toscane pour le duc de Lorraine ; en leurre le duc de Modène ; Penterrieder déclare à Londres, à l'envoyé de Sicile, que l'Empereur veut la Sicile absolument ; il indispose tant qu'il peut cet envoyé et son maître contre le Régent. — Caractère de Monteleon. — Le grand-duc et le duc de Parme envoient à Londres faire des représentations inutiles; desirs des Florentins de retourner en république, et non sans quelque espérance. — Monteleon reçoit des ordres réitérés de faire des menaces sur l'escadre; les communique à Stanhope; adresse de celui-ci pour l'amuser; adresse de l'autre pour amener l'Espagne au traité. — Points sensibles à Vienne sur le traité. — Monteleon, persuadé du danger de rompre pour l'Espagne, n'oublie rien pour l'en dissuader. — Bruits d'une révolution prochaine en Angleterre, où le ministère est changé. — Ruse inutile d'Alberoni pour opposer la nation angloise à son roi. — Mécompte de Monteleon; Cellamare plus au fait; Stairs s'explique nettement sur l'escadre; mouvements contraires dans le parlement d'Angleterre. — Nuages sur la fermeté de la cour de Vienne tournés à Londres avec adresse. — Demandes bien mesurées du grand-duc. — Effort d'Alberoni auprès du Régent; conduite publique et sourdes cabales de Cellamare; il cherche d'ailleurs à remuer le Nord contre l'Empereur. 1

CHAPITRE II. — Affaires du Nord. — La France paroît vouloir lier étroitement avec la Prusse. — Hollandois, fort en brassière entre l'Espagne et les autres puissances, veulent conserver la paix. — Adresse de Monteleon dans ses représentations à Alberoni, sous le nom de l'abbé du Bois, en faveur de la paix. — Menaces de l'Espagne méprisées en Angleterre, dont le parlement accorde au roi tout ce qu'il demande pour les dépenses de mer. — Insolence de Penterrieder; ses manéges et ses propositions à l'envoyé de Sicile très-dangereuses pour la France. — Vanteries et bévues de Beretti. — Le roi de Sicile soupçonné de traiter secrètement avec l'Empereur; raisonnements d'Alberoni sur ce prince, sur les Impériaux et sur la France. — Fortes protestations et déclarations de l'Espagne à Paris et à Londres; efforts et préparatifs d'Alberoni; ses plaintes. — Alberoni imagine de susciter la Suède contre l'Empereur. — Nancré échoue à Madrid; Alberoni le veut retenir jusqu'à la réponse de Vienne; concert entre Nancré et le colonel Stanhope; adresse de ce dernier repoussée par Alberoni. — Grands préparatifs hâtés en Espagne; le marquis de Lede et Patiño mandés à Madrid. 27

CHAPITRE III. — Menaces d'Alberoni sur le refus de ses bulles de Séville; il s'emporte contre le cardinal Albane; manéges d'Aldovrandi pour le servir et soi-même. — L'Empereur s'oppose aux bulles de Séville; accuse Alberoni de traiter avec les Turcs; Acquaviva embarrasse le Pape par une forte demande et très-plausible. — Prétendues preuves de l'accusation contre Alberoni. — Secret et scélérat motif d'Alberoni pour la guerre; conduite de Cellamare en conséquence. — L'Empereur consent à tous les points du traité de Londres. — Cellamare déclare que l'Espagne n'acceptera point le traité; le Régent dépêche à Madrid; manéges, inquiétudes, fougues, menaces d'Alberoni; ses déclamations; son emportement contre le traité de la paix d'Utrecht. — Fureur d'Alberoni sur les propositions de Nancré, surtout contre la cession de la Sicile à l'Empereur; il proteste que le roi d'Espagne n'acceptera jamais le traité, quoi qu'il en puisse arriver; ses vanteries; ses imprécations; ne laisse pas de traiter Nancré avec beaucoup de distinction et d'apparente confiance. — Fureur, menaces et manéges d'Alberoni sur le refus de ses bulles de Séville. — Alberoni dépité sur l'achat de vaisseaux en Hollande, où Beretti se trompe de plus en plus; déclare qu'il n'en a plus que faire; menace. — Manéges sur l'escadre angloise. — Sage conduite de Monteleon. — Négociation secrète du roi de Sicile à Vienne. — Propos de l'abbé du Bois à Monteleon. — Doubles manéges des Anglois sur la paix, avec l'Espagne et avec l'Empereur. — Sentiment de Monteleon. — Dangereux manége du roi de Sicile; le roi d'Angleterre s'oppose ouvertement à son desir d'obtenir une archiduchesse pour le prince de Piémont.................................. 42

Chapitre IV. — L'Empereur accepte le projet de paix. — Les Anglois haïssent, se plaignent, demandent le rappel de Châteauneuf d'Hollande; leur impudence à l'égard du Régent, guidés par du Bois; ils pressent et menacent l'Espagne. — L'Empereur ménage enfin les Hollandois. — Erreur de Monteleon. — Difficulté et conduite de la négociation du roi de Sicile à Vienne. — Énormité contre M. le duc d'Orléans des agents du roi de Sicile à Vienne, qui échouent en tout. — Sage conduite et avis de Monteleon. — La Hollande pressée d'accéder au traité, qui recule. — Beretti, par ordre d'Alberoni, qui voudroit jeter le Prétendant en Angleterre, tâche à lier l'Espagne avec la Suède et le Czar, prêts à faire leur paix ensemble. — Sages réflexions de Cellamare; son adresse à donner de bons avis pacifiques en Espagne. — Dangereuses propositions pour la France du roi de Sicile à l'Empereur; Provane les traite d'impostures, proteste contre l'abandon de la Sicile, et menace la France dans Paris. — Nouvelles scélératesses du nonce Bentivoglio. — Fortes démarches du Pape pour obliger le roi d'Espagne de cesser ses préparatifs de guerre contre l'Empereur; autres griefs du Pape contre le roi d'Espagne. — Menaces de l'Espagne au Pape; souplesses et lettres de Sa Sainteté en Espagne. — Fortes démarches de l'Espagne sur les bulles de Séville; manége d'Aldovrandi..................................... 57

Chapitre V. — Étrange caractère du roi de Sicile; entretien curieux entre le secrétaire de son ambassade et Alberoni. — Lascaris, envoyé de Sicile, malmené par Alberoni. — Plaintes hypocrites d'Alberoni; il déclame contre le traité, et tâche de circonvenir le maréchal d'Huxelles. — Alberoni menace, veut reculer le traité et gagner les Hollandois. — Caractère de Beretti; embarras des ministres d'Espagne au dehors. — La France et l'Angleterre communiquent ensemble le projet du traité aux états généraux; conduite de Beretti; son avis à Alberoni, et sa jalousie contre Monteleon. — La nation angloise et la hollandoise partagées pour et contre le traité. — Triste prodige de conduite de la France; conduite de Châteauneuf en Hollande. — Duplicité des ministres d'Angleterre à l'égard du Régent; hauteur de Craggs à l'égard du ministre de Sicile. — Efforts du roi de Sicile pour lier avec l'Empereur et obtenir une archiduchesse pour le prince de Piémont; conduite de la cour de Vienne. — Artificieuse conduite des ministres anglois à l'égard du Régent. — Manéges de Penterrieder à Londres. — L'Espagne voudroit au moins conserver la Sardaigne; mal servie par la France; l'Angleterre s'y oppose avec hauteur; triste état de Monteleon; les ministres anglois plus impériaux que les Impériaux mêmes. — Ministres espagnols protestent dans toutes les cours que l'Espagne ne consent point au traité; effort de Beretti pour détourner les Hollandois d'y souscrire; cris de cet ambassadeur contre la France; ses plaintes. — Fâcheuse situation de la Hollande. — Le roi d'Espagne rejette avec hauteur le projet du traité, communiqué enfin par Nancré, et se plaint amèrement; conduite et avis de Cellamare; son attention aux affaires de Bretagne......................... 75

CHAPITRE VI. — La Sardaigne est achoppement à la paix. — Adresse de l'avis de Monteleon à Alberoni. — Manége du roi de Sicile; Penterrieder en profite. — Bassesse du roi de Sicile pour l'Angleterre, qui le méprise, et qui veut procurer la Sicile à l'Empereur. — Sage avis de Monteleon. — Erreur de Beretti; Cadogan le désabuse (intérêt personnel de l'abbé du Bois). — Plaintes malignes des Piémontois. — Cellamare déclare tant qu'il peut que l'Espagne n'acceptera point le projet de traité. — Beretti et Cadogan vont, l'un après l'autre, travailler à Amsterdam pour mettre cette ville dans leurs intérêts contraires. — Nancré rend le roi de Sicile suspect à l'Espagne. — Alberoni raisonne sainement sur la Sicile et sur le roi Georges, très-malignement sur le Régent, artificieusement sur le roi de Sicile; déclame contre le traité, contre lequel il fait faire partout les déclarations les plus fortes; presse les préparatifs; secret impénétrable sur la destination de son entreprise; continue à bien traiter Nancré et à conférer avec lui et avec le colonel Stanhope. — Le colonel Stanhope pense juste sur l'opiniâtreté d'Alberoni; réponse de ce cardinal à une lettre du comte Stanhope, qui le pressoit d'accepter le traité. — Plaintes et vanteries d'Alberoni; forces actuelles de l'Espagne; crédit de ce premier ministre sur Sa Majesté Catholique. — Alberoni menace Gallas, les Allemands et le Pape; vanteries de ce cardinal. — Vaines espérances de Giudice, qui s'indispose contre Cellamare; bassesses de ce neveu. — Chimères attribuées à Giudice, qui font du bruit et du mal à Madrid; il les désavoue, et déclame contre les chimères et le gouvernement d'Alberoni. — Fausse et basse politique du Pape. — Cellamare se fait bassement, gratuitement et mal à propos l'apologiste d'Alberoni à Rome; il en reçoit de justes reproches de son oncle; esprit de la cour de Vienne.......................... 92

Chapitre VII.—Forces d'Espagne en Sardaigne; disposition de la Sicile. — Le roi Jacques fait proposer au roi d'Espagne un projet pour gagner l'escadre angloise, et tendant à son rétablissement; le cardinal Acquaviva l'appuie en Espagne. — Alberoni fait étaler les forces d'Espagne aux Hollandois. — Alberoni continue ses déclamations contre le traité et contre le Régent; accuse Monteleon, qu'il hait, de lâcheté, de paresse, lui fait d'autres reproches; en fait d'assez justes à l'Angleterre et au Régent. — Le roi d'Espagne veut demander compte aux états généraux du royaume de la conduite du Régent; ne se fie point aux protestations du roi de Sicile. — Divers faux raisonnements. — Malignité insultante et la plus partiale des ministres anglois pour l'Empereur sur la Sardaigne et sur les garnisons. — Monteleon de plus en plus mal en Espagne. — Friponnerie angloise de l'abbé du Bois sur les garnisons. — Maligne et insultante partialité des ministres anglois pour l'Empereur sur la Sicile. — Fausseté insigne d'Alberoni à l'égard de la Sardaigne, ainsi qu'il avoit fait sur les garnisons. — Les Impériaux inquiets sur la bonne foi des ministres anglois très-mal à propos. — Efforts de Cadogan et de Beretti pour entraîner et pour détourner les Hollandois d'entrer dans le traité; tous deux avouent que le Régent seul en peut emporter la balance. — Beretti appliqué à décrier Monteleon en Espagne. — Ouverture et plainte, avis et réflexions du grand-duc, confiées par Corsini à Monteleon pour le roi d'Espagne; foible supériorité impériale sur les États de Toscane. — Roideur des Anglois sur la Sardaigne, et leur fausseté sur les garnisons espagnoles. — Mouvements de Beretti et de Cellamare. — Fourberie d'Alberoni; sa fausseté sur la Sardaigne. — Fureur d'Alberoni contre Monteleon; aime les flatteurs, écarte la vérité. — Chimères, discours, étalages d'Alberoni. — Friponnerie d'Alberoni sur les garnisons; il fait le marquis de Lede général de l'armée, et se moque et amuse Pio. 108

Chapitre VIII.—Riche prise de contrebandiers de Saint-Malo dans la mer du Sud. — Alberoni inquiet de la santé du roi d'Espagne. — Adresse d'Aldovrandi pour servir Alberoni à Rome. — Foiblesse singulière du roi d'Espagne; abus qui s'en fait. — Frayeur du Pape de l'Empereur. — Cellamare fait des pratiques secrètes pour soulever la France contre le Régent. — Sentiment de Cellamare sur le roi de Sicile; il confie à son ministre l'ordre qu'il a de faire une étrange déclaration au Régent. — Forte déclaration de Beretti en Hollande. — Scélératesse d'Alberoni à l'égard du roi de Sicile. — Audace des Impériaux, et sur quoi fondée; nouvelle difficulté sur les garnisons. — Scélératesse de Stairs. — Fausseté et pis des ministres anglois à l'égard de l'Espagne. — Le Czar s'offre à l'Espagne. — Intérêt et inaction des Hollandois. — Vanteries, conseils, intérêt de Beretti. — Succès des menées de Cadogan en Hollande. — Menteries, avis et fanfaronnades, embarras de Beretti, qui tombe sur Cellamare. — Le duc de Lorraine demande le dédommagement promis du Montferrat; manéges de Beretti; sa coupable envie contre Monteleon. — Manéges et bas intérêt de Beretti, qui veut perdre Monteleon. — Audace de ministres impériaux; abbé du Bois bien connu de Penterrieder. — Embarras du roi de Sicile, et ses vaines démarches, et de ses ministres, au dehors. — Monteleon intéressé avec les négociants anglois; ses bons avis en Espagne lui tournent à mal; il s'en plaint. — Superbe de l'Empereur; partialité des ministres anglois pour lui; leur insigne duplicité à l'égard de l'Espagne. — Les ministres anglois pensent juste sur le traité d'Utrecht, malgré les Impériaux; l'Angleterre subjuguée par le roi Georges. — Les ministres anglois contents de Châteauneuf; conduite et manéges de Beretti. — Conduite, avis et manéges de Cellamare. — Vagues raisonnements. — Monteleon en vient enfin aux menaces; Stanhope emploie en ses réponses les artifices les plus odieux; lui donne enfin une réponse par écrit, devenue nécessaire à Monteleon. — Surveillants de Monteleon à Londres; sa conduite avec eux................... 132

CHAPITRE IX. — Départ de l'escadre angloise pour la Méditerranée; fourberie de Stanhope à Monteleon. — Propos d'Alberoni. — Maladie et guérison du roi d'Espagne; vanteries d'Alberoni; secret du dessein de son expédition. — Défiance du roi de Sicile de ceux même qu'il emploie au dehors; leurs différents avis. — Ministres d'Espagne au dehors déclarent que le roi d'Espagne n'acceptera point le traité; détail des forces d'Espagne fait en Angleterre avec menaces. — Alberoni déclame contre le roi d'Angleterre et contre le Régent. — Alberoni se loue de Nancré; lui impose silence sur le traité; peint bien l'abbé du Bois; menace; donne aux Espagnols des louanges artificieuses; il a un fort entretien avec le colonel Stanhope, qui avertit tous les consuls anglois de retirer les effets de leurs négociants. — Inquiétude des ministres de Sicile à Madrid. — Fourberie insigne d'Alberoni. — Forte et menaçante déclaration de l'Espagne aux Hollandois. — Avis contradictoire d'Aldovrandi au Pape sur Alberoni. — Plaintes du Pape contre l'Espagne, qui rompt avec lui sur le refus des bulles de Séville pour Alberoni. — Conduite de Giudice à l'occasion de la rupture de l'Espagne avec Rome; il ôte enfin les armes d'Espagne de dessus sa porte; craint les Impériaux et meurt d'envie de s'attacher à eux; avertit et blâme la conduite de Cellamare à leur égard; le Pape menacé par l'ambassadeur de l'Empereur; malice d'Acquaviva contre les Giudice. — Dangereuses pratiques de Cellamare en France; secret et précautions; ses espérances. — Embarras domestiques du Régent, considérés différemment par les ministres étrangers à Paris. — Königseck, ambassadeur de l'Empereur à Paris; génie de la cour de Vienne et de ses ministres; garnisons. — Conduite insolente de Stairs............ 162

CHAPITRE X. — Avis peu uniforme de Monteleon en Espagne sur l'escadre angloise. — Forfanteries de Beretti. — Les ministres d'Angleterre veulent faire rappeler Châteauneuf d'Hollande ; comte de Stanhope à Paris, content du Régent, mécontent des Hollandois.— Le Czar se veut réunir aux rois de Suède et de Prusse contre l'Empereur et l'Angleterre. — Conférence de Monteleon avec les ministres d'Angleterre sur les ordres de l'escadre angloise, qu'ils ne lui déguisent pas ; ils résistent à toutes ses instances. — Faux et odieux discours du colonel Stanhope à Alberoni. — Opinion des Anglois du Régent, de ceux qu'il employoit et d'Alberoni. — Alberoni tente de surprendre le roi de Sicile et de le tromper cruellement, en tâchant de lui persuader de livrer ses places de Sicile à l'armée espagnole ; artificieuses lettres d'Alberoni à ce prince. — Alberoni compte sur ses pratiques dans le Nord, encore plus sur celles qu'il employoit en France contre le Régent ; il les confie en gros au roi de Sicile. — Alberoni envoie à Cellamare la copie de ses deux lettres au roi de Sicile ; il propose frauduleusement au colonel Stanhope quelques changements au traité pour y faire consentir le roi d'Espagne, et sur le refus, éclate en menaces ; lui seul veut la guerre, et a besoin d'adresse pour y entraîner le roi et la reine d'Espagne, fort tentés d'accepter le traité pour la succession de Toscane et de Parme. — Alberoni s'applaudit au duc de Parme d'avoir empêché la paix, et lui confie le projet de l'expédition de Sicile et sur les troubles intérieurs à exciter en France et en Angleterre. — Artifices et menaces d'Alberoni sur le refus des bulles de Séville. — Aldovrandi, malmené par Alberoni sur le refus des bulles de Séville, lui écrit ; n'en reçoit point de réponse ; s'adresse, mais vaguement, à d'Aubanton sur un courrier du Pape, et ferme la nonciature sans en avertir ; sur quoi il est gardé à vue, et Alberoni devient son plus cruel ennemi, quoique il l'eût toujours infiniment servi. — Étranges artifices d'Alberoni sur Rome et contre Aldovrandi. — Reproches réciproques des cours de Rome et de Madrid. — La flotte espagnole arrivée en Sardaigne ; crue aller à Naples ; triste état de ce royaume pour l'Empereur. 182

CHAPITRE XI.—Scélératesses semées contre M. le duc d'Orléans ; manéges et forte déclaration de Cellamare. — Manége des Anglois pour brouiller toujours la France et l'Espagne, et l'une et l'autre avec le roi de Sicile. — Cellamare se sert de la Russie ; projet du Czar ; son ministre en parle au Régent, et lui fait inutilement des représentations contre la quadruple alliance. — Cellamare s'applique tout entier à troubler intérieurement la France. — Le traité s'achemine à conclusion. — Manéges à l'égard du roi de Sicile. — Le Régent parle clair au ministre de Sicile sur l'invasion prochaine de cette île par l'Espagne, et peu confidemment sur le traité. — Convention entre la France et l'Angleterre de signer le traité sans changement, à laquelle le maréchal d'Huxelles refuse sa signature ; Cellamare présente et répand un peu un excellent mémoire contre le traité, et se flatte vainement. — Le ministre de Sicile de plus en plus alarmé. — Folie et présomption d'Alberoni. — Efforts de l'Espagne à détourner les Hollandois de la quadruple alliance. — Alberoni tombe rudement sur Monteleon. — Succès des intrigues de Cadogan et de l'argent d'Angleterre en Hollande. — Châteauneuf très-suspect aux Anglois, qui gardent là-dessus peu de mesures. — Courte inquiétude sur le Nord; le Czar songe à se rapprocher du roi Georges; intérêt de ce dernier d'être bien avec le Czar et d'éviter toute guerre; ses protestations sur l'Espagne. — Les Anglois veulent la paix avec l'Espagne, et la faire entre l'Espagne et l'Empereur, mais à leur mot et au sien; Monteleon y sert le comte Stanhope outre mesure. — Le Régent, par l'abbé du Bois, aveuglément soumis en tout et partout à l'Angleterre, et le ministère d'Angleterre à l'Empereur. — Embarras de Cellamare et de Provane; bruits, jugements et raisonnements vagues, instances et menées inutiles. — Menées sourdes du maréchal de Tessé avec les Espagnols et les Russes; le Régent les lui reproche. — Le Régent menace Huxelles de lui ôter les affaires étrangères, et le maréchal signe la convention avec les Anglois, à qui Châteauneuf est subordonné en tout en Hollande. — Efforts de Beretti à la Haye; embarras de Cellamare à Paris........ 208

Chapitre XII. — Alberoni confie à Cellamare les folles propositions du roi de Sicile au roi d'Espagne, qui n'en veut plus ouïr parler; duplicité du roi de Sicile. — Ragotzi peu considéré en Turquie. — Chimère d'Alberoni; il renie Cammock au colonel Stanhope. — Alberoni dément le colonel Stanhope sur la Sardaigne. — Éclat entre Rome et Madrid; raisons contradictoires; vigueur du conseil d'Espagne. — Sagesse et précautions d'Aldovrandi; ses représentations au Pape. — Sordide intérêt du cardinal Albane. — Timidité naturelle du Pape. — Partage de la peau du lion avant qu'il soit tué. — Le secret de l'entreprise demeuré secret jusqu'à la prise de Palerme. — Déclaration menaçante de l'amiral Bing à Cadix, sur laquelle Monteleon a ordre de déclarer l'artificieuse rupture en Angleterre et la révocation des grâces du commerce. — Sentiments d'Alberoni à l'égard de Monteleon et de Beretti. — Alberoni, dégoûté des espérances du Nord, s'applique de plus en plus à troubler l'intérieur de la France; ne peut se tenir de montrer sa passion d'y faire régner le roi d'Espagne, le cas arrivant; aventuriers étrangers, dont il se défie. — Rupture éclatante entre le Pape et le roi d'Espagne; raisonnements........ : 231

Chapitre XIII. — Soupçons mal fondés d'intelligence du roi de Sicile avec le roi d'Espagne; frayeurs du Pape, qui le font éclater contre l'Espagne et contre Alberoni, pour se réconcilier l'Empereur avec un masque d'hypocrisie. — Ambition d'Aubanton vers la pourpre romaine; Alberoni, de plus en plus irrité contre Aldovrandi, est déclaré par le Pape avoir encouru les censures; rage, réponse, menaces d'Alberoni au Pape. — Les deux Albanes, neveux du Pape, opposés de partis ; le cadet avoit douze mille livres de pension du feu Roi. — Vanteries d'Alberoni et menaces. — Secret de l'expédition poussé au dernier point ; vanité folle d'Alberoni ; il espère et travaille de plus en plus à brouiller la France. — Le Régent serre la mesure et se moque de Cellamare et de ses croupiers, qui sont enfin détrompés. — Conduite du roi de Sicile avec l'ambassadeur d'Espagne, à la nouvelle de la prise de Palerme. — Cellamare fait le crédule avec Stanhope, pour éviter de quitter Paris et d'y abandonner ses menées criminelles ; ses précautions. — Conduite du comte de Stanhope avec Provane ; situation du roi de Sicile. — Abandon plus qu'aveugle de la France à l'Angleterre. — Rage des Anglois contre Châteauneuf. — Pratiques, situation et conduite du roi de Sicile sur la garantie. — Blâme fort public de la politique du Régent ; il est informé des secrètes machinations de Cellamare. — Triste état du duc de Savoie. — Infatuation de Monteleon sur l'Angleterre. — Alberoni fait secrètement des propositions à l'Empereur, qui les découvre à l'Angleterre et les refuse ; le roi de Sicile et Alberoni crus de concert, et crus de rien partout. — Belle et véritable maxime, et bien propre à Torcy. **247**

CHAPITRE XIV. — Les Anglois frémissent des succès des Espagnols en Sicile, et veulent détruire leur flotte. — Étranges et vains applaudissements et projets d'Alberoni ; son opiniâtreté ; menace le Régent. — Ivresse d'Alberoni ; il menace le Pape et les siens, et son insolence sur les grands d'Espagne. — Le Pape désapprouve la clôture du tribunal de la nonciature faite par Aldovrandi. — Exécrable caractère du nonce Bentivoglio. — Sagesse d'Aldovrandi ; représentations d'Aubanton à ce nonce pour le Pape. — Audacieuse déclaration d'Alberoni à Nancré. — Le traité entre la France, l'Angleterre et l'Empereur, signé à Londres. — Trêve ou paix conclue entre l'Empereur et les Turcs. — Idées du Régent sur le Nord. — Cellamare travaille à unir le Czar et le roi de Suède pour rétablir le roi Jacques. — Artifice des Anglois pour alarmer tous les commerces par la jalousie des forces maritimes des Espagnols ; attention d'Alberoni à rassurer là-dessus. — Inquiétude et projets d'Alberoni. — Alberoni se déchaîne contre M. le duc d'Orléans. — Fautes en Sicile. — Projets d'Alberoni ; il se moque des propositions faites à l'Espagne par le roi de Sicile. — Alberoni pense à entretenir dix mille hommes de troupe étrangère en Espagne ; fait traiter par Leurs Majestés Catholiques comme leurs ennemis personnels tous ceux qui s'opposent à lui ; inquiet de la lenteur de l'expédition de Sicile, introduit une négociation d'accommodement avec Rome ; son artifice. — Les Espagnols dans la ville de Messine. **263**

CHAPITRE XV. — Court exposé depuis 1716. — Négociation secrète de Cellamare avec le duc d'Ormond, caché dans Paris, où cet ambassadeur continue soigneusement ses criminelles pratiques, que le Régent n'ignore pas ; avis, vue et conduite de Cellamare. — Fâcheux état du gouvernement en France. — Quadruple alliance signée à Londres le 2 août, puis à Vienne et à la Haye ; ses prétextes et sa cause ; du Bois. — Morville en Hollande, très-soumis aux Anglois. — Conduite de Beretti et de Monteleon. — Plaintes réciproques des Espagnols et des Anglois sur le commerce. — Violence du Czar contre le résident d'Hollande. — Plaintes et défiances du roi de Sicile ; conduite de l'Angleterre à son égard et de la Hollande à l'égard du roi d'Espagne. — Projets de l'Espagne avec la Suède contre l'Angleterre. — Mouvements partout causés par l'expédition de Sicile. — Vues, artifices, peu de ménagement de l'abbé du Bois pour M. le duc d'Orléans. — Conduite et propos d'Alberoni ; sa scélérate duplicité sur la guerre, aux dépens du roi et de la reine d'Espagne ; ses artificieux discours au comte de Stanhope, qui n'en est pas un moment la dupe. — Alberoni et Riperda en dispute sur un présent du roi d'Angleterre au cardinal. — Embarras de Rome ; le Pape et le roi d'Espagne fortement commis l'un contre l'autre. — Poison très-dangereux du cardinalat. — Lit de justice des Tuileries, qui rend au Régent toute son autorité ; fausse joie de Stairs ; les Espagnols défaits ; leur flotte détruite par Bing. — Sages et raisonnables désirs. — Cellamare de plus en plus appliqué à plaire en Espagne par ses criminelles menées à Paris. — Galions arrivés à Cadix. — Demandes du roi d'Espagne impossibles ; le comte Stanhope part de Madrid pour Londres, par Paris ; fin des nouvelles étrangères.. 278

Chapitre XVI. — J'ai pris tout ce qui est d'affaires étrangères de ce que M. de Torcy m'a communiqué. — Matériaux indiqués sur la suite de l'affaire de la constitution, très-curieux par eux-mêmes et par leur exacte vérité. — Religion sur la vérité des choses que je rapporte. — Réflexions sur ce qui vient d'être rapporté des affaires étrangères. — Alberoni et du Bois. — État de la France et de l'Espagne avant et après les traités d'Utrecht. — Fortune d'Alberoni. — Caractère du roi et de la reine d'Espagne. — Gouvernement d'Alberoni. — Court pinceau de M. le duc d'Orléans et de l'abbé du Bois, des degrés de sa fortune. — Perspective de l'extinction de la maison d'Autriche, nouveau motif à la France de conserver la paix et d'en profiter. — Considération sur l'Angleterre ; son intérêt et ses objets à l'égard de la France, et de la France au sien. — Folle ambition de l'abbé du Bois de se faire cardinal, dès ses premiers commencements. — Artifices de du Bois pour se rendre seul maître du secret et de la négociation d'Angleterre, et son perfide manége à ne la traiter que pour son intérêt personnel, aux dépens de tout autre. — Du Bois vendu à l'Angleterre et à l'Empereur pour une pension secrète de quarante mille livres sterling et un chapeau, aux dépens comme éternels de la France et de l'Espagne ; avantages que l'Angleterre en tire pour sa marine et son commerce, et le roi d'Angleterre pour s'assurer de ses parlements............ 296

Chapitre XVII. — Gouvernement de Monsieur le Duc, mené par Mme de Prie, à qui l'Angleterre donne la pension de quarante mille [livres] sterling du feu cardinal du Bois.—Époque et cause de la résolution de renvoyer l'infante et de marier brusquement le Roi. — Gouvernement du cardinal Fleury. — Chaînes dont Fleury se laisse lier par l'Angleterre. — Fleury sans la moindre teinture des affaires lorsqu'il en saisit le timon. — Aventure dite d'Issy. — Fleury parfaitement désintéressé sur l'argent et les biens. — Lui et moi nous nous parlons librement de toutes les affaires. — Avarice sordide de Fleury, non pour soi, mais pour le Roi, l'État et les particuliers. — Fleury met sa personne en la place de l'importance de celle qu'il occupe, et en devient cruellement la dupe. — Walpole, ambassadeur d'Angleterre, l'ensorcelle; trois objets des Anglois. — Avarice du cardinal ne veut point de marine, et, à d'autres égards encore, pernicieuse à l'État; il est personnellement éloigné de l'Espagne, et la reine d'Espagne et lui brouillés sans retour jusqu'au scandale.. — Premiers ministres funestes aux États qu'ils gouvernent. — L'Angleterre ennemie de la France à force; titres anciens et nouveaux; intérêt de la France à l'égard de l'Angleterre. — Perte radicale de la marine, etc., de France et d'Espagne; l'empire de la mer et tout le commerce passé à l'Angleterre, fruits du gouvernement des premiers ministres de France et d'Espagne, avec bien d'autres maux. — Comparaison du gouvernement des premiers ministres de France et d'Espagne, et de leur conseil, avec celui des conseils de Vienne, Londres, Turin, et de leurs fruits. — Sarcasme qui fit enfin dédommager le chapitre de Denain de ceux qu'il a soufferts du combat de Denain................ 316

Chapitre XVIII. —Mouvements audacieux du Parlement contre l'édit des monnoies.— Le Parlement rend un arrêt contre l'édit des monnoies, lequel est cassé le même jour par le conseil de régence; prétextes du Parlement, qui fait au Roi de fortes remontrances; conseils de régence là-dessus. — Ferme et majestueuse réponse au Parlement en public, qui fait de nouvelles remontrances. — Le don gratuit accordé à l'ordinaire, par acclamation, aux états de Bretagne; leurs exilés renvoyés. — Question d'apanages jugée en leur faveur au conseil de régence; absences singulières. — Cinq mille francs de menus plaisirs par mois, faisant en tout dix mille francs, rendus au Roi. — Manéges du Parlement pour brouiller, imités en Bretagne. — Saint-Nectaire, maréchal de camp, fait seul lieutenant général longtemps après avoir quitté le service; son caractère. — Mlle d'Orléans fait profession à Chelles fort simplement. — Arrêt étrange du Parlement en tous ses chefs. — Le parlement de Paris et la Bretagne en cadence; le syndic des états est exilé. — Audacieuse visite de la duchesse du Maine au Régent; fureur et menées du duc et de la duchesse du Maine et du maréchal de Villeroy. — Commission étrange sur les finances donnée aux gens du Roi par le Parlement. — Bruits de lit de justice; sur quoi fondé. — Mémoires de la dernière régence fort à la mode, tournent les têtes. — Misère et léthargie du Régent. — L'abbé du Bois, Argenson, Law et Monsieur le Duc, de concert, chacun pour leur intérêt, ouvrent les yeux au Régent et le tirent de sa léthargie. — M. le duc d'Orléans me force à lui parler sur le Parlement. — Duc de la Force presse contre le Parlement par Law, espère par là d'entrer au conseil de régence. — Mesures du Parlement pour faire prendre et pendre Law secrètement en trois heures de temps. — Le Régent envoie le duc de la Force et Fagon conférer avec moi et Law. — Frayeur extrême et raisonnable de Law; je lui conseille de se retirer au Palais-Royal, et pourquoi; il s'y retire le jour même. — Je propose un lit de justice au Tuileries, et pourquoi là; plan pris dans cette conférence. — Abbé du Bois vacillant et tout changé. 336

CHAPITRE XIX. — Le Régent m'envoye chercher; conférence avec lui tête à tête, où j'insiste à n'attaquer que le Parlement, et point à la fois le duc du Maine, ni le premier président, comme Monsieur le Duc le veut. — Marché de Monsieur le Duc, moyennant une nouvelle pension de cent cinquante mille livres. — Conférence entre M. le duc d'Orléans, le garde des sceaux, la Vrillière, l'abbé du Bois et moi, à l'issue de la mienne tête à tête. — Monsieur le Duc survient; M. le duc d'Orléans le va entretenir, et nous nous promenons dans la galerie. — Propos entre M. le duc d'Orléans, Monsieur le Duc et moi, seuls, devant et après la conférence recommencée avec lui. — Je vais chez Fontanieu, garde-meuble de la couronne, pour la construction très-secrète du matériel du lit de justice; contre-temps que j'y essuie; effroi de Fontanieu, qui fait après merveilles. — Monsieur le Duc m'écrit, me demande un entretien dans la matinée, chez lui ou chez moi, à mon choix; je vais sur-le-champ à l'hôtel de Condé. — Long entretien entre Monsieur le Duc et moi; ses raisons d'ôter à M. du Maine l'éducation du Roi; les miennes pour ne le pas faire alors. — Monsieur le Duc me propose le dépouillement de M. du Maine; je m'y oppose de toutes mes forces, mais je voulois pis à la mort du Roi; mes raisons. — Dissertation entre Monsieur le Duc et moi sur le comte de Toulouse. — Monsieur le Duc propose la réduction des bâtards, si l'on veut, à leur rang de pairs parmi les pairs. — Monsieur le Duc veut avoir l'éducation du Roi, sans faire semblant de s'en soucier; raisons que je lui objecte. — Discussion entre Monsieur le Duc et moi, sur l'absence de M. le comte de Charolois. — Monsieur le Duc me sonde sur la régence, en cas que M. le duc d'Orléans vînt à manquer, et sur les idées de Mme la duchesse d'Orléans là-dessus pour faire Monsieur son fils régent, et le comte de Toulouse lieutenant général du royaume; je rassure Monsieur le Duc sur ce qu'en ce cas la régence lui appartient. — Conclusion de la conversation ; Monsieur le Duc me déclare que son attachement au Régent dépend de l'éducation. — Je donne chez moi à Fontanieu un nouvel éclaircissement sur la mécanique dont il étoit chargé. 358

Chapitre XX. — Contre-temps au Palais-Royal. — Je rends compte au Régent de ma longue conversation avec Monsieur le Duc ; reproches de ma part, aveux de la sienne. — Lit de justice différé de trois jours. — Le Régent tourne la conversation sur le Parlement ; convient de ses fautes, que je lui reproche fortement ; avoue qu'il a été assiégé, et sa foiblesse. — Soupçons sur la tenue du lit de justice. — Contre-temps qui me fait manquer un rendez-vous aux Tuileries avec Monsieur le Duc. — Ducs de la Force et de Guiche singulièrement dans la régence. — M. le duc d'Orléans me rend sa conversation avec Monsieur le Duc, qui veut l'éducation du Roi et un établissement pour M. le comte de Charolois. — Découverte d'assemblées secrètes chez le maréchal de Villeroy. — Je renoue, pour le soir, le rendez-vous des Tuileries. — Dissertation entre Monsieur le Duc et moi sur M. le comte de Charolois, sur l'éducation du Roi, qu'il veut ôter sur-le-champ au duc du Maine, et l'avoir. — Point d'Espagne sur M. de Charolois. — Monsieur le Duc me charge obstinément de la plus forte déclaration de sa part au Régent sur l'éducation. — Monsieur le Duc convient avec moi de la réduction des bâtards en leur rang de pairie au prochain lit de justice ; nous nous donnons le même rendez-vous pour le lendemain. 389

Chapitre XXI. — Je rends compte au Régent de ma conversation avec Monsieur le Duc. — Hoquet du Régent sur l'élévation des siéges hauts comme à la grand'chambre, qui m'inquiète sur sa volonté d'un lit de justice. — Récit d'une conversation du Régent avec le comte de Toulouse, bien considérable ; probité du comte, scélératesse de son frère. — Misère et frayeur du maréchal de Villeroy ; nécessité de n'y pas toucher. — Je tâche de fortifier le Régent à ne pas toucher à M. du Maine. — Propos sur le rang avec Son Altesse Royale. — Mes réflexions sur le rang. — Conférence chez le duc de la Force ; sage prévoyance de Fagon et de l'abbé du Bois. — Inquiétude de Fontanieu pour le secret ; il remédie aux siéges hauts. — Entretien entre Monsieur le Duc et moi dans le jardin des Tuileries, qui veut l'éducation plus fermement que jamais ; je lui fais une proposition pour la différer, qu'il refuse, sur quoi je le presse avec la dernière force ; outre l'honneur, suites funestes des manquements de parole. — Disposition de Madame la Duchesse sur ses frères toute différente de Mme la duchesse d'Orléans. — Prince de Conti à compter pour rien. — J'essaye à déranger l'opiniâtreté de Monsieur le Duc sur avoir actuellement l'éducation, par les réflexions sur l'embarras de la mécanique. — Je presse vivement Monsieur le Duc ; il demeure inébranlable ; ses raisons. — Je fais expliquer Monsieur le Duc sur la réduction des bâtards au rang de leur pairie; il y consent; je ne m'en contente pas; je veux qu'il en fasse son affaire, comme de l'éducation même, et je le pousse fortement. — Trahison des Lassay. — Monsieur le Duc desire que je voie les trois divers projets d'édits qu'il avoit donnés au Régent; Millain; quel.—Je déclare à Monsieur le Duc que je sais du Régent que la réduction du rang des bâtards est en ses mains, et que le Régent la trouve juste; je presse fortement Monsieur le Duc. — Monsieur le Duc me donne sa parole de la réduction des bâtards au rang de leur pairie. — Je propose à Monsieur le Duc de conserver le rang sans changement au comte de Toulouse, par un rétablissement uniquement personnel; mes raisons. — Monsieur le Duc consent à ma proposition en faveur du comte de Toulouse, et d'en faire dresser la déclaration; je la veux faire aussi, et pourquoi. — Raisonnement encore sur la mécanique. — Renouvellement de la parole de Monsieur le Duc de la réduction susdite des bâtards; dernier effort de ma part pour le détourner de l'éducation et de toucher au duc du Maine. 410

CHAPITRE XXII.— Millain chez moi, avec ses trois projets d'édits, me confirme la parole de Monsieur le Duc sur le rang; me promet de revenir le lendemain matin; satisfaction réciproque. — Je rends compte au Régent de ma conversation avec Monsieur le Duc; Son Altesse Royale déterminée à lui donner l'éducation; je proteste avec force contre la résolution de toucher au duc du Maine, mais, ce parti pris, je demande alors très-vivement la réduction des bâtards au rang de leur pairie; cavillations du Régent; je le force dans tous ses retranchements. — Je propose au Régent le rétablissement du comte de Toulouse, qu'il approuve; reproches de ma part. — Je propose au Régent les inconvénients mécaniques, et les discute avec lui; je l'exhorte à fermeté. — Avis d'un projet peu apparent de finir la régence, que je mande au Régent. — Monsieur le Duc vient chez moi me dire qu'il a demandé au Régent la réduction des bâtards au rang de leurs pairies, et s'éclaircir de sa part sur l'avis que je lui avois donné. — J'apprends chez moi au duc de la Force à quoi en sont les bâtards à notre égard, et le prie de dresser la déclaration en faveur du comte de Toulouse. — Frayeur du Parlement; ses bassesses auprès de Law; infamie effrontée du duc d'Aumont. — Frayeur et bassesses du maréchal de Villeroy. — Conférence chez moi avec Fagon et l'abbé du Bois sur tous les inconvénients et leurs remèdes. — Fagon m'avise sagement de remettre au samedi d'arrêter les membres du Parlement, qui le devoient être le vendredi. — Le duc de la Force et Millain chez moi avec la déclaration en faveur du comte de Toulouse; Millain m'avertit de la part de Monsieur le Duc, chargé par le Régent, de me trouver le soir à huit heures chez le Régent, pour achever de tout résumer avec lui et Monsieur le Duc en tiers, et d'y mener Millain. — Je parle à Millain sur la réduction des bâtards à leur rang de pairie avec la dernière force, et je le charge de le dire mot pour mot à Monsieur le Duc. — Contre-temps à la porte secrète de M. le duc d'Orléans; je lui fais approuver le court délai d'arrêter quelques membres du Parlement. — Discussion entre le Régent et moi sur plusieurs inconvénients dans l'exécution du lendemain. — Monsieur le Duc survient en tiers; je les prends tous deux à témoin de mon avis et de ma conduite en toute cette affaire; je les exhorte à l'union et à la confiance réciproque. — Je leur parle de la réduction des bâtards au rang de leur pairie avec force et comme ne pouvant plus en douter, en ayant leur parole à tous les deux; ils m'avertissent de ne pas manquer à revenir le soir au rendez-vous avec eux deux. — Monsieur le Duc m'envoye par Millain la certitude de la réduction des bâtards au rang de leurs pairies, dont j'engage Monsieur le Duc à s'assurer de plus en plus. — Conférence chez moi avec le duc de la Force, Fagon et l'abbé du Bois; tout prévu et remédié autant que le possible. — Conférence, le soir, entre M. le duc d'Orléans, Monsieur le Duc et moi seuls, où Millain fut en partie seul avec nous, où tout se résume pour le lendemain et les derniers partis sont pris; je suis effrayé de trouver le Régent au lit avec la fièvre. — Solutions en cas de refus obstiné du Parlement d'opiner. — Pairs de France, de droit, et officiers de la couronne, de grâce et d'usage, ont seuls voix délibérative au lit de justice et en matière d'État, et les magistrats au plus consultative, le chancelier ou garde des sceaux excepté. — Je confie, avec permission de Son Altesse Royale, les événements si prochains au duc de Chaulnes. — Contade fait très à propos souvenir du régiment des gardes suisses; frayeur du duc du Maine d'être arrêté par lui. — On avertit du lit de justice à six heures du matin ceux qui y doivent assister; le Parlement répond qu'il obéira. — Discrétion de mon habit de Parlement. — Je fais avertir le comte de Toulouse d'être sage, et qu'il ne perdra pas un cheveu; Valincourt; quel. 441

FIN DE LA TABLE DES CHAPITRES DU QUINZIÈME VOLUME.

2481 Paris.— Imprimerie ARNOUS DE RIVIÈRE et Cⁱᵉ, rue Racine, 26.

www.ingramcontent.com/pod-product-compliance
Lightning Source LLC
Chambersburg PA
CBHW060235230426
43664CB00011B/1659